国家部委荐用教材　全国优秀统计教材

统计学原理

GENERAL THEORY OF STATISTICS

（第八版）

主　编　韩兆洲
副主编　熊　剑　吴云凤

暨南大學出版社
JINAN UNIVERSITY PRESS
中国·广州

图书在版编目（CIP）数据

统计学原理/韩兆洲主编；熊剑，吴云凤副主编．—8版．—广州：暨南大学出版社，2018.2（2022.7重印）

ISBN 978-7-5668-2318-2

Ⅰ.①统…　Ⅱ.①韩…②熊…③吴…　Ⅲ.①统计学　Ⅳ.①C8

中国版本图书馆CIP数据核字（2018）第029486号

统计学原理（第八版）

TONGJIXUE YUANLI（DI-BA BAN）

主　编：韩兆洲　副主编：熊　剑　吴云凤

出版人：张晋升
责任编辑：黄　球
责任校对：亢东昌　王莎莎
责任印制：周一丹　郑玉婷

出版发行：暨南大学出版社（511443）
电　　话：总编室（8620）37332601
　　　　　营销部（8620）37332680　37332681　37332682　37332683
传　　真：（8620）37332660（办公室）　37332684（营销部）
网　　址：http：//www.jnupress.com
排　　版：广州市天河星辰文化发展部照排中心
印　　刷：佛山市浩文彩色印刷有限公司
开　　本：787mm×960mm　1/16
印　　张：22.5
字　　数：475千
版　　次：1991年7月第1版　2018年2月第8版
印　　次：2022年7月第54次
印　　数：413001—416000册
定　　价：52.00元

第八版前言

暨南大学的统计学原理课程是广东省高校系统的重点建设课程，2005 年被评为广东高校的精品课程。为满足教学和课程建设的需要，曾由谢启南和曾声文主编了《统计学原理》一书，1991 年至 2001 年由暨南大学出版社先后出书三版。从 2002 年起，《统计学原理》改由谢启南和韩兆洲主编，调整结构、充实内容、更新案例，亦已出书三版。前后六版，共印 40 次，发行 31.1 万册。2011 年又作适当修订，出第七版，考虑到谢启南教授年事已高，不再担任本书主编，改由韩兆洲任主编。为适应本课程的发展，现再作全面修订。

本书理论联系实际，简明、通俗、实用，曾获广东省优秀统计论著奖和广州市优秀统计科研成果奖，1993 年获中国大学出版社协会优秀教材奖，2005 年获国家统计局全国优秀统计教材奖。1998 年和 2003 年本书先后被国家教委和全国统计教材编审委员会选作高校经济与管理类各专业的推荐使用教材。

本书教学对象以高校经济与管理类学生为主，教材内容按此要求安排，教师可按不同对象作适当增删。

本书共 13 章，各章的执笔人分别是：谢启南（第一章、第二章、第十二章、第十三章），熊剑（第三章、第八章），吴云凤（第五章），韩兆洲（第四章、第六章、第七章、第九章），王军（第十章），林少萍（第十一章）。

本书虽经多次修订，但难保没有错漏及不妥之处，欢迎读者批评指正。

编　者

2017 年 10 月

目 录

第一章 绪 论

第一节 统计的产生和发展

一、统计的含义

统计是历史久远的人类社会必不可缺的一种社会实践活动。“统计”一词最基本的含义是对客观事物的数量方面进行核算和分析，是人们对客观事物的数量表现、数量关系和数量变化进行描述和分析的一种计量活动。这种计量活动的直接结果，就是反映客观事物的现状与过程并与客观事物的质密切相关的各种数字，即统计资料。人们为了正确地搜集、整理和分析运用这些统计资料，就必须遵循一定的要求和使用专门的方法，即要求有正确的理论为指导。人们长期从事统计实践活动的丰富经验的科学总结和理论概括，就是统计科学。所以，在不同的场合，“统计”一词有统计工作、统计资料和统计科学三种含义，但最基本的含义还是统计工作。没有统计工作就不会有统计资料，没有丰富的统计实践经验就不会产生统计科学。

实践是第一性的，理论是第二性的，但理论并不是消极的东西。统计科学作为人们长期从事统计实践的丰富经验的科学总结和理论概括，是人们正确从事统计实践活动所必不可少的理论知识。它指导人们如何正确地搜集、整理客观事物的数量资料，如何用数字去描述和分析客观事物的现状和变化过程，预测客观事物发展的前景。所以，学好统计科学，掌握统计理论和统计方法，是做好统计工作的前提。

二、统计的产生和发展

统计实践活动是随着人类社会经济的发展，随着治国和管理的需要而产生和发展起来的，至今已有四五千年的历史。

早在原始公社时期，就有结绳记事、结绳计量的方法，即所谓“事大，大结其绳；事小，小结其绳；结之多少，随物众寡”①。这可说是统计的萌芽。据

① 《周易正义》引郑玄注。

晋皇甫谧（215—282）《帝王世纪》记载，早在四千多年前的夏朝，为了治国治水的需要，就进行过初步的国情统计，查明当时全国人口为13 553 923人，土地为24 308 024公顷，并依山川土质、人口物产及贡赋多寡，将全国分为九州。在埃及，早在建造金字塔时，也为征集所需财物和征用劳力而对全国人口、劳力和财力进行过调查。这些都是人类早期的统计活动。随着社会经济的发展，人类从奴隶社会到封建社会，再到资本主义社会，治国和管理需要越来越多的统计信息，统计实践活动便逐步向各个领域拓展。现在，统计实践的内容已经包括经济的、社会的和科学技术的各个方面，而且从国内发展到国际，涉及范围广泛，几乎无所不包。而且，只要存在人类的社会、经济活动，统计就不会消亡。

统计在治国与管理中的重要作用，引起各国政府对统计的重视，许多国家都建立了统计调查和统计报告制度，成立了国家统计机关。据史书记载，早在我国周代就已有作为治国八法之一的“官计”制度，用核算的方法管理国家，要求各级官吏每到年终都要编制核算报告。但比较健全的国家统计制度和国家统计机关则始于近代。1756年，瑞士建立了表报委员会；18世纪中叶，瑞典设立了人口登记局；其后，法国于1801年、普鲁士于1805年、荷兰于1826年、奥地利于1829年、比利时于1831年、挪威于1837年、俄国于1857年、中国于1906年、美国于1913年，相继设立了统计局或统计委员会。19世纪初，英国议会设立了一些专门委员会，颇有成效地进行了各种社会经济统计调查。由于各国政府的重视和支持，1853年，第一次国际统计会议在比利时的布鲁塞尔召开，由著名统计学家凯特勒主持，出席会议的有26个国家和团体的代表153人。国际统计会议于1876年在布达佩斯召开第九次会议后解体。1885年成立了国际统计学会，在伦敦召开预备会议，1887年在罗马召开第一届大会，此后每两年召开一次，1995年8月在北京召开了第50届会议。

三、统计科学的学派

统计实践的发展，必然导致统计科学的产生。但统计科学产生和发展的历史却比统计实践的历史短得多，至今才三百多年。在统计科学的发展史上，主要学派有：

（1）记述学派。其又称记录学派、国家学派、国势学派。创始人是德国赫姆斯特大学教授赫尔曼·康令（1601—1681）和哥丁根大学教授哥特弗里德·阿亨瓦尔（1719—1772）。记述学派因以文字记述和比较国情而得名。阿亨瓦尔把记述和比较国情的国家学定名为“统计学”，第一个使用了“统计学”这个名称。

（2）政治算术学派。其代表人物是英国的威廉·配第（1623—1687）和他的朋友约翰·格朗特（1620—1674）。政治算术学派因配第的《政治算术》一书而得名。《政治算术》一书写于1671—1676年，1690年在英国正式出版。配第在书中用算术方法和大量的统计资料，对英、法、荷三国的实力进行了比较和分析，“用数字、重量和尺度”来表达自己的思想。因此，马克思认为，配第不仅是“政治经济学之父，在某种程度内，也是统计学的发明者”①。

(3) 图表学派。其代表人物是丹麦的安彻逊（1700—1765）和德国的克罗姆（1753—1833）。1741 年，安彻逊第一个编纂了欧洲 15 个国家的比较统计表，用数字对欧洲各国的土地、人口、教育、财政、军队状况进行了比较。1782 年，克罗姆第一个用几何图形来表现统计资料。从此，便有图表学派之称。

(4) 数理学派。数理学派是主张用数理统计方法来研究社会经济现象和自然现象的一个统计学派。其先驱者是比利时的阿道夫·凯特勒（1796—1874），他是当时统计学界的中心人物，担任过比利时中央统计局局长，主持过第一次国际统计会议。他第一次把概率论和数理统计方法应用于社会经济统计，对法国、英国和比利时的犯罪统计资料进行了分析研究，从中发现了一些社会现象的规律。

(5) 社会学派。社会学派是 19 世纪产生于德国的一个统计学派，其先驱者是克尼斯（1821—1897），代表人物还有乔治·蓬·梅尔（1841—1925）和厄·恩格尔（1821—1896）等。社会学派认为，统计学是用特殊方法研究社会经济现象的数量方面及其发展规律，研究社会经济现象发展变化的因果关系的一门科学。他们所用的主要方法是大量观察法。

今天，统计学已形成一门统一的科学，统计科学的运用已渗透到自然科学和社会科学的各个领域。“统计学原理”所阐述的是统计学的基本理论和方法。考虑到本书的读者主要是文科特别是经济和管理类各专业的学生，因此，本书主要结合社会经济统计的内容阐述统计学的基本理论和方法。

第二节　统计的特点和作用

一、统计的特点

作为对客观事物的数量方面进行核算和分析的社会实践活动，统计具有如下几方面的特点：

（一）数量性

统计最基本的特点就是以数字为语言，用数字说话。具体来说，是用规模、水平、速度、结构和比例关系去描述和分析客观事物的数量表现、数量关系和数量变化，揭示事物的本质，反映事物发展的规律，推断事物发展的前景。

（二）具体性

统计所研究的量不是抽象的量，而是与客观事物（社会经济现象或自然现象）的质密切相关的量，是体现事物相互关系和发展变化的量，具有明显的时

① 见《资本论》第 1 卷，北京：人民出版社，1963 年，第 280 页。

空特点和事物属性的特点。统计不能离开事物的质去研究事物的量；研究事物的量，目的也在于认识事物的质及其发展变化的规律。统计不研究抽象的量，也没有自我的目的，不应当为统计而统计，更不应当搞数字游戏。

（三）综合性

作为认识武器的统计，是从总体上研究客观事物的。它虽然也研究个体，但只是为了综合个体来认识总体。不与总体密切联系的量，不从个体过渡到总体的量，不具有体现事物质的特征的普遍性，不具有体现事物运动规律的重复性和稳定性，因而不是统计研究的量。

二、统计的作用

（一）统计是认识世界的有力武器

马克思在《资本论》第1卷第1版的序言中曾说："德国和西欧大陆其他国家的社会统计，与英国相比是很贫乏的。然而它还是把帷幕稍稍揭开，使我们刚刚能够窥见幕内美杜莎的头。"① 其意思是，尽管德国的统计比英国差得多，但通过它还是揭开了当年德国社会的黑幕，使人们看见这个社会就像女妖美杜莎的头那样可怕。所以，列宁把统计看作认识社会的最有力的武器之一。在物理学、生物学、医学和工程技术等自然科学领域，统计同样是认识事物本质和事物发展变化规律的有力武器。但是，统计之所以成为人们认识世界的有力武器，并不是人们凭主观愿望赋予的，而是由下述两方面的原因所决定的。

第一，任何事物都是质与量的对立统一。一方面，任何量都依存于一定的质，离开质就无所谓量，也无从核算量。在社会经济和自然现象中，不与某种质相联系的量是毫无意义的，事实上也是不存在的。所以，密切联系事物的质去研究事物的量是统计核算和分析的前提。但是，另一方面，任何质都表现为一定的量。社会制度的性质、经济形势的好坏、管理水平的高低、经济效益的大小、产品质量的优劣、事物发展的规律等，无不在一定的条件下通过一定的形式表现为一定的量。客观事物的这一特点告诉我们，人们可以通过研究事物的量及其变化去认识事物的质和事物发展的规律。

第二，统计最基本的特点是以数字为语言，用数字说话。就是说，它在研究社会经济和自然现象时，是用数字去反映事物在具体时间、地点条件下的数量表现、数量关系和数量变化，用数字去反映事物的规模、水平、速度、结构和比例关系的。

正因为客观事物是质和量的对立统一，而统计最基本的特点又是用数字说话，这就使统计有可能通过研究事物的量去认识事物的质，掌握事物发展的规律，预测事物发展的前景，指导人们正确地进行各种实践活动，以期获得最佳的社会经济效益。所以，统计就成为人们认识世界的有力武器。

---

① 《马克思恩格斯选集》第2卷，第207页。

（二）统计是治国和管理的重要手段

人们认识世界的目的在于能动地改造世界。统计既然是人们认识世界的有力武器，就必然成为人们治国、管理、改革社会的手段。从历史的角度考察，统计实际上也是随着人类社会经济活动的发展，随着治国和管理的需要而产生和发展起来的。现在大至国际政治经济形势的分析、国家的决策施政和管理，小至企业的业务经营和班组核算，从宏观到微观，统计已无处不在，须臾不可离了。

对于统计在治国和管理中的重要作用，古今中外许多有远见卓识的政治家和学者都十分重视。早在我国春秋时代，齐桓公的宰相管仲就曾说过："不明于计数而欲举大事，犹无舟楫而欲经于水险也。""欲举事必成，不知计数不可。"秦朝著名政治家商鞅在《商君书·去疆》中更明确地强调："疆（强）国知十三数，竞（境）内仓、口之数，壮男、壮女之数，老、弱之数，官、士之数，以言说取食者之数，利民之数，马、牛、刍稿之数。欲强国不知国十三数，地虽利，民虽众，国愈弱至削。"① 意即要使国家富强起来，必须了解国情国力的基本统计数字，以便据此制定正确的治国方针和政策，否则，即使地大、物博、民众，国家也会因情况不明、决策施政失误，导致愈来愈弱，直至灭亡。我国古代政治家关于统计之重要性的这些精辟论述，至今仍掷地有声，振聋发聩。毛泽东在《党委会工作方法》中亦曾深刻指出："对情况和问题一定要注意到它们的数量方面，要有基本的数量分析。任何质量都表现为一定的数量，没有数量也就没有质量。我们有许多同志至今不懂得注意事物的数量方面，不懂得注意基本的统计、主要的百分比，不懂得注意决定事物质量的数量界限，一切都是胸中无'数'，结果就不能不犯错误。"这段论述既指明了人们认识事物的正确方法，又强调了统计之重要性，其中的哲理入木三分。

1984 年 1 月 6 日，国务院为贯彻执行《中华人民共和国统计法》而作出的《关于加强统计工作的决定》指出："统计是认识社会的一个重要手段。""经济越发展，越需要加强统计。经济越搞活，越需要发挥统计的监督作用。""统计是社会主义建设的一项重要基础工作。我国要实现工业、农业、科学技术和国防现代化，必须实现统计工作的现代化。""统计信息所反映的是国民经济和社会发展的总体情况，是社会经济信息的主体。统计工作现代化，是整个信息工作现代化的重点之一。"

我们的时代是信息时代，我们的国家是社会主义国家，我们的经济是以公有制为主体、多种经济成分并存的社会主义市场经济。在这样的历史条件下，统计在治国和管理中的重要作用，就比以往任何时候都显得更加重要。要对整个国民经济实行宏观管理，要搞好市场调节，一步也不能离开统计。不仅需要统计为制定政策与计划提供资料，而且需要统计去监督检查政策与计划的执行情况，分析存在的问题和原因，预测市场变化的前景，提出改进工作以及调整政策和计划的

① 见《四库全书精编·子部》第 342 页。

建议。而所有这些，如果没有准确、及时、全面、系统的统计信息，如果不实行有效的统计和监督，是绝对不可能办到的。不仅国家如此，地方、部门和企业的管理，也离不开统计。

（三）统计是科学研究的有效工具

统计作为认识世界的有力武器，不仅是治国和管理的重要手段，而且必然成为科学研究的有效工具。

任何科学研究都是一个认识过程。要在这个过程中有所发现、有所发明、有所创造、有所前进，使我们从某个必然王国走向自由王国，我们就必须运用一切可能运用的认识武器，统计正是这些认识武器中最有力的武器之一。通过它，我们可以反映事物的现状，揭示事物的内部构成，研究事物之间的相互关系，掌握事物运动的规律，比较事物的优劣，挖掘事物发展的潜力，预测事物发展的前景。因此，梁启超把统计誉为“百学之钥”。

当前，我国正处于一个新的历史发展阶段，在我国社会主义现代化建设、对外开放、改革经济体制的过程中，都有许多现实问题需要我们去研究。如果没有充分的、准确的统计资料去反映经济与社会发展的过程和特点，去比较不同体制下经济与社会发展水平的高低、速度的快慢、结构的优劣和效益的好坏，我们就无法得出正确的结论，甚至会使研究无法进行。所以，列宁说：“有许多问题，而且是涉及现代国家的经济制度和这种制度的发展的最根本问题，过去是根据一般的估计和大致的材料加以解决的，现在如果不根据按某一个一定的纲要收集并经统计专家综合的关于某一国家全国情况的浩繁材料，就无法加以比较认真的研究。”①

总之，统计之重要，可以用我国和世界著名学者马寅初先生所说的一段话加以概括。他说：“人类社会，日臻繁复，耳目有所未周，则不能无赖于统计焉。盖个人动作，在在与社会有关，倘于社会事实，未尽了了，则闭门造车，难期合辙。自然界现象，变化万端，亦非一二人力所能穷，则综合统计又为必要。是故学者不能离统计而研学，政治家不能离统计而施政，事业家不能离统计而执业也。”②

三、统计工作的任务

《中华人民共和国统计法》第二条规定：“统计的基本任务是对经济社会发展情况进行统计调查、统计分析，提供统计资料和统计咨询意见，实行统计监督。”这可概括为两个方面，即通过统计调查和统计分析，提供统计资料，为各级领导从事决策、施政和管理服务；同时又运用这些资料对国民经济的各个部门和社会生活的各个领域实行统计监督，及时揭露各种矛盾，以便采取措施解决这些矛盾，促进经营管理的改善，保证社会经济稳定协调地发展。

---

① 《列宁全集》第16卷，第420页。

② 马寅初：《马寅初博士序》，见王仲武：《统计学原理及应用》，北京：商务印务馆，1927年。

服务和监督是相辅相成不可分割的两个方面。过去有人只重视服务、强调服务，而忽视监督、反对监督，甚至为了一时一地的局部利益而要统计机关和统计人员弄虚作假，或报喜不报忧，或报忧不报喜，数字以局部利益或领导者的个人利益为转移。这是十分荒谬、十分错误的违法行为。关于统计监督之重要意义，《人民日报》1979 年 4 月 4 日社论《充分发挥统计监督作用》作了精辟的论述。该社论指出："在社会主义国家，监督的手段很多，财政、银行、工会、党的纪律检查委员会、人民检察院都是。但在所有这些监督的手段中，统计监督具有十分重要的意义。统计是用数字语言来表述事实的。统计所提供的准确的数字，成为各种监督手段的重要依据。如果说全部国民经济机构是一整架不断运转的大机器，那么，统计是起着'仪表'的作用。这架大机器的运转是否正常，是否发生故障，可以从统计这个'仪表'中全面地、准确地、及时地反映出来。"然而，如果统计成了只能报喜不能报忧的"仪表"，它又怎能为整个国民经济这架大机器的正常运转提供优质服务呢？一个不管机器是否发生故障和发生多大故障都只会发出"绿色信号"的"仪表"，除了最终导致"机毁人亡"的严重恶果之外，还能发挥什么样的作用呢？可见，监督是服务的必要条件，监督是为了更好地服务。

列宁是统计监督的倡导者，对统计监督作过许多精辟的论述。他曾说："自 1918 年提出接受政权的任务和布尔什维克向全体人民作了说明以来，在我们的理论文件中就明确地强调，即使从资本主义社会走上通往共产主义社会的任何一条道路，也必须经历一个实行社会主义的统计和监督的过渡时期，一个漫长而复杂的过渡时期（资本主义愈不发达的社会，所需要的过渡时期就愈长）。"①

今天，我们正在进行社会主义现代化建设，正在建立和完善社会主义市场经济。我们的统计工作者，一定要运用各种科学方法搜集和整理各种统计资料，发挥统计的信息功能作用，当好情报员；要充分运用统计资料进行分析研究，为管理决策提供有效的咨询，发挥统计的咨询功能作用，当好参谋员；还要充分利用统计信息，对国民经济各部门、各行业、各地区、各企业的活动，对整个社会经济的运行状况进行监督，当好监督员，揭露矛盾，提出对策建议，发挥统计的监督功能作用。

第三节　统计学的研究对象和理论基础

一、统计科学与统计工作的关系

理论源于实践。一切科学都是某种实践经验的理论升华和科学概括。统计科

① 《列宁全集》第 33 卷，第 43 页。

学也一样，它是统计工作经验的科学抽象和理论概括。统计工作是统计科学产生和发展的源泉，阐述统计科学绝不能离开统计工作。

但是，理论并不等于实践，统计科学也不等于统计工作。统计科学既然是统计工作经验的科学抽象和理论概括，它就要能指导统计工作。注意这一点是十分重要的，它将有助于我们正确理解和掌握统计学的研究对象、统计学的理论体系和内容。

二、统计学的研究对象

人们常说统计以客观事物的数量方面作为研究对象，这是针对统计工作来说的。任何一个部门的统计工作，都以与它相关的客观事物的数量方面作为自己的研究对象，通过调查、整理、分析，以数字为语言，用规模、水平、速度、结构和比例去反映一定时间、地点条件下客观事物的数量表现、数量关系和数量变化，以达到认识事物的性质、掌握事物运动的规律和指导人们的社会实践的目的，从而发挥统计的整体功能。

但是，统计科学作为统计工作经验的科学抽象和理论概括，并不是直接研究客观事物的数量方面，而是研究统计工作的规律，将人们长期从事统计调查、统计整理和统计分析的正反两方面的经验加以科学的抽象，升华为正确进行统计调查、统计整理、统计分析的理论和方法，以指导人们正确地进行统计实践，提高统计工作的社会效益和经济效益。所以，统计学的研究对象是统计工作的规律，即搜集、整理和分析统计数据的方法，是一门方法论科学。

三、统计学的基本理论和方法

统计学作为研究统计工作规律的科学，既要研究统计调查、统计整理和统计分析的一般规律，又要结合各个部门的业务实践来研究各个部门统计工作的具体规律，它们之间既有共性又有特性。所以，统计学又可分为研究各种统计工作的共同规律的统计学原理和以部门（行业）为研究范围并结合各部门（行业）的具体业务的部门（行业）统计学。

统计学原理阐述统计学的基本理论和方法，即阐述关于统计调查、统计整理、统计分析的基本理论和方法。这些基本理论和方法是从事任何一种具体的统计工作都要遵循和采用的。其基本内容如下：

（一）统计调查

统计调查是统计工作的第一阶段，是整个统计工作的基础一环。这部分内容包括统计调查的意义和原则、统计调查的种类、统计调查的方法、统计调查方案、统计调查误差及防止方法等。

（二）统计整理

统计整理是统计工作的第二阶段，是承前启后的阶段。其内容包括统计整理的意义和程序、统计审核、统计分组、统计汇总、分布数列和统计图表等。

（三）统计分析

统计分析是统计工作的最后阶段，是统计工作出成果的阶段。统计学原理在这一部分将阐述用哪些指标和方法去描述和分析客观事物的数量表现、数量关系和数量变化，怎样通过研究客观事物的量去认识自然和社会现象的质，以及如何分析和反映各种事物运动的规律。其内容包括总量指标与相对指标、平均指标与变异度指标、抽样与参数估计、假设检验、相关与回归、时间数列、动态分析指标和方法、统计指数和因素分析法，以及统计分析报告等。

四、统计学的理论基础

统计学作为一门独立的方法论科学，它的理论基础是马克思列宁主义、毛泽东思想和邓小平理论，以及概率论和数理统计。

马克思主义哲学是无产阶级的世界观和方法论，是无产阶级认识世界和改造世界最锐利的思想武器，当然也是统计科学的理论基础。统计作为认识世界的武器，必须坚持唯物论的反映论，坚持实事求是的原则，加强调查研究，只有这样才能如实反映客观情况。统计研究还要遵循从个别到一般、从现象到本质、从偶然到必然的认识过程，并用一分为二的观点，用联系的、发展的观点看问题，分清主流和支流，以便正确地认识客观世界。统计最基本的特点是用数字说话，必须以质与量对立统一的观点为指导，密切联系事物的质去研究事物的量，通过研究事物的量去认识事物的质和掌握事物运动的规律，从而充分地发挥它认识世界的作用，而不致走入数字游戏的死胡同。统计学是一门方法论的科学，只有以唯物辩证法为指导，不断地总结统计工作的新经验，才能有所发现、有所发明、有所创造、有所前进，才能不断地丰富统计科学的内容，更好地指导统计实践。

马克思主义政治经济学研究人类社会的生产关系，研究物质资料生产和分配的规律，科学地分析了社会再生产过程中各个阶段的各种经济关系，而这必然成为统计正确认识社会经济现象的理论依据。另外，统计只有以马克思主义政治经济学为指导，才能建立科学而完善的社会经济统计指标体系，正确区分不同的社会经济类型，解释不同类型的社会经济现象所具有的不同的质，掌握各种社会经济现象的不同发展规律，对各种社会经济现象之间的数量关系及其变化作出科学的分析。

概率论是从数量方面研究随机现象规律性的科学，数理统计则利用随机现象的规律性去研究统计资料的搜集、整理、分析和推断，以便人们根据已知资料对未知的情况作出科学的估计和预测，并采取必要的措施对事物的发展过程进行有效的调控，以期获得最佳的社会经济效益。因此，概率论和数理统计也是统计学的理论基础。

第四节 统计学的若干基本概念

在统计工作和统计科学中，我们常常会接触到一些基本概念。这些基本概念是我们从事统计工作和学习统计科学时必须掌握的基本知识。

一、总体与总体单位

总体是指在某种共性的基础上由许多个别事物结合起来的整体。构成总体的个别事物叫总体单位。总体和总体单位都是客观存在的事物，是统计研究的客体。例如，在工业普查中，“工业企业”就是一个总体，它是由所有从事工业生产活动的企业所组成的，其中的每一个工业企业都是一个总体单位，“从事工业生产活动”就是所有工业企业都具有的共性。

在统计工作中，确定总体是为了确定调查研究的对象和调查研究的范围，确定总体单位则是为了确定调查登记项目的承担者。在工业普查中，工业企业是总体，一切非工业企业都不属于我们调查研究的范围。工业企业的经济类型、行业性质、职工人数、资金总额、产值等都是工业普查中需要调查登记的项目，作为总体单位的工业企业个体，就是这些调查登记项目的承担者。

总体具有以下三方面的特征：

（1）同质性，即构成总体的各个单位必须具有某一方面的共性，这个共性是我们确定总体范围的标准。

（2）大量性，即总体是由许多单位组成的，而不是只有个别单位。

（3）差异性，即总体各单位之间，除了必须在某一方面有共性之外，在其他方面（如工业普查中，企业的经济类型、行业性质、职工人数、资金总额、产值等方面）必然存在差异。这些差异是统计研究的基础，如果总体各单位之间不存在任何差异，统计研究就会成为多余的东西。

总体可分为有限总体和无限总体。凡总体单位数有限而可以计数的总体叫有限总体，对有限总体既可以进行全面调查，也可以进行非全面调查。凡总体单位数无限而不可计数的总体叫无限总体（如空气和水），对无限总体只能进行非全面调查。

总体和总体单位是根据统计研究的目的来确定的，随着统计研究目的的变化，总体和总体单位也会发生变化。例如，一个工厂、一所大学，既可以是某种调查研究中的总体单位，也可以是另一种调查研究中的总体。

二、标志、变异和变量

标志，是指说明总体单位特征的名称。例如，作为总体单位，每个工业企业的经济类型、行业性质、职工人数、资金总额、产值、利润总额等都是标志。标志可分为品质标志和数量标志两种。经济类型和行业性质是说明总体单位属性特征的，叫品质标志。对于品质标志，只能用文字回答问题。职工人数、资金总额、产值、利润总额等是说明总体单位数量特征的，叫数量标志。对于数量标志，则需要用数字来回答问题。

标志还可分为不变标志和可变标志。所有总体单位共同具有的特征叫不变标志，它是构成总体的必要条件和确定总体范围的标准。在总体各单位之间必然存在差异的标志叫可变标志。例如，工业企业的经济类型，有的企业属国有，有的企业属集体，有的企业属私有或合营。再如，职工人数，有的企业可能只有几人或几十人，而有的企业可能有几千人或几万人。总体单位之间这些品质和数量上的差异，即可变标志在总体各单位之间所表现出来的差异，叫变异。同质是构成总体的条件，变异是统计研究的基础。

可变标志中既有品质标志也有数量标志，其中，可变的数量标志就叫变量。例如，在工业普查中，工业企业的职工人数、资金总额、产值、利润总额等都是变量。变量的具体数值（如职工 3 372 人、产值 17 235 万元）叫变量值。凡变量值只能以整数出现的变量叫离散变量；凡变量值可作无限分割的变量叫连续变量。例如，一个地区的人口数、工厂数、学校数，一个工厂的职工人数、机器台数等都只能是整数而不可能带小数，这种变量就是离散变量。但人的年龄、身高、体重，工厂的产值、利润等却可以带小数，而且其数值是可以无限分割的，在两个数字之间还可以有连续不断变化的其他数字，这种变量就是连续变量。工厂的职工人数，要么是 99 人，要么是 100 人，而不可能有 99. 1 人、99. 5 人等。但人的体重却不能说要么是 60 公斤，要么是 61 公斤，因为体重在这两数之间者大有人在，而且情况千差万别，无法一一列出。不过，在某些特殊场合，连续变量亦可作离散化处理。例如，当人口按年龄进行基础分组时，可分为 0、1、2、3……岁。但其含义是明确的：“0”表示不满 1 岁，“1”表示满 1 岁而不满 2 岁，其余类推。只要约定俗成，众所周知，或事先明确规定而不致发生错漏，连续变量离散化处理的方法亦可在其他场合使用。

三、指标和指标体系

指标是说明总体数量特征的概念。例如，在工业普查中，所有工业企业构成总体，工业企业总数、工业职工总数、资金总额、平均工资、固定资产总值、利润总额等就是指标，它们都从不同的方面反映总体的数量特征。

指标和标志是不同的，不能混为一谈。两者的区别有二：第一，指标说明总体的特征，而标志则说明总体单位的特征。第二，指标只反映总体的数量特征，所有指标都要用数字来回答问题，没有用文字回答问题的指标；而标志则既有反映总体单位数量特征的，也有反映总体单位品质特征的，只有数量标志才用数字回答问题，品质标志则用文字回答问题。

指标和标志也存在着联系，主要表现在许多指标的数值都是由总体各单位的数量标志的标志值汇总得来的。例如，工业职工总数由各工业企业的职工人数汇总而得，资金总额由各工业企业的资金占用额汇总而得。品质标志虽然本身不具有数值，但有些指标是按品质标志分组计算出来的。例如，在工业企业总数中，国有、集体、私有和合营的各有多少，职工总数中男、女职工各有多少等。此外，由于总体和总体单位可随统计研究的目的而易位，故指标和数量标志在一定的条件下亦可变换。

在统计研究中，任何一个统计指标都只能反映总体某一方面的数量特征。为了全面系统地认识一个总体，就需要同时使用许多指标。这种以共同的研究目的为纽带而相互联系的一系列统计指标，就叫指标体系。例如，为了反映外贸商品流转的全面情况，我们就需要出口商品收购、出口、进口、库存等指标，进出口还要按贸易方式、商品类别、国别等标志分组，从而形成一系列统计指标，以全面系统地反映外贸商品流转的情况。

统计指标体系的设计必须从统计研究的需要出发，使各项指标都能满足研究目的的要求。统计指标体系的设计要贯彻少而精的原则，一切可要可不要的统计指标，都应当坚决不要。统计指标体系的设计，还应当把需要与可能结合起来，虽然需要但很难甚至不可能取得资料的指标，宁可不要。

指标按其反映事物的特征不同，可分为数量指标和质量指标两大类。凡反映事物多少、大小、长短等的指标叫数量指标，如产量、建筑面积、通车里程、运量等；凡反映事物优劣、等级、效率等的指标叫质量指标，如成本、价格、利润率、平均工资、产品优良率与合格率等。

思考题与习题

1. 什么叫统计？
2. 统计有哪些特点？它最基本的特点是什么？
3. 统计科学发展史上的主要学派有哪些？各派的主要代表人物是谁？
4. 统计在社会生活中有什么作用？为什么说统计是认识世界的有力武器？
5. 统计工作的基本任务是什么？怎样理解服务与监督的关系？
6. 统计学的研究对象是什么？
7. 统计学的理论基础是什么？为什么？
8. 什么叫总体和总体单位？总体有哪些特征？什么是有限总体？什么是无限总体？
9. 什么是标志？标志有哪几种？
10. 什么是变异？什么是变量？
11. 什么是连续变量？什么是离散变量？两者有何区别？
12. 什么叫指标？指标和标志有什么区别和联系？
13. 什么叫指标体系？设计指标体系时应注意哪些问题？

第二章　统计调查

统计工作的全过程，按内容的不同，可分为统计调查、统计整理和统计分析三个阶段。这三个阶段既相互联系，又相互区别，各有相对独立的内容。

第一节　统计调查的意义和原则

一、统计调查的意义

统计调查，是指根据统计研究的目的，有组织、有计划地搜集统计资料的过程。

统计调查是统计工作的第一阶段，是整个统计工作的基础一环。只有做好统计调查，打下良好基础，才能对统计整理和统计分析产生积极的影响。如果统计调查搞得不好或不搞统计调查，对情况缺乏了解，或调查的材料是不准确的、片面的、零碎的，那么，统计整理和统计分析就将不仅是徒劳的，而且会由此产生错误的结论，作出错误的决策，订出错误的计划，对工作实行错误的指导，使社会经济活动和人民的生命财产受到损失。所以，我们必须十分重视统计调查，认真搞好统计调查。

二、统计调查的基本原则

要搞好统计调查，必须遵循以下基本原则：

（一）要实事求是，如实反映情况

统计资料是否准确可靠是统计的第一生命。我们必须坚持唯物论的反映论，坚持实事求是的原则，如实反映情况，丁卯分明；要反对粗枝大叶、敷衍塞责，要严禁弄虚作假。为了一时一地一己的私利而弄虚作假，篡改和伪造统计数字，是一种刑事犯罪行为。这种犯罪行为带来的后果严重，危害巨大，我们必须高度重视。

（二）要及时反映，及时预报

为了及时了解情况、发现问题和解决矛盾，统计调查应及时进行，及时反映和预报，把事后反映与事前预报结合起来。无论是事后反映还是事前预报，都应当是雪中送炭。时过境迁、雨后送伞的统计，必然会失去它应有的作用。

（三）要数字与情况相结合

统计调查要收集统计数字，但要证明事物产生、发展和变化的原因，成功和失败的经验与教训等，则必须同时了解与数字有关的其他情况。把数字与情况结合起来，才能使统计工作有血有肉，生动活泼，充分发挥其参谋作用，而不致变成枯槁的东西。

第二节　统计调查的组织形式

一、普查

普查，是指为搜集某种社会经济现象在某时某地的情况而专门组织的一次性全面调查。它是了解国情国力基本情况的重要手段，主要用于一些重要项目的调查，如人口普查、耕地普查、基本单位普查、工业普查和库存普查等。

普查涉及面广、工作量大、时间性强、耗费较多、组织工作复杂，必须注意以下问题：

（1）普查必须少而精，应当限于事关重大的重要问题。

（2）必须统一规定调查项目，以保证调查内容的统一。

（3）必须明确规定普查的标准时点，防止资料错乱。

（4）必须统一规定进行调查的起讫期限，确保调查按期完成，各地资料能按时上报汇总。

（5）同类普查应尽可能按一定的周期进行，以便研究事物发展变化的规律。

（6）必须加强领导，统一指挥，严密组织，妥善安排。

二、随机抽样调查

抽样调查即非全面调查。按抽选调查单位方法的不同，它分为随机抽样和非随机抽样两类。

随机抽样又叫概率抽样，是指按随机原则（机会均等原则）从总体中抽取部分单位进行调查，并借以推断和认识总体的一种统计方法。它是各种非全面调查方法中最科学的一种方法，可以计算样本指标和抽样误差，并按一定的概率去推算总体指标，正在逐步成为我国统计调查方法体系中的主要方法之一。本书将在第七章重点阐述。

三、非随机抽样调查

非随机抽样调查，是指调查者有意识地或随意而非随机地从总体中抽取部分单位进行调查的统计方法。非随机抽样不遵循随机原则，不能事先计算和控制抽样误差，一般也不用于推算总体指标。它包括以下几种方法：

（一）重点抽样

重点抽样，是指只对总体中为数不多但影响颇大（其标志值在总体标志总量中所占比重甚大）的重点单位进行研究的一种非全面调查。它适用于分布比较集中的事物。重点单位可以是重点地区（产区、市场、出口基地等），也可以是重点企业、主要产品或商品，视具体情况而定。

重点抽样调查的主要特点是以较少的人力、物力和财力，及时地透过重点单位掌握总体的基本状况及其发展变化的基本趋势。

重点抽样调查一般通过专门组织的调查来收集资料，但也可通过定期报表的形式由重点单位定期报送有关资料。在我国现行的统计报表中，有些就是由重点企业和主要农副产品的重点产区填报的。

（二）典型抽样

典型抽样，是指根据对调查对象的初步了解，有意识地从中挑选有代表性的单位进行研究的一种非全面调查。在国外，人们则常称之为判断抽样，是非随机抽样中的一种。唯物辩证法关于个性与共性、特殊性与普遍性的辩证关系的理论，是典型抽样调查的科学基础。典型抽样调查从研究个别到了解一般，然后又以一般指导个别，符合人类认识运动的规律，是认识事物的科学方法。而且，它灵活方便，反应迅速，省时省力，深入具体，可以把数字和情况结合起来，具有特殊的作用。其作用是：

（1）“解剖麻雀”，推论一般，指导全局。这是典型抽样最主要的作用。根据共性寓于个性之中，无个性即无共性的道理，毛泽东同志把典型抽样调查比作“解剖麻雀”。我们要认识某种社会经济现象，可以从这类事物中有意识地选择若干个有代表性的单位，进行深入系统的调查研究，从中发现共性的东西，得出一般结论，掌握其规律，从而指导全局。这就如同通过解剖几只麻雀就可了解天下麻雀的构造一样。这是人们常用的一种科学方法。列宁也认为，“在解决某个错综复杂的社会经济问题的时候，起码的一条就要首先把握住最典型的事情”①。

（2）研究新生事物，推广新鲜经验，促进新生事物的发展。事物是运动和发展的，存在一个新陈代谢、除旧布新的过程。新生事物的产生和发展过程，是一个从无到有、由小到大、逐步上升到支配地位的过程。由于新生事物开始时总是少数，我们要研究新生事物，推广新鲜经验，就只能搞典型抽样调查了。

（3）有利于全局与典型、数字与情况的结合，促进统计研究的深化。因为典型抽样调查范围小，单位少，我们可以抓住为数不多而又有代表性的典型进行深入细致的研究，从而使我们能够看到在全面调查和定期统计报表中所看不到的东西。所以，列宁把典型抽样调查比作“放大镜”，认为通过对典型事物的研究，就“好像通过放大镜使我们看到那种在俄国各地以比较微弱、比较难以确

---

① 《列宁全集》第6卷，第108页。

定的形式进行着的变化"①。

搞好典型抽样调查的重要条件是要正确地选择典型单位，使典型单位真正具有代表性。如果典型单位选择不当，就会降低典型资料的作用，甚至会从典型资料中导出错误的结论，造成危害和损失。因此，在选择典型单位时，要注意以下几个问题：

（1）要根据统计调查的目的和调查对象的特点，正确划分社会现象的类型和确定所选典型的类别。因为同一事物在不同的条件下会有不同的表现形式，可以按照不同的标志去进行不同的分类，不要千篇一律地分为上、中、下或甲、乙、丙。城市和农村，经济作物区、粮食作物区和混合作物区，山区、平原、丘陵和湖区，沿海开放区和内地，某种改革的试点单位和非试点单位等，都可以作为我们分类的基础。

（2）要注意典型的代表性，要从事物的联系中去挑选典型。要了解麻雀，只能解剖麻雀，不能解剖鸡，更不能解剖猫、狗。也就是说，某类事物的典型单位必须从某类事物中去挑选，不能信手拈来，更不允许为了某种目的而故意选择没有代表性的单位作为典型。

（3）典型单位数目的多少要依总体各单位之间的差异程度而定。当差异程度大时，典型单位数目应多些，或采取"划类选典"的方法，从总体各类中分别选择典型；当差异程度小时，典型单位数目则可少些，也不一定要"划类选典"。

（三）任意抽样

任意抽样，又叫方便抽样或随意抽样（不是随机抽样），是指调查者随意抽取（不作有意识的挑选）调查单位进行调查的一种方法，但它不保证每个单位都有相等的中选机会。这是它与随机抽样不同的地方。这种方法常用于市场调查和民意调查，如柜台访客调查、街头路边拦人调查等。

（四）配额抽样

配额抽样就是在对总体作若干种分类和样本总容量既定的情况下，按配额（按一定要求给定的样本单位数）从总体各部分抽取调查单位进行调查的方法。例如，若将职工按性别、年龄、工资水平三种标志进行分组，样本单位数为500人，抽取调查单位时，就必须保证男女职工总数为500人，各年龄组的职工总数、各类工资水平的职工总数也都为500人。这三种分组的样本单位数可分别控制，亦可交叉控制。

【例2-1】从职工中抽取样本单位500人。按性别分：男300人，女200人；按年龄分：30岁以下100人，30~40岁150人，40~50岁200人，50岁及以上50人；按工资水平分：3 000元以下50人，3 000~5 000元80人，5 000~7 000元200人，7 000~10 000元100人，10 000元及以上70人。以上是三种

① 《列宁全集》第20卷，第126页。

分组分别控制。

若三种分组交叉控制，则 500 个样本单位可按表 2－1 分配。

表 2－1 交叉控制配额抽样表

工资(元) / 性别 / 年龄	3 000 以下		3 000～5 000		5 000～7 000		7 000～10 000		10 000 及以上		合计	
	男	女	男	女	男	女	男	女	男	女	男	女
不满 30 岁	6	4	10	6	24	16	12	8	8	6	60	40
30～40 岁	9	6	14	10	36	24	18	12	13	8	90	60
40～50 岁	12	8	19	13	48	32	24	16	17	11	120	80
50 岁及以上	3	2	5	3	12	8	6	4	4	3	30	20
小计	30	20	48	32	120	80	60	40	42	28	300	200
合计	50		80		200		100		70		500	

四、定期统计报表

（一）定期统计报表的意义

定期统计报表，是指按国家统一规定的指标体系、表格形式、报送程序和报送时间，定期地自下而上地向国家和上级主管部门报送统计资料的一种统计调查形式。

定期统计报表是国家取得经常性的基本统计资料的手段。通过定期统计报表，可以经常地收集社会经济活动的基本统计资料，为企业和上级领导了解情况、决定政策、制订计划、监督检查政策与计划的执行情况和指导日常工作提供必要的依据。

与普查和抽样调查一样，定期统计报表也是统计调查的一种组织形式。它既可用于全面调查，也可用于非全面调查，而且相对于派员调查而言，花费较少。但它要求有较好的统计工作基础，故不能事事都靠统计报表来收集资料，不能滥发统计报表，只能因事制宜。

（二）定期统计报表的种类

定期统计报表按内容的不同，可分为基本统计报表和专业统计报表。基本统计报表提供国民经济各部门各行业最基本的统计资料，作为国家和地方政府宏观决策与调控的依据。专业统计报表则根据部门业务特点设计，为部门和企业管理提供资料。一般来说，专业统计报表比基本统计报表的内容要多一些，详细一些，但不得与基本统计报表相抵触。

按报告周期的不同，定期统计报表分为日报、旬报、月报、季报、半年报和年报。日报、旬报一般用于报告重要统计项目或指标的进度；月报、季报和半年报则主要用于经常性的计划和合同执行情况的检查；年报则提供全面、系统的资料，用于年度总结和分析。

定期统计报表，还可按报告方式的不同分为电讯（电话、传真、计算机联网）报和表式（邮寄）报。电讯报多用于周期较短以及时间性强的项目或指标，表式报则多用于周期较长、指标较多和无须立即掌握的项目或指标。

第三节 统计资料的搜集方法

搜集统计资料的具体方法应当根据调查对象、调查单位的特点和调查内容的不同要求来确定。常用的方法有以下几种：

一、直接观察法

直接观察法也叫现场观察法，是指调查机关派出调查人员到调查所涉及的事物所在场所进行现场观察、点数、计量或用仪器测量和记录现场情况的调查方法。简言之，它是指调查人员亲自到现场点数、计量的方法。如农产量抽样调查中的实割实测、商品库存盘点、大牲畜普查、车辆流量调查、旅客流量调查、读者流量调查、工业设备普查等都用直接观察法。

直接观察法因调查人员亲自参加计量、点数和了解有关情况，故可更多地了解实际情况，增加感性认识，也有利于开展统计分析。但直接观察法需要花费较多的人力、物力、财力和时间，而且它无法了解生产者、转卖者、消费者等各种人的心理活动，也无法对历史情况进行研究。因此，直接观察法主要用于非全面调查，收集表象资料和了解现实情况。

二、采访法

采访法，是指由调查机关派出调查人员向被调查者收集资料的方法。采访法分个别采访和集体采访（调查会）两种形式，可以通过口头询问收集资料或分发调查表格由被调查者填写而后收回。

采访法的优点是调查人员和被调查者直接交谈，调查人员可向被调查者说明调查的目的要求，打消被调查者不必要的顾虑；也可当场解答被调查者的各种疑问；如果是集体采访，还可相互讨论、相互启发和相互补充。因此，采访法可以收集到比较准确的信息和丰富的资料，也有利于调查人员把收集统计资料和有关情况结合起来。但采访法要花费较多的人力、财力和时间。

电话调查是采访法的一种特殊形式，比派员采访节省人力、财力和时间，成本较低。但往往不易获得对方的合作，而且不便询问比较复杂的问题。

要搞好采访调查，必须有事先准备好的详细提纲、虚心求教的态度、实事求是的精神、随机应变的能力和循循善诱的技巧。

三、报告法

报告法，是指被调查者按调查机关统一颁发的调查方案（表格、指标及有关规定）按时向上级报告有关资料的调查方法。定期统计报表和某些一次性调查表都用这种方法。

报告法有如下特点：

(1) 强制性，下级必须按规定准确及时地向上级提供统计报告。对违反规定弄虚作假和迟报、拒报者，将按统计纪律和统计法给予惩处。

(2) 它一般用于对机关团体和企事业单位的调查，而不是对个人的调查。

(3) 相对直接观察法而言，无论在人力、物力、财力还是时间方面，报告法都要节省得多。

由于报告法是通过颁发调查方案来收集资料的，调查者和被调查者不直接接触，因此，调查方案必须简明准确、通俗易懂，以免由于被调查者对调查方案的理解错误而影响统计质量。

四、通讯法

通讯法，是指调查机关用通讯方式向被调查人收集资料的方法，即调查机关将调查提纲或调查表格邮寄给被调查人，后者则按要求作出答复并将结果寄回调查机关。

通讯法也有节省人力、财力和时间的优点。但这种方法一般用于对个人的调查，并且以自愿提供资料为前提，需要取得被调查人的支持和合作，没有强制性，故发出的调查提纲或调查表的回收率往往较低。而且，由于无人回答被调查者的疑难问题，因此常常会得到错误的答案。所以，调查提纲中必须向被调查者明确解释调查的目的和意义，声明为被调查者严守秘密，并对调查项目中可能引起疑问的项目作出准确而又通俗易懂的解释。

五、实验调查法

实验调查法，是指通过某种实践活动的验证去收集有关资料的一种调查方法。此法起源于自然科学的实验求证，类似于自然科学中通过实验来取得有关数据，得出正确的结论，故名实验调查法。

实验调查法是以社会为“实验室”，以社会实践为基础的一种调查方法。例如，为了了解某种新产品的质量和提高产品质量应采取的措施，可免费将新产品赠送给用户或消费者个人试用，以便征求用户或消费者个人的意见；为了了解某种新产品的销路和顾客对产品质量与价格的意见，可举办新产品展销会；为了进行某种改革或推行某种新的政策，先在小范围内进行试验，以了解这种改革或新政策的社会效应，然后再决定是否将这种改革或新政策加以推广，是否需要进行调整或修改。这些做法都是实验调查法。

实验调查法以社会实践为基础，可以取得较准确的信息和丰富的资料，便于人们作出正确的决策，避免不应有的损失，从而可提高社会经济活动的效益。当然，实验调查法也需要花费较多的人力、物力、财力和时间。

六、网上调查法

网上调查法，是指通过互联网所进行的统计调查。它是现代传播媒介新技术与统计调查理论方法的结合。

网上调查法具有其他统计调查方式方法所没有的网上优势，主要包括：①组织简便，费用低廉。因为网上调查法无须大量印制和寄发调查方案及调查问卷，无须派遣大量的调查人员，信息采集和录入工作都在网上用户的终端完成。②传输技术现代化，并可全天候运作，大大缩短调查时间。③可扩大调查空间，在网络覆盖的范围内，调查可跨越区域甚至跨越国界进行。当然，网上调查法也有它的局限性，主要是调查对象只能限于网上用户。随着网络技术的发展和上网用户的增加，我国网上调查也必将迅速发展。但是，网上调查资料的保密性和可信度较难控制，这是它无法克服的一大缺陷。

第四节　统计调查方案与问卷设计

一、统计调查方案的意义

统计调查是按照统计研究的目的有组织、有计划地搜集统计资料的活动，是一项复杂而细致的工作。一项大型的统计调查，往往涉及千家万户，要数以万计的人协同工作才能完成。为了使统计调查能有条不紊地进行，按照统一的内容、方法、步调和期限顺利完成，收集到合乎要求的统计资料，必须预先制订一个周密的统计调查的工作计划。这个关于统计调查的目的、对象、内容、方法、步骤、时间、经费和组织领导等的工作计划，就是统计调查方案。统计调查方案是指导统计调查的纲领性文件。

二、统计调查方案的基本内容

统计调查方案的基本内容包括以下几个方面。

（一）统计调查的目的

制订统计调查方案，首先必须明确规定统计调查的目的。进行统计调查是为了收集社会经济现象的数量表现、数量关系和数量变化，以及有关情况。但是，社会经济现象纷繁复杂，它们的数量表现、数量关系和数量变化也是多种多样的，可以根据不同的目的，从不同的方面去收集。目的不同，调查的对象、范围、内容、方法就不同。目的不明确就无法确定向谁调查、调查什么、用什么方式方法取得资料，其结果必然会引起调查的混乱，甚至会使调查无法进行，从而贻误我们的工作。

（二）调查对象、调查单位和报告单位

统计调查方案中还必须明确规定调查对象、调查单位和报告单位。

调查对象和调查单位就是统计调查中的总体和总体单位。它们都是与统计调查的目的直接相关的。例如，如果是全面了解工业企业情况的工业普查，那么，由所有从事工业生产活动的单位所组成的“工业企业”就是调查对象，其中的每一个工业企业就是调查单位。如果调查目的是了解国有工业企业设备的状况，那么，“国有工业企业设备”就是调查对象，国有工业企业的每一台设备就是调查单位。调查对象是由许多调查单位所组成的整体，调查单位是调查项目的承担者。在工业普查中，每一个工业企业就是经济类型、行业性质、职工人数、产量、产值、设备数量和价值等调查项目的承担者；在国有企业工业设备普查中，国有工业企业的每一台设备，就是设备名称、种类、能力、完好程度、工作时间等调查项目的承担者。

报告单位又叫填报单位，是指按照调查方案的要求负责向上级报送调查结果的单位。报告单位和调查单位是不同的，报告单位是有意识和行为能力的某种机构（机关、团体、学校、企事业单位等）和人，调查单位则既可以是人或某种机构，也可以是没有意识和行为能力的某种物（如设备）。所以，在有些场合，报告单位和调查单位两者相同，如在工业普查中，报告单位和调查单位都是某一个工业企业；但在有些场合，报告单位和调查单位则不同，如在国有工业企业设备普查中，调查单位是国有工业企业的每一台设备，但报告单位则是每一个国有工业企业，因为设备不会自己写字和填表。

（三）调查项目和调查表

调查项目，是指作为调查内容规定下来的调查单位的特征（标志）。例如，工业普查中工业企业的经济类型、行业性质、职工人数、产量、产值，设备普查中设备的名称、种类、能力、完好程度、工作时间等，如果作为调查内容规定下来，就都是调查项目。

调查表则是合理而有序地排列调查项目的表格。其格式有两种：凡只能填写一个调查单位的调查表叫单一表；可以同时填写若干个调查单位的调查表叫一览表。使用单一表还是一览表应视调查内容的多寡和是否便于登记而定。当调查项目较多而调查单位又较分散时，宜用单一表；若调查项目较少，调查单位又较集中，则可使用一览表。

（四）调查时间和调查地点

调查时间，一是指调查资料所属的时间范围（时点或时期），一是指某次统计调查工作的起讫期限。规定这两种时间都是十分必要的，前者是为了保证统计资料的准确、可比、可汇总；后者则是为了保证各地各报告单位能在同一期限内完成某项调查任务，以便按时整理汇总和展开分析。

调查地点，是指调查对象所在的地点，亦即统计资料所属的空间范围。明确规定统计资料的空间范围，也是防止统计调查资料发生错漏的必要前提。

（五）调查的方式、方法

统计调查的方式方法有多种，各有长短，适用于不同的条件。某次统计调查到底采用什么方式方法，应当根据该次统计调查的内容和特点，并结合各种调查方式方法的优缺点来考虑。在权衡利弊之后作出取舍，并在调查方案中加以明确的规定，可以只用某种方法，也可以若干方法结合运用，要视具体情况而定。

（六）调查工作的组织实施计划

除了以上各项内容外，统计调查方案中还应当对本次调查的组织实施问题作出妥善安排。这些问题包括调查的组织领导机构、宣传教育、人员培训、文件印刷、经费筹措与开支办法、调查资料的报送程序与报送方式、调查结果公布的时间等。

三、问卷设计

问卷，是指调查者向被调查者发出的调查提纲或调查表。经被调查者填写答复的问卷，就是调查所取得的原始资料。能否顺利地从统计调查中取得合乎要求的资料，与问卷设计是否科学关系极大。因此，设计问卷时应当注意以下几点：

（1）问卷必须主题明确。所有设问项目都必须与主题有关，无关的项目，可要可不要的项目，都不要列入问卷。

（2）词语必须简明准确，不要模棱两可，以避免理解和答问的错误，影响资料的可信度。

（3）不设容易引起被调查者反感或疑虑而不能获得答案的项目。

（4）问卷项目要按一定的顺序排列，要先易后难或由浅入深，并注意项目之间的联系。例如，被调查者的姓名、性别、年龄、职务、收入，所需商品的品名、牌号、规格、等级、数量，对某种事物的喜爱程度是很喜欢、喜欢、无所谓、不喜欢还是讨厌等，都要按一定的顺序排列，以便被调查者连贯作出答复或通过比较作出选择。

（5）要注意被调查者的特点。不同的被调查者（如工人、农民、学生、教师、商人、军人、国家机关工作人员等）生活在不同的环境中，在价值观念、文化素养、个人爱好、消费构成、答问能力等方面都存在着程度不同的差异，设计问卷时应当考虑到这些特点。设问切合实际，答案才能准确。

（6）问卷设计要邀请了解情况、熟悉业务的行家共同研究，而且最好经过试验性调查加以修正，切忌闭门造车。

（7）要讲究调查技术。

四、调查技术

调查技术，是指获得准确可信答案的技巧。这也是问卷设计中要注意的重要问题之一。为了获得准确可信的答案，在问卷设计中常常采用以下方法。

（一）自由回答法

自由回答法又称无限制回答法，即问卷中的设问项目没有给出可供选择的答案，由被调查者自由回答。例如："你喜欢哪一种国产电冰箱?""你为什么买海尔电冰箱?""你喜欢哪种牌号的空调机？为什么?""你准备买什么牌号和规格的彩色电视机?"这些问题在问卷中都未给出可供选择的答案，毫无限制，完全由被调查者自由回答。这种方法可以简化问卷，节省篇幅，也可以使答问者不受约束，有利于获得更丰富的信息。其缺点是答问者可能一时想不出适当的答案而拒绝回答；也可能因答问者表达能力较差而词不达意，影响答案的可信度；此外，自由回答法会增加对信息进行统计处理的难度。

（二）二项选择法

二项选择法，是指对问卷中的设问项目给出非此即彼的两个答案（如要与不要、喜欢与不喜欢、好与不好等)，强制答问者从中择一。这种方法可使答问者态度明朗，获得明确的答案，而且便于事后的统计处理，但不能反映答问者意愿的强弱程度，也不宜用于允许有多种答案可选的问题。

（三）多项选择法

多项选择法，是指对问卷中的设问项目同时给出多种答案，由答问者从中选择一项或数项。这是二项选择法的发展，也具有二项选择法的优缺点，但灵活性比二项选择法大。应用此法时，应当注意以下三点：

（1）答案应当包括需要了解的所有可能的情况。

（2）各种可能的答案必须相互排斥，而不能相互交叉，更不能相互包容。

（3）是从多项答案中选择一项，还是从多项答案中选择两项或几项，应当在设问时表达明确，使设问与答案之间不会出现矛盾。例如："你认为××产品的质量如何?"给出的答案是"好，比较好，一般，不太好，差"，答问者自然会只从这五个答案中选择一个。如果是："在下列产品中你常用哪几种?"那么，答案就应当允许不选，或选一种，或选两种，或选两种以上。

（四）赋值评价法

赋值评价法，是指用打分数或定等级来评价事物的好坏或优劣的方法。打分时，一般用百分制或十分制，等级一般定一至五级或一至十级。这种方法简便易行，评价的活动余地较大，而且便于统计处理和比较。缺点是分类的多少和等级的高低不易掌握分寸，而且往往因人而异，差距较大。因此，当采用这种方法时，应当对打分或定级的标准作出统一的规定，以便答问者有所参考。

（五）空位填答法

空位填答法也叫填空法，即在设问项目中空出答案的位置，由被调查者作答。例如，你家有______人，全家每月生活费支出______元，每月生活费支出中用于购买商品的支出______元，其中用于购买食品的支出______元等。

（六）等级定位法

等级定位法，即事先将调查项目的答案划分成若干等级，请被调查者从中选定一个等级。例如，你家平均每人每月的生活费支出属下列情况的哪一种？请在所属等级后的方框中画“√”。

①不满 500 元□　②500 ~ 700 元□　③700 ~ 1 000 元□

④1 000 ~ 1 200 元□　⑤1 200 ~ 1 500 元□　⑥1 500 元以上□

（七）排序顺位法

排序顺位法，即事先将调查项目的答案列出，请被调查者按某种标志（如喜爱程度、质量高低或其他标志）的顺序排位。例如，在下列几种洗发液中，请按你选用的顺序在品牌名称前的方框中编上顺序号。

□飘柔　□潘婷　□海飞丝

□花王　□沙宣

（八）比较选择法

比较选择法，就是将被调查的若干产品（或其他事物）作不重复的两两组合，让被调查者通过两两对比作出选择。例如，在下列作对比的自行车中，两相比较，你愿意用哪一种？请在你愿意用的品牌后的方框中画“√”。

①凤凰□与永久□　②凤凰□与飞鸽□

③凤凰□与喜德盛□　④永久□与飞鸽□

⑤永久□与喜德盛□　⑥飞鸽□与喜德盛□

（九）连线配合法

连线配合法，就是在问卷中将调查项目和答案排成两列，请被调查者在调查项目与答案之间画线连接作答。例如，你认为下列品牌的冰箱有哪些优点？请在品牌与优点之间画线指明。

冰箱品牌	优　点
万宝	美观
容声	耐用
美菱	省电
西门子	制冷快
海尔	噪音小
伊莱克斯	价格合理

第五节　调查误差

一、调查误差的概念与种类

统计调查误差，是指调查所得的统计数字与调查对象的实际数量之间的差异，即调查所得的数量大于或小于调查对象的实际数量之差。

统计调查误差有两种情况：一种是由于调查工作中的失误所造成的误差，叫工作误差；另一种是以部分推断总体时必然存在的误差，叫代表性误差。

二、产生调查误差的原因

产生工作误差的原因有以下几个方面：

(1) 因调查方案规定不妥而产生的设计误差。

(2) 因调查过程中记录不准和转抄有误而产生的登记误差。

(3) 因计量器具不准、计量单位折算和数据汇总有误而产生的计算误差。

(4) 因被调查者故意弄虚作假而产生的立意误差。

工作误差，无论在全面调查还是非全面调查中都有可能发生。但这些都是人为的误差，是可以防止和避免的。

代表性误差是由于部分与总体之间存在结构和水平上的差异，在用部分来代表总体和推断总体时所必然存在的误差。所以，代表性误差只有在非全面调查中才会出现。代表性误差是不可避免的，只能设法减少。

三、防止与减少调查误差的办法

为了防止与减少调查误差，提高统计资料的质量，应当做好以下几项工作：

（一）要正确周密地制订统计调查方案

统计调查方案是统计调查的纲领性文件，涉及统计调查的各个方面，无论内容还是文字都要准确而周密。要明确规定调查对象和调查单位，界定统计范围；要有一套科学的调查提纲和调查表，以完整地体现统计调查的内容；要准确、简明地解释调查项目的含义，包括范围和计算方法等，以防止因误解而可能产生的错误；要统一规定调查的方式方法，以避免因调查方式与方法的不同而产生误差。

（二）健全原始记录，完善统计台账

原始记录是基层单位经济活动的最初记载，它是业务核算、会计核算和统计核算的基础，定期统计报表和许多重要的专门调查的资料都来自原始记录。没有健全的原始记录，经济核算就无法进行。统计台账是根据经营管理、经济核算和统计工作的要求，以原始记录为依据而设计的，并按照时间顺序整理、汇总和登记统计资料的一种账册（书面账册或电子账册）。它是统计工作中一种特有的记录，编制统计报表和提供其他统计资料都少不了统计台账。只有健全原始记录，完善统计台账，才能为统计工作打下坚实的基础，为减少误差和提高统计质量创造良好的条件。

（三）加强对统计人员的培训，提高统计人员的素质

完善的统计调查方案要靠广大统计人员去贯彻执行。因此，必须加强对统计人员（特别是那些临时抽调来参加某项统计调查的人员）的培训，提高他们的

素质。统计人员的素质包括政治素质和业务素质两方面。我们既要使统计人员能够准确理解和掌握有关的统计方法制度，又要使他们有高度的政治责任感和职业道德，敢于同一切弄虚作假的违法犯罪行为作斗争。

（四）要加强对统计调查资料的审核

统计调查从取得原始资料到汇总上报，中间要经过许多环节，登记、转录、编码、分类汇总，可能还有计量单位的折算。每个环节都可能出现人为的差错，只要一个环节出现差错，就会产生调查误差。因此，一定要环环审核，层层把关。

（五）要科学地抽取样本和选择典型

在非全面调查中，代表性误差是必然存在的。但是，如果我们能科学地抽取样本单位或挑选典型单位，使样本或典型的水平与结构尽可能接近总体，我们便可以缩小甚至大大缩小代表性误差。

（六）加强统计司法，严惩弄虚作假行为

在统计调查中，因故意弄虚作假而造成误差的占相当大的比重。对于那些无视党纪国法，为了猎取荣誉、地位和金钱而利用统计弄虚作假的人，必须根据《中华人民共和国统计法》给予应有的惩处。我们一定要有法必依、执法必严、违法必究，才能杜绝弄虚作假的违法犯罪行为。思想教育不是万能之神，党纪也只能约束党性尚未完全丧失的人，只有国法才能使昧着良心的违法犯罪者猛醒。

思考题与习题

1. 什么叫统计调查？其重要意义是什么？
2. 统计调查的基本原则是什么？
3. 什么是普查？什么是随机抽样？什么是非随机抽样？什么是重点抽样？什么是典型抽样？什么是定期统计报表？它们各有什么特点？各有什么作用？
4. 收集统计资料的方法有哪几种？各有什么特点？适用于什么条件或场合？
5. 什么是统计调查方案？它包括哪些基本内容？
6. 什么是调查对象、调查单位和报告单位？报告单位和调查单位有什么不同？
7. 什么是调查项目和调查表？调查表有哪几种？
8. 什么是问卷？设计问卷时要注意哪些问题？
9. 什么是调查误差、工作误差和代表性误差？
10. 怎样防止和减少调查误差？

第三章　统计整理

第一节　统计整理的意义和程序

一、统计整理的意义

统计整理，是指根据统计研究的目的要求，对统计调查所取得的各项资料进行科学的分组和汇总的工作过程。对已整理过的资料（包括历史资料）进行再加工也属于统计整理。

通过统计调查可以取得第一手资料，但这种资料只能反映总体各单位的具体情况，是分散、零碎、表面的。要说明总体情况，揭示出总体的内在特征，还需要对这些资料进行去粗取精、去伪存真、由此及彼、由表及里、由个体到总体的加工整理，使之系统化，以便通过综合指标对总体作出概括性的说明。

统计整理是整个统计工作和研究过程的中间环节，起着承前启后的作用。统计整理是统计调查的继续与深化，也是统计分析的基础。统计调查所搜集到的资料，只有通过科学的审核、分类、汇总等整理工作，才能使统计在认识社会的过程中，实现由个别到全体、由特殊到一般、由现象到本质、由感性到理性的转化，才能从整体上反映出事物的数量特征。否则统计调查所得的资料再丰富、再完备，其作用也发挥不出来，统计调查将徒劳无益，统计分析也将无法进行。

另外，统计整理还是积累历史资料的必要手段。统计研究中经常要用动态分析，这就需要有长期积累的历史资料，而根据积累资料的要求，对已有的统计资料进行甄别与筛选，以及按现有的口径对历史的统计资料重新调整、分类和汇总等，都必须通过统计整理工作来完成。

二、统计整理的程序

统计整理的全过程包括对统计资料的审核、分组、汇总、制表与绘图几个环节，需要按照一定的步骤进行。

（1）对搜集到的资料进行全面审核，以确保统计资料准确无误，符合统计研究的目的要求。

（2）根据研究的目的要求和统计分析的需要，选择整理的指标，并进行划类分组。统计分组是统计整理的重要内容和统计分析的基础，只有正确地分组才能整理出有科学价值的综合指标，并借助这些指标来揭示现象的本质与规律。

(3) 在分组的基础上，将各项资料进行汇总，得出反映各组和总体数量特征的各种指标。

(4) 通过绘制统计图表，将整理出的资料简洁明了、系统有序、形象地表现出来。

第二节　统计资料审核

对调查资料进行审核是统计整理的第一步，包括以下内容。

一、审查资料的完整性和及时性

审查资料的完整性，就是看调查单位和报告单位是否齐全，规定的项目是否都有答案，应报资料的份数是否符合规定。审查资料的及时性，是看报告单位是否按时报送了有关资料，如有不报、漏报或迟报的现象，就要及时查清。

二、审查资料的正确性

审查资料的正确性，就是检查所填报的资料是否准确可靠。常用的审查方法有两种：第一种是逻辑检查，首先是从理论上或常识上检查资料是否有悖常理、有无不切实际或不符合逻辑的地方。比如，在一张调查表中，年龄是9岁，职业是教师，其中必有一个是错误的。又如，在某劳动密集型行业的报表中，企业规模为大型，而职工人数则是30人，这其中也必有一个是错误的。其次是检查各项目之间有无相互矛盾的地方。例如，企业的销售成本大于同期销售总值就是明显的逻辑错误。审查资料正确性的第二种方法是计算检查，就是检查各项指标的计算口径、计量单位是否符合规定，并通过各种计算方法来检查各指标间的数字是否相互衔接。

三、历史资料的审查

在利用历史资料（或其他间接资料）时，应审查资料的可靠程度、指标含义、所属时间与空间范围、计算方法和分组条件与规定的要求是否一致。一般可以从调查资料的历史背景、调查者搜集资料的目的以及资料来源等来判断资料的可靠程度，也可以从指标间的相互关系以及指标的变动趋势来检查它的正确性。对不能满足现在要求、有缺漏或有疑问的资料，要进行有科学根据的推算、弥补和订正。

四、资料审查后的订正

通过上述审查，如发现有缺报、缺份和缺项等情况，应及时催报、补报；如有不正确之处，则应根据不同情况作如下处理：

（1）对于可以肯定的一般错误，应及时代为更正，并通知原报单位。

（2）对于可疑之数或无法代为更正的错误，应要求原报单位复查更正。

（3）如果所发现的差错在其他单位也可能发生，那么应将错误情况通报所有单位，以免发生类似错误。

（4）对于严重的错误，应发还重新调查和填报，并查明发生错误的原因，若属于违法行为，则应依法严肃处理。

第三节　统计分组

一、统计分组的概念

根据社会经济现象的特点和统计研究的目的要求，按照某种重要标志把总体分成若干部分的科学分类，称为统计分组。统计分组是统计整理的核心。

事物是相互联系的，不同的事物会在一定的环境中以一定的条件相互关联，这种联系是构成各种各样的统计总体的前提。但不同的事物之间，在产生的原因、存在的条件、表现的形式、运动的规律、发展的前景等方面又是千差万别的。正是这些区别，使统计分组有了客观依据，并成为统计研究的科学基础和基本方法。没有科学的统计分组，便没有科学的统计。

二、统计分组的作用

统计分组在统计研究中的重要作用可概括如下：

（一）划分社会经济现象的不同类型

社会经济现象千差万别，要了解各种社会经济现象的性质、特点及其相互关系，必须根据某种标志把它们划分为性质不同的类型，以便揭示不同社会经济现象的质的差异。例如，国民经济按产业分组，农业分成农、林、牧、渔业各组，社会商品零售额按商品用途分组，企业按经济类型分组，等等。这些分组也叫类型分组。表 3－1 是 2008 年广东省城镇居民家庭人均消费支出按商品类别分组的统计表。

表 3－1 将全部消费品分为八大类，尽管它们同属消费品，但在效用上却有“质”的差别。通过这种分类，可以反映在我国居民和社会集团商品消费中不同类别的商品所占的地位和作用，也为进一步研究我国消费品零售额的水平与结构提供了便利条件。

表 3-1　2008 年广东省城镇居民家庭人均消费支出及构成

按商品类别分组	零售额（元）	构成（%）
食品类	5 886.91	37.8
衣着类	975.06	6.3
家庭设备用品及服务类	947.54	6.1
文化娱乐用品类	1 936.38	12.4
交通通信类	2 636.38	16.9
医疗保健类	836.39	5.4
居住类	1 748.16	11.3
杂项商品类	594.45	3.8
合　计	15 561.27	100.0

资料来源：《广东统计年鉴》，北京：中国统计出版社，2009 年。

（二）揭示社会现象的内部结构

从数量上反映总体内部的结构是统计研究的重要任务。总体的内部结构可体现部分与整体的关系以及各部分之间存在的差别和相互联系，反映事物从量变到质变的过程，帮助人们掌握事物的特征和认识事物的性质。例如，表 3-2 就是从我国出口商品构成的变化来反映我国经济发展水平和经济结构变化的。

表 3-2　我国出口商品构成　　单位：%

年　份	农副产品	农副产品加工品	工矿产品	合　计
1950	57.5	33.2	9.3	100
1960	31.0	42.3	26.7	100
1970	36.7	37.7	25.6	100
1980	18.7	29.5	51.8	100
1990	13.0	29.2	57.8	100
*2000	4.9	19.2	75.9	100
*2008	2.3	19.3	78.4	100

资料来源：《中国对外经济贸易年鉴》，北京：中国统计出版社，1991 年。

*表示 2000 年、2008 年的数据经过了换算处理。

（三）分析社会现象之间的依存关系

社会经济现象之间广泛地存在着相互依存的关系，如农作物的耕作深度与收成率之间、合理密植与农作物产量之间、家庭的工资收入与生活费支出之间、工人技术级别与产品质量之间、工人劳动生产率与产品成本之间、市场商品价格与其需求量之间，等等，都在一定程度上存在相互依存的关系。所有这些依存关系，都可通过统计分组来表明影响因素与结果之间的变动规律。例如，流通费用率与商品流转的规模相关，其一般规律是流通费用率随商品流转规模的扩大而降低。例如，2016 年某地百货行业的 368 个零售商店，按它们的销售额进行分组后，其流通费用率与商品流转规模之间的依存规律就一目了然了，具体的分组情况如表 3 – 3 所示。

表 3 – 3 2016 年某地百货行业零售商店的销售额与流通费用率

按商品销售额分组（万元）	商店数（个）	流通费用率（%）
100 以下	25	11.2
100 ~ 500	70	10.6
500 ~ 1 000	130	9.9
1 000 ~ 3 000	75	8.7
3 000 ~ 5 000	40	7.8
5 000 ~ 10 000	18	7.0
10 000 以上	10	6.3

三、统计分组的种类

（1）按分组的作用或目的不同可分为类型分组、结构分组和分析分组。

（2）按分组标志的多少和分组的形式可分为简单分组、复合分组和并列分组。

简单分组就是对总体只按一个标志进行分组。例如，国民生产总值按产业分为第一产业、第二产业和第三产业三组；货运量按运输方式分为铁路运输、公路运输、水路运输、航空运输和管道运输五组。

复合分组就是对总体按两个或两个以上的标志进行重叠式分组，即在按某一标志分组的基础上再按另一标志进一步分组。例如，为了认识我国高校学生的构成，我们可以同时采用学科、本科或专科、性别三个标志进行分组：

理科	文科
本科	本科
男	男
女	女
专科	专科
男	男
女	女

这样分组的结果是形成几层重叠的组别，把高校学生的构成分析得更为深入、详细。复合分组的优点是，可以从对同一现象的层层分组和分组标志的联系

中，更加深入全面地研究总体各个方面的内部结构。但是，采用复合分组时，组数会随着分组标志的增加而成倍增加，使每组包括的单位数相应减少，处理不好就会成为烦琐哲学，不利于分析问题。因此，不能滥用复合分组，也不宜对较小总体进行复合分组，尤其不宜采用过多的标志进行复合分组。

并列分组，就是同时用两个或两个以上的标志分别从不同的角度进行不重叠的多种分组。例如，职工先按性别分成两组，再按年龄分成若干组；进口总额先按贸易对象分成若干组，再按商品用途分成若干组。其特点是两种或多种分组相互独立而不重叠，既可从不同的方面反映事物的多种结构，又不致使分组过于烦琐，故被广泛采用。

（3）按分组标志的性质分为品质分组和数量分组。

品质分组是按品质标志进行的分组，即按事物的某种属性分组。如企业按经济类型、行业分组，人口按性别、民族分组，大学生按专业分组等。这种分组可以反映总体的构成和不同属性事物在总体中的地位和作用。

数量分组是按数量标志进行的分组。如工业企业按生产能力、劳动生产率分组，商店按商品流转额、职工人数分组，人口按年龄、身高分组等。这种分组的目的在于通过事物在数量上的差异来反映事物在性质上的区别。

按品质标志分组和按数量标志分组是一对重要的统计分组，统计分组方法主要是围绕这两种分组来阐述的。

四、分组标志的选择

分组标志是统计分组的依据或标准。正确选择分组标志是进行统计分组的关键，分组标志确定得恰当与否会直接影响统计分组的作用。列宁曾经说过："由于分类方法的不同，同一个材料竟得出完全相反的结论。"① 这就是针对分组标志而言的。为了正确选择分组标志，必须遵循以下几条原则：

（一）要符合统计研究的目的和要求

统计分组是为统计研究服务的，统计研究的目的不同，选择的分组标志也应有所不同。例如，同是以工业部门为研究对象，当研究的目的是分析部门中各种规模的企业的生产情况时，应该选择产品数量或生产能力作为分组标志；当研究目的在于确定工业内部比例及平衡关系时，应该以行业为分组标志，将部门划分为重工业与轻工业或冶金、电力、化工、机械、纺织、煤炭等工业行业。

（二）必须选择最重要的标志作为分组依据

社会经济现象纷繁复杂，研究某一问题可能涉及许多标志，科学的统计分组则应从中选择与统计研究的目的、与有关事物的性质或类型关系最密切的标志，即把最主要或最本质的标志作为统计分组的依据。例如，当根据统计调查资料来研究人民生活水平变动情况时，可供选择的分组标志有家庭人口数、每户就业人

① 《列宁全集》第22卷，第57页。

数、每一就业者负担人数、家庭总收入、平均每人每月生活费收入等。而其中最能反映人民生活水平变动的标志是平均每人每月生活费收入，故应选择这一标志作为分组标志。

（三）要考虑到社会经济现象所处的具体历史条件

客观事物的特点和内部联系会随着条件的变化而变化，因此，当选择分组标志时，还应考虑到社会经济现象所处的具体历史条件。研究某种经济现象，采用某种标志进行分组，过去适用但现在不一定适用，此处适用但彼处不一定适用。所以要具体情况具体分析，根据事物的不同条件来选择分组标志。例如，同是划分企业规模，在劳动密集型的行业或地区，可采用职工人数作为分组标志；而在技术密集型的行业或地区，则应选择固定资产价值或生产能力作为分组标志。

五、组数和组距

选定了分组标志，接着是确定组数，即确定将总体分为几组。这个问题与分组标志的性质密切相关，需分别阐述。

（一）品质分组的组数

按品质标志分组时，其组数的确定主要取决于两个因素——统计研究的任务与事物的特点。对事物进行品质分组，其组数的多少首先取决于事物本身的特点。事物本身所具有的既定的属性，是我们确定组数的基本依据。在有些场合，事物的属性就已确定了总体的组数。例如，人口、职工和学生按性别分组，就只能分为两组；企业按经济类型分组，在我国现行经济体制下，也只有国有、集体、个体、合营和外资等几组。但是，有些事物构成比较复杂，组数可多可少，这时，到底将总体分为几组，就需要考虑统计研究任务的具体要求。例如，人口的分组、产品和商品的分组等是可粗可细的，组数则可多可少。到底分为几组，应根据统计研究的任务来确定，要求较细时，组数可多些；要求较粗时，组数则可少些。

（二）数量分组的组数和组距

按数量标志分组的目的，是要通过事物数量上的差异来反映事物在性质上的区别。因此，按什么样的数量界限来分组，应根据统计研究的目的和事物分布的特点来确定。但就一般情况而言，组数的多少直接取决于两个因素：一个是总体的标志变异全距，另一个是组距。在等距分组的条件下，组数等于全距除以组距。

全距是总体中的最大标志值与最小标志值之差。组距则是各组的最大标志值（上限）与最小标志值（下限）之差。在组距既定的条件下，全距大则组数多，全距小则组数少；在全距既定的条件下，组距大则组数少，组距小则组数多。全距是客观存在的事实，不以人的意志为转移，所以，确定组数的关键是确定组距。

确定组距涉及两个问题：一是组距的大小，二是组距的形式（等距还是异距）。正确解决组距问题，不能只从形式上考虑，更不能随心所欲，必须遵循一定的原则。这些原则是：

（1）要从统计研究的目的要求出发，使分组的结果能够满足统计工作的要求。例如，同样是人口按年龄分组，但是在劳动统计、国民教育统计和人口再生产统计中，分组的方法是不同的。

（2）要注意决定事物质量的数量界限，尽可能地使各组的数量差异能够反映出事物在性质上的区别。因此，分组时要尽可能保证组内的同质性和组间的差异性，使组距的大小尽可能与事物性质上的差异相吻合。例如，人口按年龄分组时，或者是反映出婴儿、幼儿、学前儿童、学龄儿童、青少年、中壮年和老年的质的区别，或者是反映出非劳力、辅助劳力、半劳力和全劳力的质的区别，而不应当作每 3 岁一组的毫无意义的分组。其他如事物的好坏，质量的优劣，规模的大、中、小，水平的高、中、低，管理的先进、一般、落后等，都可以用量上的差别来体现，分组时应当确定一个相对合理的数量界限，把它们区分开来。

（3）要体现出事物分布的特点，反映事物分布的规律，便于人们对总体中的特殊部分进行单独的研究。事物的分布，有它自己的规律和表现形式，统计分组应当体现这个规律，使总体的各个部分都占有应有的地位，并把总体中需要引起人们特别注意和认真研究的部分单独列出。

这些原则实际上告诉我们，对所掌握的统计资料进行统计分组时，确定组数的多少、组距的大小和形式，并无统一的规则，必须依据所研究问题的性质和研究者的知识经验来作判断。这里，介绍一种确定组数和组距的经验公式，即：

$$n = 1 + 3.3\lg N$$

$$d = \frac{R}{n} = \frac{X_{max} - X_{min}}{1 + 3.3\lg N}$$

式中，n 为组数，N 为总体单位数，d 为组距，R 为全距，即最大变量值 X_{max} 与最小变量值 X_{min} 之差。该公式是美国学者斯特杰斯（H. A. Sturges）创用的，称为斯特杰斯经验公式，在应用中它须满足两个条件：一是现象的分布接近正态；二是现象的特性适合作等距分组。根据这一公式，可以得到总体单位数与组数之关系的参考标准（见表 3－4）：

表 3－4

N	15～24	25～44	45～89	90～179	180～359	360～719
n	5	6	7	8	9	10

上述公式及表中数据仅供参考，切不可生搬硬套。实际分组时采用组数多少和组距大小应视所掌握资料的性质而定。

六、组限和组中值

组限是指每组两端的数值，其中每组的起点数值（最小值）称为下限，终点数值（最大值）称为上限。组限是各组之间的数量界限，科学的组限要求使总体中任何一个单位都能够而且只能够归入某一组，各组之间既不交错，也不脱节，以防止分组和汇总中出现混乱。

组限的形式与变量的特点密切相关。如果分组标志是连续变量，组限一般用重合式；如果分组标志是离散变量，组限一般用不重合式。

所谓重合式，就是相邻两组中，前一组的上限与后一组的下限数值相重。如人口按年龄分为不满 1 岁、1～3 岁、3～7 岁、7～14 岁、14～25 岁……但所谓重合式只是形式上相重，实际上两组之间是没有重复的，一般按“含下限不含上限”或“上限不在组内”的原则处理。例如，“3～7 岁”是指满 3 岁至不满 7 岁，“7～14 岁”是指满 7 岁至不满 14 岁，其余类推。

所谓不重合式，是指前一组的上限与后一组的下限，两值紧密相连而又不相重复。例如，企业按职工人数分为 99 人以下、100～499 人、500～999 人、1 000 人及以上各组。这里，99 与 100、499 与 500、999 与 1 000 等，都是紧密相连的，当中不可能再有第三个数，因为不可能有 99 点几人或 499 点几人的企业。

以上是就一般规则而言的，实际工作中也有特例，即分组标志是连续变量，但组限却用不重合式。例如，人口按年龄分组的基础资料就分为 0 岁、1 岁、2 岁、3 岁……（1 岁 1 组），但其意义也是明确的，0 岁指不满 1 岁、1 岁指满 1 岁不满 2 岁、2 岁指满 2 岁不满 3 岁，其余类推。

组中值是各组组距的中点值，它代表组内各标志值的一般水平，具有平均数的性质（但它并不是平均数）。组中值因为适应统计分析的需要而被广泛采用，其计算方法因组限形式不同而不同。

当两组间的相邻组限重合时：

组距 = 本组上限 - 本组下限

组中值 =（上限 + 下限）/ 2

或 = 下限 + 组距/ 2

或 = 上限 - 组距/ 2

当两组间的相邻组限不重合时：

组距 = 下组下限 - 本组下限

或 = 本组上限 - 上组上限

组中值 =（本组下限 + 下组下限）/ 2

或 = 本组下限 + 组距/ 2

或 = 下组下限 - 组距/ 2

组距式分组中，常常会遇见首末两组“开口”的情况，即第一组用“多少以下”（有上限无下限），最后一组用“多少以上”（有下限无上限）来表示。此时，组中值是以相邻组的组距为依据的，按下式计算：

组中值 = 上限 - 邻组组距/ 2

或 = 下限 + 邻组组距/ 2

第四节　统计资料汇总

一、统计资料汇总的意义

在统计分组的基础上，将统计资料归并到各组中去，并计算各组和总体的合计数（包括总体总量和标志总量）的工作过程，称为统计资料汇总。通过统计资料汇总，将各个调查单位的情况汇总成总体情况，使我们能看到全体，进而揭示出总体在多方面的数量特征。统计调查往往是大规模的调查，汇总也成为一项繁重的任务，只有采用一套科学的统计汇总技术，才能节约人力、财力、物力，保证汇总资料准确和迅速，并为统计分析打下良好的基础。

二、统计资料汇总的组织形式

统计资料汇总有逐级汇总和集中汇总两种组织形式。

逐级汇总是按照一定的统计管理系统，由各级统计机构自下而上地逐级将调查资料汇总上报。我国的定期统计报表一般都属于逐级汇总，有些专门调查也采用这种汇总形式。逐级汇总便于就地审核和订正统计调查资料，在满足上级领导部门需要的同时，能及时为各级领导提供资料，并可发挥各级统计部门的作用。但逐级汇总层次较多，所需时间较长，从而产生汇总差错的可能性较大。

集中汇总是把统计调查资料集中在组织调查的最高机关或由它指定的机构进行汇总。它的特点是不经中间环节，可以大大缩短汇总时间，便于贯彻统一的汇总纲要，并可使用现代化的汇总手段来提高汇总效率和质量。因此，对时效性强的快速普查和对汇总要求很高的一些重要调查，常常采用集中汇总形式。但集中汇总不能及时满足地方或基层领导的需要，审核和订正资料也较困难。

上述两种汇总形式各有利弊，因此在实际工作中常将两种组织形式结合使用，结合的形式有两种：

（1）会审汇编，即把下级统计工作人员集中到上级机关，共同审核和汇总统计资料。如对工作量较大的年报，往往采用这种方式。会审汇编不仅比一般的逐级汇总快，而且可以随时纠正资料中的差错，交流经验，提高统计人员的业务水平。

（2）综合汇总，即对各级都需要的基本资料实行逐级汇总，对调查所得的其他资料则实行集中汇总。如我国人口普查，就是首先将地方急需的总户数和总人口以及按性别、民族和文化程度分组的人口资料进行逐级汇总，然后将人口普查所得的其他资料交由省市和中央两级，利用计算机进行集中汇总。

三、统计资料汇总的方法

统计资料汇总是一项技术性很强的工作，其汇总手段主要有两种：手工汇总和计算机汇总。

手工汇总指以算盘和小型计算器为手段，通过手工操作对统计资料进行汇总。现在，尽管在汇总资料较少或某些特定条件下，手工汇总仍有一定的方便性和优越性，但计算机汇总资料已是一项更普遍和快捷的整理工作。

运用计算机进行自动化汇总，快速准确，计算容量大且省时省力，并可以进行编审检同步、分组分析和数据存储，其汇总功能和汇总资料的再利用性都远远大于手工汇总。随着计算机硬件和软件技术的快速发展，管理手段或工具电算化将成为必然，这就预示着计算机汇总将完全取代手工汇总。当然，就技术而言，这更多地属于计算机应用和管理信息系统所研究的内容，这里不专作介绍，仅对计算机汇总的基本程序作如下归纳：

（1）制表编序。根据汇总方案编制汇总表，再按汇总表的要求用某计算机语言编制程序。编好程序输入计算机，计算机则按此程序进行操作和打印，所以这是一项重要的技术工作，一般由懂软件编程的专业人员来完成。

（2）输入数据。把需要汇总加工的数据按照算法语言输入计算机，并记载到存储介质上，以备计算机操作时调用。

（3）逻辑检查。按照事先规定的一套逻辑检查规则对输入计算机的原始数据进行分析、比较、筛选和整理等，将误差超过允许范围的数据退回审改，允许误差范围以内的个别错误则由计算机按编辑规则自行改正。

（4）打印结果。经过逻辑检查后，计算机将自动按照规定的汇总程序和汇总表式进行汇总和制表，并将结果打印出来。

第五节 分布数列

一、分布数列的意义

分布数列，是指反映总体单位在各组的分布状况的一系列数字。它是在统计分组的基础上，将总体的所有单位按组归类，并把所有的组及其单位数按一定顺序排列，其实就是将统计资料经过统计整理和汇总后的有序表现。由于分布数列反映了总体单位数（次数）在各组的分布状况，因此也叫次数分布或次数分配。例如，将某玩具厂 300 名工人按每人日产量分组，统计出每组工人数，并按日产量从少到多排列，就形成一个分布数列，见表 3－5。

表 3－5 工人日产量次数分布表

按日产量分组（件）	工人数（人）	比重（%）
9	12	4.00
10	38	12.67
11	65	21.67
12	85	28.33
13	60	20.00
14	30	10.00
15	10	3.33
合　计	300	100.00

分布数列包括两个要素：一是组的名称，即按一定标志划分出来的各个组，其中按数量标志分组表现为各组的变量值（标志值），常用 X 表示；二是各组次数，即各组所对应的总体单位数。由于各组次数实际上表现了具有各组标志值的现象在总体中"频繁"出现的多少，因此也叫频数，常用 f 表示。次数的相对数形式即各组次数占总体单位总数的比重，称为频率，它说明具有某组标志值的现象在总体中频繁出现的程度，反映总体的构成。

分布数列，是统计整理的一种重要形式，也是统计描述和统计分析的一种重要方法。它可以表明总体的分布特征和内部结构，并用以研究总体中某种标志的平均水平及其变动规律。

二、分布数列的种类

社会经济现象多种多样，各具不同的特点，因而用来反映总体分布特征及内部结构的分布数列也有多种形式，我们可以从不同的角度将其分类。

（一）按分组标志的不同分为品质数列和变量数列

品质数列，是指按品质标志分组所形成的分布数列，它由各组名称和各组单位数构成。例如，2008 年年末广东省从业人员按经济类型分组的分布状况，见表 3－6。

表 3－6 2008 年年末广东省从业人员按经济类型分组的分布状况

类　别	人数（万人）	比重（%）
国有单位	391.99	7.17
集体单位	1 977.20	36.18
股份合作单位	21.56	0.39
联营单位	19.51	0.36

（续上表）

类别	人数（万人）	比重（%）
有限责任公司	263.28	4.82
股份有限公司	71.01	1.30
外商投资单位	262.49	4.80
港澳台投资单位	672.40	12.30
私营企业	868.52	15.90
个体经济	917.14	16.78
合计	5 465.10	100.00

资料来源：《广东统计年鉴》，北京：中国统计出版社，2009 年。

就编制品质数列而言，如果分组标志选择得正确，统计研究的任务具体明了，则分组问题较易解决，事物分布的特征也比较容易通过数列正确地反映出来。

变量数列，是指按数量标志分组所形成的分布数列，由变量和次数两个要素组成。例如表 3－3、表 3－5 都是常见的变量数列。相对来说，变量数列的编制比较困难，因为事物性质的差异在数量上往往表现得不甚明确，而且决定事物性质的数量界限也会因人的主观认识而异，所以，按同一数量标志分组也有可能出现多种分布数列。为了使变量数列能比较准确地反映总体的分布特征，编制数列时，既要遵循按数量标志分组的有关原则，又要掌握编制变量数列的方法。

（二）按分组形式的不同可分为单项式数列和组距式数列

单项式数列，是指各组都由一个具体的变量值（单项）来表示的数列，例如表 3－5。组距式数列，则是指各组都由两个变量值界定的变量区间（组距）来表示的数列，它又分为等距数列和不等距数列，例如表 3－3 就是不等距的组距式数列。

（三）按次数分布的特征不同可分为钟形分布数列、U 形分布数列和 J 形分布数列

钟形分布数列的特征是，数列中愈靠近变量值中点分布次数愈多，愈远离变量值中点分布次数愈少，从而形成“中间大，两头小”的次数分布，将其绘成曲线图就像一口古钟，故得名。例如表 3－5、表 3－6 都是钟形分布数列，我们将表 3－5 所反映的分布数列绘成曲线图，如图 3－1 所示。

从图 3－1 中可以看出，日产量为 12 件的工人最多，以此为中点，两边的人数逐渐减少。如果将原先的折线图用平滑的曲线略作修匀（见虚线图），就更显示出其钟形分布的特征。

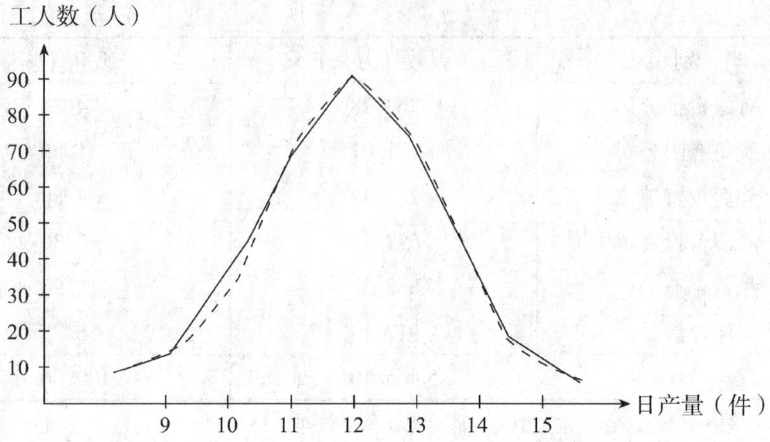

图 3－1

在社会经济现象中，有许多钟形分布数列表现为对称分布，即以变量值中点（此时分布次数最多）的垂线为对称轴，两侧变量值分布的次数随着与中点值距离的增大而渐次减少，且减少的次数也基本对等，如图 3－1 所示，这种对称分布在统计学中称为正态分布。当然，也有非对称分布的现象，非对称分布的图形则有不同方向和程度的偏斜，故称为偏态分布。如图 3－2 所示，其中左边的图为向右偏斜，叫右偏分布；右边的图为向左偏斜，叫左偏分布。前面表 3－3 所表示的分布就是右偏分布。

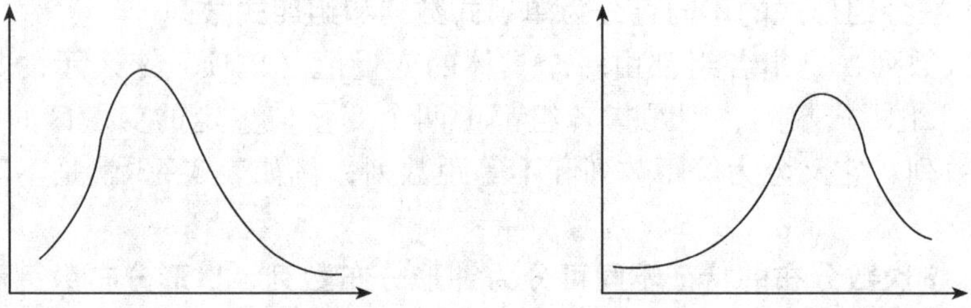

图 3－2

U 形分布数列则正好与钟形分布数列相反，表现出“两头大，中间小”的次数分布特征，其次数分布曲线图就像字母 U，如图 3－3 所示。例如人口死亡现象按年龄分布便是如此，因为在人口总体中，婴幼儿和老年人死亡率最高，青少年死亡率最低，中年人死亡率也较低，从而死亡率按年龄分组则呈 U 形分布。

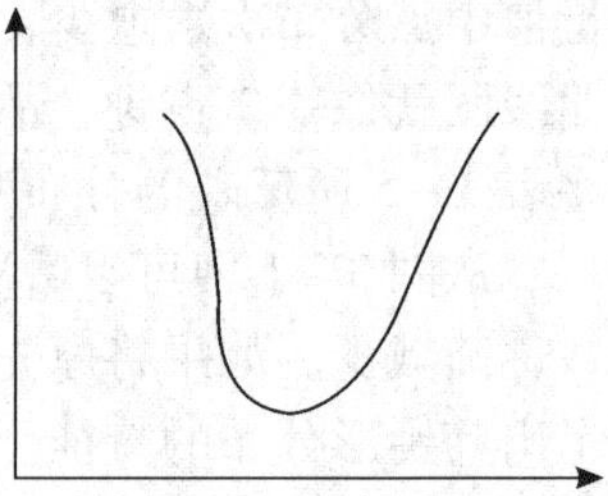

图 3－3

另外，在社会经济现象中，也有一些统计分布数列的曲线图呈 J 形，其图形有两种情况：一种是次数随着变量值的增大而增多，如图3－4中的右图所示。例如，在市场经济条件下，商品供应量随市场价格上升而增加。另一种是次数随着变量值的增大而减少，呈倒J形分布，如图3－4中的左图所示。例如，弹性大的商品，其需求量随市场价格上升而减少。

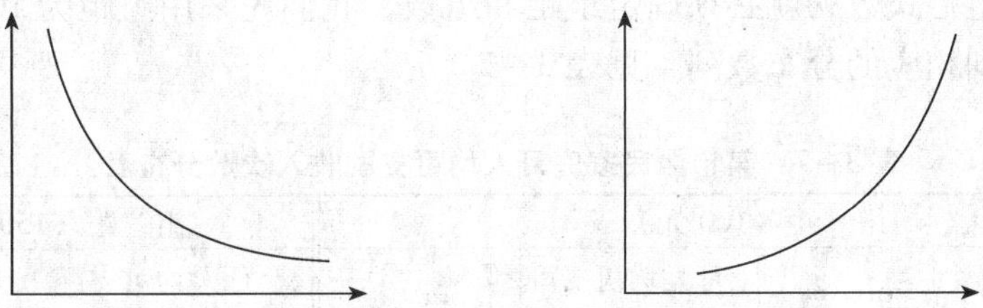

图3－4

三、分布数列的编制

次数分布有简单次数分布和累计次数分布之分，它们的表现形式是次数分布表和次数分布图。

（一）简单次数分布表的编制

这是编制分布数列的主要内容。由于品质数列和单项式变量数列的次数分布表相对比较简单，因此我们着重研究组距式数列次数分布表的编制方法和步骤。

对某城市居民家庭的生活情况进行抽样调查，得到54户家庭月人均可支配收入（单位：元）资料如下：

1 160	1 360	1 580	1 770	2 380	1 070	1 540	1 720	1 970
1 100	1 350	1 460	1 940	920	2 300	1 240	1 580	1 710
1 420	1 050	1 310	1 670	2 080	1 400	1 280	1 390	1 550
840	1 120	1 540	1 650	1 500	1 120	1 330	1 730	1 870
1 080	810	1 350	1 590	1 880	1 460	1 200	1 490	1 630
990	1 860	1 570	2 120	1 300	1 750	2 060	870	1 840

乍一看，这些资料杂乱无章，很难看出有什么特征，需要进行整理。我们首先将这些数据从小到大进行排列，使其序列化：

810	840	870	920	990	1 050	1 070	1 080	1 100
1 120	1 120	1 160	1 200	1 240	1 280	1 300	1 310	1 330
1 350	1 350	1 360	1 390	1 400	1 420	1 460	1 460	1 490
1 500	1 540	1 540	1 550	1 570	1 580	1 580	1 590	1 630
1 650	1 670	1 710	1 720	1 730	1 750	1 770	1 840	1 860
1 870	1 880	1 940	1 970	2 060	2 080	2 120	2 300	2 380

经过初步整理，就可以看出该市居民家庭月人均可支配收入具有一定的规律，即大多数在1 300元至1 800元之间，高于1 800元或低于1 300元的都很少，

而且相对来说，低于 1 300 元的略多于高于 1 800 元的，这些特点都与现实生活比较吻合，我们在进行统计分组和编制变量数列时，就应该反映出这一总体的分布特征。

因为数据中最大的是 2 380 元，最小的是 810 元，全距为 1 570 元，且变量值个数较多，所以首先可以肯定对本资料不宜编制单项式数列，而要编制组距式数列。编制组距式数列就必须确定组距和组数，我们先采用组距为 100 元和 150 元，分别得到相应的分布数列，见表 3－7。

表 3－7　某市居民家庭月人均可支配收入次数分布表

组　距（100 元）				组　距（150 元）	
月人均可支配收入（元）	户　数	月人均可支配收入（元）	户　数	月人均可支配收入（元）	户　数
800～900	3	1 900～2 000	2	800～950	4
900～1 000	2	2 000～2 100	2	950～1 100	4
1 000～1 100	3	2 100～2 200	1	1 100～1 250	6
1 100～1 200	4	2 200～2 300	0	1 250～1 400	8
1 200～1 300	3	2 300～2 400	2	1 400～1 550	8
1 300～1 400	7			1 550～1 700	8
1 400～1 500	5			1 700～1 850	6
1 500～1 600	8			1 850～2 000	5
1 600～1 700	3			2 000～2 150	3
1 700～1 800	5			2 150～2 300	0
1 800～1 900	4			2 300～2 450	2
		合　计	54	合　计	54

从表 3－7 可看出，组距为 100 元太小，组数太多，各组单位数分散，看不出分布规律；组距为 150 元时，总体单位在各组的分布规律开始表现出来，但特征仍不是很明显。若再将组距扩大为 200 元，此时组数可定为 8 组（组数 ＝ 全距/组距 ＝ 1 570/200 ＝ 7.8），通过进一步整理，得到分布数列，见表 3－8。

表 3－8　某市居民家庭月人均可支配收入次数分布表

月人均可支配收入（元）	户　数	频率（%）
800～1 000	5	9.26
1 000～1 200	7	12.96
1 200～1 400	10	18.52
1 400～1 600	13	24.07
1 600～1 800	8	14.82
1 800～2 000	6	11.11
2 000～2 200	3	5.56
2 200～2 400	2	3.70
合　计	54	100.00

从表3－8可见，采用组距为200元来编制分布数列最为适宜，不同月人均可支配收入水平的家庭的分布特征被明显地表现出来了。

（二）简单次数分布图的绘制

分布数列所表示的次数分布状况，还可通过次数分布图来反映。次数分布图的绘制因单项式数列和组距式数列而有所不同，组距式数列又因等距数列和不等距数列而异。

单项式数列次数分布图的绘制比较简单，它是以变量为横轴，以次数为纵轴，在坐标上描出各组的变量值和相应的分配次数所对应的坐标点，并用折线连接各坐标点，即得分布曲线（折线）图，如图3－1所示的实线图部分。

组距式数列次数分布图则有直方图和曲线图两种，而且曲线图是在直方图的基础上绘制的。具体绘制步骤如下：

（1）以横轴代表变量，并在上面标出各组组限值所在位置。这样，各位置之间的距离就是各组组距，在等距分组的条件下它们是相等的；以纵轴代表次数，并按需要标出各组次数所在位置。

（2）以各组组距为宽，各组次数为高，绘出各组所对应的直方图。这样，各组直方图面积的大小就表示各组分配次数的多少，且各个直方图并在一起所形成的“图案”就表明了总体次数分布的特征。

（3）将各直方图上端的中点（即各组组中值与各组次数的交点）连成一条折线，就形成次数分布曲线（折线）图。从面积的角度看，折线与横轴所包围的面积与直方图的面积是相等的，故它们所容纳的总体单位数是一样的。现绘制前例居民家庭月人均可支配收入的次数分布图，见图3－5。

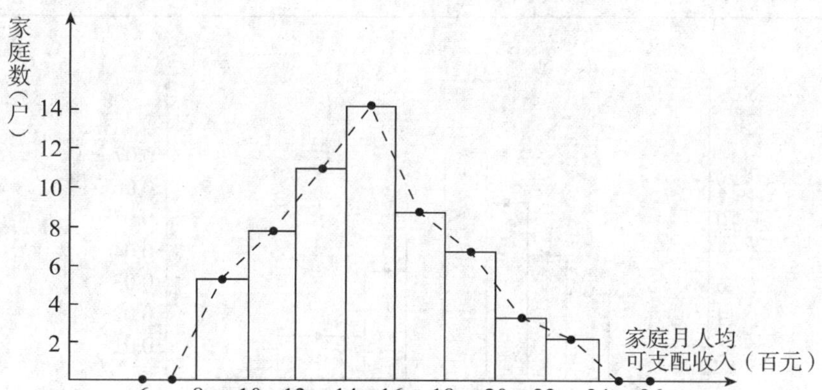

图3－5 某市居民家庭月人均可支配收入的次数分布图

上面绘制的是等距数列的次数分布图，对不等距数列，其分布图的绘制稍微复杂些，不能直接按照不等距数列的资料绘制分布图，因为不等距数列的次数分布受变量值和组距两种因素的影响，不经过加工整理而直接绘制的图形，不能正确反映次数分布特征。为了使图形能更准确地反映总体次数的分布状况，就必须消除组距大小不等的影响，将不等组距的次数换算为统一的标准组距次数（标准组距通常是组距数列中的最小组距）。换算公式如下：

$$\text{标准组距次数}=\text{某组单位组距次数}\times\text{标准组距}$$
$$=\frac{\text{某组次数}}{\text{某组组距}}\times\text{标准组距}$$
$$=\text{某组频数密度}\times\text{标准组距}$$

再以横轴代表各组变量值，以纵轴代表各组标准组距次数（或频数密度），就可绘出能正确反映总体次数分布状况的分布图。我们仍以图3－5的资料为例，将最后两组归为一组，就形成不等距数列，据此制出相应的标准组距次数分布表和分布图。见表3－9和图3－6。

表3－9　某市居民家庭月人均可支配收入（不等距组）次数分布表

月人均可支配收入（元）	户　数	频数密度＝次数/组距	标准组距次数
800～1 000	5	0.025	5
1 000～1 200	7	0.035	7
1 200～1 400	10	0.050	10
1 400～1 600	13	0.065	13
1 600～1 800	8	0.040	8
1 800～2 000	6	0.030	6
2 000～2 400	5	0.012 5	2.5
合　计	54	—	—

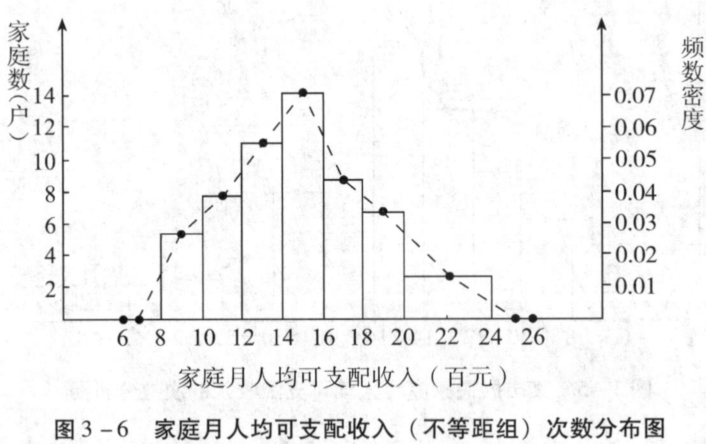

图3－6　家庭月人均可支配收入（不等距组）次数分布图

（三）累计次数分布的编制

简单次数分布数列可以表示每个变量组出现的次数，以及在整个数列中次数分布的规律。如果我们想知道分布数列中各组的次数以及总体单位数的分布特征，只从简单次数分布表中一眼就可以看出来。但是，如要知道截至某一组变量值以下或以上所对应的分配次数是多少，以及事物发展进程等情况，则需要将有关组的分配次数进行累加后才能说明问题。所以，要全面深入地分析分布数列，还应编制累计次数分布。

编制累计次数分布需要计算累计次数和累计频率，它们又有两种计算方法：一种是以下累计，即从低组向高组累计，此时每组的累计次数或累计频率表示该组上限以下的次数或频率共有多少；另一种是以上累计，即从高组向低组累计，此时每组的累计次数或累计频率表示该组下限以上的次数或频率共有多少。如表 3－10 所示。

表 3－10　某市居民家庭月人均可支配收入累计次数分布表

月人均可支配收入（元）	家庭数（户）	频率（%）	以下累计		以上累计	
			次数	频率（%）	次数	频率（%）
800～1 000	5	9.26	5	9.26	54	100.00
1 000～1 200	7	12.96	12	22.22	49	90.74
1 200～1 400	10	18.52	22	40.74	42	77.78
1 400～1 600	13	24.07	35	64.81	32	59.26
1 600～1 800	8	14.82	43	79.63	19	35.19
1 800～2 000	6	11.11	49	90.74	11	20.37
2 000～2 200	3	5.56	52	96.30	5	9.26
2 200～2 400	2	3.70	54	100.00	2	3.70
合　计	54	100.00	—	—	—	—

根据累计次数分布表的资料，可以绘制累计次数分布图，如图 3－7 所示。图中由左下角至右上角的曲线为以下累计曲线，由左上角至右下角的曲线为以上累计曲线。

值得注意的是，编制累计次数分布有其特殊的作用：

（1）可表明各组变量在该组上限值以下或下限值以上的次数或频率共有多少。如本例中，家庭月人均可支配收入在 1 600 元以下的有 35 户，占家庭总数的 64.81%，同时说明只有 35.19% 的家庭月人均可支配收入在 1 600 元以上；家庭月人均可支配收入在 2 000 元以上的只有 5 户，仅占家庭总数的 9.26%，同时说明 90% 以上的家庭月人均可支配收入都在 2 000 元以下。

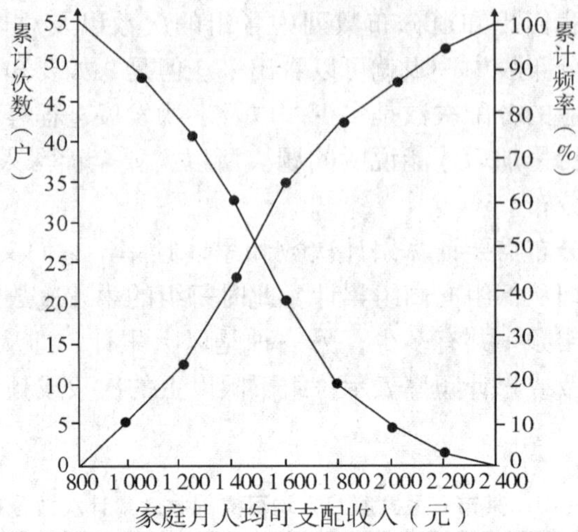

图 3－7　某市居民家庭月人均可支配收入累计次数分布图

（2）在图上可直观地看到中位数的近似值。如本例中，由向上累计和向下累计的两条曲线的交点所对应的坐标可知，中位数的位置是 27，中位数是 1 490 元左右（中位数的问题将在第五章介绍）。

（3）借助各组标志总量占总体标志总量的比重累计数，还可以图示集中曲线，表示社会经济现象的集中水平。比如著名的洛伦茨曲线图，就是在累计次数分布的基础上绘制的，常用来研究财富、土地和收入的分配是否公平，以及劳动者和产值的集中状况。

鉴于洛伦茨曲线图是统计资料整理（累计次数分布）结果的直接应用，并被广泛运用于经济管理问题分析，所以专门对此作介绍。洛伦茨曲线图最早是由美国洛伦茨博士（Dr. M. O. Lorenz）提出来的。其绘制方法如下：

（1）将分配的对象和接受分配者的数量均化成结构相对数并进行向上累计。

（2）纵轴和横轴均为百分比尺度，纵轴自下而上，用以测定分配的对象（如一国的财富、土地或收入等）；横轴由左向右，用以测定接受分配者（如一国的人口）。

（3）根据计算所得的分配对象和接受分配者的累计百分数，在图中标出相应的绘示点，连接各点并使之平滑化，所得曲线即所要求的洛伦茨曲线。

例如，某国某年家庭收入资料如表 3－11 所示，利用这些资料绘制洛伦茨曲线。

先将人口、收入的数量［表 3－11 中的第（1）（4）栏］计算成结构相对数［表 3－11 中的第（2）（5）栏］；

再求出累计百分比［表 3－11 中的第（3）（6）栏］；

然后以表 3－11 中的第（3）栏和第（6）栏成对的数据作为横坐标和纵坐标，在制好的比率曲线图格上标出坐标点，连接各坐标点即为分配曲线，具体见图 3－8。

表 3-11　某地收入所得分配情况

按收入所得水平分组	人口			收入		累计收入（%）		
	人口（万人）	结构（%）	累计（%）	月收入额（亿美元）	结构（%）	实际情况	绝对平等	绝对不平等
	(1)	(2)	(3)	(4)	(5)	(6)	(7)	(8)
最低	128.5	12.85	12.85	1.57	5	5	12.85	0
中下等	348.0	34.80	47.65	4.08	13	18	47.65	0
中等	466.9	46.69	94.34	16.33	52	70	94.34	0
较高	45.6	4.56	98.90	7.54	24	94	98.90	0
最高	11.0	1.10	100.0	1.88	6	100	100.0	100
合　计	1 000.0	100.0	—	31.40	100	—	—	—

资料来源：黄良文主编：《统计学》，北京：中国统计出版社，2008 年。

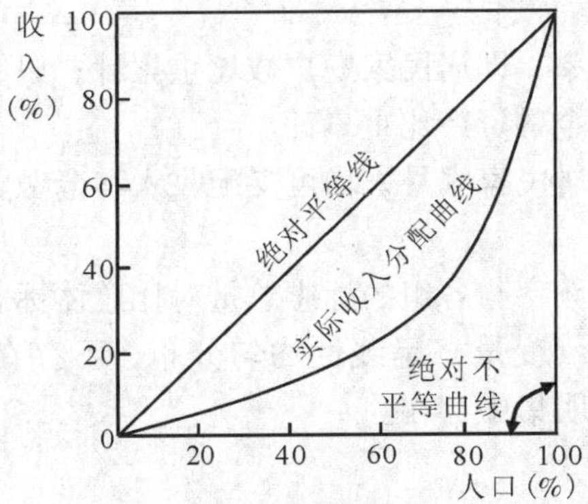

图 3-8　洛伦茨曲线示意图

图 3-8 中的曲线为实际收入分配曲线，对角线为绝对平等线。将实际收入分配曲线与绝对平等线或绝对不平等曲线进行对比，可衡量分配平等程度。离绝对平等线越远，分配越不平等；反之，越靠近绝对平等线，分配越平等。

我们可以进一步考虑将洛伦茨曲线拓广使用。洛伦茨曲线拓展运用于描述一般的社会经济现象，借以反映总体单位标志分布的集中状况——集中的存在、集中的程度，所以也称为集中曲线，或标志曲线。集中曲线用于研究现象总体各单位标志的变异状况——变量分布均匀性或分布的集中程度，例如，测定城市人口的地域集中状况、地区或部门工业企业中各种指标的构成与分布情况、电力系统的发电量和燃料消耗量是否集中于大型的发电站中、居民家庭的收入与金融资产的集中程度等方面，都可以考虑运用洛伦茨曲线原理绘制曲线，并进行分析。

以下通过一个实例来说明集中曲线的绘制步骤。

假定通过抽样调查，得到某城市 64 户居民家庭月人均可支配收入和家庭金融资产的资料（按月收入分组），如表 3－12 所示，据此资料绘制集中曲线图。

表 3－12　64 户居民家庭月收入和金融资产资料表

按月收入分组（元）	户数		月收入		金融资产	
	比重（%）	比重累计（%）	比重（%）	比重累计（%）	比重（%）	比重累计（%）
（甲）	（1）	（2）	（3）	（4）	（5）	（6）
5 000 以下	4.7	4.7	1.1	1.1	0.7	0.7
5 000～10 000	9.4	14.1	3.2	4.3	2.3	3.0
10 000～15 000	20.3	34.4	12.9	17.2	8.5	11.5
15 000～25 000	32.8	67.2	31.5	48.7	27.8	39.3
25 000～35 000	23.4	90.6	33.4	82.1	38.6	77.9
35 000 以上	9.4	100.0	17.9	100.00	22.1	100.0
合　计	100.0	—	100.0	—	100.0	—

资料来源：黄良文主编：《统计学》，北京：中国统计出版社，2008 年。2017 年重新整理。

以横轴表示累计频率，即居民家庭户数比重累计；以纵轴表示标志总量比重累计，即各组月收入、金融资产比重累计。

图 3－9 表明 64 户居民家庭月人均可支配收入和金融资产的构成分布情况及集中状况。

对角线表示各组的频率与各组的标志总量对比总体标志总量的比重是完全对应的，即现象总体标志（变量）呈线性均匀分布，不存在集中过程。若集中曲线离开了对角线，则说明集中存在。

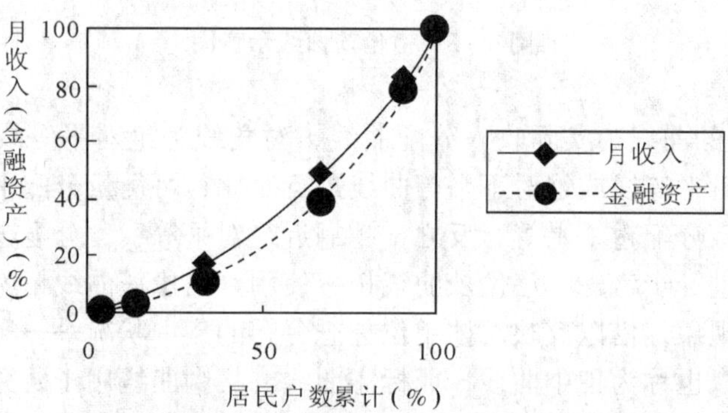

图 3－9　64 户居民家庭月人均可支配收入和金融资产洛伦茨曲线

绘制洛伦茨曲线，必须正确分辨给定的数据中哪一项是总体单位，哪一项是单位标志，并且明确前者放在横轴上，后者放在纵轴上。

第六节　统计资料的显示

一、统计表

（一）统计表的意义及其结构

统计表，是指集中而有序地显示统计资料的表格。它是表现统计资料和积累统计资料的基本手段。好的统计表不仅可以简明扼要地反映社会经济现象的状况，而且可以深刻地揭示社会经济现象的性质及其发展规律，可以避免冗长的文字和烦琐的叙述。因此，在统计工作和社会经济问题的分析中，统计表被广泛地采用。

统计表的结构，从组成因素看，是由标题、横行与纵栏、数字资料三部分组成的。标题分为两种，一是总标题，即表的名称，概括地说明表的内容，放在表的上端中央；二是标目，即横行与纵栏的标题，说明横行与纵栏的内容，通常它们分别写在表的左方（横标目）和上方（纵标目）。数字资料就是表中的各项具体指标值。

从统计表的内容上看，它由主词和宾词两部分构成。主词就是统计表所要说明的对象，也就是所要研究的总体及其各个组成部分，通常列在表的左端；宾词就是用来说明主词的各个统计指标，通常排在表的上方。当然，根据需要两者的位置有时亦可互换。下面是一个统计表式的例子，见表 3－13。

表 3－13

总标题

1979—1993 年我国高校毕业生累计数

分类＼指标	人数（万人）	比重（%）
工科	199.73	32.09
农林	36.25	5.82
医药	50.30	8.08
师范	195.80	31.46
文科	36.39	5.85
理科	31.41	5.05
财经	52.70	8.47
政法	10.55	1.69
体育	4.75	0.76
艺术	4.56	0.73
合计	622.44	100.00

（表注：纵栏标题（纵标目）；横行标题（横标目）；数字资料；主词；宾词）

资料来源：《中国统计年鉴》，北京：中国统计出版社，1994 年。

（二）统计表的种类

统计表从不同的角度可作不同的分类，主要有两种分类：

1. 按用途不同可分为调查表、汇总表和分析表

（1）调查表，是指在统计调查阶段使用的、登记调查单位原始资料的统计表。严格地讲，调查表不应视为统计表，因为统计表是记载大量单位数量特征的综合结果。但从另一方面看，登记调查表确实也是统计过程的一部分，而且有些统计表就是许多调查表的汇总，因此，也可把调查表视为一种统计表。

（2）汇总表，是标准的统计表。这种表用于统计资料的整理，记载统计整理的综合结果。它为社会提供系统的统计资料，也为进一步的统计分析提供资料。

（3）分析表，是指统计分析过程中所使用的统计表。为了揭示事物在各方面的数量特征，反映事物之间的关系和事物运动的过程，分析表除了要列出一些基本指标外，常常需要计算多种分析指标，有时还要写出各指标间的计算关系，以反映事物的水平、速度、结构和比例关系，以便人们对事物作出正确的判断。

2. 按主词的分组情况不同分为简单表、分组表和复合表

（1）简单表，是指对表的主词不作任何分组的统计表。它的主词可以按总体单位的名称、地区排列，如表 3－14 所示，或者是按时间顺序排列，如表 3－15 所示。

表 3－14　某公司所属企业成本计划完成情况　　单位：万元

企　业	成本总额		实际比计划增长
	计　划	实　际	
甲	100.0	103.3	+3.3%
乙	105.2	104.8	-0.4%
丙	100.5	110.0	+9.5%
丁	210.0	215.2	+5.2%
合　计	515.7	533.3	+17.6%

表 3－15　广东省工农业总产值统计表①　　单位：亿元

年　份	工农业总产值	工　业	农　业
1952	35.05	15.70	19.35
1978	292.50	206.56	85.94
1980	374.93	248.68	126.25

① 本表资料按当年价格计算。

（续上表）

年　份	工农业总产值	工　业	农　业
1985	779.93	534.72	245.21
1990	2 502.96	1 902.25	600.71
1995	10 295.38	8 849.90	1 445.48
2000	18 605.65	16 904.47	1 701.18
2008	76 588.48	73 290.47	3 298.01

资料来源：《广东统计年鉴》，北京：中国统计出版社，2009 年。

（2）分组表，是指表的主词作了简单分组和并列分组的统计表。它可以说明现象的类型，揭示现象的内部结构和分析现象之间的依存关系。表 3－1、3－3、3－5 都是分组表。

（3）复合表，是指表的主词按两个或两个以上的标志进行复合分组的统计表。复合表可以揭示事物之间的多重关系和事物内部比较复杂的构成，如表 3－16 所示。

表 3－16　社会消费品零售额统计表

指　标	年		年	
	绝对额（万元）	比重（%）	绝对额（万元）	比重（%）
社会消费品零售总额				
1. 城镇零售额				
（1）对居民的消费品零售额				
（2）对社会集团的消费品零售额				
2. 乡村零售额				
（1）对居民的消费品零售额				
（2）对社会集团的消费品零售额				

（三）宾词指标的设计

宾词是用来说明主词的统计指标，统计表中宾词的设计不同，主词的角度和深度也不同。宾词的设计分为平行设计和叠列设计两种。

平行设计的宾词又有两种，一种是对宾词不作任何分组，仅将各宾词指标顺序排列，如表 3－13 所示；另一种是尽管对宾词指标进行分组，但各种分组之间是相互独立、平行排列的，如表 3－17 所示。

表 3－17

指标 地区	总人口	城乡		性别	
		城镇	农村	男	女

叠列设计的宾词是将宾词指标进行复合分组、层叠排列，即在对宾词指标进行某种分组的基础上，再按另一种（或多种）标志进行分组，如表 3－18 所示。叠列设计的宾词可以将多种指标结合起来运用，更深入具体地说明总体的数量特征。但如果叠列的层次太多，则不仅会使统计表的栏数成倍增加，导致统计表显得臃肿庞杂，而且会使数据分散，使人看了不得要领，反而不能清楚地说明问题。因此，不可滥用叠列设计的宾词。

表 3－18

指标 地区	在业总人口	文化程度																	
		文盲、半文盲			小学			初中			高中			专科			本科以上		
		城镇	农村	小计	城镇	农村	小计	城镇	农村	小计	城镇	农村	小计	城镇	农村	小计	城镇	农村	小计

（四）制表规则

为了使统计表能够清晰地反映事物的数量特征，便于比较分析，在编制统计表时，应遵守下列几项规则：

（1）统计表的内容应力求简明扼要，主题突出，一目了然。

（2）统计表的总标题要简单地概括表的基本内容和资料所属时间、地点，标目要反映出横行纵栏的含义，并注意计量单位。

（3）表内分组和指标的排列顺序，要符合内容的逻辑关系。如果表上只列部分重要项目，合计栏应列在项目的最前面，下加“其中”后再列重要项目。

（4）字迹要清楚规范，数字要排列整齐，同栏数据要有同等的精确度。表中不应有空格，无数字的地方用“—”表示，应有数字而不详的地方用“……”表示。

（5）栏数较多的统计表，各栏应加编号。主词栏常用甲、乙、丙、丁等文字编号；宾词栏则用（1）（2）（3）等阿拉伯数字编号，必要时还要注明各栏的相互关系，以便比较和查对数字。

(6) 表的上、下两端画粗线或双线，左右两边不封口，纵栏之间要用细线分开，横行之间则不必画线。

(7) 必要时表下可加“注释”，说明表的资料来源、制表人或单位、制表日期以及个别需要说明的指标或数据。

二、统计图

如果说统计表能够集中而有序地表现统计资料，统计图则能够将统计资料展示得更为生动而具体，便于人们直观而有趣地观察和接受统计资料，进而能够正确而深刻地理解和运用统计资料。随着计算机硬件和软件技术的快速发展，电脑的制图功能日益强大，统计图的制作更加方便、精准、快捷和有效。

统计图是具体显示统计资料的图形。由于统计资料是社会经济现象的数字反映，可能是千变万化、复杂多样的，因此统计图的式样也就非常多。就统计图的主体功能来看，主要可以归纳为两大类：分布图和形象图。

（一）分布图

分布图主要用来展现统计资料所描述的次数分布和类型特征，常用的图形有直方图、折线图、曲线图和累计曲线图。这些图形的具体功能和绘制已在上一节中作了详细介绍，这里不再赘述。

（二）形象图

形象图主要用来展现统计资料所描述的数量多少、速度快慢和结构特征等，常用的图形有物形图、饼形图、柱形图和标示图。

1. 物形图

顾名思义，物形图就是以所要反映事物的形象化图形来说明该事物的数量特征。如以小树来代表植树造林面积或绿化面积，以稻穗或麦穗来代表农作物产量，以熊猫来代表珍稀动物数量，以飞机来代表航空运输量或飞机架数等。当然，每个图案代表多少数量则要根据具体需要而定。下面就是一个以小汽车图案来反映某地连续三年小汽车销售情况的物形图，见图 3－10。

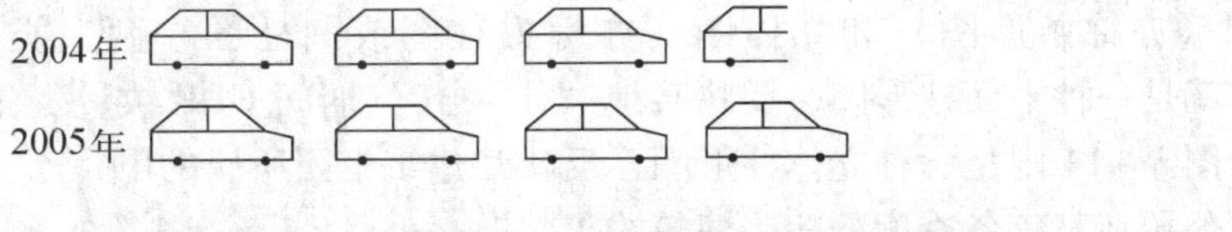

图 3－10 2003—2005 年某地小汽车的销售情况图

2. 饼形图

饼形图是以一个圆形图案（其立体图就像一个圆饼）来描绘统计资料所反

映事物的结构性或比例性的数量特征。一般的做法是，以一个整圆代表总体数量，从圆心到圆周将整圆分成若干不同部分，各部分的大小代表数量的多少或比重的大小，以反映统计总体的内部构成或不同部分的比例状况。饼形图又有平面图和立体图两种：图 3－11 就是以平面图的形式来说明某饮料厂各季度营业利润比重的饼形图；图 3－12 则是以立体图的形式来说明某地区三类产业产值比重的饼形图。

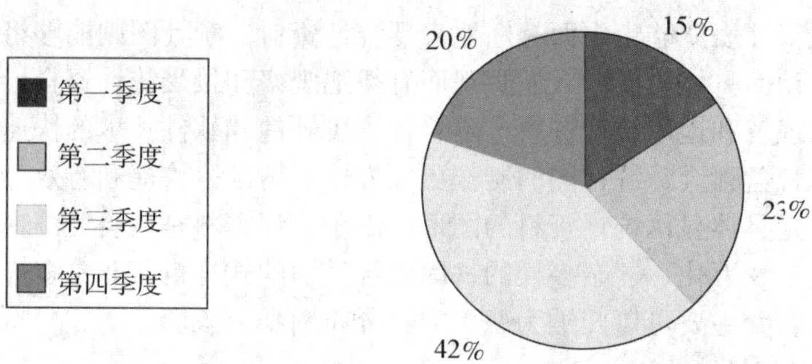

图 3－11　某饮料厂各季度营业利润比重饼形图

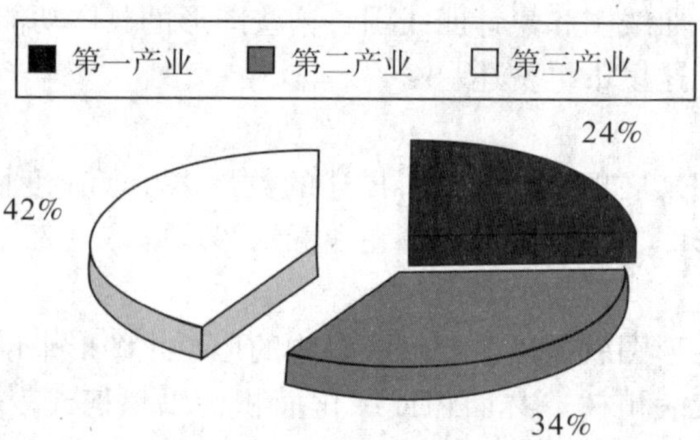

图 3－12　某地区三类产业产值比重图

3. 柱形图

柱形图是以各种直立或横置的长条图形来描绘统计资料的数量特征，长者表示数量多，短者表示数量少。这种图几乎可以表现统计现象的各种数量特征，而且直观易懂，绘制也相对简单，所以它是实际应用最广泛的形象图。柱形图也有平面图（亦称条形图）和立体图（亦称方柱图或圆柱图）两大类。例如，图 3－13 就是一种平面柱形图，反映某地“十一五”期间 GDP 数量变化及其产业构成；图 3－14 则是一种立体柱形图，反映某建筑集团所属的甲、乙、丙三家房屋建筑公司在某年各季度的房屋建筑竣工状况。

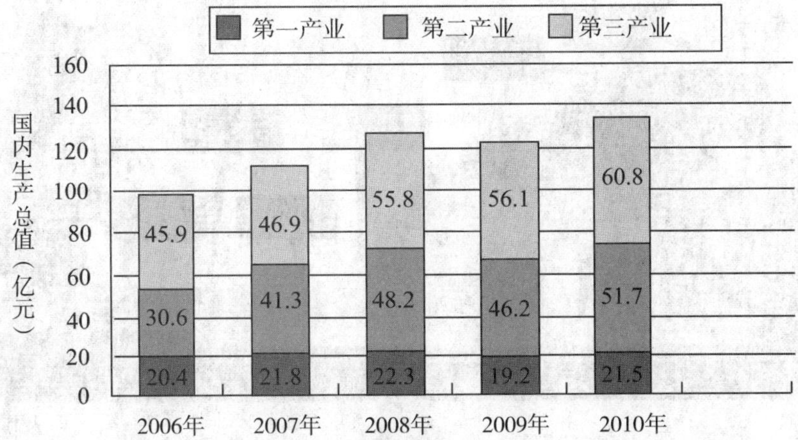

图 3－13　某地国内生产总值及其产业构成动态示意图

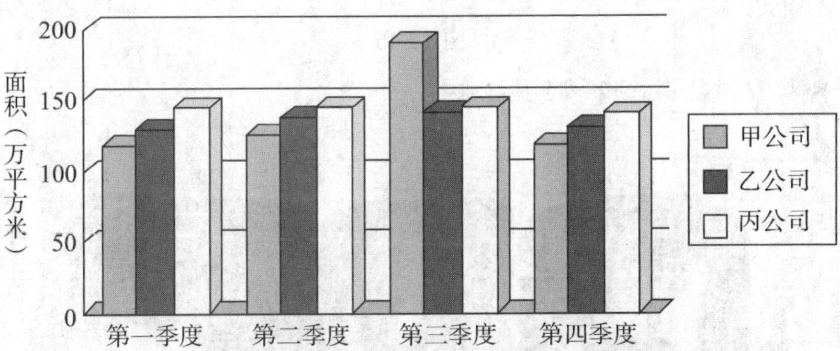

图 3－14　某建筑集团某年各季度的房屋竣工面积示意图

4．标示图

标示图是对所要描绘的统计资料的数量特征进行特别标注的一种图示，可在揭示统计资料变动规律的同时显示着重点或主要影响因素等。比如图 3－15 就形象而具体地显示了我国汇改以来美元兑人民币汇率走势及其变动的关键时点和值点等。

又如，图 3－16 显示了 21 世纪以来我国与日本 GDP 的变动趋势与对比状况：

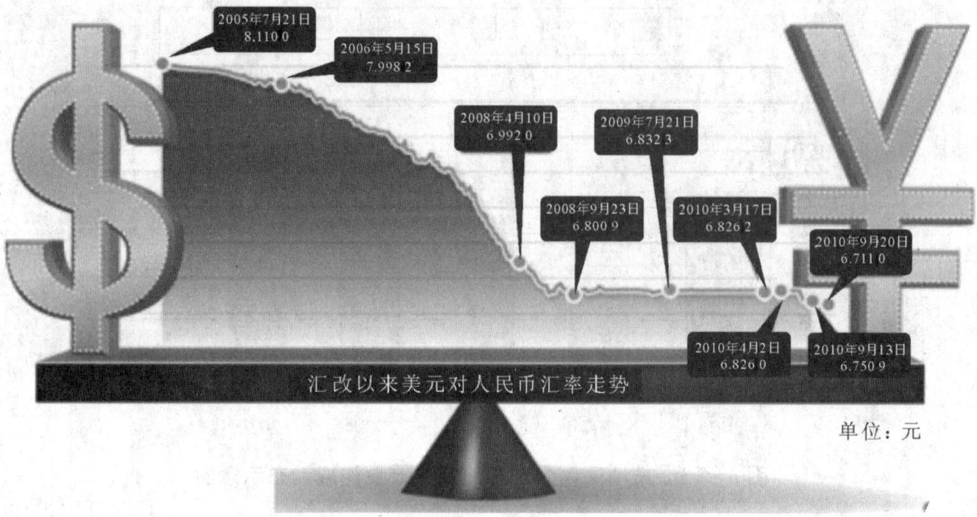

图 3－15

资料来源：《广州日报》，2010 年 9 月 21 日。

图 3－16

资料来源：《广州日报》，2010 年 7 月 10 日。

在信息技术高度发达的时代，统计整理中的所有技术性工作（含统计分组、汇总、编制数列和表格、制图等）都是通过各种数据处理软件来完成的，如 Excel、SPSS、Eviews、SAS 等，但它们整理统计数据的原理或思想都是一样的，如同本章所述内容。

思考题与习题

1. 解释下列统计整理中的基本概念：
   (1) 统计分组与统计汇总。
   (2) 次数分布与变量数列。
   (3) 频数与频率。
   (4) 全距与组距。
   (5) 组限与组中值。
   (6) 直方图与折线图。
2. 什么是统计整理？它分为哪几个步骤？
3. 统计分组有什么作用？如何正确选择分组标志？
4. 试述单项式分组和组距式分组的应用场合。
5. 什么是简单分组和复合分组？两者有何区别？复合分组是否优于简单分组？
6. 现象的分布特征有哪几种形式？
7. 怎样绘制简单次数分布图？
8. 为何要编制累计次数分布？它有哪几种？有何特殊作用？
9. 什么是统计表？试述统计表的结构及种类。
10. 统计图有何功能？如何绘制？
11. 有 20 个工人看管机器，台数资料如下：2、2、5、4、2、4、3、4、3、4、4、2、4、3、4、5、3、4、4、3，试根据资料编制分布数列。
12. 对某厂 50 个计件工人某月份工资进行登记，获得以下原始资料（单位：元）：

1 465	1 760	1 985	2 270	2 980	1 375	1 735	1 940	2 220	2 670
1 405	1 755	1 965	2 240	2 820	1 295	1 645	1 880	2 110	2 550
1 355	1 710	1 910	2 190	2 600	1 265	1 625	1 865	2 095	2 520
1 225	1 605	1 845	2 040	2 430	1 175	1 595	1 835	2 030	2 370
1 000	1 535	1 810	2 010	2 290	1 125	1 575	1 815	2 030	2 320

    要求：
    (1) 分别根据组距为 100 元、200 元、300 元编制分布数列，并比较按哪种组距分组的分布数列更为合适。
    (2) 按你认为最合适的分布数列，计算相应的组中值、频率和累计次数，并绘制简单次数分布图。
13. 已知一组 15 名工人的资料如下表所示：

工人编号	性　别	年　龄	文化程度	技术级别
1	男	52	文盲	6
2	男	30	初中	3
3	男	19	初中	2
4	男	46	高中	4
5	女	47	小学	4
6	男	34	小学	2
7	女	22	初中	3
8	男	31	高中	5
9	男	55	高中	3
10	男	32	初中	5
11	女	49	中专	4
12	男	34	初中	4
13	男	34	初中	4
14	男	61	中技	7
15	男	36	初中	4

要求：

（1）按性别和文化程度分别编制品质数列。

（2）按技术级别编制单项式数列。

（3）以 10 岁为组距编制组距式数列，20 岁以下、60 岁以上各为一组。

14. 根据某厂工人计件月工资和加工定额的资料（见下表），按完成加工定额（%），以组距为 20% 编制等距数列，计算各组工人数、工资总额和平均工资，分析工人完成加工定额和计件月工资之间的相互关系。

工　人顺序号	完成加工定额（%）	月工资（元）	工　人顺序号	完成加工定额（%）	月工资（元）	工　人顺序号	完成加工定额（%）	月工资（元）
1	200	1 950	11	133	1 115	21	126	1 075
2	180	1 680	12	190	1 680	22	190	1 760
3	140	1 145	13	151	1 300	23	145	1 145
4	191	1 720	14	147	1 155	24	148	1 195
5	125	1 105	15	148	1 115	25	110	805
6	97	755	16	86	685	26	102	855
7	89	705	17	82	705	27	105	920
8	150	1 185	18	170	1 500	28	127	1 140
9	128	1 155	19	135	1 105	29	130	1 090
10	108	1 175	20	137	1 170	30	149	1 200

15. 某机械局所属各拖拉机厂某月生产情况见下表。要求按产品类型和马力作复合分组，编制分布数列，分别计算履带式和轮胎式拖拉机的混合产量和标准实物量（以 15 匹马力为标准单位）。

厂别	产品类型	每台马力数	产　量（台）
1	履带式	36	75
	履带式	18	105
	轮胎式	28	400
2	履带式	75	85
	轮胎式	15	94
	轮胎式	12	150
3	履带式	45	40
	履带式	75	25
	轮胎式	24	50

第四章　总量指标和相对指标

第一节　总量指标

一、总量指标的意义

总量指标，是指反映社会经济现象在一定时间、地点条件下所达到的总规模、总水平或工作总量的综合指标。它的表现形式是绝对数，因此也称为绝对指标。例如，2016 年我国国内生产总值为 744 127 亿元人民币，年末全国国内总人口 138 271 万人，年末国家外汇储备为30 105 亿美元，完成税收总额为130 354 亿元人民币，全年规模以上工业企业实现利润为 68 803 亿元人民币，这些总量指标反映我国这一年社会经济所达到的规模和绝对水平。

总量指标在社会经济研究和管理中有重要的作用。它表现在：

第一，总量指标是反映一个国家、一个地区或一个企业的人力、物力、财力状况和加强宏观经济管理与企业经济核算的基本指标。例如，国内生产总值、进出口总额等总量指标，可以表明一个国家或地区的经济发展水平，还可以用作国际、地区间经济实力的比较分析；企业产值、职工总人数、固定资产总额等总量指标，可以说明企业的生产能力，是企业制订计划和决策方案的基本依据。

第二，总量指标是计算相对指标和平均指标的基础指标。相对指标和平均指标一般都是由两个有联系的总量指标对比的结果，它们是总量指标的派生指标。例如，由实际的总产值除以计划的总产值就得到计划完成相对指标，由工资总额除以工人总人数就得到平均工资指标。总量指标计算是否准确，直接影响相对指标和平均指标的准确性。

二、总量指标的种类

（一）总量指标按其反映的内容不同，分为总体总量和标志总量

总体总量即总体单位数，它是由每个总体单位加总而得到的。标志总量是指总体各单位某一数量标志值的总和。例如，研究某地区商业企业的情况，总体为该地区所有的商业企业，总体单位为该地区每一个商业企业，则该地区的商业企业总数便是总体总量；而商业企业的销售总额、总人数、总利润，便是标志总

量，它是由各企业的数量标志汇总而来的。总体总量用总体单位数的多少反映总体规模的大小，而标志总量则用总体单位某种特征的总数来反映总体的规模和水平。

一个总量指标到底属于总体总量还是标志总量，并不是固定不变的，它随着研究目的的不同而变化。研究目的变了，总体和总体单位、总体总量和标志总量就会随之而变。

（二）总量指标按其时间状态不同，分为时期指标和时点指标

1. 时期指标

时期指标也称为时期数，它反映社会经济现象在一段时期内所达到的总规模、总水平或工作总量，如产品的产值、商品销售额、工资总额等。时期指标有以下特点：

（1）时期指标可以累计相加。时期指标是连续登记的结果，在时间上可以累计相加，累加结果具有实际意义。如一个月的产品产量是该月日历天数产量的累计数，一年的产量是 12 个月产量的累计数。

（2）时期指标数值的大小与时期的长短密切相关。一般来说，时期越长，指标数值越大；时期越短，指标数值越小。例如，一年的产量大于一个月的产量。

2. 时点指标

时点指标也称为时点数，它反映社会经济现象在某一时点（时刻）所达到的数量状态，如年末人口数、月末商品库存额、季末银行存款余额、年末固定资产净值等。时点指标有以下特点：

（1）各时点指标不能累计相加。时点指标的数值是间断计数的，通常是隔一段时间登记一次，在时间上不能累计相加，累加结果无实际意义。例如，商品库存量通常是在月初或月末一次性登记的结果，各月初或月末的商品库存量不可以累计相加，累加结果无意义。

（2）时点指标数值的大小与时期长短无直接的关系。例如，年末库存量不一定大于月末库存量。

（三）总量指标按计量单位不同，分为实物指标、价值指标和劳动量指标

实物指标，是指以实物单位计量的总量指标，即以事物的物理属性或自然属性作为计量单位的指标。根据事物属性的不同，实物单位可分为：自然单位，如人口用人、汽车用辆等；度量衡单位，如棉布用米、木材用立方米、土地面积用平方千米等；专用单位，如电用度、热量用焦耳等；复合单位，如发电机用台/ 千瓦、货物周转量用吨/ 千米等；标准实物单位，如棉纱以 20 支纱为标准棉纱等。

价值指标，是指以货币为计量单位的总量指标。如国民生产总值、社会总产值、商品销售额、工资总额、利润额等就是以货币为计量单位的总量指标。

劳动量指标，是指以劳动量单位计量的总量指标，即以劳动时间为计量单位的指标。如工时、工日等。借助劳动量指标可以确定劳动的规模，并且可以作为评价劳动时间长度和计算劳动生产率的依据。

三、计算和运用总量指标的原则

总量指标是具有一定社会经济内容的统计指标，能否正确计算和应用，不是一个简单的统计汇总技术问题，而是一个理论联系实际的问题。要正确地计算和应用总量指标，必须遵循以下原则：

（1）正确确定指标的含义与计算范围。指标含义与计算范围界定了总量指标所反映的事物某方面的特征、总体范围与计算口径。例如，在统计人口数时，只有在分清“现有人口”和“常住人口”含义的基础上，才能正确统计一个地区的人口总数。再如，统计职工工资总额，必须明确职工的哪些收入应列入“工资总额”的统计范围。只有这样，计算的总量指标才能反映社会经济现象总体内容的真实情况。

（2）计算实物总量指标时只有同类才能相加。实物指标的同类性是由产品的使用价值决定的。只有使用价值相同的产品才能加总起来计算其总量指标。把不同使用价值的产品产量简单加总，例如，简单地把钢、石油、粮食等产品产量相加是没有意义的。

（3）使用统一计量单位。总量指标的计量单位，必须按照国家统一规定的计量单位进行计量，只有这样，才不会造成统计计量方面的差错或混乱，才能客观地统计社会经济现象总体的数量。

（4）总量指标与相对指标、平均指标要结合运用。总量指标虽然是综合指标的基本指标，但它只能说明事物的规模、水平，而不能说明事物之间的相互联系、发展变化的程度和效益的高低。因此，要全面说明事物的规模、水平、相互联系、发展变化的程度、内部构成，必须把总量指标与相对指标、平均指标结合起来运用。

第二节　相对指标

一、相对指标的意义

（一）相对指标的概念

相对指标，是指两个有联系的统计指标进行对比的比值，也称为相对数。它反映社会经济现象之间数量的对比关系。根据统计研究的目的和任务的不同，相对指标可分为计划完成相对数、结构相对数、比例相对数、比较相对数、动态相对数和强度相对数六种。

（二）相对指标的作用

相对指标在统计分析中有重要的作用，表现在：

（1）说明社会经济现象之间的数量对比关系。例如，计算一个地区第一、第二、第三产业的比例，可以说明该地区社会经济发展的情况；计算人均国民生产总值、人均钢铁产量等指标，可以反映一个国家或地区的国情国力，表明经济实力的相对水平；计算产品一级品率，可以从总体上鉴别产品质量的优劣等。

（2）把社会经济现象的绝对差异抽象化，使原来不能直接对比的统计指标可以进行对比。例如，不同生产规模的工业企业，由于资金、设备、人数、产品产量与产值、利润等都不相同，要评价、比较这些企业的效益，不能把它们的总量指标直接对比，只能通过计算各自的计划完成相对数、设备利用率、资金产值率等相对指标来进行比较，才能说明企业计划完成的好坏、效益的高低。

（三）相对指标的表现形式

相对指标一般有两种表现形式，即无名数和有名数。

1. *无名数*

无名数是一种抽象化的数值，通常的表现形式是成数、系数、倍数、百分数、千分数等。相对指标在很多场合都用无名数表示。

（1）成数是将对比的基数化为10进行计算的结果，一成就是10%。

（2）系数和倍数是将对比的基数化为1进行计算的结果。两个数对比，分子与分母数值相差不大时，常用系数表示。例如，固定资产折旧系数为0.2；当分子比分母数值大1倍以上时，常用倍数来表示，如企业今年的利润额是去年的2倍。

（3）百分数（%）是将对比的基数抽象化为100计算的结果，是相对数中最常用的一种表现形式。例如，经济增长速度为8%，计划完成相对数为105%等。

（4）千分数（‰）是将对比的基数抽象化为1 000计算的相对数，它适用于分子数值比分母数值小很多的情况。例如，人口的出生率、死亡率、自然增长率，一般用千分数来表示。

2. *有名数*

有名数是指有具体内容的计量单位的数值。它有单名数和复名数之分。部分相对指标用单名数表示，如商品流转速度指标用“次”或“天”表示；有些相对指标如强度相对数，则通常采用分子指标与分母指标的计量单位共同构成的复合单位，即用复名数来表示。例如，人口密度用“人/平方千米”表示，人均国民生产总值用“元/人”表示，商业网密度用“人/个”或“个/千人”表示等。

二、相对指标的种类和计算方法

（一）计划完成相对数

计划完成相对数，是指计划期内实际完成数与计划数对比的比值。它表明某一时期内某种计划的完成程度，一般用百分数表示，故又称计划完成程度或计划完成百分数。计划完成相对数可以监督和检查国民经济或企业计划的执行情况，以便进一步分析计划完成而未完成的原因，及时总结经验或采取措施，进一步挖掘潜力，促进国民经济的发展。计划完成相对数的计算方法如下：

1. 计划完成相对数的基本计算公式

$$\text{计划完成相对数}=\frac{\text{实际完成数}}{\text{计划完成数}}\times 100\% \tag{4.1}$$

注意：公式中分子与分母的位置不能互换。

【例4-1】某公司计划2016年销售收入500万元，实际销售收入552万元。则：

$$\text{计划完成相对数}=\frac{552}{500}\times 100\%=110.4\%$$

计算结果表明，该公司的销售计划完成程度为110.4%，超额完成计划的10.4%。

【例4-2】接上例，同年公司计划A产品平均单位成本为每件365元，实际平均单位成本为350元，则：

$$\text{计划完成相对数}=\frac{350}{365}\times 100\%=95.89\%$$

计算结果表明，该公司A产品平均单位成本计划完成程度为95.89%，超额完成计划的4.11%（即100%-95.89%）。

评价一项指标是否完成了计划，完成的程度如何，要具体情况具体分析，要根据指标的性质不同分别加以确定。对于计划数以最低限额提出的反映收益、产出的指标，如产品产量、产值、销售额、利润额等，其计划完成相对数越大，表示计划完成程度越高；对于计划数以最高限额提出的反映成本、消耗的指标，如单位产品成本、商品流通费用等，其计划完成相对数越小，表示计划完成程度越高。

以上计划任务是以绝对数的形式提出的。在实际工作中，有时计划任务又以相对数的形式提出，即以要求提高或降低的百分比提出。如产品成本的降低率计划、劳动生产率的增长率计划等，为检查这类计划指标的完成程度，又产生了计算计划完成相对数的派生公式。

2. 计划完成相对数的派生公式

根据指标性质的不同，派生公式有不同的表达形式。

（1）对于产量、产值增长百分数，计算公式可写成：

$$\text{计划完成相对数}=\frac{100\%+\text{实际增长}\%}{100\%+\text{计划增长}\%}\times 100\% \tag{4.2}$$

（2）对于产品成本降低百分数，计算公式可写成：

$$\text{计划完成相对数}=\frac{100\%-\text{实际降低}\%}{100\%-\text{计划规定降低}\%}\times 100\% \tag{4.3}$$

【例4-3】某企业2016年规定产值计划比上年增长8%，实际比上年提高

10%，试求该企业产值计划完成相对数。

解：$计划完成相对数 = \frac{100\% + 10\%}{100\% + 8\%} \times 100\% = 101.85\%$

计算结果表明，该企业 2016 年产值计划完成程度为 101.85%，超额完成计划的 1.85%。

【例 4-4】某企业 2015 年 A 产品单位成本为每台 1 200 元，计划要求 2016 年产品单位成本比上年降低 5%，实际降低 6%，试计算：2016 年 A 产品单位成本计划数与实际数，产品单位成本计划完成相对数。

解：2016 年单位成本计划数 = 1 200 ×（1 - 5%）= 1 140（元）

2016 年单位成本实际数 = 1 200 ×（1 - 6%）= 1 128（元）

$$计划完成相对数 = \frac{100\% - 6\%}{100\% - 5\%} \times 100\% = 98.95\%$$

或 $$计划完成相对数 = \frac{1\ 128}{1\ 140} \times 100\% = 98.95\%$$

计算结果表明，该企业 2016 年 A 产品单位成本计划完成较好，实际比计划下降了 1.05%。

在应用派生公式计算计划完成相对数时，必须注意不能直接用增加（或降低）的百分数进行对比，否则，其计算结果和意义将完全不同。

在实际工作中，也有直接用实际增长（或降低）的百分数与计划增长（或降低）的百分数之差来表示计划完成的程度的。这种相减的结果说明实际比计划多提高（或下降）的百分点。在例 4-4 中，6% - 5% = 1%，说明单位成本实际比计划多降低了一百分点。这种方法与前面所述方法的含义是不同的，不应混为一谈。

3. 中长期计划完成相对数的计算方法

上述计划完成相对数的期限一般是一年内的计划。中长期计划是指一年以上的计划，其计划指标有的规定了全期应完成的累计总数，如固定资产投资计划、住宅建设计划、人才培养计划等；有的规定计划期最后一年应达到的水平，如产量、产值计划等。因此，检查计划完成的方法也有两种不同的计算方法，即水平法和累计法。

（1）水平法。水平法就是把计划期末实际所达到的水平与同期计划规定应达到的水平进行对比来计算计划完成相对数的方法。计算公式为：

$$计划完成相对数 = \frac{计划期末年实达水平}{计划期末年应达水平} \times 100\% \quad (4.4)$$

$$提前完成计划的时间 = (计划期月数 - 实际完成月数) + \frac{超额完成计划数}{\frac{达标月(季)}{日均产量} - \frac{上年同月(季)}{日均产量}} \quad (4.5)$$

用水平法检查计划完成情况，计算提前完成计划的时间，应以计划期内连续一年（12 个月，不论是否在一个日历年度）实际达到计划规定的应达水平为准，若连续累计 12 个月实际完成的水平达到计划规定的最末一年的水平，就算是完成了计划，剩下的时间就是提前完成计划的时间。

【例 4－5】甲企业某五年计划规定，A 产品产量在计划期最后一年应达到 200 万吨，实际执行结果如表 4－1 所示：

表 4－1　　单位：万吨

时间	第一年	第二年	第三年		第四年				第五年				五年合计
			上半年	下半年	第一季度	第二季度	第三季度	第四季度	第一季度	第二季度	第三季度	第四季度	
产量	110	122	66	74	37	38	42	49	53	58	65	72	786

试计算该企业产量计划完成相对数和提前完成计划时间。

解：$产量计划完成相对数=\dfrac{53+58+65+72}{200}=\dfrac{248}{200}\times 100\% =124\%$

从第四年第三季度至第五年第二季度产量之和为：

$$42+49+53+58=202\ （万吨）$$

比计划数 200 万吨多 2 万吨，则：

$$提前完成计划时间=（60-54）+\frac{2}{（58-38）/90}$$

$$=（60-54）+\frac{2}{0.2222}=6 个月零 9 天$$

（2）累计法。累计法就是把计划期内各年累计实际完成数与同期计划规定的累计数进行对比来计算计划完成相对数的方法。它适用于检查计划期内构成国民财产存量的经济指标，如固定资产投资、住宅建设、开垦耕地等计划完成情况。计算公式为：

$$计划完成相对数=\frac{计划期内各年累计实际完成数}{同期计划规定的累计数}\times 100\% \tag{4.6}$$

$$提前完成计划时间=（计划期月数-实际完成月数）+\frac{超额完成计划数}{超额期日均完成数} \tag{4.7}$$

【例 4－6】某市某五年计划规定整个计划期间基建投资总额应达 500 亿元，实际执行结果如表 4－2 所示：

表 4－2　　单位：亿元

时间	第一年	第二年	第三年	第四年	第五年				五年合计
					第一季度	第二季度	第三季度	第四季度	
投资额	140	135	70	80	40	22	18	20	525

试计算该市五年基建投资额计划完成相对数和提前完成计划时间。

解：计划完成相对数 $=\frac{525}{500}\times 100\% = 105\%$

从第一年的第一季度开始至第五年的第三季度投资额之和为505亿元，比计划数500亿元多5亿元，则：

提前完成计划时间 $=(60-57)+\frac{5}{18/90}=3$ 个月零25天

计算结果表明，该市提前3个月零25天完成五年计划规定的基建投资额计划任务。

4. 计划执行进度相对数的计算方法

计划完成相对数，既可用于检查全期计划完成程度，又可用于检查计划执行过程的进度，计划执行进度相对数的计算公式为：

$$\text{计划执行进度相对数}=\frac{\text{计划期内某月止累计完成数}}{\text{本期计划数}}\times 100\% \tag{4.8}$$

【例4-7】某公司2016年计划完成商品销售额1 500万元，1—9月累计实际完成1 125万元。则：

$$\text{1—9月计划执行进度相对数}=\frac{1\ 125}{1\ 500}\times 100\% = 75\%$$

计算结果说明，该公司1—9月销售额累计完成年计划的75%，其计划执行进度与时间同步，只要第四季度保持前三季度的平均水平或有所提高，则年末就能完成或超额完成全年计划。

（二）结构相对数

结构相对数，是指总体中某部分数值与该总体数值对比的比值。它反映总体内部构成情况，一般用百分数表示。其计算公式为：

$$\text{结构相对数}=\frac{\text{总体某部分数值}}{\text{总体数值}}\times 100\% \tag{4.9}$$

注意：同一总体的结构相对数之和应为100%，且结构相对数的分子分母位置不能互换。

【例4-8】我国2016年国内生产总值为744 127亿元，其中第一产业增加值为63 671亿元，第二产业增加值为296 236亿元，第三产业增加值为384 221亿元，则：

$$\text{第一产业增加值所占比重}=\frac{63\ 671}{744\ 127}\times 100\% = 8.56\%$$

$$\text{第二产业增加值所占比重}=\frac{296\ 236}{744\ 127}\times 100\% = 39.81\%$$

$$\text{第三产业增加值所占比重}=\frac{384\ 221}{744\ 127}\times 100\% = 51.63\%$$

计算结果表明，2016 年我国第一、第二、第三产业增加值占国内生产总值的比重分别为 8.56%、39.81% 和 51.63%，表明我国经济发展水平上了一个新台阶。

【例 4-9】恩格尔系数与消费结构分析。消费结构是指各类消费支出在总消费支出中所占的比重。19 世纪德国统计学家恩格尔（1821—1896）根据对英国、法国、德国、比利时等国居民家庭收支的分析研究指出：随着家庭收入增加，家庭收入或总支出中用于食品方面的支出比重越来越小，即恩格尔定律。反映这个定律的系数，称为恩格尔系数。

恩格尔系数 = 食品支出总额/消费支出总额

已知某地城镇居民有关资料如表 4-3 所示：

表 4-3

年份	人均食品支出（元）	人均消费支出（元）	恩格尔系数（%）
	（1）	（2）	（3）=（2）/（1）
2011	6 746.62	18 489.53	36.49
2012	7 000.33	20 055.50	34.90
2013	7 254.04	21 621.46	33.55
2014	7 850.17	23 611.74	33.25
2015	8 533.35	25 673.08	33.24
2016	9 421.58	28 613.33	32.93

从表 4-3 的数据可看出，该地恩格尔系数不断下降，由 2011 年的 36.49% 降至 2016 年的 32.93%。这说明该地经济发展较好，人民生活水平提高很快。

（三）比例相对数

比例相对数，是指同一总体某一部分数值与另一部分数值对比的比值。它反映总体各部分间的内在联系和比例关系，一般用比数表示。其计算公式为：

$$比例相对数 = \frac{总体中某一部分数值}{同一总体另一部分数值} \tag{4.10}$$

注意：比例相对数的分子分母同属一个总体，而且分子与分母的位置可以互换。

【例 4-10】某地区 2016 年工业总产值为 2 106.96 亿元，其中轻工业产值为 1 397.31 亿元，重工业产值为 709.65 亿元，则：

轻重工业比例 = 1 397.31 : 709.65 = 1.97 : 1

另外，人口的性别比例、积累与消费比例、固定资产与流动资产的比例等社会活动中许多重大比例关系，都是通过计算比例相对数来反映事物内部各组成部分的内在联系和比例关系的。

（四）比较相对数

比较相对数，是指同一时间的同类指标在不同空间对比的比值。它反映不同国家、不同地区或不同单位之间的差异程度，一般用百分数或倍数表示。其计算公式为：

$$比较相对数=\frac{甲地区（单位）某指标数值}{乙地区（单位）同一指标数值} \quad (4.11)$$

比较相对数与比例相对数类似，分子与分母也可以互换。两者的差别为比例相对数是同一总体的不同部分比较，而比较相对数是同类指标的不同空间比较。

【例4－11】2016年某省两个市有关资料如表4－4所示。

表4－4

市　名	人口数（万人）	国内生产总值（亿元）	人均国内生产总值（元/人）
甲市	725	6 425	88 621
乙市	540	5 749	106 463
比较相对数（乙市为100）	134.25	111.76	83.05

表4－4中的数据表明：乙市经济发展和人民生活水平较高。甲市虽然国内生产总值比乙市多11.76%，但由于甲市的人口数比乙市多34.25%，因此甲市的人均国内生产总值比乙市少16.95%。甲市必须在发展生产的同时严格控制人口的增长。

结构相对数、比例相对数和比较相对数的主要区别：

（1）分子与分母的内容不同。结构相对数是部分数量与总体总量的对比，分母是总体总量；比例相对数是同一总体内，部分数量与部分数量的对比，分母是部分数量；比较相对数是同一时间同类指标在空间上的对比，分子、分母是不同空间的同类指标。

（2）说明的问题不同。结构相对数用各组总量占总体总量的比重，来反映总体内部的组成情况；比例相对数说明总体内各部分间的相互关系；比较相对数说明某种现象在不同空间下发展的不均衡程度。

（五）动态相对数

动态相对数，是指某一社会经济现象在不同时期两个数值对比的比率。它反映该现象在时间上的发展变化方向和程度，也称为发展速度和指数。其计算公式为：

$$动态相对数=\frac{报告期数值}{基期数值}\times 100\% \quad (4.12)$$

公式中，报告期是指要研究或计算的时期，基期是指作为比较基础的时期。动态相对数一般用百分数表示，也可用倍数或千分数表示。分子与分母的位置一般不能互换。

【例4－12】某地国内生产总值2015年为2 097.77亿元，2016年为2 383.07亿元。则：

$$动态相对数=\frac{2\,383.07}{2\,097.77}\times 100\%=113.6\%$$

计算结果表明该地区的国内生产总值增长较快。

（六）强度相对数

强度相对数，是指两个性质不同而又有联系的指标对比的比率。它反映现象的强度、密度和普及程度，是一种特殊形式的相对数。其计算公式为：

$$\text{强度相对数} = \frac{\text{某一指标数值}}{\text{另一有联系的指标数值}} \tag{4.13}$$

强度相对数一般以有名数表示，如商品流转次数用单名数“次”表示，人均粮食产量用复名数“千克/人”表示。也有一些强度相对数是采用百分数、千分数来表示的，如商品流通费用率用百分数表示，人口出生率用千分数表示。

有些强度相对数的分子和分母可以互换，形成正指标与逆指标两种计算方法。正指标的数值大小与其反映的强度、密度和普及程度成正比，逆指标的数值大小与其反映的强度、密度和普及程度成反比。

【例4-13】某地区2016年零售商业网点为50 000个，年平均人口为800万人，则：

$$\text{零售商业网密度} = \frac{50\,000\text{个}}{800\text{万人}} = 62.5\text{（个/万人）（正指标）}$$

$$\text{零售商业网密度} = \frac{800\text{万人}}{50\,000\text{个}} = 0.016\text{（万人/个）}$$

$$= 160\text{（人/个）（逆指标）}$$

正指标说明该地区2016年每万人有62.5个零售商店为他们服务，逆指标说明每个零售商店为160人服务，其意义相同，表述方法有别。

强度相对数应用十分广泛，还可用于反映企业的经济效益，如资金利税率、销售利税率、资金产值率等。

【例4-14】某公司2016年实现利税150万元，销售收入600万元，资金750万元。则：

$$\text{销售利税率} = \frac{150}{600} \times 100 = 25\text{（元/百元），或}25\%$$

$$\text{资金利税率} = \frac{150}{750} \times 100 = 20\text{（元/百元），或}20\%$$

指标数值的高低说明企业经济效益的好坏。

三、计算和运用相对指标的原则

（一）两个对比指标要有可比性

相对指标是两个有联系的统计指标相对比，要使对比的结果能正确反映社会经济现象之间的数量对比关系，必须使对比指标有可比性。可比性包括对比指标的经济内容、口径范围、计算时间、计算方法、计算价格等的可比。例如，检查计划的完成程度时，必须检查实际的完成数与计划数所包含的指标内容是否一致；计算动态相对数时，应注意指标总体范围的一致性，如有无机构的变更、行政区域的变更等造成总体范围的变更；计算比较相对数时，要注意同类指标的计算方法、计算价格是否一致，如人均国内生产总值是用现行价格还是不变价格计算。

（二）相对指标要与总量指标结合运用

相对指标一方面能把社会经济现象间的数量对比关系反映得突出鲜明，另一方面有时两个相对指标的数值虽然相同，但其绝对量可能差异很大。由于相对指标把绝对量的差异抽象化了，因此掩盖了绝对量的具体差别。所以，许多场合在应用相对指标时必须与总量指标相结合，才能说明社会经济现象的真实情况。例如，甲乙两职工，其工资今年都增加了20%，甲的工资由4 000元增加到4 800元，每增加1%的工资额为40元；乙的工资由20 000元增加到24 000元，每增加1%的工资额为200元。可见，甲乙两职工工资的升幅虽然相同，但其包含的工资绝对量却相差很大。

（三）各种相对指标要结合运用

各种相对指标作用不同，每种相对指标只能说明事物的某一方面，要正确认识事物，必须把各种相对指标结合起来运用。例如，分析企业经营管理状况，可把实际利润与计划利润进行对比，检查利润计划完成情况；把本期实际利润与上期实际利润进行对比，观察利润动态变化情况；把利润与销售额、成本、资金等进行对比，可以说明企业经济效益的高低等。

思考题与习题

1. 什么是总量指标？它有什么作用？
2. 什么是总体总量和标志总量？
3. 什么是时期指标和时点指标？它们各有什么特点？
4. 什么是相对指标？它有哪些作用？
5. 相对指标有哪几种？
6. 如何计算、分析与评价计划完成程度？
7. 检查中长期计划有哪两种方法？
8. 如何区分强度相对数的正指标和逆指标？
9. 计算和运用相对指标要遵循哪些原则？
10. 试指出下列指标是总量指标（具体指明是时期指标还是时点指标）还是相对指标（具体指明是哪一种相对数）。

    （1）外汇储备额；

    （2）居民住房总面积；

    （3）国民收入积累与消费比；

    （4）资金周转速度；

    （5）旅游入境人数；

(6) 居民银行存款余额；

(7) 森林覆盖率；

(8) 每百户家庭电话拥有量；

(9) 商品库存额；

(10) 恩格尔系数；

(11) 资金利润率；

(12) 适龄儿童入学率。

11. 某厂计划产值比上年提高5%，实际提高7%，则该厂计划完成相对数为多少？

12. 某厂产值计划为去年的103%，实际比去年增长5%，试问该厂计划完成相对数是多少？又知该厂的产品每台成本应在去年699元的水平上降低12元，今年实际成本为672元，试确定降低成本计划完成情况指标。

13. 某工业公司所属三个厂生产情况如下表所示，试填写空格中的数字。

单位：吨

工厂	2015年实际产量	2016年产量		计划完成百分数（%）	2016年实际产量为2015年的百分数（%）
		计划产量	实际产量		
甲	1 950	2 000	2 200		
乙	2 020	2 204	1 998		
丙	2 950	3 010	3 035		

14. 某市某“五年计划”规定，计划期最末一年A产品产量应达到70万吨，实际生产情况如下表所示：

单位：万吨

时间	第一年	第二年	第三年		第四年				第五年			
			上半年	下半年	第一季度	第二季度	第三季度	第四季度	第一季度	第二季度	第三季度	第四季度
产量	45	48	25	27	16	16	18	17	18	20	23	25

试计算该市A产品产量五年计划完成程度和提前完成计划时间。

第五章　平均指标与变异度指标

第一节　平均指标

一、平均指标的意义和特点

平均指标亦称平均数，是最常用的统计指标之一。它可分为静态平均数和动态平均数。本章只论述静态平均数，动态平均数将在第十章研究。

（一）平均指标的概念

平均指标，是指同质总体各单位某一数量标志在一定时间、地点、条件下所达到的一般水平，是总体的代表值。它也是描述分布数列集中趋势的指标。在次数分布数列中，多数变量值聚集于平均数周围，因而平均数总是处在频率分布集中的位置或附近，反映现象的集中趋势。例如，某地区 2017 年多数职工的年工资收入在 50 000 元左右，职工平均货币工资为 55 000 元。这里，该地区职工是同质总体，每一职工是总体单位，职工的平均货币工资则反映该地区工资收入达到的一般水平，即平均水平。

（二）平均指标的特点

根据平均指标的概念，可以看出它具有如下三个特点：

1. 同质性

总体的同质性是计算平均数指标的重要前提。它意味着只有同质总体计算平均数，才有经济意义。不属同质总体的个体单位标志值，不能混在一起计算平均数，否则就不能正确地反映被研究总体某一标志的一般水平，甚至会歪曲事实真相。例如，在研究职工平均货币工资时，不能将农民收入和个体经营者收入包括在内计算，也不能把职工的非工资收入包括在内，否则就会夸大或缩小职工平均货币工资水平，以致作出错误的判断和分析。

2. 代表性

平均数是在被研究总体内，将各个个体单位的数量差异抽象化，反映总体的一般水平。它反映的是事物的共性，是总体的代表值，具有代表性。在社会经济活动中，要研究总体的综合特征和总体的一般水平，必须计算平均数。个别单位的标志值，只反映个别单位的数量特征，不能代表总体的数量特征。例如，永久电视机厂去年采购某种电子元件共8万件，支付采购款共2 800万元，该电子元件平均采购价格为每件350元。但该电子元件是分批采购的，采购单价各不相同，有的高达每件500元，有的却低至每件250元。这里，最高采购价格和最低采购价格都不能代表该电视机厂去年这种电子元件采购价的一般水平，只有平均采购价格350元才能代表该厂去年电子元件采购价的一般水平。

3. 抽象性

平均指标是总体各单位标志值综合平均的结果，因而它是一个综合指标。它的一个显著特点就是已将总体各单位标志值的差异抽象化了。它不同于总体各单位水平，却又反映所有这些单位的一般水平。正因为平均指标抽象化了各单位标志值之间的差异，所以它往往会掩盖先进与落后之间的差别。我们运用平均指标对现象进行分析时，必须充分注意这一点。

（三）平均指标的作用

平均指标体现着个别与一般之间的辩证统一关系，因此无论是在统计研究中还是在统计实务中都有着重要的作用。其具体表现在以下四个方面：

（1）比较同类现象在不同单位、不同地区间的平均水平，表明现象之间在生产水平、经济效益等方面的差距。在统计研究中，我们常常需要对不同国家、地区、单位间同一现象的一般水平进行比较，分析它们之间的差异程度。由于总体有大小之别，我们不能用总量指标进行比较，而必须用平均指标进行比较。例如，我们要比较甲、乙两地的职工工资水平，不能用工资总额进行比较，也不能用个别职工工资进行比较，而只能比较甲、乙两地职工的平均工资，以说明两地之间职工工资水平存在差距。又如，要比较甲、乙两企业生产的A种产品成本水平的高低，两个企业生产规模不同，同样不能用总成本或个别产品成本去比较，只能用平均单位产品成本去比较，说明两个企业之间A种产品成本水平的差异。

（2）比较同类现象在不同时期的平均水平，说明现象的发展趋势或变动规律性。现象总是不断发展变化的，用个别单位的水平变动不能反映现象总变动趋势，用总量指标来反映，同样受到总体规模变动的影响，所以常用平均指标来反映现象的变动趋势。例如，某市教育、文化艺术和广播电视事业单位职工平均工资变动如表5－1所示：

表5－1

时间（年）	2012	2013	2014	2015	2016
平均工资（元）	35 320	47 730	55 238	60 970	78 163

这些资料显示该市教育、文化艺术和广播电视事业单位职工的工资水平呈现一个上升的趋势。

（3）可用于研究现象之间的依存关系。很多现象之间都是相互依存的，为了研究现象之间相互依存关系的数量表现，也需要应用平均指标。例如，劳动生产率与收入水平之间，农作物的施肥量与产量之间，商品流转规模与商品流通费用之间，都存在一种相互依存关系。分析这种依存关系时，也都需要使用平均指标。

（4）利用平均数进行推算和预测。平均指标是统计推断中应用最为广泛的指标之一。例如，在利用样本资料来推断总体指标时，我们最常用的就是利用样本平均数来推断总体平均数，进而推算总体的总量指标。

（四）平均指标的种类

平均指标由于计算方法的不同而分为算术平均数、调和平均数、几何平均数、众数和中位数五种，这五种平均数不仅计算方法不同，指标的含义、应用的场合和应用的条件也不一样。

在以上各种平均指标中，算术平均数、调和平均数以及几何平均数都是根据总体中的各单位标志值来计算的，所以也被称为数值平均数；众数和中位数则都是根据总体单位标志值所处的位置来确定的，所以被称为位置平均数。本章将依次介绍它们的计算方法和特点，其中算术平均数将是本章研究的重点。

二、算术平均数

算术平均数，是指总体各单位标志值的总和除以总体单位总数得到的平均数值。它是统计研究和统计实务中应用最广泛的一种平均指标。它之所以能得到广泛应用，是因为它的计算方法与许多社会经济现象中客观存在的数量关系相符合。例如，职工的平均工资就等于工资总额除以职工人数。

（一）算术平均数的基本计算公式

算术平均数的基本计算公式是总体标志总量与总体单位总量之比。计算公式：

$$\text{算术平均数}=\frac{\text{标志总量}}{\text{总体总量}}$$

如前所述，算术平均数在众多的平均指标中是最基本的和运用最广泛的一种平均指标，所以在运用上述基本公式计算平均数时，要注意公式中分子和分母在总体范围上的可比性，就是二者必须属于同一总体。这是算术平均数与强度相对数最本质的区别。前面有关章节介绍的强度相对数指标是两个有联系指标对比的比值，往往也具有平均的意味，但公式中的分子、分母却不属于同一总体。例如，人均粮食消费量是平均数指标，人均粮食产量却是强度相对数指标，二者虽然在表现形式上十分相似，但在实质上却有着很大的区别。

（二）算术平均数的种类

在统计实务中，由于所掌握的统计资料不同，算术平均数又分为简单算术平均数和加权算术平均数两种。

1. 简单算术平均数

计算平均指标时，如果掌握的是总体各单位标志值，则将总体各单位标志值简单相加，除以总体单位数，就得到平均数。

【例5－1】某生产班组10个工人日加工零件数量分别为20、21、22、23、24、25、26、28、29、32件，则这10个工人日平均加工零件数为：

$$\text{平均加工零件数}=\frac{20+21+22+23+24+25+26+28+29+32}{10}=\frac{250}{10}=25\text{（件）}$$

上述计算方法用公式表示则为：

$$\bar{x}=\frac{x_1+x_2+\cdots+x_n}{n}=\frac{\sum_{i=1}^{n}x_i}{n} \quad (5.1)$$

公式中：$\bar{x}$ 代表算术平均数；

x_i 代表总体各单位标志值；

n 代表标志值的项数；

$\sum$ 为求和符号。

2. 加权算术平均数

当被研究的现象总体单位数相当多，且各单位又有相同或相近的标志值时，在资料整理过程中，往往将其分组并编制成变量数列。在这种情况下，则需要用加权算术平均数的公式来计算。

加权算术平均数就是用变量数列中各组标志值乘以相应的各组单位数（次数），求出各组的标志总量，并将它们相加得出总体的标志总量，然后除以总体单位总数，求得平均数。

由于变量数列有单项数列和组距数列之分，因此它们的计算方法也不同。下面分别介绍根据单项数列和组距数列计算加权算术平均数的方法和计算公式。

（1）根据单项数列计算加权算术平均数。

如果掌握的资料是一个单项数列，可直接利用各组总体单位数（次数）对各组变量值加权计算平均数。

【例5－2】某厂甲车间有200名职工，他们每月加工的零件数如表5－2所示：

表5－2

零件数（件） x_i	工人数（人） f_i	产量×工人数 $x_i f_i$
30	20	600
32	50	1 600
34	76	2 584
35	40	1 400
36	14	504
合　计	200	6 688

$$职工平均加工零件数=\frac{30\times 20+32\times 50+34\times 76+35\times 40+36\times 14}{20+50+76+40+14}$$

$$=\frac{6\ 688}{200}=33.44\ (件)$$

表 5－2 中若以 f 代表次数，这里代表各组工人数，则以上计算可用公式表示为：

$$\bar{x}=\frac{x_1f_1+x_2f_2+x_3f_3+\cdots+x_nf_n}{f_1+f_2+f_3+\cdots+f_n}=\frac{\sum_{i=1}^{n}x_if_i}{\sum_{i=1}^{n}f_i} \tag{5.2}$$

由上式可见，平均数的大小不仅取决于总体各单位标志值 x_i，还取决于各组次数 f_i。这里，次数多的标志值对平均数的影响相应大些，次数少的标志值对平均数的影响相应小些。各组次数的多少，在计算平均数的过程中有权衡轻重的作用。所以，又将次数称为权数。相应地，在计算平均数的过程中，将各组次数分别乘以各组的标志值，称为加权。这种用权数计算算术平均数的方法称为加权算术平均法。

这里，权数对算术平均数的影响作用主要体现在比重权数上，即体现在各组单位数占总体单位数的比重上。在变量数列中，哪组比重权数大，哪组标志值对平均数的影响就大。所以，权数的实质就是各组单位数占总体单位数的比重。如果各组次数相等，则各组单位数占总体单位数的比重相等，即各组比重权数相等，则对各组标志值来说就失去了权衡轻重的作用，权数的作用也就没有了。这时，可直接将各组标志值相加之和除以组数求得，即当各组次数相等时，加权算术平均数等于它的简单算术平均数。用公式表示如下：

$f_1=f_2=\cdots=f_n=A$

$$\bar{x}=\frac{\sum_{i=1}^{n}x_if_i}{\sum_{i=1}^{n}f_i}=\frac{x_1f_1+x_2f_2+\cdots+x_nf_n}{f_1+f_2+\cdots+f_n}=\frac{x_1A+x_2A+\cdots+x_nA}{\underbrace{A+A+\cdots+A}_{n个}}$$

$$=\frac{A\sum_{i=1}^{n}x_i}{n\cdot A}=\frac{\sum_{i=1}^{n}x_i}{n}$$

【例 5－3】某厂乙车间 200 名工人日加工零件数量如表 5－3 所示：

表 5－3

零件数（件） x_i	工人数（人） f_i	x_if_i
30	40	1 200

（续上表）

零件数（件）x_i	工人数（人）f_i	$x_i f_i$
32	40	1 280
34	40	1 360
35	40	1 400
36	40	1 440
合　计	200	6 680

将表 5 – 3 的数据代入（5. 2）式：

$$\bar{x} = \frac{\sum_{i=1}^{n} x_i f_i}{\sum_{i=1}^{n} f_i} = \frac{6\,680}{200} = 33.4(\text{件})$$

代入（5. 1）式：

$$\bar{x} = \frac{\sum_{i=1}^{n} x_i}{n} = \frac{30 + 32 + 34 + 35 + 36}{5} = \frac{167}{5} = 33.4(\text{件})$$

实例也验证了二者计算结果完全一致。同时，它也说明简单算术平均数是加权算术平均数的特例，各组权重均为 1。

有时候，当所掌握的变量数列中的各组单位数不是绝对数（频数），而是各组单位数占总体单位数的比重（频率）时，即所掌握的权数资料是比重权数时，可直接用比重权数求加权算术平均数。以各组标志值与其相应各组比重权数相乘的乘积总和就是所求的加权算术平均数。用公式表示为：

$$\bar{x} = \sum_{i=1}^{n} x_i \cdot \frac{f_i}{\sum_{i=1}^{n} f_i} \tag{5.3}$$

用公式（5. 3）与公式（5. 2）计算的结果是完全一致的，因为：

$$\bar{x} = \frac{\sum_{i=1}^{n} x_i f_i}{\sum_{i=1}^{n} f_i} = \frac{x_1 f_1 + x_2 f_2 + x_3 f_3 + \cdots + x_n f_n}{\sum_{i=1}^{n} f_i}$$

$$= x_1 \frac{f_1}{\sum_{i=1}^{n} f_i} + x_2 \frac{f_2}{\sum_{i=1}^{n} f_i} + x_3 \frac{f_3}{\sum_{i=1}^{n} f_i} + \cdots + x_n \frac{f_n}{\sum_{i=1}^{n} f_i}$$

$$= \sum_{i=1}^{n} x_i \cdot \frac{f_i}{\sum_{i=1}^{n} f_i}$$

仍用例 5－2 中的资料，采用比重权数的公式来计算加权算术平均数，如表 5－4 所示：

表 5－4

零件数（件） x_i	工人数（人） f_i	比重权数 $\frac{f_i}{\sum_{i=1}^{n} f_i}$	$x_i \cdot \frac{f_i}{\sum_{i=1}^{n} f_i}$
30	20	0.1	3
32	50	0.25	8
34	76	0.38	12.92
35	40	0.2	7
36	14	0.07	2.52
合　计	200	1.00	33.44

$$\bar{x} = \sum_{i=1}^{n} x_i \cdot \frac{f_i}{\sum_{i=1}^{n} f_i} = 33.44(\text{件})$$

计算结果与前面用公式（5.2）计算的加权算术平均数的结果完全一致。

（2）根据组距数列计算加权算术平均数。

在组距数列中，各组的标志值是一个变动范围，而不是一个具体的数值。用来计算平均数时，从理论上讲，应先计算各组的平均数，再以各组平均数乘以相应的权数，计算加权算术平均数。但在实际工作中，很少计算组平均数，而是用各组的组中值代替各组平均数，再用公式（5.2）或公式（5.3）来计算加权算术平均数。

【例 5－4】某食品厂上月有员工 300 人，其糖果产量资料如表 5－5 所示：

表 5－5

产量（千克）	员工人数（人） f_i	组中值 x_i	总产量（千克） $x_i f_i$
400 以下	22	350	7 700
400～500	50	450	22 500
500～600	66	550	36 300
600～700	76	650	49 400
700～800	56	750	42 000
800 以上	30	850	25 500
合　计	300	—	183 400

$$\bar{x}=\frac{\sum_{i=1}^{n}x_i f_i}{\sum_{i=1}^{n}f_i}=\frac{183\,400}{300}=611.33(\text{千克})$$

注意，利用组中值代替各组平均数是有一定假定性的，即假定各组中的单位标志值在组内是均匀分布的，但实际上并不完全如此。这样，各组组中值与组平均数不可避免地存在一定程度的误差，加之组距数列中开口组的组中值是按相邻组的组距计算的，所以，用组中值计算的加权算术平均数是一个近似值。

另外，在运用算术平均数作统计分析时，还应该注意的就是算术平均数容易受极端值的影响。一个总体中，当各总体单位标志值中有极大值或极小值时，平均数的稳健性会受到影响，其代表性也会受到很大影响。因此，在统计实务中，有时将总体中的极端值剔除后，再计算算术平均数，以提高算术平均数的代表性。

（三）算术平均数的数学性质

算术平均数具有多项重要的数学性质。在计算算术平均数和标准差时，可利用有关的数学性质简化计算过程。现介绍如下：

（1）算术平均数与总体单位数的乘积，等于各单位标志值的总和。

用符号表示为：$\bar{x}\cdot n=\sum_{i=1}^{n}x_i$ （简单算术平均数）

同理， $\bar{x}\cdot\sum_{i=1}^{n}f_i=\sum_{i=1}^{n}x_i f_i$ （加权算术平均数）

（2）各单位标志值与算术平均数离差之和等于零。

用符号表示为：$\sum_{i=1}^{n}(x_i-\bar{x})=0$ （简单算术平均数）

同理， $\sum_{i=1}^{n}(x_i-\bar{x})f_i=0$ （加权算术平均数）

（3）各单位标志值与算术平均数离差平方之和为最小。

用符号表示为：$\sum_{i=1}^{n}(x_i-\bar{x})^2=\min$（最小值）

（简单算术平均数）

同理， $\sum_{i=1}^{n}(x_i-\bar{x})^2 f_i=\min$（加权算术平均数）

该性质证明如下：

设 x_0 为不等于 $\bar{x}$ 的任意数，则 $\bar{x}-x_0=c$。

$x_0=\bar{x}-c$，以 x_0 为中心的离差平方和为：

$$\sum_{i=1}^{n}(x_i-x_0)^2=\sum_{i=1}^{n}\left[x_i-(\bar{x}-c)\right]^2=\sum_{i=1}^{n}\left[(x_i-\bar{x})+c\right]^2$$

$$= \sum_{i=1}^{n}(x_i - \bar{x})^2 + 2c\sum_{i=1}^{n}(x_i - \bar{x}) + nc^2$$

$$= \sum_{i=1}^{n}(x_i - \bar{x})^2 + nc^2$$

因为 $nc^2 > 0$

所以 $\sum_{i=1}^{n}(x_i - x_0)^2 > \sum_{i=1}^{n}(x_i - \bar{x})^2$，即 $\sum_{i=1}^{n}(x_i - \bar{x})^2 = \min$

(4) 对各单位标志值加或减一个任意数 a，则算术平均数也要增加或减少该数 a。

用符号表示为：若 $x' = x \pm a$，

则简单算术平均数 $\overline{x'} = \dfrac{\sum_{i=1}^{n}(x_i \pm a)}{n} = \bar{x} \pm a$

加权算术平均数 $\overline{x'} = \dfrac{\sum_{i=1}^{n}(x_i \pm a)f_i}{\sum_{i=1}^{n}f_i} = \bar{x} \pm a$

(5) 对各单位标志值乘以或除以一个任意数 b，则算术平均数也要乘以或除以该数 b。

用符号表示为：若 $x' = bx$，

则简单算术平均数 $\overline{x'} = \dfrac{\sum_{i=1}^{n}bx_i}{n} = b\bar{x}$

加权算术平均数 $\overline{x'} = \dfrac{\sum_{i=1}^{n}bx_i f_i}{\sum_{i=1}^{n}f_i} = b\bar{x}$

若 $x' = \dfrac{x}{b}$，

则简单算术平均数 $\overline{x'} = \dfrac{\sum_{i=1}^{n}\dfrac{x_i}{b}}{n} = \dfrac{1}{b}\cdot\bar{x}$

加权算术平均数 $\overline{x'} = \dfrac{\sum_{i=1}^{n}\dfrac{x_i}{b}f_i}{\sum_{i=1}^{n}f_i} = \dfrac{1}{b}\cdot\bar{x}$

（四）交替标志平均数

加权算术平均数不仅可以反映总体各单位数量标志值的一般水平，还可以反映某些品质标志的一般水平。在所研究的现象中，有许多品质标志，它们在总体各单位间只有属性上的差异，无法直接计算其平均的属性差异。在统计实务中，常常是将此类现象各单位间的属性差异先数量化，然后再计算其算术平均数，以反映其质量的一般水平。

交替标志又称是非标志，是指总体中的各总体单位，某些单位具有某种属性，而其他一些单位则不具有某种属性。例如，一批产品中，一些是合格品，另一些是不合格品；一批种子，有些会发芽，另一些则不发芽。这些将总体单位划分为“是”与“否”或“有”与“无”两类的标志叫交替标志。交替标志只有质的差别，不能直接计算平均数，我们先将它们过渡到量的差异上来。以1作为具有某种属性的单位标志值，以0作为不具有某种属性的单位标志值，如上例中，我们就可以用1表示合格品的标志值，0表示不合格品的标志值。这样就将交替标志过渡到（0，1）的数量标志了。

若全部总体单位数用N表示，其中具有某种属性的总体单位数为N_1，不具有某种属性的总体单位数为N_2，则

具有某种属性的单位数所占比重　$P=\frac{N_1}{N}$

不具有某种属性的单位数所占比重　$Q=\frac{N_2}{N}$

可以证明，$P+Q=1$，

则可用比重权数公式计算交替标志的平均数，公式为：

$$\bar{x}_P=\frac{\sum_{i=1}^{n}x_i f_i}{\sum_{i=1}^{n}f_i}=\frac{1\times P+0\times Q}{P+Q}=P \tag{5.4}$$

【例5－5】某厂去年生产的产品中，合格率为98%，通过表5－6，可计算该厂产品的平均合格率。

表5－6

	标志值x_i	比重（%）$\frac{f_i}{\sum_{i=1}^{n}f_i}$	$x_i\cdot\frac{f_i}{\sum_{i=1}^{n}f_i}$
合格品	1	98	98
不合格品	0	2	0
合　计	—	100	98

$$\bar{x}_P=\frac{1\times98+0\times2}{100}\times100\%=98\%$$

由此可见，该厂产品的平均合格率，就是这批产品的合格率，也就是说，在交替标志的总体中，具有某种属性的成数P就是这一总体（0，1）标志的加权算术平均数。

三、调和平均数

调和平均数是平均指标的一种。它是各单位标志值倒数的算术平均数的倒数，因此又称倒数平均数。调和平均数也有简单调和平均数和加权调和平均数两种。

（一）简单调和平均数

简单调和平均数，是指总体各单位标志值倒数的简单算术平均数的倒数，计算公式为：

$$H=\frac{1}{\dfrac{\dfrac{1}{x_1}+\dfrac{1}{x_2}+\cdots+\dfrac{1}{x_n}}{n}}=\frac{n}{\dfrac{1}{x_1}+\dfrac{1}{x_2}+\cdots+\dfrac{1}{x_n}}=\frac{n}{\sum\limits_{i=1}^{n}\dfrac{1}{x_i}} \tag{5.5}$$

公式中：H 代表调和平均数；

x_i 代表各单位标志值；

n 代表标志值的项数。

【例 5 -6】某电子产品制造商近期分别从甲、乙两地采购了同批量的某型号原材料一批。甲地采购价为 100 元/千克，乙地采购价为 80 元/千克，该型号原材料平均采购价格可以用简单调和平均数的公式计算。

代入公式（5.5）：

$$H=\frac{2}{\dfrac{1}{100}+\dfrac{1}{80}}=88.89\text{（元/千克）}$$

（二）加权调和平均数

加权调和平均数，是指各单位标志值倒数的加权算术平均数的倒数，若以 m 代表各项权数，则计算公式为：

$$\begin{aligned}H&=\frac{1}{\dfrac{\dfrac{1}{x_1}m_1+\dfrac{1}{x_2}m_2+\cdots+\dfrac{1}{x_n}m_n}{m_1+m_2+\cdots+m_n}}\\&=\frac{m_1+m_2+\cdots+m_n}{\dfrac{1}{x_1}m_1+\dfrac{1}{x_2}m_2+\cdots+\dfrac{1}{x_n}m_n}\\&=\frac{\sum\limits_{i=1}^{n}m_i}{\sum\limits_{i=1}^{n}\dfrac{m_i}{x_i}}\end{aligned} \tag{5.6}$$

【例 5 -7】红星制造厂本月购进甲种原材料三批，每批采购价格和采购金额如表 5 -7 所示，求本月购进甲种原材料的平均价格。

表5－7

	价格（元/千克） x_i	采购金额（元） m_i	采购量（千克） $\frac{m_i}{x_i}$
第一批	50	25 000	500
第二批	55	44 000	800
第三批	60	18 000	300
合　计	—	87 000	1 600

原材料平均价格为：

$$H = \frac{\sum_{i=1}^{n} m_i}{\sum_{i=1}^{n} \frac{m_i}{x_i}} = \frac{87\ 000}{1\ 600} = 54.38(\text{元}/\text{千克})$$

值得一提的是，在统计实务中，调和平均数常常作为算术平均数的变形来使用。所以它的计算内容也和算术平均数一样，是标志总量除以总体单位数。调和平均数的权数是算术平均数中的标志值乘以总体单位数所得到的标志总量，即 $m_i = x_i f_i$，两种平均数计算式的关系如下：

$$\bar{x} = \frac{\sum_{i=1}^{n} x_i f_i}{\sum_{i=1}^{n} f_i} = \frac{\sum_{i=1}^{n} x_i f_i}{\sum_{i=1}^{n} \frac{1}{x_i} \cdot x_i f_i} = \frac{\sum_{i=1}^{n} m_i}{\sum_{i=1}^{n} \frac{m_i}{x_i}} = H$$

上例中，$m_i = x_i f_i$，则 $\frac{m_i}{x_i} = \frac{x_i f_i}{x_i} = f_i$，用加权算术平均数求平均价格：

$$\bar{x} = \frac{\sum_{i=1}^{n} x_i f_i}{\sum_{i=1}^{n} f_i} = \frac{50 \times 500 + 55 \times 800 + 60 \times 300}{500 + 800 + 300}$$

$$= \frac{87\ 000}{1\ 600} = 54.38(\text{元}/\text{千克})$$

由此可见，调和平均数作为算术平均数的变形，虽然它与算术平均数的计算方法不同，但其实质是一样的，都是标志总量除以总体总量，所以计算的结果也完全相同。

（三）由相对数或平均数计算平均数

在统计实务中，经常遇到被平均的对象是相对数或平均数的情况。例如，某公司要根据其所属各企业的计划完成程度计算平均的计划完成程度，或要根据所属各企业的劳动生产率计算平均的劳动生产率等。遇到此类现象，应根据掌握的资料情况，包括被平均指标的性质（是相对数还是平均数）和权数资料来决定选用算术平均数还是调和平均数来反映其平均水平。下面分别举例说明。

1. 由相对数计算平均数

【例5－8】某责任有限公司下属三个企业，其计划完成程度和当年计划产值资料如表5－8所示，求公司的平均计划完成程度。

表5－8

计划完成程度（%）	计划产值（万元）f_i	计划完成程度组中值（%）x_i	实际产值（万元）$x_i f_i$
90～100	600	95	570
100～110	4 000	105	4 200
110～120	1 500	115	1 725
合　计	6 100	—	6 495

本例中，知道计划产值，计算平均计划完成程度，应用算术平均数。

$$\text{平均计划完成程度}\bar{x}=\frac{\sum_{i=1}^{n}x_i f_i}{\sum_{i=1}^{n}f_i}=\frac{6\,495}{6\,100}\times 100\%=106.5\%$$

本例中，如果缺乏计划产值资料，只有实际产值资料，则计算平均计划完成程度就要用调和平均数了。计算资料如表5－9所示。

表5－9

计划完成程度（%）	实际产值（万元）m_i	计划完成程度组中值（%）x_i	计划产值（万元）$\frac{m_i}{x_i}$
90～100	570	95	600
100～110	4 200	105	4 000
110～120	1 725	115	1 500
合　计	6 495	—	6 100

$$\text{平均计划完成程度}\bar{x}=\frac{\sum_{i=1}^{n}m_i}{\sum_{i=1}^{n}\frac{m_i}{x_i}}=\frac{6\,495}{6\,100}\times 100\%=106.5\%$$

从以上计算过程可以看出，尽管掌握的资料不同，采用的权数不同，分别采用了算术平均数和调和平均数计算平均计划完成程度，但两种方法计算的结果是一致的，平均计划完成程度都是 106.5%。

2. 由平均数计算平均数

【例 5－9】某童装厂上月工人人数及月童装产量资料如表 5－10 所示，求该厂上月人均童装产量。

表 5－10

按熟练程度分组	人均产量（件/人）x_i	工人数（人）f_i	总产量（件）$x_i f_i$
非熟练工	400	2 400	960 000
熟练工	700	3 600	2 520 000
合　计	—	6 000	3 480 000

本例中，知道工人人数，计算总人均产量应该采用算术平均数。

$$\text{总人均产量}\ \bar{x} = \frac{\sum_{i=1}^{n} x_i f_i}{\sum_{i=1}^{n} f_i} = \frac{3\,480\,000}{6\,000} = 580(\text{件}/\text{人})$$

如果掌握的是不同熟练程度工人的平均产量和总产量的资料，缺乏工人人数的资料，计算总平均产量则应该采用调和平均数。资料如表 5－11 所示：

表 5－11

按熟练程度分组	人均产量（件/人）x_i	总产量（件）m_i	工人数（人）$\frac{m_i}{x_i}$
非熟练工	400	960 000	2 400
熟练工	700	2 520 000	3 600
合　计	—	3 480 000	6 000

$$\text{总人均产量}\ H = \frac{\sum_{i=1}^{n} m_i}{\sum_{i=1}^{n} \frac{m_i}{x_i}} = \frac{3\,480\,000}{6\,000} = 580(\text{件}/\text{人})$$

从以上计算过程可以看出，总人均产量的计算，尽管掌握的资料不同，所采用的权数不同，分别采用了算术平均数和调和平均数的形式，但两种方法计算的结果是相同的，总人均产量都是 580 件/人。

从上面两个例子，可以归纳出如下结论：无论是由相对数计算平均数还是由平均数计算平均数，都要首先分清被平均指标的分子与分母。如果采用被平均指标的分母为权数，则要计算算术平均数；如果采用被平均指标的分子为权数，则要计算调和平均数。

（四）运用调和平均数应该注意的问题

（1）当变量数列有一变量 X 的值为零时，调和平均数公式的分母将等于无穷大，因而无法求出确定的平均值。

（2）调和平均数和算术平均数一样，易受两极端值影响。

（3）要注意区分调和平均数和算术平均数的使用条件，因事制宜。

四、几何平均数

几何平均数是适用于特殊数据的一种平均数，是 n 个变量值连乘积的 n 次方根，用 G 表示。几何平均数常用于计算平均比率和平均速度。按计算过程中是否加权，分为简单几何平均数和加权几何平均数。几何平均数适用于变量各值相互联系与非相互独立的情况，如各年发展速度之间、流水作业条件下各车间的合格率之间就属这种情况。

（一）简单几何平均数

简单几何平均数就是 n 个变量值连乘积的 n 次方根。计算公式为：

$$G = \sqrt[n]{x_1 \cdot x_2 \cdot x_3 \cdot \cdots \cdot x_n} = \sqrt[n]{\prod x_i} \tag{5.7}$$

公式中：G 代表几何平均数；

x_i 代表各个变量值；

n 代表变量值项数；

$\prod$ 为连乘符号。

【例 5 - 10】某地区上个五年计划期间，经济的发展速度如表 5 - 12 所示：

表 5 - 12

时　间	第一年	第二年	第三年	第四年	第五年
发展速度（%）	104.1	107.7	110.5	114.0	118.0

则平均发展速度 $G = \sqrt[n]{\prod x_i} = \sqrt[5]{1.041 \times 1.077 \times 1.105 \times 1.140 \times 1.180}$

$= \sqrt[5]{1.667} = 1.1075$ 或 110.75%

几何平均数在计算过程中，往往要求开高次方，但亦可利用对数计算。

将几何平均数公式两边取对数：

$$\lg G = \frac{1}{n}(\lg x_1 + \lg x_2 + \cdots + \lg x_n) = \frac{\sum_{i=1}^{n} \lg x_i}{n} \tag{5.8}$$

将上例数据代入公式（5.8），则得：

$$\lg G = \frac{1}{5}(\lg 1.041 + \lg 1.077 + \lg 1.105 + \lg 1.140 + \lg 1.180)$$

$$= \frac{1}{5}(0.01745 + 0.03222 + 0.04336 + 0.05690 + 0.07188)$$

$$= 0.04436$$

$G = 1.1075$ 或 110.75%

所以该地区上个五年计划期间平均发展速度为 110.75%。

（二）加权几何平均数

当计算几何平均数的各个变量的次数不相等时，则要应用加权几何平均数。计算公式为：

$$G = \sqrt[\sum_{i=1}^{n} f_i]{x_1^{f_1} \cdot x_2^{f_2} \cdot \cdots \cdot x_n^{f_n}} = \sqrt[\sum_{i=1}^{n} f_i]{\prod x_i^{f_i}} \tag{5.9}$$

利用对数计算，则计算公式为：

$$\lg G = \frac{f_1 \lg x_1 + f_2 \lg x_2 + \cdots + f_n \lg x_n}{\sum_{i=1}^{n} f_i} = \frac{\sum_{i=1}^{n} f_i \lg x_i}{\sum_{i=1}^{n} f_i} \tag{5.10}$$

【例 5－11】某地区 20 年来的经济发展速度如表 5－13 所示，要求计算 20 年来的经济平均发展速度。

表 5－13

发展速度（%）x_i	年数（次数）f_i	$\lg x_i$	$f_i \lg x_i$
102	1	2.008 6	2.008 6
105	5	2.021 2	10.106 0
107	10	2.029 4	20.294 0
110	4	2.041 4	8.165 6
合　计	20	—	40.574 2

$$\lg G = \frac{\sum_{i=1}^{n} f_i \lg x_i}{\sum_{i=1}^{n} f_i} = \frac{40.5742}{20} = 2.0287$$

$G = 106.83\%$

所以该地区 20 年来的经济平均发展速度为 106.83%。

（三）运用几何平均数应注意的问题

（1）在数列的标志值中，若有一个数值为 0，则几何平均数必等于 0。

（2）用等比级数数列计算几何平均数不会受极端值的影响，而用环比指数计算几何平均数，则受最初水平和最末水平的影响。

（3）在我国统计实务中，几何平均数法主要用于计算平均发展速度，属于动态平均数。计算静态平均数时，很少使用此法。

五、众数和中位数

在平均指标中，除以上介绍的按全部标志值计算的数值平均数外，还有根据处于特殊位置上的标志值来确定和计算的位置平均数。常用的有众数和中位数。众数和中位数都不受总体中极端值的影响。它们的稳健性都高于算术平均数和调和平均数。如果某现象的次数分布数列不对称，且极端值的影响很大，那么采用众数和中位数就更有代表性。例如，研究人口现象时，常用人口年龄中位数说明人口年龄的类型；研究市场物价现象时，也常采用价格众数。下面将分别介绍这两种位置平均数。

（一）众数

众数，是指总体中出现次数最多的标志值，通常以符号 M_0 表示。

由众数的概念可知，众数是总体中最普遍的、最“大众化”的水平，且不受极端值的影响。因此，在不计算平均数的情况下，可用众数作为总体的代表值。在某些社会经济活动场合，我们不需要计算平均数，但必须掌握众数。例如，在成衣和鞋袜的生产和销售中，我们就必须掌握众数，也就是说，众数只有在数据量较多时使用才有意义。

众数的确定，一般是先将资料分组，如编成单项数列，则数列中出现次数最多的标志值就是众数。如将单项数列资料绘制成次数分布图，则很容易从曲线最高峰所在处确定众数。例如，根据表 5－2 中的资料，可确定众数在第三组，即 $M_0=34$ 件，绘成分布图，如图 5－1 所示。

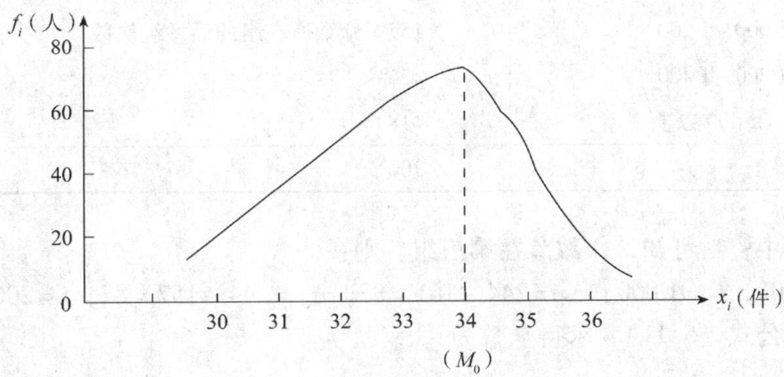

图 5－1

图 5－1 也反映出众数 $M_0=34$ 件。

如果变量数列中出现两个或多个相同的最多次数组，则应先检查总体各单位是否属同一类型。若属同一类型，那就是复众数（双峰或多峰）；当变量数列各组次数都相等时，表明该资料无众数。因此，计算众数是有一定条件的，即总体单位数较多，且有明显的集中趋势。当总体单位数偏少，或者总体单位的分布无明显的集中趋势时，就不宜计算众数。

由组距数列计算众数，分两步计算，第一步确定众数所在的组，第二步通过公式计算众数值。计算众数的公式分为下限公式和上限公式，分别介绍如下：

下限公式：$M_0 = L + \frac{\Delta_1}{\Delta_1 + \Delta_2} \times i$ (5.11)

上限公式：$M_0 = U - \frac{\Delta_2}{\Delta_1 + \Delta_2} \times i$ (5.12)

公式中：L 代表众数组的下限值；

U 代表众数组的上限值；

Δ_1 代表众数组次数与前一组次数之差；

Δ_2 代表众数组次数与后一组次数之差；

i 代表众数组的组距。

下面举例说明众数的具体计算。

【例 5－12】现检测某厂生产的一批电子产品的耐用时间，所得资料如表 5－14 所示。

表 5－14

耐用时间（小时）	产品个数（个）
600 以下	84
600～800	161…众数所在组的前一组次数
800～1 000	244…众数所在组次数
1 000～1 200	157…众数所在组的后一组次数
1 200～1 400	36
1 400 以上	18
合　计	700

由表中资料可知，众数落在第三组，则：

$L = 800$，$U = 1\,000$，$\Delta_1 = 244 - 161 = 83$，$\Delta_2 = 244 - 157 = 87$，$i = 200$

代入公式（5.11），求得众数为：

$$M_0 = L + \frac{\Delta_1}{\Delta_1 + \Delta_2} \times i = 800 + \frac{83}{83 + 87} \times 200 = 897.65 \text{（小时）}$$

代入公式（5.12），结果也一样：

$$M_0 = U - \frac{\Delta_2}{\Delta_1 + \Delta_2} \times i = 1\,000 - \frac{-87}{83 + 87} \times 200 = 897.65 \text{（小时）}$$

计算结果表明，该厂生产的这种电子产品的平均耐用时间为 897.65 小时。

从上面众数的计算公式可以看出，在组距数列中，众数所在组的组距 i 是按该组与前后相邻两组的分配次数之差所占的比重来分摊的。所以，也可通过绘图来求众数 M_0，即先画相邻三组次数分布直方图，然后连接相邻两组次数差的对角线，再以对角线的交点向 x 轴引一条垂线，它与 x 轴的交点（垂足）即为众数。以表 5－14 资料绘图，如图 5－2 所示。

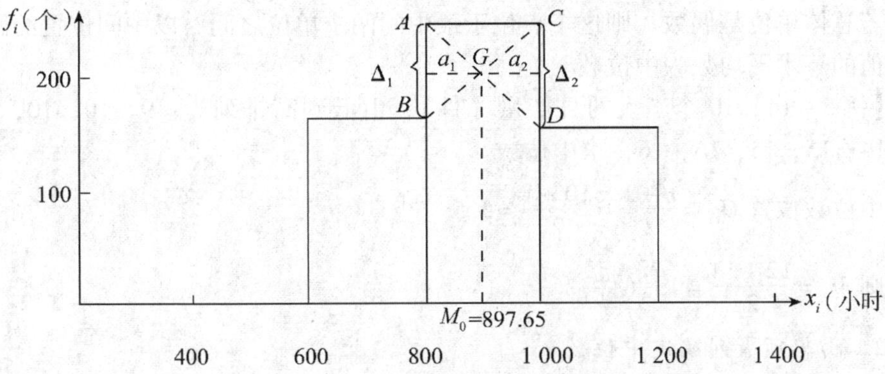

图 5－2

从图 5－2 可看出 $M_0=897.65$ 小时，也可看出公式中的比例关系：

因为三角形 AGB 和三角形 CGD 是相似三角形，所以对应边成比例。则：

$$\frac{\Delta_1}{\Delta_2}=\frac{a_1}{a_2},\ \frac{\Delta_1}{\Delta_1+\Delta_2}=\frac{a_1}{a_1+a_2}=\frac{a_1}{i}$$

因为，$a_1=\dfrac{\Delta_1}{\Delta_1+\Delta_2}\times i$

所以，$M_0=L+a_1=L+\dfrac{\Delta_1}{\Delta_1+\Delta_2}\times i$

同理，$M_0=U-a_2=U-\dfrac{\Delta_2}{\Delta_1+\Delta_2}\times i$

（二）中位数

如果将总体各单位标志值按大小顺序排列，居于中点位置的那个标志值就是中位数，通常用符号 M_e 表示。

由于中位数位于次数分布的中点，不受极端值的影响，当一组数据的偏斜程度较大时，使用它是一个更好的选择。因此在许多场合用它来反映现象的一般水平，亦有其实际意义。中位数的确定，也因掌握的资料不同而异。

1. 由未分组资料确定中位数

在资料未分组的情况下，先将各单位标志值按大小顺序排列，然后按下列公式确定中点位置：

中位数位置 $O_m=\dfrac{n+1}{2}$

公式中 n 代表单位标志值的项数。

【例 5－13】某生产小组 7 人日产量（件），由低到高排列为：9，10，12，13，14，15，16，求中位数。

中位数位置 $O_m=\dfrac{n+1}{2}=\dfrac{7+1}{2}=4$

第四位工人的日产量为中位数，即 $M_e = 13$（件）

若总体单位是偶数，则这个点位于最中间两个单位之间，以中间位置的两个标志值的算术平均数为中位数。

【例 5－14】10 个工人的日产量（件），由低到高排列为：9，10，10，11，12，14，15，15，16，16，求中位数。

中位数位置 $O_m = \frac{n+1}{2} = \frac{10+1}{2} = 5.5$

则 $M_e = \frac{12+14}{2} = 13$（件）

2．由单项数列确定中位数

由单项数列确定中位数，要先计算单项数列的累计次数，然后再确定中位数位置 $O_m = \frac{\sum_{i=1}^{n} f_i}{2}$，看其在数列累计次数的哪一组中，这个组的标志值即为中位数。

【例 5－15】某车间 56 个工人的日产量资料如表 5－15 所示，求车间工人日产量的中位数。

表 5－15

日产量（件）	工人数（人）	累计次数
10	8	8
15	12	20
18	20	40
20	10	50
22	6	56
合　计	56	—

$O_m = \frac{\sum_{i=1}^{n} f_i}{2} = \frac{56}{2} = 28$，对应在第三组。

所以 $M_e = 18$（件）

3．由组距数列确定中位数

由组距数列确定中位数较为复杂，要先确定中位数所在的位置，然后用中位数的计算公式来确定中位数。

中位数位置 $O_m = \frac{\sum_{i=1}^{n} f_i}{2}$

这里要计算累计次数。当计算累计次数时，可以从变量值小的那组开始，也可以从变量值大的那组开始，前者称以下累计法，后者称以上累计法。相应地，计算中位数的公式就有下限公式和上限公式之分。分别介绍如下：

下限公式：$$M_e = L + \frac{\frac{\sum_{i=1}^{n} f_i}{2} - S_{m-1}}{f_m} \times i \tag{5.13}$$

上限公式：$$M_e = U - \frac{\frac{\sum_{i=1}^{n} f_i}{2} - S_{m+1}}{f_m} \times i \tag{5.14}$$

公式中：L 为中位数所在组的下限值；

U 为中位数所在组的上限值；

f_m 为中位数所在组的次数；

S_{m-1}为中位数所在组前面各组的累计次数；

S_{m+1}为中位数所在组后面各组的累计次数；

i 代表中位数所在组的组距。

现仍以表 5－14 的资料为例，说明中位数的计算方法，计算过程如表 5－16 所示：

表 5－16

耐用时间（小时）	产品个数（个）	累计次数	
		以下累计	以上累计
600 以下	84	84	700
600～800	161	245（S_{m-1}）	616
800～1 000	244（f_m）	489	455
1 000～1 200	157	646	211（S_{m+1}）
1 200～1 400	36	682	54
1 400 以上	18	700	18
合 计	700	—	—

中位数位置 $O_m = \frac{\sum_{i=1}^{n} f_i}{2} = \frac{700}{2} = 350$

说明中位数在第三组，即在 800～1 000 小时之间。

代入下限公式，求得中位数：

$$M_e = L + \frac{\frac{\sum_{i=1}^{n} f_i}{2} - S_{m-1}}{f_m} \times i = 800 + \frac{\frac{700}{2} - 245}{244} \times 200$$

$$= 886.07\ (\text{小时})$$

代入上限公式，得到的结果也一样：

$$M_e = U - \frac{\frac{\sum_{i=1}^{n} f_i}{2} - S_{m+1}}{f_m} \times i = 1\,000 - \frac{\frac{700}{2} - 211}{244} \times 200$$

$$= 886.07\ (\text{小时})$$

计算结果表明，该电子产品耐用时间中位数为 886.07 小时。

从中位数的计算过程可以看出，无论是用下限公式还是用上限公式，都有一个假设前提，即假设中位数所在组内的各个标志值是均匀分布的。这样，才可以根据中位数在组内的位次 $\frac{\sum_{i=1}^{n} f_i}{2} - S_{m-1}\left(\text{或}\frac{\sum_{i=1}^{n} f_i}{2} - S_{m+1}\right)$占中位数所在组次数（$f_m$）的比例与中位数所在组的组距（$i$）推算 M_e 的近似值。

六、几种平均数的关系

本章介绍的算术平均数、调和平均数、几何平均数、众数和中位数都是用来测度统计次数分布集中趋势的指标，它们的性质特点各有不同。在统计分析中，要根据被研究对象的数量变化特点，正确地使用各种平均数。因此，必须对各种平均数之间的关系作进一步的研究。

（一）算术平均数、众数和中位数的关系

算术平均数、众数和中位数三者之间存在着一定的数量关系，这种数量关系，取决于被研究对象的次数分布状况。

1. 在正态分布的情况下

正态分布，是指以算术平均数为对称轴的对称分布，即各组变量值的次数分布由小到大、逐渐增多，到了对称轴，次数最多；然后逐渐减少，两边对称。这时，x 轴上的对称点就是算术平均数。由于对称轴的次数最多，因此这点也是众数点，同时由于是对称分布，因此这点也是中位数点。由此可见，这时的算术平均数、中位数和众数三者完全相等，即 $\bar{x} = M_e = M_0$。如例 5－16 的资料就形成正态分布。

【例 5－16】检测某厂生产的电子产品的耐用时间，所得资料如表 5－17 所示：

表 5－17

耐用时间（小时）	产品个数（个）f_i	x_i	$x_i f_i$	累计次数
600 以下	10	550	5 500	10
600～700	20	650	13 000	30
700～800	40	750	30 000	70
800～900	20	850	17 000	90
900 以上	10	950	9 500	100
合　计	100	—	75 000	—

根据表 5－17 中的资料计算得：

$$算术平均数\ \bar{x}=\frac{\sum_{i=1}^{n}x_i f_i}{\sum_{i=1}^{n}f_i}=\frac{75\ 000}{100}=750（小时）$$

$$中位数\ M_e=L+\frac{\frac{\sum_{i=1}^{n}f_i}{2}-S_{m-1}}{f_m}\times i=700+\frac{\frac{100}{2}-30}{40}\times 100=750(小时)$$

$$众数\ M_0=L+\frac{\Delta_1}{\Delta_1+\Delta_2}\times i$$

$$=700+\frac{40-20}{(40-20)+(40-20)}\times 100=750(小时)$$

$\bar{x}=M_e=M_0=750$ 小时，如图 5－3 所示：

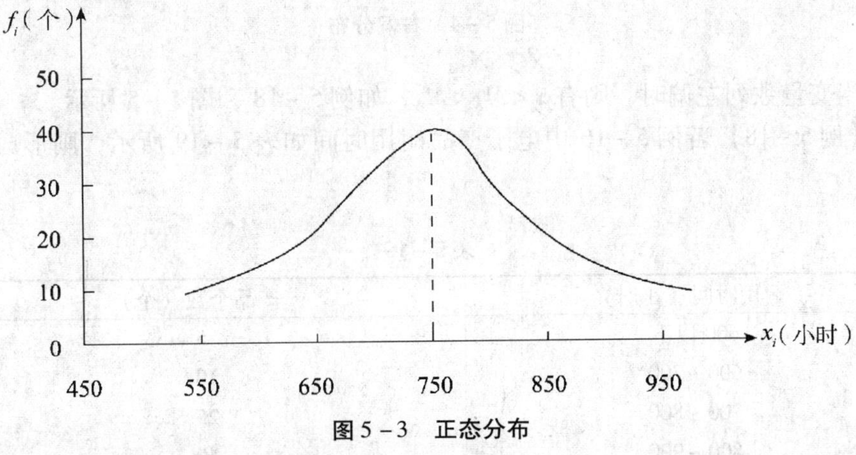

图 5－3　正态分布

2. 在偏态分布的情况下

当次数分布仍是两头小中间大，但两边不对称时，分布曲线就发生偏斜，形成左偏或右偏分布。当变量数列右偏时，就有$M_0 < M_e < \bar{x}$，如例5-17所示。

【例5-17】若例5-16中电子产品的耐用时间如表5-18所示，则形成右偏分布。

表5-18

耐用时间（小时）	产品个数（个）
600以下	20
600~700	40
700~800	25
800~900	10
900以上	5
合 计	100

根据表5-18中的资料计算得：

$M_0 = 657.14$，$M_e = 675$，$\bar{x} = 690$，形成右偏分布。如图5-4所示。

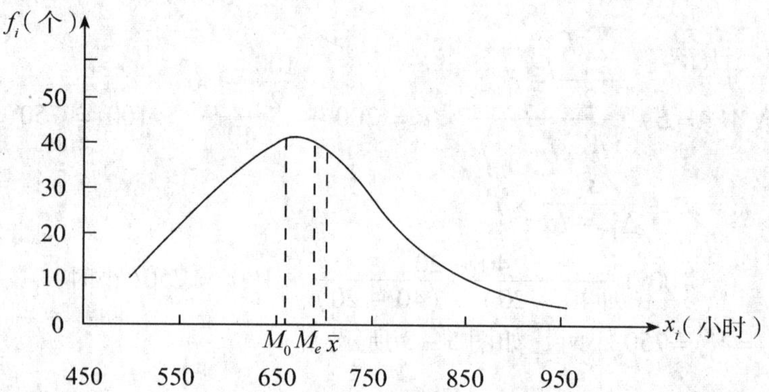

图5-4 右偏分布

当变量数列左偏时，则有$\bar{x} < M_e < M_0$，如例5-18和图5-5所示。

【例5-18】若例5-16中电子产品耐用时间如表5-19所示，则形成左偏分布。

表5-19

耐用时间（小时）	产品个数（个）
600以下	5
600~700	10
700~800	25
800~900	40
900以上	20
合 计	100

根据表 5－19 中的资料计算得：

$\bar{x}=810$，$M_e=825$，$M_0=842.86$，形成左偏分布，如图 5－5 所示。

在一般情况下，不论右偏还是左偏，中位数总是在众数和算术平均数之间，以上两例则证明之。但是，在某些特殊情况下，中位数可以不在众数和算术平均数之间，这里，我们暂且不讨论特殊情况。根据皮尔逊的经验，在微偏情况下，算术平均数与中位数之间的距离，约等于算术平均数与众数之间距离的 1/3。根据这种关系可以得到以下三个关系式：

$$M_0=\bar{x}-3\ (\bar{x}-M_e)$$

$$M_e=\frac{M_0+2\bar{x}}{3}$$

$$\bar{x}=\frac{3M_e-M_0}{2}$$

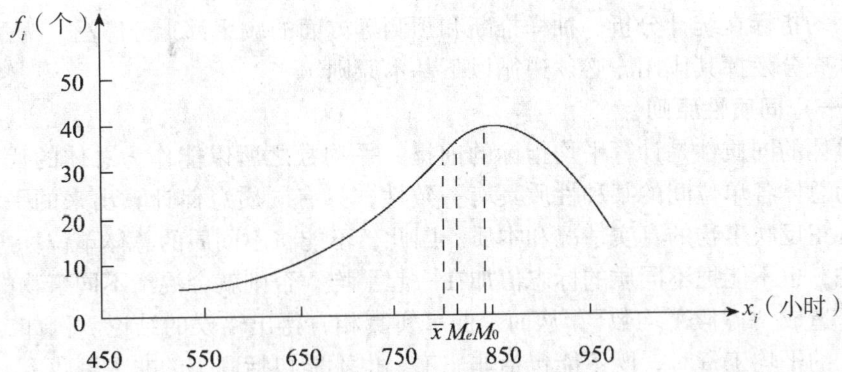

图 5－5　左偏分布

利用这些关系式，可以从已知的任何两种平均数，大致估计出另一种平均数。

【例 5－19】某电子元件厂上月电子元件产量的中位数是 720 件，产量的众数是 640 件，则可估计该厂这种电子元件产量的算术平均数为：

$$\bar{x}=\frac{3M_e-M_0}{2}=\frac{3\times720-640}{2}=760\text{（件）}$$

因为 $\bar{x}>M_e>M_0$，所以产量呈现右偏分布。

（二）算术平均数、调和平均数和几何平均数的关系

算术平均数、调和平均数、几何平均数是三种不同形式的平均数，分别有各自的应用条件。当进行统计研究时，若适宜采用算术平均数，就不能用调和平均数或几何平均数；若适宜用调和平均数，则不能采用其他两种平均数。但从数量关系来考虑，如果用同一资料（变量各值不相等）计算以上三种平均数，其结果则是：算术平均数大于几何平均数，而几何平均数又大于调和平均数。当所有的变量值都相等时，这三种平均数则相等。它们的关系可用不等式表示：$H \leqslant G \leqslant \bar{x}$。

【例5－20】某生产班组5个工人每日生产某产品的产量为16、18、20、22、24千克。可分别计算三种平均数如下：

$$\bar{x} = \frac{\sum_{i=1}^{n} x_i}{n} = \frac{16 + 18 + 20 + 22 + 24}{5} = \frac{100}{5} = 20(\text{千克})$$

$$G = \sqrt[n]{\prod x_i} = \sqrt[5]{16 \times 18 \times 20 \times 22 \times 24} = 19.8(\text{千克})$$

$$H = \frac{5}{\sum_{i=1}^{n} \frac{1}{x_i}} = \frac{5}{\frac{1}{16} + \frac{1}{18} + \frac{1}{20} + \frac{1}{22} + \frac{1}{24}} = 19.6(\text{千克})$$

若5人的日产量都为20千克，则 $\bar{x} = G = H$。

七、计算和运用平均数的原则

平均指标在统计分析、抽样推断和预测等方面的应用都十分广泛，为了正确计算并充分发挥其作用，必须遵循以下基本原则。

（一）同质性原则

总体的同质性是计算平均指标的前提。平均数之所以能作为总体的代表值，是因为总体各单位间的某种性质具有一致性，只有同质总体计算出来的平均数，才能真正反映事物的真实情况和本质。因此，不能将不同质的总体单位标志值加以平均，也不能把不同质的标志值加在一起平均，否则就会混淆不同事物的本质差别，造成“虚假平均数”，从而歪曲事实真相，得出错误的结论。例如，当计算职工的平均工资时，既不能包括非职工，也不能包括职工的非工资收入，否则计算出来的平均工资就不能真正反映职工的工资收入水平。

（二）与组平均数结合应用的原则

平均指标虽然是在同质的前提下计算出来的，但它掩盖了总体内部的差别。因此，当我们利用总平均数进行统计分析时，还要计算组平均数，以补充说明总平均数，以便进一步深入地反映被研究现象的特征和内部结构的影响。

【例5－21】某工厂甲、乙两个车间工人上月劳动生产率（平均每人日产量）资料如表5－20所示：

表5－20

工人按熟练程度分组	甲车间			乙车间		
	工人数（人）	总产量（件）	劳动生产率（件/人）	工人数（人）	总产量（件）	劳动生产率（件/人）
熟练工	30	3 000	100	20	2 080	104
非熟练工	10	600	60	20	1 280	64
合　计	40	3 600	90	40	3 360	84

计算结果表明，甲车间的总平均劳动生产率高于乙车间，但从组平均数来看，乙车间的熟练工和非熟练工的平均生产率都高于甲车间。这里，组平均数和总平均数之所以不一致，完全是因为两个车间的熟练工所占比重不同所致。总平均数反映了车间的平均劳动生产率，却掩盖了熟练工与非熟练工之间在劳动生产率方面的差异。为了更深入地研究两个车间的工人劳动生产率水平，不仅要比较两个车间的总平均劳动生产率，还必须计算各组工人的平均劳动生产率，以组平均数补充说明总平均数，并分析内部结构变动对总平均数的影响。

（三）与具体事例结合应用的原则

平均指标不仅掩盖了全体与局部之间的差异，也掩盖了总体与个体之间的差异。所以，为了更生动地说明问题，在进行统计分析时，还需将平均指标与具体事例结合应用，使先进水平、落后水平和平均水平三者形成鲜明的对比，丰富对现象的认识。就上例而言，全厂平均每人日产 87 件，但最高者高于 104 件，最低者却低于 60 件，其间差异就不小。这表明，提高劳动生产率还大有潜力可挖，应总结先进工人的工作经验并加以推广。

第二节　变异度指标

一、变异度指标的意义

平均指标作为总体的代表值，有其独特的作用。但它又掩盖了总体内部的差异，两个水平相同的平均数的内部差异可能相差甚大，从而使两者的代表性高低悬殊，不能等量齐观。为了反映这种差异，就需要计算变异度指标。

（一）变异度指标的概念

变异度指标，是指综合反映总体各单位标志值及其分布的差异程度的指标，也称标志变动度指标。

变异度指标在统计研究中具有重要意义。如果说通过平均指标可以反映统计分布数列的集中趋势，那么通过变异度指标则可反映统计数列分布的离散程度，反映各变量值远离其中心值的程度，有助于全面认识总体的分布特征。可以说，在对许多社会经济现象的研究中，分析总体各单位间的差异程度与分析总体的平均水平是同等重要的。

（二）变异度指标的作用

1. 变异度指标是衡量平均数代表性的重要尺度

平均数作为总体某一数量标志的代表值，其代表性的高低取决于总体各单位标志值差异程度的大小。也就是说，变异度指标值越大，各变量值偏离中心值程度越大，平均数的代表性越低；变异度指标值越小，各变量值偏离中心值程度也越小，平均数的代表性越高。

【例 5－22】有三个生产小组，每组有 5 个人，每人日产量如下：

甲组：24，24，24，24，24　　$\bar{x}_{甲}=24$ 件

乙组：20，22，25，26，27　　$\bar{x}_{乙}=24$ 件

丙组：10，20，25，30，35　　$\bar{x}_{丙}=24$ 件

这三个小组平均日产量都是 24 件，但这三个平均数的代表性是不一样的。甲组 5 个工人中，每人日产量都是 24 件，所以 $\bar{x}_{甲}=24$ 件对甲组各个工人来说，有完全的代表性；乙组 5 个工人中，每人日产量在 20～27 件之间，所以 $\bar{x}_{乙}=24$ 件也有一定的代表性，但显然其代表性就不及甲组平均数高；而丙组的 5 个工人，日产量的差异很大，接近日产量平均数的只有两人，分别为 20、25 件，该组中最高日产量达 35 件，最低则只有 10 件，差别很大。在这种情况下，用 $\bar{x}_{丙}=24$ 件代表该组工人日产量的一般水平，其代表性显然比甲、乙两组都差。所以，标志变动度指标可以直接反映平均数代表性的高低。

2. *变异度指标可以衡量现象变动的稳定性和均衡程度*

变异度指标可用于测定工业产品质量的稳定性和检验农产品收获率的稳定性。产品某项质量指标的差异程度越小，其质量越稳定；同样，某农产品平均每公顷产量的差异程度越小，其收获率越稳定。变异度指标还可以测定工业生产过程的均衡程度，检查生产过程中或计划执行过程中是否有时紧时松现象。

【例 5－23】某企业甲、乙两车间第一季度生产计划执行情况如表 5－21 所示：

表 5－21

	本季度计划数（吨）	各月完成数（吨）		
		1 月	2 月	3 月
甲车间	100	32	34	34
乙车间	100	20	30	50

虽然甲、乙两车间第一季度都完成了生产计划，但甲车间每月都完成本季度计划的 30% 左右，计划执行情况是均衡的；乙车间则前松后紧，1 月份只完成本季度计划的 20%，3 月份则完成计划的 50%，占全部计划任务的一半，表现得很不均衡。

3. *变异度指标是计算抽样误差和确定样本量的依据*

在抽样调查中，样本量的确定和代表性误差的计算都要用到变异度指标中的标准差。

（三）变异度指标的种类

反映总体内部各总体单位之间差异程度的指标很多，按其比较标准不同，大致可分为三类：

（1）全距和四分位差。其中，全距是总体中极端值之差，四分位差则是根

据第三分位点标志值与第一分位点的标志值之差来计算的。

（2）平均差、标准差和方差。平均差，是指各标志值与其平均数离差绝对值的平均水平；方差，是指各标志值与其平均数离差平方的平均水平；标准差则是方差的平方根。

（3）偏度和峰度。其中，偏度反映分布曲线的偏斜程度；峰度反映分布曲线的尖峭程度。

二、变异度指标的计算

三大类变异度指标的计算方法和应用场合各有不同，其中又以标准差和标准差系数的应用最为普遍。下面将依次介绍各种变异度指标的计算方法和特点。

（一）全距

全距，是指总体各单位标志值中最大值与最小值之差。因它是总体中两个极端值之差，故也称极差，一般以 R 表示。计算公式为：

$$R = x_{\max} - x_{\min} \tag{5.15}$$

公式中：$x_{\max}$表示最大标志值；

$x_{\min}$表示最小标志值。

【例 5 - 24】例 5 - 22 所举甲、乙、丙三个生产小组工人日产量的平均数都是 24 件，而全距分别为：

$R_{甲} = 0$

$R_{乙} = 27 - 20 = 7$（件）

$R_{丙} = 35 - 10 = 25$（件）

如果总体资料已分组，且为组距数列，则全距的近似值计算公式为：

R = 最高组的上限 - 最低组的下限

【例 5 - 25】某车间工人日产量资料如表 5 - 22 所示：

表 5 - 22

日产量（件）	工人数（人）
5 ~ 10	10
10 ~ 20	24
20 ~ 30	40
30 ~ 40	20
40 ~ 50	6
合　计	100

最高上限 = 50，最低下限 = 5

$R = 50 - 5 = 45$（件）

全距是测定总体差异程度的一种粗略方法，它的优点是计算简便。但它的不准确和不全面是十分明显的，故其实用价值甚小。

（二）四分位差

四分位差，是指四分位数中间两个分位数之差，一般以 Q 表示。

若将总体各单位标志值顺序排列后划分为总体单位数相等的四部分，使每部分单位数各占25%，它们的端点依次为 Q_0、Q_1、Q_2、Q_3、Q_4，且 $Q_1 \sim Q_3$ 的总体单位数占50%，则 $Q_0 = x_{\min}$，$Q_4 = x_{\max}$，$Q_2 = M_e$，四分位差的计算公式为：

$$Q = Q_3 - Q_1 \tag{5.16}$$

公式中：Q_3 为第三个四分位数，Q_3 的位置 $= \dfrac{3(n+1)}{4}$；

Q_1 为第一个四分位数，Q_1 的位置 $= \dfrac{n+1}{4}$。

【例5-26】某车间有12个工人，其日产量按数量由小到大依次排列如下：10、20、22、24、25、26、27、28、30、32、34、35，求其四分位差。

Q_1 的位置 $= \dfrac{n+1}{4} = \dfrac{12+1}{4} = 3.25$，则 $Q_1 = \dfrac{22+24}{2} = 23$（件）

Q_3 的位置 $= \dfrac{3(n+1)}{4} = 9.75$，则 $Q_3 = \dfrac{30+32}{2} = 31$（件）

所以，$Q = Q_3 - Q_1 = 31 - 23 = 8$（件）

该总体各单位间差异程度为8件。

若以全距来反映该总体各单位间的差距程度，则为：

$R = x_{\max} - x_{\min} = 35 - 10 = 25$（件）

显然，四分位差反映的只是数列中段占总体50%的单位之间的差异程度，故比全距要小得多。但四分位差也不是根据全部标志值计算的，存在与全距类似的缺点。

（三）平均差

平均差，是指总体各单位标志值对其算术平均数的离差绝对值的算术平均数。一般以 $A.D.$ 表示。

由于掌握的资料不同，计算平均差时可有简单平均差和加权平均差两种。

1. 简单平均差

掌握未分组的统计资料时，采用简单平均的方法。其计算公式为：

$$A.D. = \frac{\sum_{i=1}^{n} |x_i - \bar{x}|}{n} \tag{5.17}$$

还是以例5-22所举的甲、乙、丙三个生产小组工人日产量的资料为例，分别计算三组的日产量差异程度。

前面已根据三个生产小组资料计算得：

$\bar{x}_{甲} = \bar{x}_{乙} = \bar{x}_{丙} = 24$（件）

甲组5个工人每人日产量都是24件，各单位标志值之间和各标志值与平均数之间均无差异，所以按平均差公式计算，该组日产量平均差也为零。

乙组和丙组的平均差列表计算如表5-23所示：

表 5－23

乙　组			丙　组		
日产量（件）x_i	离差 $x_i-\bar{x}$	离差绝对值 $\lvert x_i-\bar{x}\rvert$	日产量（件）x_i	离差 $x_i-\bar{x}$	离差绝对值 $\lvert x_i-\bar{x}\rvert$
20	－4	4	10	－14	14
22	－2	2	20	－4	4
25	＋1	1	25	＋1	1
26	＋2	2	30	＋6	6
27	＋3	3	35	＋11	11
合　计	—	12	合　计	—	36

乙组：$A.D.=\dfrac{\sum_{i=1}^{n}\lvert x_i-\bar{x}\rvert}{n}=\dfrac{12}{5}=2.4$(件)

丙组：$A.D.=\dfrac{\sum_{i=1}^{n}\lvert x_i-\bar{x}\rvert}{n}=\dfrac{36}{5}=7.2$(件)

计算结果表明，三个生产小组中，甲组工人日产量无差异，乙组工人日产量平均差异程度为2.4件，大于甲组小于丙组；丙组工人日产量平均差异为7.2件，是三个生产小组中差异程度最大的，与全距反映的三个生产小组的差异程度一致。

2. 加权平均差

如果掌握的统计资料是分布数列，则要计算加权平均差，计算公式如下：

$$A.D.=\frac{\sum_{i=1}^{n}\lvert x_i-\bar{x}\rvert\cdot f_i}{\sum_{i=1}^{n}f_i}\tag{5.18}$$

【例5－27】某车间100个工人的日产量资料如表5－24所示：

表 5－24

日产量（件）	工人数（人）f_i	组中值 x_i	$x_i f_i$	$\lvert x_i-\bar{x}\rvert$	$\lvert x_i-\bar{x}\rvert f_i$
10以下	10	5	50	18.8	188.0
10～20	24	15	360	8.8	211.2
20～30	40	25	1 000	1.2	48.0
30～40	20	35	700	11.2	224.0
40以上	6	45	270	21.2	127.2
合　计	100	—	2 380	—	798.4

根据表 5－24 中资料计算得：

$$\bar{x}=\frac{\sum_{i=1}^{n}x_i f_i}{\sum_{i=1}^{n}f_i}=\frac{2\,380}{100}=23.8(\text{件})$$

$$A.D.=\frac{\sum_{i=1}^{n}|x_i-\bar{x}|f_i}{\sum_{i=1}^{n}f_i}=\frac{798.4}{100}=7.98(\text{件})$$

以上计算结果表明，该车间 100 个工人平均日产量为 23.8 件。但工人间的生产水平是有差异的，平均来说，差异程度是 7.98 件。

平均差的含义明确，计算也比较简便，同时它避免了全距和四分位差的不足。又因为它是根据总体各单位标志值计算出来的，综合了各单位标志值的变异情况，所以它能够充分、客观地反映总体各单位标志值之间的差异程度。但是也要看到，平均差是以标志值与算术平均数离差的绝对值为计算基础的，这就不利于进一步进行代数运算了。所以，在统计实务中，它的应用受到一定的限制。

（四）标准差和方差

在各种标志变异度指标中，应用最广泛的是标准差和方差，下面介绍这种指标的计算和应用。

1. 标准差和方差的计算

标准差，是指总体各单位标志值对其算术平均数离差平方的算术平均数的平方根，通常以 σ 表示。

标准差的平方即为方差，以 σ^2 表示。

根据标准差的概念，计算标准差时，首先计算各标志值对其算术平均数的离差，然后求离差平方，再求离差平方的算术平均数，得出的就是方差，再求它的平方根就是标准差。

根据掌握的资料不同，计算标准差时有简单平均和加权平均两种不同方法。

（1）简单平均法。如果掌握的是未分组的资料，则采用简单平均的方法，计算公式为：

$$\sigma^2=\frac{\sum_{i=1}^{n}(x_i-\bar{x})^2}{n} \tag{5.19}$$

$$\sigma=\sqrt{\frac{\sum_{i=1}^{n}(x_i-\bar{x})^2}{n}} \tag{5.20}$$

仍以例 5－22 所举的甲、乙、丙三个生产小组日产量资料为例，计算它们的标准差。

甲组各个工人的日产量都是 24 件，与本组的算术平均数相等，所以甲组的方差和标准差分别为 $\sigma_{甲}^2=0$，$\sigma_{甲}=0$。

乙组和丙组的标准差列表计算如表 5－25 所示：

表 5－25

乙组			丙组		
日产量（件）x_i	离差 $x_i-\bar{x}$	离差平方 $(x_i-\bar{x})^2$	日产量（件）x_i	离差 $x_i-\bar{x}$	离差平方 $(x_i-\bar{x})^2$
20	－4	16	10	－14	196
22	－2	4	20	－4	16
25	＋1	1	25	＋1	1
26	＋2	4	30	＋6	36
27	＋3	9	35	＋11	121
合计	—	34	合计	—	370

根据表 5－25 中资料计算得：

$$\sigma_{乙}^2=\frac{\sum_{i=1}^{n}(x_i-\bar{x})^2}{n}=\frac{34}{5}=6.8$$

$$\sigma_{乙}=\sqrt{\frac{\sum_{i=1}^{n}(x_i-\bar{x})^2}{n}}=\sqrt{\frac{34}{5}}=2.61(\text{件})$$

$$\sigma_{丙}^2=\frac{\sum_{i=1}^{n}(x_i-\bar{x})^2}{n}=\frac{370}{5}=74$$

$$\sigma_{丙}=\sqrt{\frac{\sum_{i=1}^{n}(x_i-\bar{x})^2}{n}}=\sqrt{\frac{370}{5}}=\sqrt{74}=8.6(\text{件})$$

计算结果表明，甲组标准差为 0，说明该组工人日产量无差异；乙组标准差为 2.61 件，说明乙组工人日产量有差异，平均相差 2.61 件，其差异程度明显大于甲组但小于丙组；丙组标准差为 8.6 件，说明丙组工人日产量水平平均相差 8.6 件，为三组中差异程度最大的班组。

（2）加权平均法。如果掌握了已分组资料，则要用加权平均法计算总体标准差和方差。计算公式如下：

$$\sigma^2=\frac{\sum_{i=1}^{n}(x_i-\bar{x})^2 f_i}{\sum_{i=1}^{n}f_i} \tag{5.21}$$

$$\sigma = \sqrt{\frac{\sum_{i=1}^{n}(x_i - \bar{x})^2 f_i}{\sum_{i=1}^{n} f_i}} \tag{5.22}$$

【例5－28】红星食品厂本月员工500人，本月糖果产量资料如表5－26所示，试以标准差反映该厂糖果人均产量的差异情况。

表5－26

人均产量（千克）	工人数（人）	组中值 x_i	$x_i f_i$	$x_i - \bar{x}$	$(x_i - \bar{x})^2$	$(x_i - \bar{x})^2 f_i$
600以下	40	550	22 000	－220	48 400	1 936 000
600～700	100	650	65 000	－120	14 400	1 440 000
700～800	160	750	120 000	－20	400	64 000
800～900	120	850	102 000	＋80	6 400	768 000
900以上	80	950	76 000	＋180	32 400	2 592 000
合　计	500	—	385 000	—	—	6 800 000

根据表5－26中资料计算得：

$$\bar{x} = \frac{\sum_{i=1}^{n} x_i f_i}{\sum_{i=1}^{n} f_i} = \frac{385\ 000}{500} = 770(\text{千克})$$

$$\sigma^2 = \frac{\sum_{i=1}^{n}(x_i - \bar{x})^2 f_i}{\sum_{i=1}^{n} f_i} = \frac{6\ 800\ 000}{500} = 13\ 600$$

$$\sigma = \sqrt{\frac{\sum_{i=1}^{n}(x_i - \bar{x})^2 f_i}{\sum_{i=1}^{n} f_i}} = \sqrt{\frac{6\ 800\ 000}{500}} = 116.62(\text{千克})$$

计算结果表明，本月该厂糖果人均产量为770千克，人均产量的平均差异程度为116.62千克。

从例子中可以看出，方差和标准差都能很好地反映总体内各单位标志值的差异程度，它们之间的区别在于，标准差是有量纲的指标，它与变量值的计量单位相同，其实际意义比方差更清楚，也更多被采用。

2. 交替标志的标准差

在平均数的有关内容中，已经介绍了交替标志和交替标志的平均数。同样，交替标志也可以计算标准差，计算方法如表 5－27 所示：

表 5－27　交替标志标准差计算表

交替标志 x_i	总体单位数 f_i		$x_i \cdot \frac{N_i}{N}$	$x_i - \bar{x}$	$(x_i - \bar{x})^2 \cdot \frac{N_i}{N}$
	次数	比重 $\frac{N_i}{N}$			
1	N_1	P	P	$1-P$	$(1-P)^2P$
0	N_2	Q	0	$0-P$	$(0-P)^2Q$
合　计	N	1	P	—	$(1-P)^2P+P^2Q$

根据表中资料计算得：

$$\overline{x_P} = \sum_{i=1}^{n} x_i \cdot \frac{N_i}{N} = \frac{1 \times P + 0 \times Q}{P + Q} = \frac{P}{P+Q} = P$$

$$\sigma_P = \sqrt{\frac{\sum_{i=1}^{n}(x_i - \bar{x})^2 f_i}{\sum_{i=1}^{n} f_i}} = \sqrt{\frac{(1-P)^2P + (0-P)^2Q}{P+Q}}$$

$$= \sqrt{\frac{(1-P)^2P + P^2Q}{1}} = \sqrt{Q^2P + P^2Q} = \sqrt{PQ(P+Q)}$$

$$= \sqrt{PQ} = \sqrt{P(1-P)} \tag{5.23}$$

【例 5－29】某车间生产 300 件产品，其中合格品 270 件，不合格品 30 件，试计算这批产品的平均合格率及标准差。

根据题意计算合格率：$P = \frac{270}{300} = 0.9 = 90\%$

则 $\bar{x}_P = P = 0.9 = 90\%$

$\sigma_P = \sqrt{P\ (1-P)} = \sqrt{0.9 \times 0.1} = 0.3 = 30\%$

所以，这批产品的平均合格率为 90%，标准差为 30%。

3. *总方差、组间方差和平均组内方差*

总体标准差是总体各单位标志值与其算术平均数之间的平均离差，它反映总体各单位之间的差异程度。但是在分组数列中，各组内部存在差异，各组之间也存在差异，这两部分差异都对总体内部的差异产生影响。三者的关系为总体方差是组间方差与平均组内方差的算术和。

反映总体各单位标志值与其算术平均数之间的平均离散程度的方差，称为总方差，其计算公式前面已介绍过：

$$\sigma^2 = \frac{\sum_{i=1}^{n}(x_i - \bar{x})^2}{n}$$

公式中：σ^2 表示总方差；

$\bar{x}$ 表示总体平均数；

n 表示总体单位数。

组距数列中，反映各组平均数（组中值）与总体平均数之间的平均离散程度的方差，称为组间方差，通常将它视为组距数列的方差，以 δ^2 表示，则计算公式为：

$$\delta^2 = \frac{\sum_{i=1}^{n}(\bar{x}_i - \bar{x})^2 n_i}{n} \tag{5.24}$$

公式中：δ^2 表示组间方差；

$\bar{x}_i$ 表示第 i 组的组平均数（组中值）；

$\bar{x}$ 表示总体平均数；

n_i 表示第 i 组的总体单位数；

n 表示总体单位总数；

$\sum_{i=1}^{n} n_i = n$。

组距数列中，反映各组内部标志值间的差异程度的方差称为组内方差。因为各组的组内方差各不相同，所以还要计算组内方差的平均数，即平均组内方差，其计算公式为：

$$\sigma_i^{\ 2} = \frac{\sum_{i=1}^{n}(x_i - \bar{x}_i)^2}{n_i} \tag{5.25}$$

$$\overline{\sigma_i^{\ 2}} = \frac{\sum_{i=1}^{n}\sigma_i^{\ 2} n_i}{n} \tag{5.26}$$

公式中：$\sigma_i^{\ 2}$ 代表第 i 组的组内方差；

$\overline{\sigma}_i^{\ 2}$ 代表各组组内方差的平均数。

三个方差之间的关系是：

总方差 = 组间方差 + 平均组内方差，用公式表示为：

$$\sigma^2 = \delta^2 + \overline{\sigma_i^{\ 2}} \tag{5.27}$$

现举例验证这一关系。

【例 5－30】某班组 9 个工人，日产量分别为：2、4、4、6、7、8、9、11、12 件，根据资料计算总平均数 $\bar{x}$：

$$\bar{x} = \frac{\sum_{i=1}^{n} x_i}{n} = \frac{2+4+4+6+7+8+9+11+12}{9} = \frac{63}{9} = 7(\text{件})$$

总方差 σ^2 的计算过程如表 5－28 所示：

表 5-28　总方差计算表

日产量（件）x_i	$(x_i-\bar{x})^2$ $\bar{x}=7$（件）
2	25
4	9
4	9
6	1
7	0
8	1
9	4
11	16
12	25
合　计	90

$$\sigma^2=\frac{\sum_{i=1}^{n}(x_i-\bar{x})^2}{n}=\frac{90}{9}=10\text{（件）}$$

将上表资料整理成组距数列并计算组间方差 δ^2，计算过程如表 5-29 所示：

表 5-29　组距数列组间方差计算表

日产量（件）x_i	工人数（人）f_i	组平均数（件）$\bar{x}_i$	$(\bar{x}_i-\bar{x})^2 f_i$ $\bar{x}=7$（件）
2~5	3	3.33	40.41
6~9	4	7.50	1.00
10~12	2	11.50	40.50
合　计	9	—	81.91

$$\delta^2=\frac{\sum_{i=1}^{n}(\bar{x}_i-\bar{x})^2 f_i}{\sum_{i=1}^{n}f_i}=\frac{81.91}{9}\approx 9.1$$

根据资料计算各组内方差 ${\sigma_i}^2$ 以及平均组内方差 $\overline{{\sigma_i}^2}$，计算过程如表 5-30、5-31、5-32 所示：

表5－30 第一组方差计算表

日产量（件） x_i	$(x_i-\bar{x}_1)^2$ $\bar{x}_1=3.33$
2	1.77
4	0.45
4	0.45
合 计	2.67

$$\sigma_1{}^2=\frac{\sum_{i=1}^{n}(x_i-\bar{x}_i)^2}{n_i}=\frac{2.67}{3}=0.89$$

表5－31 第二组方差计算表

日产量（件） x_i	$(x_i-\bar{x}_2)^2$ $\bar{x}_2=7.5$
6	2.25
7	0.25
8	0.25
9	2.25
合 计	5.00

$$\sigma_2{}^2=\frac{\sum_{i=1}^{n}(x_i-\bar{x}_i)^2}{n_i}=\frac{5.00}{4}=1.25$$

表5－32 第三组方差计算表

日产量（件） x_i	$(x_i-\bar{x}_3)^2$ $\bar{x}_3=11.5$
11	0.25
12	0.25
合 计	0.50

$$\sigma_3{}^2=\frac{\sum_{i=1}^{n}(x_i-\bar{x}_i)^2}{n_i}=\frac{0.50}{2}=0.25$$

根据表5－30、5－31、5－32的计算结果，计算平均组内方差$\overline{\sigma}_i{}^2$，则：

$$\overline{\sigma}_i{}^2=\frac{\sum_{i=1}^{n}\sigma_i{}^2n_i}{n}=\frac{0.89\times3+1.25\times4+0.25\times2}{9}=\frac{8.17}{9}\approx0.9$$

以上计算结果表明，总方差等于组间方差与平均组内方差之和：

$\sigma^2=\delta^2+\overline{\sigma}_i{}^2$

$10=9.1+0.9$

掌握了这三个方差间的关系，不仅能准确测定现象的变异程度，对以后研究抽样估计等问题也大有裨益。

（五）变异系数

以上介绍的各种变异度指标，包括全距、四分位差、平均差、标准差等，都是用绝对数表示的名数指标。它们都有与平均数相同的计量单位。它们的大小，不仅受各单位标志值变异程度的影响，还受各单位标志值平均水平的影响。因此，在统计研究中，分析不同现象间总体的差异程度，或分析同类现象但平均水平不同的总体的变异度时，就不能直接采用以上变异度指标中的某一种来作对比分析，而应采用变异度指标的相对数指标，即变异系数作比较分析。

变异系数又称标志变动度系数或离散系数，它是各种变异度指标与其算术平均数对比得到的相对数，反映总体各单位标志值变异的相对程度，通常以百分数表示。例如，平均差与算术平均数对比得到平均差系数，标准差与算术平均数对比得到标准差系数等。其中最常用的变异系数是标准差系数。

标准差系数是标准差与算术平均数对比的比值，通常以 V_σ 表示。计算公式为：

$$V_\sigma = \frac{\sigma}{\bar{x}} \times 100\% \tag{5.28}$$

【例 5-31】某农科所对其培育的甲、乙两种农作物良种进行播种试验，得平均收获率资料和收获率标准差，如表 5-33 所示：

表 5-33

	甲品种	乙品种
平均公顷产量（千克）	12 000	14 250
标准差（千克）	570	630

标准差反映平均指标代表性高低，本例中，它可反映平均每公顷产量是否稳定。但是，如果本例中仅以乙品种的标准差 630 千克大于甲品种的标准差 570 千克，就判定乙品种每公顷产量稳定程度比甲品种差，这是不对的。因为两者每公顷的平均产量不相同，乙品种每公顷的平均产量也高于甲品种。所以，这时要进行比较分析，应采用标准差系数。

$$V_{甲} = \frac{\sigma_{甲}}{\bar{x}_{甲}} \times 100\% = \frac{570}{12\ 000} = 4.75\%$$

$$V_{乙} = \frac{\sigma_{乙}}{\bar{x}_{乙}} \times 100\% = \frac{630}{14\ 250} = 4.42\%$$

标准差系数表明，乙品种的每公顷产量变异程度小于甲品种，所以乙品种每公顷产量稳定性比甲品种好，加上其每公顷产量又高，所以它是较甲品种更优良的品种。

三、偏度与峰度

前面介绍的标准差等几种变异度指标是从指标数值的角度反映总体各单位标志值的差异程度和次数分布的变异程度，但对其形成的分布曲线的对称状况以及分布曲线的尖峭程度却无法反映。为了进一步研究总体的分布特征，往往还要测定数列分布曲线的非对称状况和分布曲线的尖峭程度，这就要计算偏度指标和峰度指标了。

（一）偏度

1. 偏度的含义

分布数列中，如果次数分布是完全对称的，则称对称分布；如果次数分布不完全对称，则称非对称分布或偏态分布。反映总体次数分布偏斜方向和程度的指标，称为偏度。

偏态分布有右偏分布和左偏分布，这是与对称分布相比较而言的。在对称分布中，曲线的峰部在正中间，左右次数对称，这时平均数、中位数、众数三者合而为一；在右偏分布中，分布曲线的峰部在左边，而尾端拖向右边，曲线呈向右偏斜状，这时平均数、中位数、众数三者分开，其算术平均数在右边，众数在左边；在左偏分布中，分布曲线的峰部在右边，而尾端拖向左边，曲线呈向左偏斜状，这时平均数在左边，众数在右边。三者图形如图 5－6 所示：

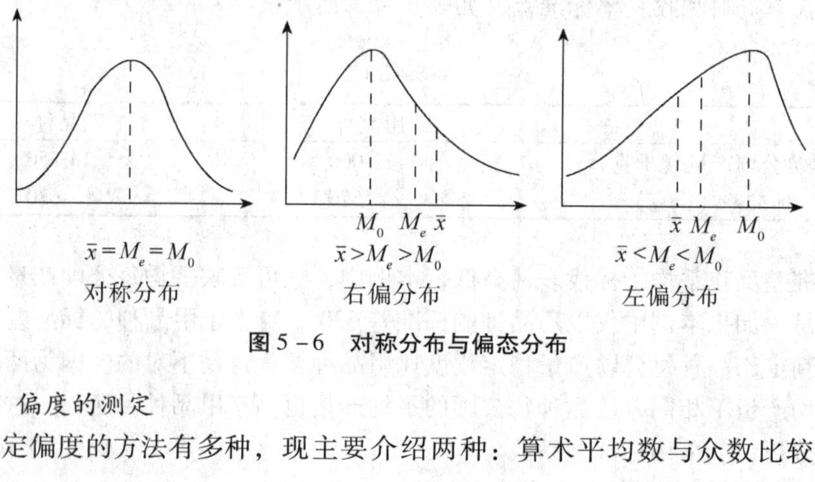

图 5－6 对称分布与偏态分布

2. 偏度的测定

测定偏度的方法有多种，现主要介绍两种：算术平均数与众数比较法、动差法。

（1）算术平均数与众数比较法。它是利用算术平均数、中位数与众数三者之间的关系来测定偏度的方法。如前所述，在对称分布中，算术平均数、中位数、众数三者合而为一，所以偏度为零。在非对称分布中，三者分离，算术平均数与众数分居两边，中位数介于两者之间。这时，算术平均数与众数之间的距离可以作为测定偏态的一个尺度。即为：

偏度＝算术平均数－众数＝$\bar{x}-M_0$

这是偏度的绝对量。这个绝对量若为正值，则总体为右偏分布；若为负值，则总体为左偏分布。同时算术平均数与众数之间的距离越大，说明总体次数分布的偏斜程度越大；反之，则说明分布的偏斜程度越小。但是对于不同的分布数列，其偏度绝对量不便于直接对比。为了比较不同的分布数列的偏斜程度，还需要计算偏度的相对数指标，也就是偏态系数。

偏态系数是偏度与总体标准差之比，反映分布数列的相对偏斜程度。通常以 SK_p 表示。计算公式为：

$$SK_p = \frac{\bar{x} - M_0}{\sigma} \tag{5.29}$$

【例 5－32】甲车间 300 工人，日产量资料如表 5－34 所示：

表 5－34

日产量（件）	工人数（人）f_i	组中值 x_i	$x_i f_i$	$(x_i - \bar{x})^2 f_i$	累计次数
50 以下	11	45	495	9 900	11
50～60	13	55	715	5 200	24
60～70	70	65	4 550	7 000	94
70～80	120	75	9 000	0	214
80～90	50	85	4 250	5 000	264
90～100	30	95	2 850	12 000	294
100～110	5	105	525	4 500	299
110 以上	1	115	115	1 600	300
合　计	300	—	22 500	45 200	—

根据表 5－34 中资料计算得：

$$\bar{x} = \frac{\sum_{i=1}^{n} x_i f_i}{\sum_{i=1}^{n} f_i} = \frac{22\,500}{300} = 75(\text{件})$$

$$\sigma = \sqrt{\frac{\sum_{i=1}^{n} (x_i - \bar{x})^2 f_i}{\sum_{i=1}^{n} f_i}} = \sqrt{\frac{45\,200}{300}} = 12.27(\text{件})$$

$$M_0 = L + \frac{\Delta_1}{\Delta_1 + \Delta_2} \times i = 70 + \frac{(120 - 70)}{(120 - 70) + (120 - 50)} \times 10 = 74.17(\text{件})$$

所以 $SK_p = \frac{\bar{x} - M_0}{\sigma} = \frac{75 - 74.17}{12.27} = 0.07$

计算结果表明甲车间日产量的分布是右偏分布，偏斜程度为 0.07。其偏态系数较小，说明工人日产量的众数接近平均数水平。

在计算偏态系数时，如果公式中的众数不易求得，可以用平均数和中位数推算。如前所述，分布数列在微偏的情况下，下式成立：

$\bar{x}-M_0=3\ (\bar{x}-M_e)$

代入偏态系数计算公式中，即为：

$$SK_p=\frac{\bar{x}-M_0}{\sigma}=\frac{3\ (\bar{x}-M_e)}{\sigma} \tag{5.30}$$

仍用上面的例子，先求中位数：

$$M_e=\frac{\frac{\sum_{i=1}^{n}f_i}{2}-S_{m-1}}{f_m}\times i=70+\frac{150-94}{120}\times 10=74.67\ (\text{件})$$

$$SK_p=\frac{3\ (\bar{x}-M_e)}{\sigma}=\frac{3\ (75-74.67)}{12.27}=\frac{0.99}{12.27}=0.08$$

计算结果与用众数计算的结果非常接近，即工人日产量的分布是右偏分布且偏斜程度甚微。

（2）动差法。动差又称矩，原是物理学中的术语。它是指力与力臂对重心的关系。这与统计学中权数和变量值对平均数的关系很相似。如图 5－7 所示：

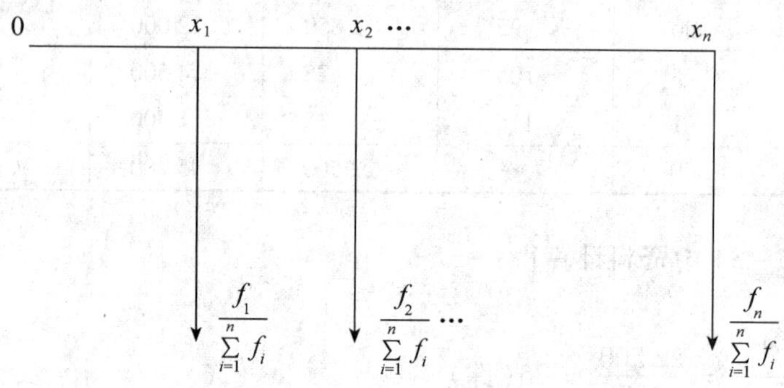

图 5－7

这里是将各组标志值视为力臂，各组次数所占比重视为作用于各点的力，则所有的力对原点的一阶动差 M_1 为：

$$M_1=x_1\frac{f_1}{\sum_{i=1}^{n}f_i}+x_2\frac{f_2}{\sum_{i=1}^{n}f_i}+\cdots+x_n\frac{f_n}{\sum_{i=1}^{n}f_i}=\frac{\sum_{i=1}^{n}x_if_i}{\sum_{i=1}^{n}f_i}=\bar{x}$$

上式可称为原点的一阶动差。

同理，还可求出原点的 k 阶动差，以 M_k 表示，则：

一阶原点动差 $M_1 = \frac{\sum_{i=1}^{n} x_i f_i}{\sum_{i=1}^{n} f_i} = \bar{x}$，

二阶原点动差 $M_2 = \frac{\sum_{i=1}^{n} x_i^2 f_i}{\sum_{i=1}^{n} f_i}$，

三阶原点动差 $M_3 = \frac{\sum_{i=1}^{n} x_i^3 f_i}{\sum_{i=1}^{n} f_i}$，

四阶原点动差 $M_4 = \frac{\sum_{i=1}^{n} x_i^4 f_i}{\sum_{i=1}^{n} f_i}$，等等。

若将原点移到算术平均数 $\bar{x}$ 的位置上，则可得到中心 k 阶动差 m_k，如：

一阶中心动差 $m_1 = \frac{\sum_{i=1}^{n} (x_i - \bar{x}) f_i}{\sum_{i=1}^{n} f_i} = 0$，

二阶中心动差 $m_2 = \frac{\sum_{i=1}^{n} (x_i - \bar{x})^2 f_i}{\sum_{i=1}^{n} f_i} = \sigma^2$，

三阶中心动差 $m_3 = \frac{\sum_{i=1}^{n} (x_i - \bar{x})^3 f_i}{\sum_{i=1}^{n} f_i}$，

四阶中心动差 $m_4 = \frac{\sum_{i=1}^{n} (x_i - \bar{x})^4 f_i}{\sum_{i=1}^{n} f_i}$，等等。

在统计分析中，多用中心动差来测定次数分布的偏斜程度。由于任何分布的一阶中心动差都为零，故不能用来测定偏度。任何离差，经过偶次方后，皆为正值，汇总后不再互相抵消，无法说明左偏或右偏。因此，只可用除一阶动差外的奇次方离差计算的动差。当对称分布时，变量值的次数分布围绕着平均数完全对称，其中心动差为零；当非对称分布时，m_3、m_5、m_7 等中心动差都不为零，且有正负之值，可以用来测定非对称分布的偏斜程度。为简便计算，通常采用三阶中心动差作为测定偏态的依据。若以 α 表示偏态系数，则：

$$\alpha = \frac{m_3}{\sigma^3} \tag{5.31}$$

又因为 $m_2 = \sigma^2$，即 $\sigma = \sqrt{m_2}$，故 α 也可表示为：

$$\alpha = \frac{m_3}{\sqrt{{m_2}^3}} \tag{5.32}$$

当 $\alpha = 0$ 时，表明分布数列是对称分布。

当 $\alpha > 0$ 时，表明分布数列是正向偏态（右偏）。这时大于算术平均数的标志值分布离散程度大，致使分布曲线尾端拖向右边，峰部偏向左边。

当 $\alpha < 0$ 时，表明分布数列是负向偏态（左偏）。这时小于算术平均数的标志值分布离散程度大，致使分布曲线的尾端拖向左边，峰部偏向右边。下面举例说明：

仍以表 5－34 中的资料为例，用动差法计算其偏态系数 α，如表5－35所示。

表 5－35　动差法偏态系数计算表

日产量（件）	工人数（人）f_i	组中值 x_i	$x_i - \bar{x}$	$(x_i - \bar{x})^3 f_i$	$(x_i - \bar{x})^4 f_i$
50 以下	11	45	－30	－297 000	8 910 000
50～60	13	55	－20	－104 000	2 080 000
60～70	70	65	－10	－70 000	700 000
70～80	120	75	0	0	0
80～90	50	85	10	50 000	500 000
90～100	30	95	20	240 000	4 800 000
100～110	5	105	30	135 000	4 050 000
110 以上	1	115	40	64 000	2 560 000
合　计	300	—	—	18 000	23 600 000

$\bar{x} = 75$（件），$\sigma = 12.27$（件）

$$m_3 = \frac{\sum_{i=1}^{n} (x_i - \bar{x})^3 f_i}{\sum_{i=1}^{n} f_i} = \frac{18\,000}{300} = 60$$

$$\sigma^3 = (12.27)^3 = 1\,847.28$$

所以　$\alpha=\frac{m_3}{\sigma^3}=\frac{60}{1\,847.28}=0.032$

计算结果表明，该分布数列的偏斜程度为0.032，是轻微的右偏分布，与第一种计算方法得到的结论相同。

（二）峰度

峰度，是指统计学中描述对称分布曲线峰顶尖峭程度的指标。对称分布曲线的形状大致可分为三类：标准正态分布曲线的峰顶叫正态峰，如图5－8中的A曲线；与正态分布曲线相比，总体各单位标志值更多地集中在算术平均数周围而使分布曲线更为陡峭的叫尖顶峰，如图5－8中的B曲线；当总体各单位标志值的分布更为离散而使分布曲线陡峭程度比标准正态分布曲线更为平缓时，则叫平顶峰，如图5－8中的C曲线。

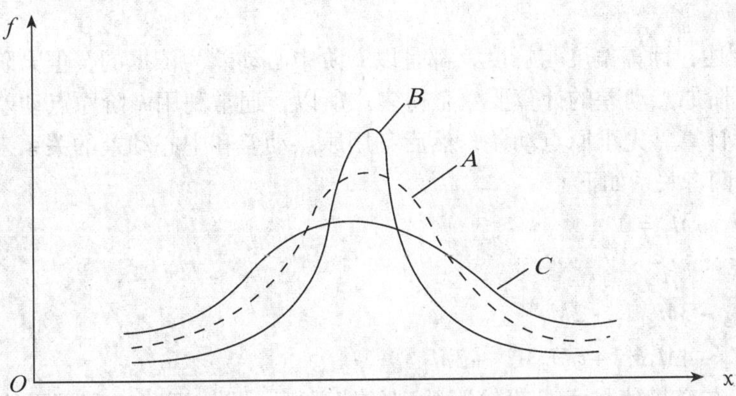

图5－8　对称分布曲线图

峰度的测定是以四阶中心动差（m_4）为基础，计算相对数指标。若以β表示峰度系数，则计算公式为：

$$\beta=\frac{m_4}{\sigma^4} \tag{5.33}$$

或

$$\beta=\frac{m_4}{\sqrt{m_2^{\ 4}}}=\frac{m_4}{m_2^{\ 2}} \tag{5.34}$$

根据经验数据，

$\beta=3$时，次数分布曲线为标准正态分布曲线；

$\beta>3$时，次数分布曲线为尖顶峰曲线，说明总体次数分布集中趋势明显，标志值变异程度小；

$\beta<3$时，次数分布曲线为平顶峰曲线，说明总体各单位标志值集中趋势不明显，标志值变异程度大。

现以表5－35计算的资料为例，测定该车间工人日产量分布数列的峰度系数：

$$m_4 = \frac{\sum_{i=1}^{n}(x_i - \bar{x})^4 f_i}{\sum_{i=1}^{n} f_i} = \frac{23\,600\,000}{300} = 78\,666.67$$

$$\sigma^4 = (12.27)^4 = 22\,666.18$$

$$\beta = \frac{m_4}{\sigma^4} = \frac{78\,666.67}{22\,666.18} = 3.47 > 3$$

计算结果表明，工人日产量的分布曲线呈现尖顶峰的分布趋势，说明工人日产量间的差异程度较小，平均数 $\bar{x} = 75$ 件的代表性较强。

（三）偏度与峰度的简捷计算及其应用

利用三阶中心动差和四阶中心动差计算偏度和峰度时，计算过程繁杂，特别是标志值较大，平均数又带有小数时，更是如此。所以通常采用简捷法计算偏度与峰度。

如上所述，计算偏度与峰度，都是以 k 阶中心动差为依据的，但 k 阶中心动差的计算比 k 阶原点动差的计算要繁杂得多。所以，通常利用 k 阶原点动差简化 k 阶中心动差的计算。先求原点动差，然后利用原点动差和中心动差的关系来推算 k 阶中心动差，两者关系如下：

$m_1 = M_1 - M_1 = 0$

$m_2 = M_2 - M_1^2$

$m_3 = M_3 - 3M_2M_1 + 2M_1^3$

$m_4 = M_4 - 4M_3M_1 + 6M_2M_1^2 - 3M_1^4$，等等。

另外，在变量值较大且为等距数列的情况下，我们还可以利用平均数和标准差的数学性质，先对变量 x 作线性变化，然后再利用以上公式。简捷法具体步骤如下：

（1）先对变量 x 作线性变化，令 $y = \frac{x-a}{b}$。

式中：a 为中间组的组中值，b 为（$x-a$）的最大公约数。

（2）求 y 的 k 阶原点动差。

（3）由 y 的 k 阶原点动差推算 y 的 k 阶中心动差。

（4）由 y 的中心动差推算 x 的中心动差。可以证明，x 的 k 阶中心动差等于 y 的 k 阶中心动差乘以 b 的 k 次方。公式为：

$$m_k(x) = b^k \cdot m_k(y)$$

现仍以表 5－34 中的资料为例，采用简捷法计算偏度系数与峰度系数，列表计算如表 5－36 所示。

表 5-36　偏度系数和峰度系数简捷计算表

日产量（件）	工人数（人）f_i	组中值 x_i	$y_i=\frac{x_i-75}{10}$	y_if_i	$y_i^2f_i$	$y_i^3f_i$	$y_i^4f_i$
50 以下	11	45	-3	-33	99	-297	891
50～60	13	55	-2	-26	52	-104	208
60～70	70	65	-1	-70	70	-70	70
70～80	120	75	0	0	0	0	0
80～90	50	85	1	50	50	50	50
90～100	30	95	2	60	120	240	480
100～110	5	105	3	15	45	135	405
110 以上	1	115	4	4	16	64	256
合　计	300	—	—	0	452	18	2 360

$$M_1(y)=\frac{\sum_{i=1}^{n}y_if_i}{\sum_{i=1}^{n}f_i}=\frac{0}{300}=0$$

$$M_2(y)=\frac{\sum_{i=1}^{n}y_i^2f_i}{\sum_{i=1}^{n}f_i}=\frac{452}{300}=1.5067$$

$$M_3(y)=\frac{\sum_{i=1}^{n}y_i^3f_i}{\sum_{i=1}^{n}f_i}=\frac{18}{300}=0.0600$$

$$M_4(y)=\frac{\sum_{i=1}^{n}y_i^4f_i}{\sum_{i=1}^{n}f_i}=\frac{2360}{300}=7.8667$$

利用 y 的 k 阶原点动差推算 y 的 k 阶中心动差：

$m_1(y)=0$

$m_2(y)=M_2-M_1^2=1.5067$

$m_3(y)=M_3-3M_2M_1+2M_1^3=0.0600$

$m_4(y)=M_4-4M_3M_1+6M_2M_1^2-3M_1^4=7.8667$

利用 y 的 k 阶中心动差推算 x 的 k 阶中心动差：

$m_2(x)=b^2\times m_2(y)=10^2\times1.5067=150.67$

$m_3(x)=b^3\times m_3(y)=10^3\times0.06=60$

$m_4(x)=b^4\times m_4(y)=10^4\times7.8667=78667$

$$偏度\ \alpha=\frac{m_3(x)}{\sqrt{m_2{}^3(x)}}=\frac{60}{\sqrt{150.67^3}}=0.032$$

$$峰度\ \beta=\frac{m_4(x)}{m_2{}^2(x)}=\frac{78667}{150.67^2}=3.47>3$$

计算结果与前面原式计算结果完全一致。

偏度指标和峰度指标主要用于检查样本的分布是否为正态分布，并据此来判断总体的分布是否接近正态分布。如果样本的偏度接近0而峰度接近3，则说明总体的分布接近正态分布。这一点在企业的产品质量管理中得到广泛的应用。

思考题与习题

1. 什么是平均指标？它有哪些特点？
2. 为什么说平均数反映总体分布的集中趋势？
3. 算术平均数与强度相对数有何区别？
4. 什么是权数？其实质是什么？
5. 用组距数列计算算术平均数，其结果与用分组前的资料计算的结果是否相同？为什么？
6. 在什么条件下采用简单算术平均数、加权算术平均数和加权调和平均数？
7. 几何平均数的运用条件是什么？怎样计算？
8. 什么是众数和中位数？根据组距数列如何计算众数和中位数？
9. 算术平均数有哪些数学性质？如何应用这些数学性质？
10. 算术平均数、中位数、众数这三者之间有什么数量关系？
11. 什么是变异度指标？它有何作用？
12. 常用的变异度指标是什么？
13. 什么是标准差？如何计算标准差？
14. 什么是总方差、组间方差和组内方差？三者之间有何联系？
15. 什么是标准差系数？为什么有了标准差还要计算标准差系数？在什么情况下必须计算标准差系数？
16. 什么是交替标志？如何计算交替标志的算术平均数和标准差？
17. 什么是偏度？如何测定偏度？
18. 什么是峰度？尖顶峰和平顶峰的特点各是什么？如何测定峰度？
19. 在统计实践中，如何应用偏度指标和峰度指标？
20. 某企业工人日产量的分组资料如下表所示：

日产量（千克）	工人数（人）	
	4月	5月
20以下	20	10
20~30	35	20
30~40	30	25
40~50	10	30
50以上	5	15
合　计	100	100

试根据表中资料分别计算4月份和5月份工人日产量的算术平均数、中位数和众数，并分析工人平均日产量变化的原因，说明两个月次数分布的特点。

21. 某地甲、乙两个农贸市场三种蔬菜价格及销售额资料如下表所示：

品　种	单价（元/千克）	销售额（元）	
		甲市场	乙市场
A	2.00	2 200	800
B	2.20	1 540	1 320
C	2.60	520	2 600

试根据表中资料计算哪个市场蔬菜平均价格高，并说明原因。

22. 某工厂生产某种零件，要经过三道工序。各道工序的合格率分别为95.74%、92.22%、96.3%，试求该种零件的平均合格率。

23. 某车间有两个生产小组，每组6个工人，日产量资料如下：
甲组：20，40，60，80，100，120（件）
乙组：67，68，69，71，72，73（件）
试分别计算两组工人日产量的全距、平均差和标准差，并比较两组工人平均日产量的代表性。

24. 两种不同的水稻品种分别在5块田里试种，其产量资料如下表所示：
假定生产条件相同，试分别计算它们的收获率，并确定哪个品种的公顷产量有较大的稳定性和推广价值。

甲品种		乙品种	
田块面积（公顷）	总产量（吨）	田块面积（公顷）	总产量（吨）
1.2	18.00	1.5	25.20
1.1	15.68	1.3	19.50
1.0	16.50	1.3	17.55
0.9	12.15	1.0	18.12
0.8	12.60	0.9	9.45
5.0	74.93	6.0	89.82

25. 试根据平均数及标准差的性质，回答下列问题：

(1) 已知标志值的平均数为2 600，标准差系数为30%，其方差为多少？

(2) 已知总体标志值的平均数为13，各标志值平方的平均数为174，其标准差系数为多少？

(3) 已知方差为25，各标志值的平方的平均数为250，其平均数为多少？

26. 某商店对库存的香烟进行质量检查，检查结果是：库存的3 000条香烟中，没有发霉的香烟为2 700条，其余为发霉香烟。试求库存香烟的完好率和标准差。

27. 某公司对职工的身高进行抽样调查，得统计资料如下表所示：

按身高分组（厘米）	职工人数（人）
150～155	4
155～160	12
160～165	18
165～170	28
170～175	22
175～180	10
180～185	4
185～190	2
合　计	100

试用动差法测定该公司职工身高分布的偏度与峰度。

第六章　概率与概率分布

第一节　概率基础

一、概率的基本概念

（一）随机试验与随机事件

客观世界中存在着各种各样的现象，综合起来可以概括为两大类型：一是事先可以预知的现象，即在某些相同的条件、环境所出现的结果总是肯定的，这种现象称为必然现象。例如，在平原地区，水温在100度时就会沸腾。从一批合格品中任抽一件检验，仍是合格品。二是事先不可预知的现象，即在相同条件下重复试验得出的结果未必相同，这种现象称为随机现象。例如，抛一枚硬币，结果可能是正面，也可能是反面。从一批既有合格品也有不合格品的产品中任抽一件检验，其结果可能是合格品，也可能是不合格品。

所谓随机试验是指对上述随机现象进行的重复试验。随机试验必须满足三个条件：一是试验可以在相同的条件下重复进行；二是试验的所有可能结果是事先已知的，并且不止一个；三是每次试验只出现所有可能结果中的一个，但不能断定出现哪个结果。

随机试验的每一个可能的结果称为基本事件，所有可能出现的基本事件的全体，称为复合事件。无论是基本事件还是复合事件，它们在试验中发生与否，都带有随机性，所以都称为随机事件，简称事件。为了运用集合的概念来研究随机事件，我们将随机试验中所有基本事件组成的集合称为该随机试验的样本空间，记为Ω；Ω中的每一个元素就是试验中的基本事件，称为样本点，记为A、B、C、D等。在试验中，如果出现A中所包含的一个基本事件，则称事件A发生。随机事件有两种极端的情况：一种是必然发生，称为必然事件；另一种是不可能发生，称为不可能事件。从样本空间看，必然事件是由其基本事件组成的，而不可能事件则不含有任何基本事件，故记为空集。必然事件和不可能事件实质上都是确定性现象，已经失去了“随机性”。为了计算方便起见，在研究中仍把它们视为随机事件。

【例6－1】在掷一枚硬币的试验中，“正面朝上”和“反面朝上”都是基本事件，两种可能出现的基本事件的集合，称为复合事件，或样本空间。

【例6－2】在掷一颗骰子的试验中，“出现1点”、“出现2点”…“出现6点”，都是基本事件，记为{1}，{2}，…，{6}。“出现偶数”是一个随机事件，它由“出现2点”、“出现4点”和“出现6点”这三个基本事件组成，也称复合事件，记为{2，4，6}。“出现的点不超过6”是必然事件，是所有基本事件的集合，即一个样本空间，记为$\Omega=\{1, 2, 3, 4, 5, 6\}$。“出现的点大于6”是不可能事件，记为$=\{7\}$。

（二）随机事件的关系和运算规则

随机事件之间的相互联系，通常表现为下列几种关系和运算规则：

（1）事件的包含与相等。若事件A发生必然导致事件B发生，则称事件B包含事件A（或事件A含于事件B），记为$B\supset A$（或$A\subset B$）。如果$A\subset B$且$B\subset A$，则称事件A与事件B相等，记为$A=B$。

（2）事件的并（和）。事件A与事件B至少有一个发生，这一事件称为事件A与事件B的并或和，记为$A\cup B$或$A+B$。

（3）事件的交（积）。事件A与事件B同时发生，这一事件称为事件A与事件B的交或积，记为$A\cap B$或AB。

（4）事件的差。事件A发生而事件B不发生，这一事件称为事件A与事件B的差，记为$A-B$。

（5）互不相容（互斥）事件。事件A与事件B不能同时发生，即$AB=\varphi$，则称事件A与事件B互不相容（互斥）。

（6）对立（逆）事件。样本空间中所有不属于事件A的基本事件所组成的事件称为A的对立事件，记为$\overline{A}$。

上述随机事件的六种关系和运算，也可用直观的文氏图来表示。

【例6－3】一个盒中装有10个编了号的球，从中任抽取一个，事件A表示“抽到奇数号的球”，B表示“抽到编号小于6的球”，C表示“抽到编号小于9的偶数号的球”，则$\Omega=\{1, 2, \cdots, 10\}$；$A+B=\{1, 2, 3, 4, 5, 7, 9\}$；$AB=\{1, 3, 5\}$；$AC=\varphi$；$A-B=\{7, 9\}$；事件$A$的逆事件为“抽到偶数号的球”，即$\overline{A}=\{2, 4, 6, 8, 10\}$。

（三）概率

概率，是指随机事件发生可能性大小的数值。从不同的角度来划分，概率可分为古典概率、试验概率和主观概率三种。

1. 古典概率

古典概率，是指在每次试验中事件等可能性出现的条件下，于试验前计算的比率。设事件A是样本空间Ω中的一个随机事件，若样本空间Ω中的基本事件数为n，事件A包含m个基本事件，则事件A的概率为：

$$P(A)=\frac{m}{n} \tag{6.1}$$

古典概率起源于15世纪的赌博游戏，例如，掷硬币和掷骰子。这些赌博游戏均具有两个共同的特点：

(1) 试验的样本空间 Ω 中的基本事件只有有限个；

(2) 试验中的每个基本事件发生的可能性相同。

符合这两个特点的随机试验在概率论发展的初期，曾是主要的研究对象，故称为古典概率，也称先验概率。

【例 6-4】掷一枚硬币，得到正面的概率为多少？

解：$P(A)=\frac{m}{n}=\frac{1}{2}$

【例 6-5】一批产品共有 100 件，其中有 6 件不合格品，试求随机抽取一件为不合格品的概率。

解：$P(A)=\frac{m}{n}=\frac{6}{100}=\frac{3}{50}$

2. 试验概率

试验概率，是指在确定的条件下，事件 A 在大量的 n 次试验中出现 m 次，则事件 A 的频率 m/n 可作为事件 A 的概率 $P(A)$ 的近似比率。这种概率是根据统计试验后的大量数据整理所得，故称为试验概率，也称后验概率和统计概率。记为：

$$P(A)\approx\frac{m}{n} \tag{6.2}$$

历史上，法国生物学家蒲丰（Buffon，1781—1840）、英国统计学家皮尔逊（K. Pearson，1857—1936）曾进行过“掷一枚硬币”的试验，用来观察“出现正面”这一事件发生的规律，其试验结果如表 6-1 所示。

表 6-1　“掷一枚硬币”的试验结果

试验者	投掷次数（n）	出现正面的次数（m）	频率（m/n）
蒲　丰	4 040	2 048	0.506 9
皮尔逊	12 000	6 019	0.501 6
皮尔逊	24 000	12 012	0.500 5

试验概率虽然用频率来解释，但概率与频率仍是两个不同的概念，两者的区别在于：频率是个试验值，只能近似地反映事件发生的可能性的大小；概率是个理论值，它精确地表示事件发生的可能性的大小，它的值是唯一确定的。试验概率的优点是不受古典概率两个特点的限制，比较容易理解。例如，从某个大量连续生产某种产品的工厂中随机抽取 1 件产品，确定该产品是正品的概率，这时，古典概率就显得无能为力，只能采用试验概率的方法。但试验概率也存在一些问题，例如，重复 $n+1$ 次试验的频率不一定比重复 n 次试验的频率更接近于真实的概率，而且试验也不可能无限量地进行下去。

3. 主观概率

主观概率，是指人们凭个人经验对某一事件发生的可能性大小作出的估计。例如，天空看上去阴沉沉的，估计下雨的可能性有多大；股价指数在未来一周内上升的可能性有多大；一种新产品在未来市场上畅销的可能性有多大等。这些事件无法进行统计试验，也就不可能计算事件发生的频率，只能凭经验进行主观估计。主观概率是以个人经验为基础，对所研究的事物毫无经验者，切不可滥用。

二、概率的基本运算

（一）概率的基本性质

性质1：对于任一随机事件，有 $0 \leqslant P(A) \leqslant 1$。

性质2：必然事件概率为1，不可能事件概率为0，即 $P(\Omega)=1$，$P(\varphi)=0$。

性质3：设 A 与 B 是任意两个互不相容事件，则：$P(A \cup B)=P(A)+P(B)$。

上式又称加法定理。可推广为：设事件 $A_1, A_2, \cdots, A_n$ 为两两互不相容，即 $A_iA_j=\varphi$（$1 \leqslant i \neq j \leqslant n$），则：$P(\bigcup\limits_{i=1}^{n} A_i)=\sum\limits_{i=1}^{n} P(A_i)$。

性质4：设 A 与 B 是任意两个相容事件，则：$P(A \cup B)=P(A)+P(B)-P(AB)$。

上式又称广义加法定理。也可推广到 n 个相容事件之和的情况，即

$$P(\bigcup_{i=1}^{n} A_1)=\sum_{i=1}^{n} P(A_i)-\sum_{i \neq j} P(A_iA_j)+\sum_{i \neq j \neq k} P(A_iA_jA_k)-\cdots+(-1)^{n-1} P(A_iA_j \cdots A_n)$$

性质5：对立事件概率的和为1，即 $P(\bar{A})=1-P(A)$。

性质6：若事件 A 包含事件 B（$A \supset B$），则事件 A 与事件 B 的差的概率等于两个事件概率的差，即 $P(A-B)=P(A)-P(B)$。

（二）概率的基本运算

1. 条件概率

条件概率，是指在事件 B 已经发生的条件下，事件 A 发生的概率，记为 $P(A|B)$。同样，$P(B|A)$ 表示在事件 A 已经发生的条件下，事件 B 发生的概率。相应地，如果在决定事件 A 的概率时，不去注意事件 B 是否出现，叫作事件 A 的无条件概率，仍用 $P(A)$ 表示。

条件概率的定义：设 A、B 是任意两个事件，且 $P(B)>0$，则在事件 B 发生的条件下，事件 A 发生的概率为：

$$P(A|B)=\frac{P(AB)}{P(B)} \tag{6.3}$$

【例6-6】已知在某厂某天两个班次生产的400件产品中，第一班生产240

件，含次品10件；第二班生产160件，含次品5件，现随机抽取1件产品，(1) 发现是次品的概率是多少？(2) 发现是次品，这件次品出自第一班的概率是多少？

解：令 $A=$ {抽取的1件产品是第一班生产的}

$B=$ {抽取的1件产品是次品}

(1) 发现是次品的概率为：

$$P(B)=\frac{10+5}{400}=\frac{15}{400}$$

(2) 发现是次品，这件次品出自第一班的概率为：

$$P(A|B)=\frac{10}{15}$$

也可以用定义公式来计算。设 $AB=$ {抽取的1件产品是第一班生产的次品}，则：

$$P(A|B)=\frac{P(AB)}{P(B)}=\frac{10/400}{15/400}=\frac{10}{15}$$

2. 乘法公式

乘法公式用于计算两个事件的交的概率。由条件概率可得到概率的乘法公式，设 A 与 B 是任意两个事件，且 $P(A)>0$，$P(B)>0$，则：

$$P(AB)=P(B)P(A|B) \tag{6.4}$$

或

$$P(AB)=P(A)P(B|A) \tag{6.5}$$

【例6-7】设一批产品共 N 件，其中有 M 件次品，不放回地抽取两件，问第一件抽到的是正品，第二件抽到的是次品的概率是多少？

解：令 $A=$ {第一件是正品}，$B=$ {第二件是次品}

$$P(AB)=P(A)P(B|A)=\frac{N-M}{N}\times\frac{M}{N-1}=\frac{(N-M)M}{N(N-1)}$$

【例6-8】市场上供应某种产品，已知甲厂生产的占70%，乙厂生产的占30%；甲厂产品的合格率是95%，乙厂产品的合格率是80%。现某人在市场上随机购买1件：(1) 购到甲厂生产的产品且为合格品的概率为多少？(2) 购到乙厂生产的产品且是合格品的概率为多少？

解：设 A、$\bar{A}$ 分别为甲、乙两厂的产品，B 表示合格品，则有关事件的概率为：

甲厂产品出现的概率 $P(A)=70\%$，乙厂产品出现的概率 $P(\bar{A})=30\%$；甲厂产品中合格品的概率 $P(B|A)=95\%$，乙厂产品中合格品的概率 $P(B|\bar{A})=80\%$；甲厂产品中不合格品的概率 $P(\bar{B}|A)=5\%$，乙厂产品中不合格品的概率 $P(\bar{B}|\bar{A})=20\%$。

(1) 购到甲厂生产且合格的产品的概率为：

$$P(AB)=P(A)P(B|A)=70\%\times95\%=66.5\%$$

(2) 购到乙厂生产且合格的产品的概率为：

$P(\bar{A}B) = P(\bar{A})\ P(B \mid \bar{A}) = 30\% \times 80\% = 24\%$

3. 独立事件

如果两个事件中的一个事件出现与否并不影响另一个事件出现的概率，则称这两个事件是相互独立的。例如，从一批有一定次品率的产品中连续两次抽取产品，每次任抽取一件。如果第一次抽取的产品放回这批产品中再作第二次抽取，那么，第一次抽取正品这一事件 B 的出现，并不影响第二次抽取正品这一事件 A 的概率。这就是说，事件 A 对事件 B 是相互独立的。因而 $P(A \mid B) = P(A)$，$P(B \mid A) = P(B)$。由概率乘法定理，得知：$P(AB) = P(A)\ P(B \mid A)$，若事件 A 与 B 相互独立，即 $P(B \mid A) = P(B)$，则 $P(AB) = P(A)\ P(B)$，可知独立事件是概率乘法定理的特殊形式。由此可推广为：若干个独立事件的乘积的概率等于这若干个事件的概率的乘积，即 $P(A_1A_2\cdots A_n) = P(A_1)\ P(A_2)\cdots P(A_n)$。

【例 6-9】已知有甲、乙两批稻谷种子，发芽率分别为 0.8 和 0.7，在这两批种子中任意各抽取一粒。试求：(1) 这两粒种子都能发芽的概率；(2) 至少有一粒种子能发芽的概率；(3) 恰好有一粒种子能发芽的概率。

解：设 A 表示"从甲批种子抽取的一粒能发芽"，B 表示"从乙批种子抽取的一粒能发芽"。则有：

$P(A) = 0.8 \qquad P(\bar{A}) = 0.2$

$P(B) = 0.7 \qquad P(\bar{B}) = 0.3$

又因为 A、B 相互独立，且 A、B 可以同时出现，是相容事件，故所求概率分别为：

(1) $P(AB) = P(A)\ P(B) = 0.8 \times 0.7 = 0.56$

(2) $P(A \cup B) = P(A) + P(B) - P(AB) = 0.8 + 0.7 - 0.56 = 0.94$

(3) $P(A\bar{B} \cup \bar{A}B) = P(A\bar{B}) + P(\bar{A}B)$

$$= P(A)\ P(\bar{B}) + P(\bar{A})\ P(B)$$

$$= 0.8 \times 0.3 + 0.2 \times 0.7 = 0.38$$

4. 全概率公式与贝叶斯定理

全概率公式适用于求解比较复杂事件的概率。全概率公式可表述为：设 A_1，A_2，…，A_n 为 n 个互不相容事件，且 $\bigcup_{i=1}^{n} A_i = \Omega, P(A_i) > 0$，$i = 1, 2, \cdots, n$。则任一事件 B 的概率为：

$$P(B) = \sum_{i=1}^{n} P(A_i)\ P(B \mid A_i) \tag{6.6}$$

贝叶斯定理可表述为：设 A_1，A_2，…，A_n 为 n 个互不相容的事件，且 $\bigcup_{i=1}^{n} A_i = \Omega$，$P(A_i) > 0$，$i = 1, 2, \cdots, n$。则对任一事件 B，$P(B) > 0$，有：

$$P\ (A_i \mid B)\ = \frac{P\ (A_i)\ P\ (B \mid A_i)}{\sum\limits_{i=1}^{n} P\ (A_i)\ P\ (B \mid A_i)} \qquad (i=1,\ 2,\ \cdots,\ n) \qquad (6.7)$$

【例6-10】设有3个工作人员被指定复制某种表格，已知第一个人A_1复制了这种表格的40%，第二个人A_2复制了35%，第三个人A_3复制了25%。第一个人的错误率为0.05，第二个人的错误率为0.06，第三个人的错误率为0.04。现随机抽取1份表格：(1) 问这份表格有错误的概率是多少？(2) 某天，办公室主管随机抽取的1份表格发现有错误，问这一错误由第一个、第二个和第三个工作人员所造成的概率各是多少？

解：(1) 令 $A_i=$ {抽取的表格是由第i个工作人员复制的}

$B=$ {抽取的1份表格有错误}

$i=1,\ 2,\ 3$

显然，$A_1 \cup A_2 \cup A_3 = \Omega$，且$A_1$，$A_2$，$A_3$两两互不相容。所以由全概率公式得：

$$\begin{aligned} P\ (B)\ &= P\ (A_1)\ P\ (B \mid A_1)\ + P\ (A_2)\ P\ (B \mid A_2)\ + P\ (A_3) P\ (B \mid A_3) \\ &= 0.4 \times 0.05 + 0.35 \times 0.06 + 0.25 \times 0.04\ =\ 0.051 \end{aligned}$$

故随机抽取的这份表格有错误的概率为0.051。

(2) 要计算的是条件概率$P\ (A_1 \mid B)$、$P\ (A_2 \mid B)$、$P\ (A_3 \mid B)$。

$$P\ (A_1 \mid B)\ = \frac{P\ (A_1)\ P\ (B \mid A_1)}{\sum\limits_{i=1}^{3} P\ (A_i)\ P\ (B \mid A_i)} = \frac{0.40 \times 0.05}{0.051} = \frac{0.020}{0.051} = 0.392$$

$$P\ (A_2 \mid B)\ = \frac{P\ (A_3)\ P\ (B \mid A_2)}{\sum\limits_{i=1}^{3} P\ (A_i)\ P\ (B \mid A_i)} = \frac{0.35 \times 0.06}{0.051} = \frac{0.021}{0.051} = 0.412$$

$$P\ (A_3 \mid B)\ = \frac{P\ (A_3)\ P\ (B \mid A_3)}{\sum\limits_{i=1}^{3} P\ (A_i)\ P\ (B \mid A_i)} = \frac{0.25 \times 0.04}{0.051} = \frac{0.010}{0.051} = 0.196$$

第二节 离散型随机变量的概率分布

概率分布，是指对随机变量所有可能的取值及相应概率分布的描述。随机变量是随机事件的数量表现，其中按取值的不同，可分为离散型随机变量和连续型随机变量，相应地，概率分布也分为离散型和连续型两种。

一、离散型随机变量的概率分布

离散型随机变量的概率分布，是指将离散型随机变量X的所有可能取值X_1，X_2，…，X_k，…及其相应的概率$P\ (X_1)$，$P\ (X_2)$，…，$P\ (X_k)$，…分布的描述，如表6-2所示：

表6-2 概率分布表

变量 X	X_1，X_2，…，X_k，…
概率 P	$P(X_1)$，$P(X_2)$，…，$P(X_k)$，…

（一）概率分布的性质

（1）$P(X_i) \geqslant 0$；

（2）$\sum_{i=1}^{n} P(X_i) = 1$ 其中：$i=1, 2, \cdots, k, \cdots, n$。

（二）概率分布的数字特征

（1）数学期望 $E(X) = \sum_{i=1}^{n} X_i P_i = \bar{X}$； (6.8)

（2）方差 $D(X) = \sum_{i=1}^{n} [X_i - E(X)]^2 P_i = \sigma^2$。 (6.9)

【例6-11】从0，1，2，…，9中随机抽取一个数字，试求其概率分布表、数学期望和方差。

解：（1）表6-3为概率分布表：

表6-3 概率分布表

变量 X	0	1	2	3	…	9
概率 P	0.1	0.1	0.1	0.1	…	0.1

（2）$E(X) = \sum_{i=1}^{n} X_i P_i = 0 \times 0.1 + 1 \times 0.1 + 2 \times 0.1 + \cdots + 9 \times 0.1 = 4.5$

（3）$D(X) = \sum_{i=1}^{n} [X_i - E(X)]^2 P_i = [0-4.5]^2 0.1 + [1-4.5]^2 0.1 + [2-4.5]^2 0.1 + \cdots + [9-4.5]^2 0.1 = 8.25$

二、常用的离散型随机变量概率分布

离散型随机变量的概率分布种类比较多，常用的有二项分布、两点分布、泊松分布、超几何分布、几何分布、负二项分布、均匀分布、对数分布等。这里仅结合抽样调查的概率基础，介绍前四种。

（一）二项分布

二项分布，是指只有两种可能结果的重复随机试验的概率分布。其定义为，若随机变量 X 的概率分布为：

$$P(X=k) = C_n^k p^k q^{n-k} \quad (k=0, 1, 2, \cdots, n) \qquad (6.10)$$

其中 $0<p<1$，$q=1-p$，则称 X 服从二项分布，记为 $X \sim B(n, p)$。

二项分布是从著名的贝努里试验中推导出来的，所谓贝努里试验是指只有两种可能结果的随机试验。例如，新生婴儿的性别分为男与女；产品质量分为合格与不合格，等等。可以证明，二项分布的数学期望和方差分别为：$E(X) = np$，

$D(X)=npq$。

【例 6－12】已知某厂某产品的不合格率为 0.2，现从一批产品中随机抽取 6 件，试求下列事件的概率：（1）恰有 4 件不合格；（2）至多有 3 件不合格；（3）至少有 1 件不合格。

解：因为该题研究的是不合格率，可设 X 为不合格件数，P 为不合格率，显然，随机变量服从二项分布。则有：

（1）$P(X=4)=C_6^4\times0.2^4\times0.8^2=15\times0.0016\times0.64=0.0154$

（2）$P(X\leqslant3)=\sum_{i=1}^{3}P(X=i)=C_6^0\times0.2^0\times0.8^6+C_6^1\times0.2^1\times0.8^5+C_6^2\times0.2^2\times0.8^4+C_6^3\times0.2^3\times0.8^3=0.9830$

（3）$P(X\geqslant1)=1-P(X=0)=1-C_6^0\times0.2^0\times0.8^6=0.7379$

（二）两点分布

两点分布，是指当随机变量 X 仅取两个数值 a 和 b，即 $p(x=a)=p$，$p(x=b)=q$（其中 $a\neq b$，$p+q=1$）时的分布。当 $a=1$，$b=0$ 时，这个特殊的两点分布称为贝努里分布，又称 0－1 分布，记为 $B(1,p)$。在上述的二项分布中，当 $n=1$ 时，就是这个特殊的两点分布，其分布为：

$$p(x=k)=p^kq^{1-k}\quad(k=0,1)\tag{6.11}$$

其中 k 表示在一次贝努里试验中的成功次数。同理，两点分布的数学期望和方差分别为：$E(x)=p$，$D(x)=pq$。在交替标志中，又称之为交替标准的平均数和方差。

【例 6－13】某厂对库存某产品进行质量检验，检查结果，发现 2 000 件产品中，有 400 件不合格。试求该产品的不合格率和标准差。

解：该产品不合格率为 $E(x)=p=\frac{400}{2000}=0.2$

标准差为 $\sigma=\sqrt{pq}=\sqrt{0.2\times(1-0.2)}=0.4$

（三）泊松分布

泊松分布，是指在 $\lambda=np$ 恒定的情况下，当 n 趋于无穷，p 趋于 0 时，二项分布趋于泊松分布的概率分布，即 $C_n^kp^kq^{n-k}\approx\frac{\lambda^k}{k!}e^{-\lambda}$，其中通常当 $n\geqslant20$，$p\leqslant0.05$ 时，就可以使用上述近似公式。泊松分布是法国数学家泊松（Poisson，1781—1840）首先证明的，其定义为，若随机变量 X 的概率分布为：

$$P(X=k)=\frac{\lambda^k}{k!}e^{-\lambda}\quad(k=0,1,2,\cdots;\ \lambda>0;\ e=2.71828\cdots\text{是自然对数的底})\tag{6.12}$$

则称 X 服从泊松分布。可以证明，泊松分布的数学期望和方差分别为：$E(X)=\lambda$，$D(X)=\lambda$。

【例 6－14】已知某厂某产品的不合格率为 0.05，现从一批产品中随机抽取

50件，试求下列事件的概率：（1）至多有3件不合格；（2）至少有1件不合格；（3）恰有4件不合格；（4）不合格品在1～5件之间。

解：设 X 为不合格件数，P 为不合格率，显然，随机变量服从二项分布，由于 $n=50$ 很大，$P=0.05$ 很小，故可以认为 X 近似服从参数为 $\lambda=nP=50\times0.05=2.5$ 的泊松分布，则有：

$$\begin{aligned}(1)\ P(X\leqslant3)&=\sum_{k=0}^{3}\frac{2.5^k}{k!}e^{-2.5}\\&=\left(\frac{2.5^0}{0!}+\frac{2.5^1}{1!}+\frac{2.5^2}{2!}+\frac{2.5^3}{3!}\right)\times2.71828^{-2.5}\\&=0.7576\end{aligned}$$

或查累积泊松分布表，得 $P(X\leqslant3)=0.7576$。

（2）$P(X\geqslant1)=1-P(X=0)=1-0.0821=0.9179$

（3）$P(X=4)=P(X\leqslant4)-P(X\leqslant3)=0.8912-0.7576=0.1336$

（4）$P(1\leqslant X\leqslant5)=P(X\leqslant5)-P(X=0)$
$=0.9580-0.0821=0.8759$

（四）超几何分布

超几何分布，是指只有两种可能结果的不重复试验的概率分布。其定义为，若随机变量 X 的概率分布为：

$$P(X=k)=\frac{C_M^kC_{N-M}^{n-k}}{C_N^n}\qquad(k=0,1,2,\cdots,l)\tag{6.13}$$

这里 $l=\min(M,n)$，则称 X 服从超几何分布。可以证明，超几何分布的数学期望和方差分别为：

$E(X)=np$，$D(X)=npq\dfrac{N-n}{N-1}$，其中 $p=\dfrac{M}{N}$。

超几何分布的方差与二项分布相比，多了一项 $\dfrac{N-n}{N-1}$，因此，当 N 很大，n 相对于 N 很小时（一般只要 $\dfrac{n}{N}\leqslant0.1$ 即可），可以用二项分布作为超几何分布的近似值。

【例6-15】已知一批灯泡50只，其中3只是坏的，现从中随机不重复抽取5只，试求下列事件的概率：（1）5只都是好的；（2）5只中有2只是坏的。

解：由题意可知 $N=50$，$M=3$，$n=5$，不重复抽取，则 X 服从超几何分布，有：

（1）从50只中抽5只，有 C_{50}^5 种可能，从47只好灯泡中抽5只，有 C_{47}^5 种可能，则：

$$P(X=0)=\frac{C_3^0C_{47}^5}{C_{50}^5}=0.7240$$

（2）从47只好灯泡中抽3只，有 C_{47}^3 种可能，从3只坏灯泡中抽2只，有

C_3^2 种可能，根据概率乘法原则，5 只中有 2 只坏的可能抽样单位数目为 $C_3^2C_{47}^3$ 种，则：

$$P(X=2)=\frac{C_3^2C_{47}^3}{C_{50}^5}=0.0230$$

第三节 连续型随机变量的概率分布

一、连续型随机变量的概率分布

连续型随机变量的一切可能取值是充满某个区间（a，b），在这个区间内有无穷不可数个实数。连续型随机变量的取值不能一一列举，其概率分布也无法像离散型随机变量那样可用点的概率表示，只能用数字的函数形式来描述。

（一）概率分布的定义

对于连续型随机变量 X（$-\infty<X<+\infty$），如果存在非负可积函数$f(x)$，对任意的 x_1，x_2（$x_1<x_2$）都有：$P(x_1<X<x_2)=P(x_1\leqslant X<x_2)=P(x_1<X\leqslant x_2)=P(x_1\leqslant X\leqslant x_2)=\int_{x_1}^{x_2}f(x)\mathrm{d}x$，则称 $f(x)$ 为 X 的概率密度函数，简称概率密度；称 $F(x)=P(X\leqslant x)=\int_{-\infty}^{x}f(x)\mathrm{d}x$ 为 X 的累计分布函数，简称分布函数。上述概率密度和分布函数统称为连续型随机变量的概率分布。

（二）概率分布的性质

（1）$F(x)\geqslant 0$。

（2）$\int_{-\infty}^{+\infty}f(x)\mathrm{d}x=1$。

（三）概率分布的数字特征

（1）数学期望 $E(X)=\int_{-\infty}^{+\infty}xf(x)\mathrm{d}x$；（6.14）

（2）方差 $D(X)=\int_{-\infty}^{+\infty}[x-E(x)]^2f(x)\mathrm{d}x$。（6.15）

二、正态分布

连续型随机变量的概率分布种类比较多，常用的有正态分布、均匀分布、指数分布、对数正态分布、柯西分布、伽马分布、贝塔分布、韦布尔分布、帕雷托分布和拉普拉斯分布等，还有统计量分布，如χ^2 分布、t 分布和 F 分布等。这里仅结合抽样调查的概率基础介绍正态分布。

正态分布是一种图形为单峰钟形对称的分布。它是统计学中最重要的分布，应用极为广泛。正态分布理论是法国数学家棣莫弗（Abrahan De Moivre，1667—

1754）于1733年首先提出的，后来，德国数学家高斯（Carl Friedrich Gauss，1777—1855）在研究误差理论时曾用此分布来描述误差，因此有时也称为高斯分布。抽样理论证明，大量独立随机事件分别微小干扰作用的结果，都趋于正态分布。

（一）正态分布的定义

正态分布是一个连续型分布，其概率密度函数为：

$$f(x)=\frac{1}{\sqrt{2\pi}\sigma}\cdot e^{-\frac{(x-\bar{x})^2}{2\sigma^2}}\quad(-\infty<x<+\infty)\tag{6.16}$$

则称随机变量 X 服从参数为 $\bar{X}$ 和 σ^2 的正态分布，并简记为 $X\sim N(\bar{X},\sigma^2)$，概率密度函数 $f(x)$ 在直角坐标系内的图形如图6-1所示，这种图形一般称为正态曲线。

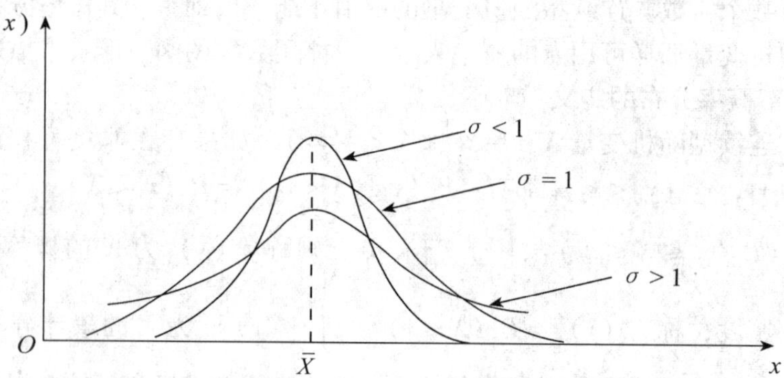

图6-1 正态分布曲线

（二）正态曲线的特点

（1）正态曲线的图形是一个单峰钟形曲线，最大值点为 $X=\bar{X}$，最大值为 $\frac{1}{\sqrt{2\pi}\sigma}$。

（2）曲线以 $X=\bar{X}$ 为对称轴，且沿不同的水平方向单调下降，当 $X\to\pm\infty$ 时，曲线以 x 轴为其渐近线。

（3）曲线在 $X=\bar{X}\pm\sigma$ 处有拐点，拐点离对称轴的距离相同，曲线在拐点处改变自己的下降方向。

（4）当 σ 越大时，曲线越平缓；当 σ 越小时，曲线越陡峭。

（三）标准正态分布

服从正态分布的随机变量 X 落在区间 (x_1,x_2) 的概率为：

$$P(x_1<X<x_2)=\int_{x_1}^{x_2}\frac{1}{\sqrt{2\pi}\sigma}\cdot e^{-\frac{(x-\bar{x})^2}{2\sigma^2}}dx\tag{6.17}$$

从图形上看，这个概率就是由正态曲线 $f(x)$ 和 $X=x_1$，$X=x_2$ 所围成的面积。上述面积计算十分复杂，为了计算方便，可将正态分布变换成具有期望值为

0、方差为 1 的标准正态分布。

令：$z=\dfrac{X-\bar{X}}{\sigma}$

则：$E(z)=E\left(\dfrac{X-\bar{X}}{\sigma}\right)=\dfrac{E(X)-\bar{X}}{\sigma}=0$　　　　［因为 $E(X)=\bar{X}$］

$$\sigma_z^{\ 2}=E\left[\frac{X-\bar{X}}{\sigma}-E\left(\frac{X-\bar{X}}{\sigma}\right)\right]^2=E\left(\frac{X-\bar{X}}{\sigma}\right)^2=\frac{1}{\sigma^2}E\ (X-\bar{X})^2=\frac{\sigma^2}{\sigma^2}=1$$

因此，可得到标准正态分布的概率为：

$$P\ (z_1<Z<z_2)\ =\int_{z_1}^{z_2}\frac{1}{\sqrt{2\pi}}\cdot \mathrm{e}^{-\frac{z^2}{2}}\ \ \mathrm{d}z \tag{6.18}$$

其中：$z_1=\dfrac{x_1-\bar{X}}{\sigma}$，$z_2=\dfrac{x_2-\bar{X}}{\sigma}$为标准正态分布的变量值，而$g\ (z)\ =\dfrac{1}{\sqrt{2\pi}}\cdot$ $\mathrm{e}^{-\frac{z^2}{2}}$，则为标准正态分布的概率密度函数，记作$Z\sim N$（0，1）。

经过上述变换，就将计算 $P\ (x_1<X<x_2)$ 的问题转换成计算 $P\ (z_1<Z<z_2)$ 的积分问题了。统计学家将标准正态分布的积分计算结果编制成本书附录中的“正态分布概率积分表”，它给出了当 z 取各种不同数值时的具体数值。因此，如果我们要计算正态分布的概率，只要将 x_1、x_2 分别换算成 z_1、z_2，然后直接查“正态分布概率积分表”，由于正态曲线 $g\ (z)$ 是一个完全对称的偶函数，故“正态分布概率积分表”中只给出右边的积分值，即

$$G\ (z)\ =\int_0^{z}\frac{1}{\sqrt{2\pi}}\cdot \mathrm{e}^{-\frac{z^2}{2}}\ \ \mathrm{d}z \tag{6.19}$$

“正态分布概率积分表”的用法如下：

(1) 当 z_1、z_2 均为负值时：

$$\begin{aligned}P\ (z_1<Z<z_2)\ &=\int_{z_1}^{z_2}g\ (z)\ \mathrm{d}z=\int_{z_1}^{0}g\ (z)\ \mathrm{d}z-\int_{z_2}^{0}g(z)\mathrm{d}z\\&=\int_0^{|z_1|}g\ (z)\ \mathrm{d}z-\int_0^{|z_2|}g\ (z)\ \mathrm{d}z\end{aligned}$$

或　$P\ (x_1<X<x_2)\ =P\ (z_1<Z<z_2)=\varphi\ (|z_1|)\ -\varphi\ (|z_2|)$

(2) 当 z_1 为负值，z_2 为正值时：

$$\begin{aligned}P\ (z_1<Z<z_2)\ &=\int_{z_1}^{z_2}g\ (z)\ \mathrm{d}z=\int_{z_1}^{0}g\ (z)\ \mathrm{d}z+\int_{0}^{z_2}g(z)\mathrm{d}z\\&=\int_0^{|z_1|}g\ (z)\ \mathrm{d}z+\int_0^{z_2}g\ (z)\ \mathrm{d}z\end{aligned}$$

或　$P\ (x_1<X<x_2)\ =P\ (z_1<Z<z_2)=\varphi\ (|z_1|)\ +\varphi\ (z_2)$

(3) 当 z_1、z_2 均为正值时：

$$P\ (z_1<Z<z_2)\ =\int_{z_1}^{z_2}g\ (z)\ \mathrm{d}z=\int_0^{z_2}g\ (z)\ \mathrm{d}z-\int_0^{z_1}g\ (z)\ \mathrm{d}z$$

或　$P\ (x_1<X<x_2)\ =P\ (z_1<Z<z_2)\ =\varphi\ (z_2)\ -\varphi\ (z_1)$

如图 6－2 所示：

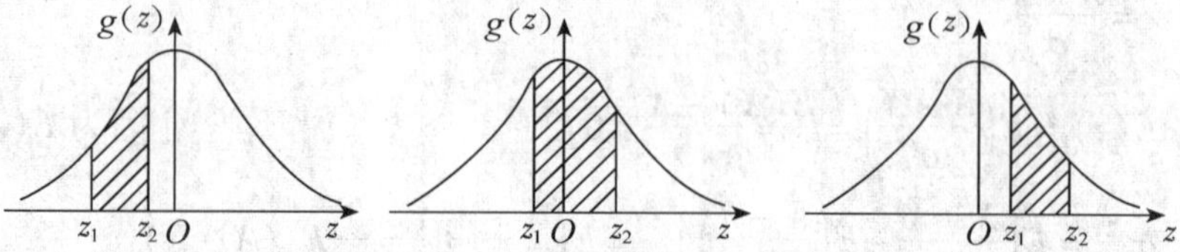

图 6－2　正态概率积分图

【例 6－16】某年某省参加统计学自学考试的考生有 10 000 名，得知总平均成绩为 56 分，标准差为 10 分。现从中随机抽取 1 名考生，试分别求其成绩在下述区间的概率：（1）在 40～50 分之间；（2）在 50～60 分之间；（3）在 60～70 分之间。

解：已知 $\bar{X}=56$ 分，$\sigma=10$ 分

（1）当 $x_1=40$ 分，$x_2=50$ 分时

$$z_1=\frac{x_1-\bar{X}}{\sigma}=\frac{40-56}{10}=-1.6$$

$$z_2=\frac{x_2-\bar{X}}{\sigma}=\frac{50-56}{10}=-0.6$$

$$\begin{aligned}P(40<X<50)&=P(-1.6<Z<-0.6)\\&=\int_0^{|-1.6|}g(z)\,dz-\int_0^{|-0.6|}g(z)\,dz\\&=\int_0^{1.6}g(z)\,dz-\int_0^{0.6}g(z)\,dz\\&=0.4452-0.2258=0.2194\end{aligned}$$

即该考生成绩在 40～50 分之间的概率为 0.219 4。

（2）同理，考生成绩在 50～60 分之间的概率为 0.381 2。

（3）同理，考生成绩在 60～70 分之间的概率为 0.263 8。

第四节　极限定理

极限定理，是指采用极限的方法求得随机变量分布的一系列定理。其内容比较广泛，一般可分为两类：一类是大数定理，另一类是中心极限定理。在抽样调查中，如果说大数定理证明了抽样调查可以用样本均值来估计总体均值的理论依据，那么中心极限定理则进一步为对总体的均值作出区间估计及其相应概率保证提供了理论依据。

一、大数定理

大数定理，是指大量随机变量的平均结果具有稳定性的一系列定理的总称，

也称大数法则。其中，最著名的是贝努里大数定理和契比雪夫大数定理。

（一）贝努里大数定理

试验概率通过事件 A 的 n 次试验，揭示出事件 A 出现的频率始终在一常数 p 左右摆动，这就是随机事件频率的稳定性。但是，频率能否无限地趋近于常数 p 呢？早在 17 世纪末，瑞士数学家贝努里（Bernolli，1652—1705）就建立了概率论中的第一个极限定理，即贝努里大数定理。这一结果发表于他逝世后 8 年（1713）出版的遗著《推测术》中。

设 m 是 n 次独立试验中事件 A 发生的次数，P 是事件 A 在每次试验中发生的概率，则对于任意正数 ε（$\varepsilon>0$），有：

$$\lim_{n\to\infty}P\left\{\left|\frac{m}{n}-P\right|<\varepsilon\right\}=1 \tag{6.20}$$

这一定理表明，当试验在不变的条件下重复进行很多次时，随机事件出现的频率在它的概率附近摆动；只要试验次数 n 足够大，事件出现的频率就趋于其概率。

（二）契比雪夫大数定理

1867 年，俄国数学家契比雪夫（P. L. Chebshev，1821—1894）对此问题进一步作了详细证明，对大数定理的发展作出了重要贡献。

（1）契比雪夫不等式。设独立随机变量 X 存在数学期望 $E(x)=\bar{X}$，方差 $D(x)=\sigma^2$，则对于任意正数 ε（$\varepsilon>0$），下列不等式成立。

$$P\{|x-E(x)|\geqslant\varepsilon\}\leqslant\frac{D(x)}{\varepsilon^2} \tag{6.21}$$

或
$$P\{|x-E(x)|<\varepsilon\}\geqslant1-\frac{D(x)}{\varepsilon^2} \tag{6.22}$$

证明：设 X 是离散型随机变量，则 $|x-E(x)|\geqslant\varepsilon$ 表示随机变量 X 取一切满足不等式 $|x-E(x)|\geqslant\varepsilon$ 的可能值 x_i，其对应的概率为 $p(x_i)$，根据方差的定义有：

$D(x)=\sum\limits_{i=1}^{n}(x_i-\bar{x})^2p(x_i)$，设 ε 为任一正数，则上式可写成：

$$D(x)=\sum_{|x_i-\bar{x}|<\varepsilon}(x_i-\bar{x})^2p(x_i)+\sum_{|x_i-\bar{x}|\geqslant\varepsilon}(x_i-\bar{x})^2p(x_i)\geqslant\sum_{|x_i-\bar{x}|\geqslant\varepsilon}(x_i-\bar{x})^2p(x_i)\geqslant\varepsilon^2\sum_{|x_i-\bar{x}|\geqslant\varepsilon}p(x_i)$$

即：$\sum\limits_{|x_i-\bar{x}|\geqslant\varepsilon}p(x_i)\leqslant\dfrac{D(x)}{\varepsilon^2}$

亦即：$p\{|x-E(x)|\geqslant\varepsilon\}\leqslant\dfrac{D(x)}{\varepsilon^2}$

$p\{|x-E(x)|<\varepsilon\}\geqslant1-\dfrac{D(x)}{\varepsilon^2}$　证毕！

同理，也可设 X 为连续型随机变量进行证明，证明略。

（2）契比雪夫定理。设独立随机变量序列：x_1，x_2，…，x_n 分别有数学期望 $E(x_1)$，$E(x_2)$，…，$E(x_n)$ 和方差 $D(x_1)$，$D(x_2)$，…，$D(x_n)$，并且有

一致的上限，即存在某一常数 k 使得 $D(x_i) \leqslant k$ $(i=1, 2, \cdots, n)$。则对于任意正数 ε $(\varepsilon>0)$，恒有：

$$\lim_{n\to\infty}\left\{\left|\frac{1}{n}\sum_{i=1}^{n}x_i-\frac{1}{n}\sum_{i=1}^{n}E(x_i)\right|<\varepsilon\right\}=1 \tag{6.23}$$

证明：$\because E\left(\frac{1}{n}\sum_{i=1}^{n}x_i\right)=\frac{1}{n}\sum_{i=1}^{n}E(x_i)$

$$D\left(\frac{1}{n}\sum_{i=1}^{n}x_i\right)=\frac{1}{n^2}\sum_{i=1}^{n}D(x_i)$$

即独立随机变量 x_1，x_2，$\cdots$，x_n 的算术平均数的数学期望等于各随机变量数学期望的算术平均数，独立随机变量的算术平均数的方差等于各随机变量方差的算术平均数的 n 分之一。

对于随机变量 $\frac{1}{n}\sum_{i=1}^{n}x_i$，应用契比雪夫不等式，便得：

$$p\left\{\left|\frac{1}{n}\sum_{i=1}^{n}x_i-\frac{1}{n}\sum_{i=1}^{n}E(x_i)\right|<\varepsilon\right\}\geqslant 1-\frac{\sum_{i=1}^{n}D(x_i)}{n^2\varepsilon^2}$$

因为各随机变量的方差有一致的上界，即 $\sum_{i=1}^{n}D(x_i)\leqslant nk$，代入上式，得：

$$p\left\{\left|\frac{1}{n}\sum_{i=1}^{n}x_i-\frac{1}{n}\sum_{i=1}^{n}E(x_i)\right|<\varepsilon\right\}\geqslant 1-\frac{k}{n\varepsilon^2}$$

显然，当 $n\to\infty$ 时，$\frac{k}{n\varepsilon^2}$ 趋于 0，且概率不能大于 1，则有：

$$\lim_{n\to\infty}p\left\{\left|\frac{1}{n}\sum_{i=1}^{n}x_i-\frac{1}{n}\sum_{i=1}^{n}E(x_i)\right|<\varepsilon\right\}=1 \quad \text{证毕！}$$

【例 6-17】从一批棉花中抽取 50 根纤维进行检验，测得平均强力为 4 克，标准差为 1.8 克。试求该批棉花纤维的平均强力落在 2.7 克到 5.3 克的概率。

解：已知：$\bar{x}=4$，$\sigma=1.8$，$\varepsilon=5.3-4=1.3$，$n=50$，代入契比雪夫不等式，则：

$$P\{|x-E(x)|<\varepsilon\}\geqslant 1-\frac{D(x)}{n\varepsilon^2}=1-\frac{1.8^2}{50\times 1.3^2}=1-0.038$$

$$=0.962$$

即该批棉花纤维的平均强度落在 2.7～5.3 克的概率大于或等于 96.2%。

（三）大数定理在抽样调查中的作用

由上述证明可知，观察次数 n 越大，样本平均数（或频率）就越稳定，越具有代表性，当观察次数很大时，样本平均数（或频率）就逐渐趋于某个常数。所以大数定理在抽样调查中有着重要作用。

（1）大数定理为抽样调查奠定了理论基础。随机变量总体的平均数往往是未知的，我们可以从这个总体中抽取少量单位作为样本，计算样本平均数，推断总体平均数。

（2）大数定理是我们通过偶然现象揭示必然性、规律性的工具。大数定理是自然现象和社会经济现象的客观法则，体现了辩证唯物主义关于偶然性是必然性表现形式的这一原理，使我们可以抽取某个随机样本来科学地推断总体的全貌，从偶然性中揭示必然性，掌握总体事物的发展规律性，用以指导我们的抽样调查工作。

二、中心极限定理

中心极限定理，是指随机变量序列的极限分布渐近于正态分布的一系列定理的总称。中心极限定理早在 18 世纪由法国数学家棣莫弗首先提出，两个世纪以来，经过法国数学家拉普拉斯（Pierre-Simon Laplace，1749—1827）、俄国数学家李亚普诺夫（Liyapunuofu，1857—1918）、苏联数学家辛钦（Xinqin，1894—1959）等人的进一步证明和发展，其内容不断丰富，成为概率论研究的中心课题。这里仅综合介绍最常用的两种。

（一）独立同分布中心极限定理

设随机变量 x_1，x_2，…相互独立，服从相同分布，并且有有限的数学期望和方差：$E(x_i)=\bar{X}$，$D(x_i)=\sigma^2>0$，则对于任意的实数 z，有：

$$\lim_{n\to\infty}P\left\{\frac{\sum_{i=1}^{n}x_i-n\bar{X}}{\sqrt{n\sigma^2}}\leqslant z\right\}=\frac{1}{\sqrt{2\pi}}\int_{-\infty}^{z}\mathrm{e}^{-\frac{z^2}{2}}\mathrm{d}z \tag{6.24}$$

推论：设 $\bar{x}=\frac{\sum_{i=1}^{n}x_i}{n}$ 则：$\lim_{n\to\infty}P\left\{\frac{\bar{x}-\bar{X}}{\sigma/\sqrt{n}}\leqslant z\right\}=\frac{1}{\sqrt{2\pi}}\int_{-\infty}^{z}\mathrm{e}^{-\frac{z^2}{2}}\mathrm{d}z$ (6.25)

即当 $n\to\infty$ 时，随机变量的数学期望 $\bar{x}$ 趋于平均值为 $\bar{X}$、方差为 σ^2/n 的正态分布。

【例 6-18】在例 6-16 中，若未知 10 000 名考生的分数情况，现从中随机抽取 100 名考生，测得平均成绩为 57 分，标准差为 8 分，试求抽样极限误差小于 2 分的概率。

解：设样本 x_1，x_2，…，x_{100} 独立同分布，由独立同分布中心极限定理，得：

$$P\{|\bar{x}-\bar{X}|\leqslant 2\}=P\left\{\left|\frac{\sum_{i=1}^{100}x_i-100\bar{X}}{\sqrt{100\sigma^2}}\right|\leqslant\frac{10\times 2}{\sigma}\right\}=2\varphi\left(\frac{10\times 2}{8}\right)$$

$$=2\varphi(2.50)=2\times 0.4938=0.9876$$

即该省统计学自学考试考生成绩的抽样极限误差小于 2 分的概率为 0.987 6。

（二）棣莫弗—拉普拉斯中心极限定理

设随机变量 x_n（$n=1$，2，…）服从二项分布 $B(n,p)$，则对于任意实数 z，有：

$$\lim_{n\to\infty}P\left\{\frac{x_n-nP}{\sqrt{nPQ}}\leqslant z\right\}=\frac{1}{\sqrt{2\pi}}\int_{-\infty}^{z}\mathrm{e}^{-\frac{z^2}{2}}\mathrm{d}z \tag{6.26}$$

推论：设 p 为 n 次独立试验中事件 A 发生的频率（或样本成数），P 为事件 A 在每次试验中发生的概率（或总体成数），则对于任意实数 z，有：

$$\lim_{n\to\infty} P\left\{\frac{p-P}{\sqrt{PQ/n}}\leqslant z\right\}=\frac{1}{\sqrt{2\pi}}\int_{-\infty}^{z} e^{-\frac{z^2}{2}}dz \tag{6.27}$$

即当 $n\to\infty$ 时，样本成数 p 趋于总体成数为 P、方差为 $\sqrt{PQ/n}$ 的正态分布。

【例 6－19】设某保险公司的老年人寿保险有 1 万人参加，每人每年交 400 元，若老人死亡，保险公司付给家属 2 万元。设老人死亡率为 0.017，试求保险公司在这次保险中亏本的概率。

解：设老人死亡数为 x，服从二项分布 $B(n, P)$，其中 $n = 10\,000$，$P = 0.017$，由题意得，保险公司当且仅当 $20\,000x > 400 \times 10\,000$ 时才亏本，即 $x > 200$，于是，根据棣莫弗—拉普拉斯中心极限定理，公司亏本的概率为：

$$\begin{aligned} P\{x>200\} &= P\left\{\frac{x_n - nP}{\sqrt{npq}} > \frac{200-np}{\sqrt{npq}}\right\} \approx 1-\varphi\left(\frac{200-np}{\sqrt{npq}}\right) \\ &= 1-\varphi\left(\frac{200-10\,000\times 0.017}{\sqrt{10\,000\times 0.017\times 0.983}}\right) \\ &= 1-\varphi(2.321) = 1-0.989\,8 \\ &= 0.010\,2 \end{aligned}$$

即该保险公司亏本的概率为 0.010 2。

（三）中心极限定理在抽样调查中的作用

（1）确定了样本推断总体的可能性。中心极限定理说明样本平均数的分布可以近似地看作以总体的平均数为其数学期望值，以 $\sigma/\sqrt{n}$ 为其均方差的正态分布。不论总体服从何种分布，当观察值足够多时，其均值就趋于正态分布。

（2）确定了样本平均数与总体平均数之差的可能范围。用样本平均数推断总体平均数，总是存在一定的误差，但通过中心极限定理可以确定抽样极限误差在确定范围内的概率保证程度。

（3）确定了样本标准差替代总体标准差的可能性。抽样误差公式中的 σ 是总体标准差，中心极限定理证明了当样本的单位数充分大时，可以用样本标准差替代总体标准差。

思考题与习题

1. 什么是概率？它有哪些分类？
2. 什么是贝叶斯定理？它有何作用？
3. 什么是正态分布？其正态曲线有何特点？
4. 什么是大数定理？它在抽样调查中有何作用？
5. 什么是中心极限定理？它在抽样调查中有何作用？
6. 某一居民区有 1 000 户人家装有电话，某天晚上恰有 200 户家中无人，而其余 800 户中，又有 240 户人家拒绝电话调查。如果随机地给这些家庭中的某一家打电话，试求出现以下几种情况的概率：（1）电话打到没人在的家庭；（2）电话打到有人在的家庭，但这家人却拒绝调查；（3）电话打到可以接受调查的家庭。

7. 已知 10 个零件中有 3 个次品，现不重复地随机抽取：（1）求两次都抽到正品的概率；（2）求第三次才抽到正品的概率；（3）如改为重复地随机抽取，求两次都抽到正品的概率。
8. 在某城市中，有 60% 的家庭订阅一份日报，有 85% 的家庭有电视机，假定这两个事件是独立的。今随机抽出一个家庭进行调查，问：（1）该家庭既订阅报纸又拥有电视机的概率是多少？（2）该家庭订阅报纸和拥有电视机，两个事件中至少有一件发生的概率是多少？（3）该家庭或订阅报纸或拥有电视机的概率是多少？
9. 已知甲、乙、丙三台机床生产同种产品，产量各占 25%、35% 和 40%，废品率分别为 5%、4% 和 2%。现从该批产品中随机抽取 1 件进行检验，发现是废品。问：这件废品是甲、乙、丙机床生产的概率分别为多少？
10. 某人花 2 元钱购买体育彩券，能中 10 000 元奖的概率是 0.01‰，能中 1 000 元奖的概率是 0.1‰，能中 100 元奖的概率是 1‰，能中 10 元奖的概率是 1%，能中 1 元奖的概率是 10%，假设各种奖不能同时抽中。试求：（1）此人收益的概率分布；（2）此人收益的期望值。
11. 在一张考卷中，有 15 道单项选择题。在每道题 4 个备选答案中，只有 1 个正确答案，一考生随机地选择答案。试求：（1）答对 5 ~ 10 道题的概率；（2）至少答对 9 道题的概率；（3）答对的期望值。
12. 已知某厂某产品 2% 有缺陷，现随机抽查 100 件。试以泊松分布求：（1）恰好 4 件产品有缺陷的概率；（2）至少 5 件产品有缺陷的概率。
13. 某车间为保证设备正常工作，要配备适量的维修工。设各台设备发生故障是相互独立的，且每台设备发生故障的概率都是 0.01。（1）若由一人负责维修 20 台，求设备发生故障而不能及时维修的概率；（2）若由三人共同负责维修 80 台设备，试求设备发生故障而不能及时维修的概率，并比较说明哪种效率高。
14. 已知一箱产品共有 60 件（其中有 5 件次品），现从中不重复抽取 5 件，试求下列事件的概率：（1）5 件中没有次品；（2）5 件中有 1 件次品；（3）5 件中有 3 件次品；（4）5 件都是次品。
15. 从一批由 45 件正品、5 件次品组成的产品中，任意抽取 3 件产品，求下列事件的概率：（1）恰有 1 件次品；（2）至少有 1 件次品；（3）最多有 2 件次品。
16. 某电冰箱厂生产某种型号的电冰箱，其压缩机的使用寿命服从均值为 10 年、标准差为 2 年的正态分布。回答如下问题：（1）求整批电冰箱压缩机的使用寿命大于 9 年的比重；（2）求整批电冰箱压缩机的使用寿命介于 9 ~ 11 年的比重；（3）该厂为了提高产品竞争力，对电冰箱压缩机在保用限期内的故障实行免费换新，预计免费换新的比重为 1%，试确定该厂电冰箱压缩机免费换新的保用年限。
17. 某保险公司多年的统计资料表明，在索赔户中，被盗索赔占 20%。以 X 表示在随机抽样调查的 100 个索赔户中，因被盗向保险公司索赔的户数：（1）写出 X 的概率分布；（2）利用中心极限定理，求被盗索赔户不少于 14 户且不多于 30 户的概率近似值。
18. 某公司有 400 人，平均工龄为 10 年，标准差为 3 年。现随机抽出 50 人组成一个简单随机样本，试问样本中工作人员的平均工龄不低于 9 年的概率有多大？

第七章　抽样与参数估计

第一节　抽样调查的概念和作用

一、抽样调查的概念

抽样调查的概念有广义和狭义之分。从广义上看，抽样调查就是非全面调查，它是指从研究的总体中按一定的原则抽取部分单位作为样本进行观察研究，以认识总体的一种统计调查方法。广义概念的抽样调查按抽样方法的不同，分为概率抽样和非概率抽样两种。所谓非概率抽样是相对于概率抽样而言的，它是指从研究的总体中有意识地抽取部分单位作为样本进行观察研究，以认识总体的统计调查方法。如典型抽样、随意抽样和定额抽样。所谓概率抽样是指从研究的总体中按随机原则抽取部分单位作为样本进行观察研究，并根据这部分单位的调查结果去推断总体，以达到认识总体的统计调查方法。概率抽样也称随机抽样，包括简单随机抽样、类型抽样、等距抽样、整群抽样和多级抽样等形式。从狭义上看，抽样调查就是随机抽样。本章主要介绍随机抽样，为简便起见，以下抽样调查均指随机抽样。

二、抽样调查的特点

（1）抽样调查是一种非全面调查。抽样调查不需要对总体中所有单位进行调查，而只需调查其中的一部分单位。

（2）抽样调查是按随机原则来抽取调查单位的。所谓随机原则就是在抽取调查单位时，完全排除人为的主观因素影响，并保证每一个总体单位都有相等的中选可能性。随机原则就概率意义而言，又称为等可能性原则。

抽样调查为什么要遵守随机原则呢？这是因为抽样调查的目的在于用样本来推断总体的数量特征。这就要求抽样的部分单位能够充分地代表总体，只有严格遵守随机原则，才能使所选的样本结构与总体结构相同，或者两者的分布相一致。另外，只有遵守随机原则，才能按概率论的原则计算抽样误差，并进行抽样推断。

（3）抽样调查是用总体中部分单位的指标数值去推断总体指标数值。抽样调查是一种非全面调查，其目的就是用总体中部分单位的数量特征去获得总体的数量特征。

(4) 抽样调查中产生的误差可以事先计算并加以控制。抽样调查是用样本来推断总体，必然会产生抽样误差，但其数值大小可以事先计算，并能控制在一定范围内，以保证抽样调查结果的准确性。

三、抽样调查的作用

抽样调查与全面调查相比，具有节省人力、物力、财力和时间等优点，使得这种调查方法在统计工作中的作用日益显著，归纳起来主要具有以下作用：

(1) 用于不可能进行全面调查的总体数量特征的推断。常见的不可能进行全面调查的总体有两种情况：一是无限总体的调查。无限总体包括的总体单位数是不可数的，因此无法对该类总体进行全面调查，只能采用抽样调查的方法来认识总体的数量特征。例如，大气污染或海洋污染情况调查。二是破坏性或消耗性试验。对某些产品质量的检验，必须进行破坏性或消耗性试验，才能了解其情况。例如，炮弹的杀伤力检验，灯泡的使用寿命检验，纱布的强度检验等。对于这些检验，只有采用抽样调查的方法，才能了解全部产品的质量。

(2) 用于某些不必要进行全面调查的总体数量特征的推断。有些现象虽然理论上可以进行全面调查，但由于调查对象范围广、单位多，需要花费较多的人力、物力和时间，因此采用抽样调查的方法能取得事半功倍的效果。例如，职工家庭收支情况调查、农产量调查等。

(3) 用于全面调查资料的评价和验证。由于全面调查的工作量大，调查登记和整理汇总资料的过程受主观和客观因素的影响，发生登记性和计算性误差的可能性较大。为了提高全面调查资料的准确性，可以用抽样调查资料来验证全面调查资料的准确性。例如，人口普查后总是要抽查一定地区和一定数量的人口进行核对和验证。

(4) 用于生产过程的质量控制。抽样调查技术不仅可以对生产的结果进行检验、核算和估计，还可以对生产的过程进行质量控制。例如，对于连续生产的产品质量控制，要求随时了解产品生产过程是否处于技术要求的正常状态，一旦发现问题，就要分析原因，及时纠正，否则，待大量生产后才发现问题，所造成的损失就难以挽回了。

第二节　抽样的基本概念

一、总体和样本

(一) 总体

总体，是指调查研究对象的全体。总体根据其总体单位能否全面计数，分为有限总体和无限总体。所谓有限总体是指总体中所包含的单位数是有限可数的，例如，调查某市工业企业生产经营情况，某市工业企业数就是有限总体。所谓无限总体是指总体中所包含的单位数是无限而不可数的，例如，某灯管厂连续不断地生产日光灯管，源源不断的日光灯管数就是无限总体。总体单位数用字母 N 表示。

（二）样本

样本，是指从总体中按随机原则抽取的那部分调查单位所构成的整体。样本单位数称为样本量（又叫样本容量），用字母 n 表示。样本是总体的一部分，因此，样本量总是有限的。

二、参数和统计量

（一）参数

参数，是指研究者想要了解的总体的某种特征值，也称总体参数或总体指标。研究者所关心的参数通常有总体均值、总体成数、总体标准差等。在抽样调查中，参数是一个未知的常数，其原因是：①由于总体是唯一确定的，因此，根据总体资料计算的参数也是唯一确定的；②由于总体数据通常是不知道的，因此，参数是一个未知的常数。例如，当我们不知道一批产品的合格率，不知道一个城市所有家庭收入的差异，不知道一地区农产品产量时，可以用抽样调查的样本统计量估计总体参数。

（二）统计量

统计量，是指描述样本特征的概括性数字度量，也称样本统计量或样本指标。即统计量是根据样本数据计算出来的一个量，它是样本的函数，如样本均值、样本成数、样本标准差等。在抽样调查中，统计量是一个可以度量的随机变量，其原因是：①由于样本是已经抽出来的一组数据，因此，统计量总是可以求得的；②由于一个总体中可以随机抽取许多样本，样本不同，统计量的数值也就不一样，因此统计量不是唯一确定的，而是一个随机变量。抽样的目的就是要根据样本统计量去估计总体参数，如用样本均值去估计总体均值，用样本成数去估计总体成数，用样本标准差去估计总体标准差等。

三、样本量和样本可能数目

（一）样本量

样本量，是指一个样本中所包含的单位数，也称样本容量，用字母 n 表示。在抽样调查中，样本量越大，抽样误差就会越小，但调查费用必增加；反之，样本量过小，虽节省调查费用，但将导致抽样误差增大，甚至失去抽样推断的价值。因此，在抽样设计中应根据抽样误差的要求和调查费用的情况慎重确定样本量。一般地，样本量大于等于 30 的样本称为大样本，小于 30 的样本称为小样本。

（二）样本可能数目

样本可能数目，是指按不同的抽样方式和方法从总体中可能抽取的样本个数，也称样本可能个数。在抽样设计中，样本可能数目的多少与抽样方式（重复与不重复抽样）、取样要求（考虑与不考虑顺序）密切相关。

四、重复抽样和不重复抽样

（一）重复抽样

重复抽样，是指从总体中随机抽选一个样本登记后，还需把它再放回，下一次仍从总体所有单位中抽取，如此进行下去，直到抽够预定的样本量 n 为止。在这种抽样方法中，每次都从 N 个单位中抽取，每个总体单位每次被抽取的机会都是 $1/N$，同一单位有多次重复中选的可能。

（二）不重复抽样

不重复抽样，是指从总体中随机抽选一个样本登记后，不再把它放回，下一次只从剩余总体单位中抽选，如此进行下去，直到抽够预定的样本量 n 为止。在这种抽样方法中，第一个单位被抽中的机会是 $1/N$，第二个单位被抽中的机会是 $1/(N-1)$，…，第 n 个单位被抽中的机会是 $1/(N-n+1)$。由于不重复抽样是一种不放回的抽样，同一单位只有一次中选的可能。

在实际抽样调查中，大多采用不重复抽样，但重复抽样在抽样公式推导中能使问题简化，同时，当总体单位数很大，而样本单位数相对比较小时，重复抽样与不重复抽样的误差也很接近，所以重复抽样具有一定的理论意义。

第三节　抽样分布

近代统计学的创始人之一，英国统计学家费舍尔（R. A. Fisher，1890—1962）曾把抽样分布、参数估计和假设检验列为统计推断的三个中心内容。抽样分布是进一步学习参数估计、假设检验以及方差分析等内容的基础，因此，掌握抽样分布的理论与方法十分重要。抽样分布的内容较多，本节重点介绍抽样分布的概念和一个总体参数的抽样分布问题。

一、抽样分布的概念

抽样分布是指样本统计量的概率分布。由于样本统计量是由 n 个随机变量构成的样本的函数，因此，抽样分布属于随机变量函数的分布。例如，在简单随机抽样时，总体有 N 个单位，从中按不考虑顺序不重复抽样方式抽取 n 个单位进行调查，可抽取 C_N^n 个样本可能数目，可得到 C_N^n 个不尽相同的样本均值，经整理，将样本均值的全部可能取值及其出现的概率依次排列，就得到样本均值的概率分布，即样本均值的抽样分布。同理可得到样本成数的抽样分布、样本方差的抽样分布等。

为了更好地掌握抽样分布的原理，首先须了解三种不同性质的分布，即总体分布、样本分布和抽样分布，掌握三者之间的区别与联系。

（一）总体分布

总体分布是指总体中各元素的观测值所形成的相对频数分布。假如可对总体中所有观测值做一次全面普查，则可通过直方图观测该总体的分布状况。但在现实中，总体的分布往往是不知道的，通常是根据经验大致了解总体的分布类型，或者假定它服从某种分布，然后，再用样本分布推断总体分布。例如，先假定某种小包装茶叶的重量服从正态分布，然后在全部小包装茶叶中按随机原则抽取部分来测定，最后用部分小包装茶叶的样本分布推断总体分布。

（二）样本分布

样本分布是指从总体中抽取一个容量为 n 的样本，由这 n 个观测值形成的相对频数分布。由于样本是从总体中抽取的，其中包含着总体的一些信息和特征，因此样本分布也称经验分布。一般地，当样本量较大或逐渐增大时，样本的分布也逐渐接近于总体的分布；但当样本量较小或受随机因素影响时，样本的分布也可能与总体的分布不一致，甚至会有较大差异。值得注意的是，样本分布是指一个样本中各观测值的分布，它与抽样分布是不同的。

（三）抽样分布

如前所述，抽样分布是指样本统计量的概率分布。从理论上说，抽样分布就是指从容量为 N 的总体中抽取容量为 n 的样本时，所有样本可能数目的统计量取值所形成的相对频数分布。由于现实中不可能将所有的样本都抽出来，因此，统计量的抽样分布实际上是一种理论分布。在通常情况下，总体的参数是根据样本统计量来推断的，如用样本均值去推断总体均值，用样本比例去推断总体比例，用样本标准差去推断总体标准差等，那么进行这种推断的理论依据就是统计量的抽样分布。可以说，抽样分布是研究样本分布与总体分布之间关系的桥梁。

二、样本均值的抽样分布

本节仅介绍一个总体参数的抽样分布问题，所谓一个总体参数的抽样分布，是指在一个总体中全部样本统计量的所有可能取值形成的相对频数分布。构造一个总体参数的抽样分布的步骤为：

（1）从一个容量为 N 的有限总体中随机抽取容量为 n 的所有可能样本；

（2）算出每个样本的统计量数值；

（3）将这些来自不同样本的不同统计量观测值加以分组排列，把对应每个观测值的相对出现的频数排成另一列，则形成样本统计量的所有可能取值的相对频数分布表；

（4）对频数分布数据进行数字特征分析。

在一个总体的参数估计中，人们所关心的参数主要是总体的均值、成数和方差等，相应地，用于推断这些参数的统计量分别是样本的均值、成数和方差等。

下面将以简单随机抽样为例，讨论样本均值、成数和方差的抽样分布。样本均值的抽样分布按抽样方式的不同可以分为重复抽样和不重复抽样两种。

（一）重复抽样情况下样本均值的抽样分布

1. *总体方差已知时，样本均值的抽样分布*

（1）样本均值的数学期望与方差。当总体方差已知时，因为总体 $X \sim N(\mu, \sigma^2)$，$(x_1, x_2, \cdots, x_n)$ 是其一个简单随机样本，则有：样本 $\bar{x} \sim N(\mu, \sigma^2/n)$，$E(\bar{x}) = \mu$，$V(\bar{x}) = \sigma^2/n$。

证：因为总体 $X \sim N(\mu, \sigma^2)$，$(x_1, x_2, \cdots, x_n)$ 是其一个简单随机样本，所以 $x_1, x_2, \cdots, x_n$ 相互独立且都服从 $X \sim N(\mu, \sigma^2)$。由概率论可知，相互独立的正态随机变量之和仍服从正态分布，正态分布的线性函数也服从正态分布，且样本均值的数学期望与方差分别为：

$$E(\bar{x}) = E\left(\frac{1}{n}\sum_{i=1}^{n}x_i\right) = \frac{1}{n}\sum_{i=1}^{n}E(x_i) = \frac{1}{n}n\mu = \mu \tag{7.1}$$

$$V(\bar{x}) = V\left(\frac{1}{n}\sum_{i=1}^{n}x_i\right) = \frac{1}{n^2}\sum_{i=1}^{n}V(x_i) = \frac{1}{n^2}n\sigma = \frac{\sigma^2}{n} \tag{7.2}$$

式中，在重复抽样条件下，样本变量 $x_1, x_2, \cdots, x_n$ 相互独立，总体方差交叉项等于0。所以，样本 $\bar{x} \sim N(\mu, \sigma^2/n)$。

由（7.2）可知，样本均值的抽样平均误差为：

$$\sigma_{\bar{x}} = \sqrt{V(\bar{x})} = \sqrt{\frac{\sigma^2}{n}} \tag{7.3}$$

为了更好地理解抽样分布的概念，下面举例说明样本均值抽样分布的形成过程。

【例7-1】设某班组有5个工人，他们的单位工时工资分别为6、8、10、12、14元，现用简单随机重复抽样方式从5个工人中抽出2人，试列出样本均值的抽样分布，分析样本均值的数值特征；并回答样本均值小于8的频数，样本均值大于12的频数，样本均值在8~12之间的频数各为多少？

解：①由于是重复抽样，共有 $N^n = 5^2 = 25$ 个样本，这些样本如表7-1所示。

②计算每一个样本的均值 $\bar{x}$，参见表7-2括号内数值。

③将各种不同的 $\bar{x}$ 和频数分布编成表7-2，绘制成图7-1，就构成了该总体的抽样分布。

④根据表7-2中的数据计算抽样分布的样本均值的数学期望：

$$E(\bar{x}) = \frac{\sum_{i=1}^{N^n}\bar{x}_i}{N^n} = \frac{250}{25} = 10\text{（元）}$$

样本均值的方差：$\sigma_{\bar{x}}^2 = \dfrac{\sum_{i=1}^{N^n}[\bar{x}_i - E(\bar{x})]^2}{N^n} = \dfrac{100}{25} = 4$

表 7-1 考虑顺序的重复抽样样本分布表

第一次抽取	第二次抽取				
	6	8	10	12	14
6	6，6（6）	6，8（7）	6，10（8）	6，12（9）	6，14（10）
8	8，6（7）	8，8（8）	8，10（9）	8，12（10）	8，14（11）
10	10，6（8）	10，8（9）	10，10（10）	10，12（11）	10，14（12）
12	12，6（9）	12，8（10）	12，10（11）	12，12（12）	12，14（13）
14	14，6（10）	14，8（11）	14，10（12）	14，12（13）	14，14（14）

表 7-2 考虑顺序的重复抽样样本分布及计算表

$\bar{x}_i$	频数 n_i	相对频数（%）	$\bar{x}_i n_i$	$[\bar{x}_i - E(\bar{x})]^2 n_i$
6	1	4.0	6	16
7	2	8.0	14	18
8	3	12.0	24	12
9	4	16.0	36	4
10	5	20.0	50	0
11	6	16.0	44	4
12	7	12.0	36	12
13	8	8.0	26	18
14	9	4.0	14	16
合　计	25	100.0	250	100

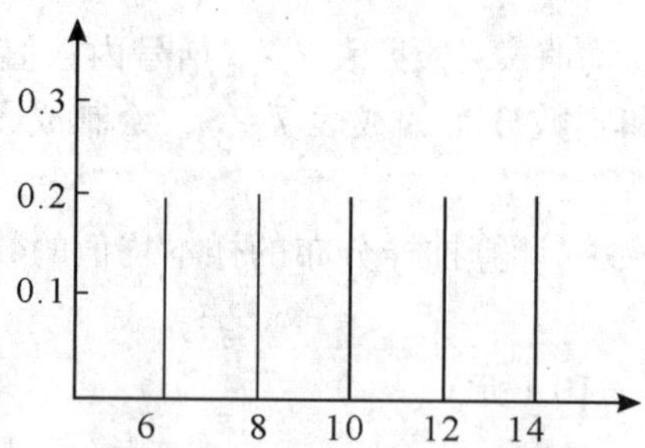

图 7-1 总体 X 的分布图

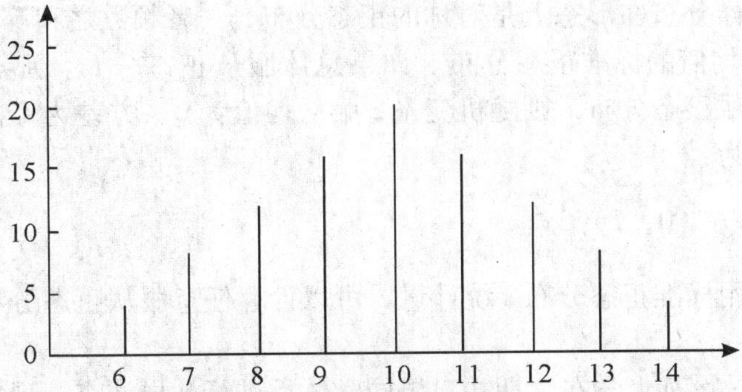

图 7－2 样本 $\bar{x}$ 的抽样分布图

表 7－3 总体 X 的分布及计算表

总体序号	X_i	$(X_i-\mu)^2$
1	6	16
2	8	4
3	10	0
4	12	4
5	14	16
合 计	50	40

⑤根据表 7－3 中的数据计算总体分布的

总体均值 $E(X)=\frac{\sum_{i=1}^{N}X_i}{N}=\frac{50}{5}=10$（元）

总体方差 $\sigma^2=\frac{\sum_{i=1}^{N}(X_i-\mu)^2}{N}=\frac{40}{5}=8$

样本均值的方差 $\sigma_{\bar{x}}^2=\frac{\sigma^2}{n}=\frac{8}{2}=4$

从以上总体分布和样本均值抽样分布的计算可以看出某班组工人单位工时工资：(i) 总体分布的均值为 10 元（是一个常数），虽然每个样本均值（是一个随机变量）与总体均值有差异，但样本均值的数学期望等于总体均值；(ii) 总体分布的方差为 8（是一个常数），抽样分布的方差等于总体方差的 $1/n$；(iii) 总体的分布为均匀分布，但样本均值的抽样分布在形态上却是对称的正态分布。

⑥从表 7－2 中可以看出：样本均值小于 8 的频数＝4.0%＋8.0%＝12.0%；样本均值大于 12 的频数＝8.0%＋4.0%＝12.0%；样本均值在 8～12 之间的频数＝12.0%＋16.0%＋20.0%＋16.0%＋12.0%＝76.0%。由此，进一步证明了

样本均值的抽样分布在形态上是对称的正态分布，三者频数之和等于100.0%。

（2）样本均值的标准正态分布。如果总体服从正态分布，那么样本均值的抽样分布也服从正态分布，则随机变量 z 服从均值为0、方差为1的标准正态分布。其统计量为：

$$z=\frac{\bar{x}-\mu}{\sigma/\sqrt{n}} \sim N(0,1)$$

由此，使用标准正态分布 z 统计量，可以计算任意服从正态分布随机变量的概率。

【例7-2】设某大学在学期初对男同学体重进行抽样调查，现从全校男同学中随机抽取100名。已知总体服从均值为65千克、标准差为20千克的正态分布。问所抽男大学生的平均体重大于70千克的概率为多少？在60~70千克之间的概率为多少？

解：①已知：$\mu=65$ 千克，$\sigma=20$ 千克，$n=100$ 名，$z=\frac{\bar{x}-\mu}{\sigma/\sqrt{n}}=\frac{70-65}{20/\sqrt{100}}=2.5$。

则：$P(\bar{x}>70)=P(z>2.5)=0.62\%$

查正态分布表，(1-0.987 6)/2=0.006 2，即该批男同学平均体重大于70千克的概率为0.62%。

②$P(60\leqslant\bar{x}\leqslant70)=P(-2.5\leqslant z\leqslant2.5)=98.76\%$。

查正态分布表，对应于统计量等于2.50的概率为0.987 6，即该批男同学平均体重在60~70千克之间的概率为98.76%。

2. 总体方差未知时，样本均值的抽样分布

当总体方差 σ^2 未知时，可以证明，样本方差 S^2 是总体方差 σ^2 的无偏估计量，因此，可用样本方差代替总体方差。

根据抽样分布理论，如果总体方差未知，在小样本的情况下，样本均值经过标准化后的随机变量服从自由度为 $(n-1)$ 的 t 分布。则有：样本 $E(\bar{x})=\mu$，$V(\bar{x})=S^2/n$，统计量：

$$t=\frac{\bar{x}-\mu}{S/\sqrt{n}} \sim t(n-1) \tag{7.4}$$

t 分布具有以下几个性质：

（1）若 $\frac{\bar{x}-\mu}{\sigma/\sqrt{n}} \sim N(0,1)$，$\frac{(n-1)S^2}{\sigma^2} \sim x^2(n-1)$，$\frac{\bar{x}-\mu}{\sigma/\sqrt{n}}$ 与 $\frac{(n-1)S^2}{\sigma^2}$ 相互独立，则 $t=\frac{\bar{x}-\mu}{S/\sqrt{n}}$ 服从自由度为 $(n-1)$ 的 t 分布。

（2）t 分布类似正态分布为一对分布，一般情况下，t 分布较正态分布平坦和分散，当自由度增大时，t 分布也趋向正态分布。

（3）t 分布的一些特征：$E(t)=0$，$V(t)=\frac{n}{n-2}$ $(n>2)$。t 分布广泛应

用于正态总体方差未知时小样本的估计和检验。

（二）不重复抽样情况下样本均值的抽样分布

当采用不重复抽样时，样本均值的数学期望仍等于总体均值，即 $E(\bar{x}=\mu)$；样本均值方差、抽样均值的抽样平均误差分别为：

$$\sigma_{\bar{x}i}^2 = V(\bar{x}) = \frac{\sigma^2}{n}\left(\frac{N-n}{N-1}\right) \tag{7.5}$$

$$\sigma_{\bar{x}} = \sqrt{V(\bar{x})} = \sqrt{\frac{\sigma^2}{n}\left(\frac{N-n}{N-1}\right)} \tag{7.6}$$

证明：在不重复抽样条件下，样本变量 x_1，x_2，…，x_n 不相互独立，该交叉项不等于0，从定义公式求证，则有：

$$\begin{aligned}
V(\bar{x}) &= E[\bar{x}-E(\bar{x})]^2 = \frac{1}{n^2}E[\sum_{i=1}^{n}(x_i-\mu)]^2 \\
&= \frac{1}{n^2}E[\sum_{i=1}^{n}(x_i-\mu)^2 + \sum_{i\neq j}(x_i-\mu)(x_j-\mu)] \\
&= \frac{1}{n^2}[\sum_{i=1}^{n}E(x_i-\mu)^2 + \sum_{i\neq j}E(x_i-\mu)(x_j-\mu)] \\
&= \frac{1}{n^2}\left[n\sigma^2 + \sum_{i\neq j}\frac{\sum_{K\neq L}(x_K-\mu)(x_L-\mu)}{N(N-1)}\right] \\
&= \frac{1}{n^2}\left[n\sigma^2 + \sum_{i\neq j}\frac{(\sum_{i=1}^{N}(x_i-\mu))^2 - \sum_{i=1}^{N}(x_i-\mu)^2}{N(N-1)}\right] \\
&= \frac{1}{n^2}\left[n\sigma^2 + \sum_{i\neq j}\frac{-\sum_{i=1}^{N}(x_i-\mu)^2}{N(N-1)}\right] \\
&= \frac{1}{n^2}\left[n\sigma^2 + \sum_{i\neq j}\frac{-N\sigma^2}{N(N-1)}\right] \\
&= \frac{1}{n^2}\left[n\sigma^2 - \frac{n(n-1)\sigma^2}{N-1}\right] \\
&= \frac{\sigma^2}{n}\left[\frac{N-n}{N-1}\right]
\end{aligned}$$

所以，$\sigma_{\bar{x}} = \sqrt{V(\bar{x})} = \sqrt{\frac{\sigma^2}{n}\left(\frac{N-n}{N-1}\right)}$

当 N 很大时，$N-1\approx N$，即有：

$$\sigma_{\bar{x}} = \sqrt{\frac{\sigma^2}{n}\left(1-\frac{n}{N}\right)} \tag{7.7}$$

将重复抽样和不重复抽样的计算公式相比较，两者相差一个 $\sqrt{\left(1-\frac{n}{N}\right)}$，该数值是一个大于零而小于 l 的正数，所以，在同等条件下，不重复抽样的抽样平均误差总是小于重复抽样的抽样平均误差。

【例7-3】仍以例7-1为例，设某班组有5个工人，他们的单位工时工资分别为6、8、10、12、14元，现用简单随机不重复抽样方式从5个工人中抽出2人，试列出样本均值的分布，并分析样本平均数的数值特征。

解：由于是不重复抽样，共有 $C_N^n = C_5^2 = 10$ 个样本（解略）。

请读者列出这10个样本，编制样本均值的抽样分布；并证明样本均值的数学期望等于总体均值，样本均值的方差等于总体方差的 $1/n$，再乘上一个修正系数（$N-n$）/（$N-1$），即：

$\sigma_{\bar{x}}^2 = \frac{\sigma^2}{n}\left(\frac{N-n}{N-1}\right) = \frac{8}{2} \times \frac{5-2}{5-1} = 3$。

【例7-4】在例7-2中，设该校共有5 000名男大学生，现以不重复抽样方法，随机抽取100名男同学。总体服从均值为65千克，标准差为20千克正态分布的条件不变。问所抽男大学生的平均体重在60~70千克之间的概率为多少?

解：已知：$\mu = 65$ 千克，$\sigma = 20$ 千克，$N = 5\,000$ 名，$n = 100$ 名，

$\sigma_{\bar{x}} = \sqrt{\frac{\sigma^2}{n}\left(\frac{N-n}{N-1}\right)} = \sqrt{\frac{20^2}{100} \times \frac{5\,000-100}{5\,000-1}} = 1.98$，$z = \frac{\bar{x}-\mu}{\sigma_{\bar{x}}} = \frac{70-65}{1.98} = 2.53$

则：$P(60 \leqslant \bar{x} \leqslant 70) = P(-2.53 \leqslant z \leqslant 2.53) = 98.86\%$

即该批男同学平均体重在60~70千克之间的概率为98.86%。

三、样本成数的抽样分布

成数，是指总体（或样本）中具有某种属性的单位占全部单位的比重。如某产品的合格率、市场占有率等。同理，样本成数的抽样分布按抽样方式的不同，也可以分为重复抽样和不重复抽样情况下的样本成数的抽样分布。

（一）重复抽样情况下样本成数的抽样分布

当从总体中抽出一个容量为 n 的样本时，样本中具有某种属性的单位数 x 服从二项分布，即 $x \sim B(n, p)$，且有：$E(X) = np$，$V(X) = np(1-p)$，因而样本成数 $p = X/n$ 也服从二项分布，且有：$E(p) = E\left(\frac{X}{n}\right) = \frac{1}{n}E(X) = P$，$V(p) = V\left(\frac{X}{n}\right) = \frac{1}{n^2}V(X) = \frac{1}{n}p(1-p)$。根据中心极限定理，当 $n \to \infty$ 时，二项分布趋于正态分布。在大样本的情况下，若 np 和 $n(1-p)$ 均大于5，样本成数近似服从正态分布：$P \sim N\left[p, \frac{p(1-p)}{n}\right]$，则样本成数的数学期望和抽样平均误差分别为：

$$E(p) = P \tag{7.8}$$

$$\sigma_p = \sqrt{V(p)} = \sqrt{\frac{p(1-p)}{n}} \tag{7.9}$$

【例7-5】某地区对上半年栽种的一批树苗进行了调查，假定已知树的成活率为85%，如果检查一个400株树苗组成的随机样本，其中存活率在80%~

90%之间的概率为多少?

解：已知：$P = 85\%$，$n = 400$，$\sigma_p = \sqrt{\frac{p\ (1-p)}{n}} = \sqrt{\frac{0.85\ (1-0.85)}{400}} = 0.0179$

则：$P\ (0.80 < \hat{P} < 0.90)\ = P\ (\frac{0.80-p}{\sigma_P} < Z < \frac{0.90-p}{\sigma_P})\ = P\ (-2.79 < Z < 2.79)\ = 99.48\%$

即该批树苗存活率在80% ~90%之间的概率为99.48%。

（二）不重复抽样情况下样本成数的抽样分布

同理，可以证明在不重复抽样的情况下，且有：$E\ (p)\ = P$，$V\ (p)\ = \frac{p\ (1-p)}{n}\left(\frac{N-n}{N-1}\right)$，则样本成数的抽样平均误差为：

$$\sigma_p = \sqrt{V\ (p)} = \sqrt{\frac{p\ (1-p)}{n}\left(\frac{N-n}{N-1}\right)} \tag{7.10}$$

【例7-6】在例7-5中，设该地区上半年栽种的一批树苗为10万株，假定已知树的成活率为85%，如果检查一个400株树苗组成的随机样本，其中存活率在80% ~90%之间的概率为多少?

解略，请读者自行解答。

四、样本方差的抽样分布

样本方差的抽样分布，是指在按一定的抽样方式选取容量为 n 的样本时，由样本方差的所有可能取值形成的相对频数分布。样本方差的抽样分布是样本方差推断总体方差的理论基础。

（一）样本方差是总体方差的无偏估计量

即：

$$E\ (S_{n-1}^2)\ = \sigma^2 \tag{7.11}$$

证明：

$$\begin{aligned} E\ (S_{n-1}^2)\ &= E\left[\frac{1}{n-1}\sum_{i=1}^{n}\ (x_i-\bar{x})^2\right] \\ &= \frac{1}{n-1}E[\sum_{i=1}^{n}\ [\ (x_i-\mu)\ -\ (\bar{x}-\mu)]^2] \\ &= \frac{1}{n-1}E[\sum_{i=1}^{n}\ (x_i-\mu)^2 - n\ (\bar{x}-\mu)^2] \\ &= \frac{1}{n-1}[\sum_{i=1}^{n}E\ (x_i-\mu)^2 - nE\ (\bar{x}-\mu)^2] \\ &= \frac{1}{n-1}\left[n\sigma^2 - n\frac{\sigma^2}{n}\right] = \sigma^2 \end{aligned}$$

这里 $n-1$ 为样本方差的自由度。所谓自由度是指一组数据中可以自由取值的个数。当样本数据的个数为 n 时，若样本均值确定后，只有 $n-1$ 个数据可以自由取值，其中必有一个数据不能自由取值。

其中，样本标准差的定义为 $S_{n-1}=\sqrt{\frac{\sum_{i=1}^{n}(x-\bar{x})^2}{n-1}}$，当样本为大样本时，因 $n-1\approx n$，常用近似值 $S_n=\sqrt{\frac{\sum_{i=1}^{n}(x-\bar{x})^2}{n}}$ 来替代。

（二）χ^2 分布（卡方分布）

设 x_1，x_2，…，x_n 是来自正态总体 $N(\mu,\sigma^2)$ 的一个简单随机样本，则比值 $\frac{(n-1)S^2}{\sigma^2}$ 的抽样分布服从自由度为 $(n-1)$ 的 χ^2 分布，即：

$$\chi^2=\frac{(n-1)S^2}{\sigma^2}\sim\chi^2(n-1) \tag{7.12}$$

χ^2 分布最初由 Abbe 于 1863 年提出，后来由 Hermert 和 K. Pearson 分别于 1875 年和 1900 年推导出来。

设 $X\sim N(\mu,\sigma^2)$，则 $Z=\frac{X-\mu}{\sigma}\sim N(0,1)$

令 $Y=Z^2$，则 Y 服从自由度为 1 的 χ^2，即 $Y\sim\chi^2(1)$。

进一步推导，若从中抽取容量为 n 的样本，则

$$\frac{\sum_{i=1}^{n}(x_i-\bar{x})^2}{\sigma^2}\sim\chi^2(n-1)$$

即：$\chi^2\frac{(n-1)S^2}{\sigma^2}\sim\chi^2(n-1)$

χ^2 分布具有如下性质和特点：

（1）χ^2 分布的变量值始终为正。

（2）χ^2 分布的形状取决于其自由度 n 的大小，通常为不对称的正偏分布，但随着自由度的增大逐渐趋于对称。

（3）χ^2 分布的数学期望为：$E(\chi^2)=n$，方差为：$V(\chi^2)=2n$，当 $n\to\infty$ 时，χ^2 分布趋于正态分布，即 $\chi^2(n)\sim N(n,2n)$。

（4）χ^2 分布具有可加性。若 U 和 V 为两个独立的 χ^2 分布随机变量，$U\sim\chi^2(n_1)$，$V\sim\chi^2(n_2)$，则 $U+V$ 这一随机变量服从自由度为 n_1+n_2 的 χ^2 分布，即 $(U+V)\sim\chi^2(n_1+n_2)$。

χ^2 分布通常用于总体方差的估计和非参数检验等。

【例 7-7】某城市发现城镇居民的月人均可支配收入服从标准差为 900 元的正态分布。现随机抽取 25 位城镇居民作为样本。求：（1）样本方差小于 64 万元的概率为多少？（2）样本方差大于 120 万元的概率为多少？

解：（1）已知：$\sigma=900^2=810\ 000$，$n=25$

卡方分布统计量 $\chi^2(v)=\frac{(n-1)S^2}{\sigma^2}=\frac{(25-1)\times 64}{81}=18.96$

则：$P(s^2<64)=P[18.96<\chi^2_{1-\alpha}(v)]=1-\alpha=1-0.75=0.25$

查卡方分布表，18.96 在自由度 $v=n-1=24$ 时，位于 18.062 和 19.943 之间，α 在 0.70 和 0.80 之间，取中间值，$\alpha=0.75$，即该批城镇居民月人均可支配收入小于 64 万元的概率为 25%。

（2）已知：卡方分布统计量 $\chi^2(v)=\frac{(n-1)S^2}{\sigma^2}=\frac{(25-1)\times 120}{81}=35.56$

则：$P(s^2>120)=P[35.56>\chi^2_{\alpha}(v)]=\alpha=0.06$

查卡方分布表，35.56 在自由度 $v=n-1=24$ 时，位于 33.196 和 36.415 之间，偏向 36.415，用比例法求出偏移系数为 $(36.415-35.56)/(36.415-33.196)=0.2656$，因此，$\alpha=0.05+(0.10-0.05)\times 0.2656\approx 0.06$。即该批城镇居民月人均可支配收入大于 120 万元的概率为 6%。

第四节　参数估计

参数估计是指用样本统计量估计总体参数的方法。参数估计是统计推断的重要内容之一，它是在抽样及抽样分布的基础上，根据样本统计量来推断所关心的总体参数，如用样本均值估计总体均值、用样本成数估计总体成数、用样本方差估计总体方差等。参数估计的内容较多，本节重点介绍一个总体参数的估计问题。

一、参数估计的一般问题

（一）估计量与估计值

（1）估计量。估计量是指用来估计总体参数的统计量的名称。如样本均值、样本成数和样本方差等。

（2）估计值。估计值是指用来估计总体参数时计算出来的估计量的具体数值。如要估计某城市 300 万名职工的月平均工资，从中随机抽取 300 名职工进行调查，根据样本计算出月平均工资为 3 000 元，该城市职工总体平均工资不知道，用样本均值 3 000 元估计总体均值，这个 3 000 元就是估计值。

（二）点估计与区间估计

（1）点估计。点估计是指用样本统计量的某个取值直接估计总体的估计值。点估计具有方法简单、结果直接明了的优点；但点估计值无法给出估计的置信度（或可靠性），且样本是随机的，抽出一个具体样本得到的点估计值很可能不同于总体真值。

（2）区间估计。区间估计是指用样本统计量给出总体参数估计的区间范围。区间估计是在点估计的基础上，给出了总体参数估计的置信度，弥补了点估计的不足，但也带来了精确度的矛盾。

①置信度，是指总体参数落在某一区间内的概率保证程度，也称置信水平或可靠性，常用概率函数表示。

②置信区间，是指在一定的概率保证程度下，某总体参数所在的区间范围。置信区间与置信度密切相关，均可用概率函数表示。设 θ 为总体参数，（θ_L，θ_U）为由样本确定的两个统计量，对于给定的 α（$0<\alpha<1$），有：P（$\theta_L \leqslant \theta \leqslant \theta_U$）$=1-\alpha$。则称（$\theta_L$，$\theta_U$）为参数 θ 的置信度为 $1-\alpha$ 的置信区间；该区间的两个端点（θ_L，θ_U）分别称为置信下限和置信上限，通称置信限；α 为显著性水平；$1-\alpha$ 为置信度。

以样本均值为例，将置信度、置信区间、概率度和抽样平均误差联系起来，可用正态分布曲线图来表示，如图 7－3 所示：

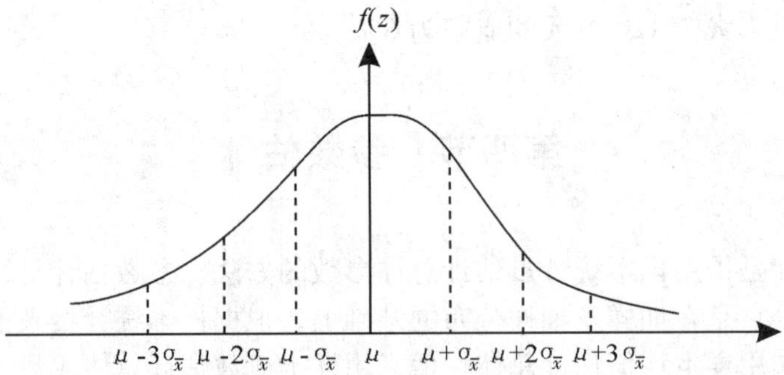

图 7－3　正态分布曲线图

上图表示：正态分布曲线所围成的概率面积（置信度），以总体平均数 μ 为中心，抽样极限误差 $\Delta_{\bar{x}}=Z_{\alpha/2}\sigma_{\bar{x}}$ 为尺度，在 $\pm\sigma_{\bar{x}}$ 范围内的曲线面积为 68.27%；$\pm2\sigma_{\bar{x}}$ 范围内的曲线面积为 95.45%；$\pm3\sigma_{\bar{x}}$ 范围内的曲线面积为 99.73%。随着概率度（或称临界值）$Z_{\alpha/2}$ 值不断增大，概率面积也随之增大，并逐渐趋于 1。

表 7－4　常用的置信度和概率度值 $Z_{\alpha/2}$

置信度（$1-\alpha$）%	显著性水平 α	显著性水平 $\alpha/2$	概率度 $Z_{\alpha/2}$
68.27	0.317 3	0.158 7	1.000
90.00	0.100 0	0.050 0	1.645
95.00	0.050 0	0.025 0	1.960
95.45	0.045 5	0.022 7	2.000
99.00	0.010 0	0.005 0	2.580
99.73	0.002 7	0.001 4	3.000

（三）估计量的优良标准

抽样调查的目的是用样本统计量来推断总体参数，对于同一个样本，用不同的方法来推断，可能得到不同的估计量，究竟哪一个更好呢？这就涉及估计量的优良标准问题。衡量估计量优劣的标准通常有：

1. 无偏性

无偏性是指估计量抽样分布的数学期望等于被估计的总体参数。设 $\hat{\theta}=\hat{\theta}(x_1, x_2, \cdots, x_n)$是未知参数 θ 的估计量，若 $E(\hat{\theta})=\theta$，则称 $\hat{\theta}$ 是 θ 的无偏估计量。由抽样分布证明：$E(\bar{x})=\mu$，$E(p)=P$ 和 $E(S_{n-1}^2)=\sigma^2$（证明略，请参见抽样分布）。因此，样本 $\bar{x}$、p 和 S_{n-1}^2 分别是总体 μ、P 和 σ^2 的无偏估计量。

2. 有效性

有效性是指用样本统计量估计总体参数时，要求样本方差为最小的属性。设 $\hat{\theta}_1$ 和 $\hat{\theta}_2$ 都是 θ 的无偏估计量，若 $V(\hat{\theta}_1)<V(\hat{\theta}_2)$，则称 $\hat{\theta}_1$ 比 $\hat{\theta}_2$ 有效。对于估计总体均值来说，当 $n>1$ 时，用样本均值 $\bar{x}$ 比单个 X 的估计量有效。事实上，当 $E(\bar{x})=E(X)=\mu$ 时，样本均值的方差总是小于总体方差，即 $V(\bar{x})=\frac{\sigma^2}{n}<\sigma^2=V(X)$。从式中看到，当 n 越大时，$V(\bar{x})$ 越小，说明当 n 较大时，用样本均值去估计总体均值的效果就越好。

3. 一致性

一致性是指用样本统计量估计总体参数时，要求当样本量逐渐增大时，样本统计量逐渐趋于总体参数的属性。设 $\hat{\theta}$ 是 θ 的估计量，若 $\hat{\theta}$ 依概率收敛于 θ，即 $\lim\limits_{n\to\infty}p\{|\hat{\theta}-\theta|<\varepsilon\}=1$，则称 $\hat{\theta}$ 是 θ 的一致估计量。

由大数定理可知，样本均值 $\bar{x}$ 是总体均值 μ 的一致估计量。因任给 $\varepsilon>0$，有：$\lim\limits_{n\to\infty}p\{|\bar{x}-\mu|<\varepsilon\}=1$。因此，当 n 较大时，可用样本均值来估计总体均值。

二、总体均值的区间估计

（一）正态总体、方差已知，或非正态总体、大样本

根据抽样分布理论，当总体服从正态分布且方差已知，或总体不是正态分布而是大样本时，样本均值的抽样分布均为正态分布，其数学期望为总体均值 μ，方差为 σ^2/n，样本均值经过标准化后的随机变量服从标准正态分布。即

$$Z=\frac{\bar{x}-\mu}{\sigma^2/\sqrt{n}}\sim N(0, 1) \tag{7.13}$$

根据标准正态分布和正态分布的性质，可得出总体均值 μ 在$1-\alpha$置信水平下（当 N 未知，或重复抽样）的置信区间如下。如果总体服从正态分布但 σ^2 未知，或总体并不服从正态分布但在大样本条件下，总体方差 σ^2 可用样本方差 S^2 代替。

$$\bar{x}\pm Z_{\alpha/2}\sqrt{\frac{\sigma^2}{n}},\ \bar{x}\pm Z_{\alpha/2}\sqrt{\frac{S^2}{n}} \tag{7.14}$$

当N已知，不重复抽样的置信区间为：

$$\bar{x} \pm Z_{\alpha/2}\sqrt{\frac{\sigma^2}{n}\left(\frac{N-n}{N-1}\right)},\ \bar{x} \pm Z_{\alpha/2}\sqrt{\frac{S^2}{n}\left(\frac{N-n}{N-1}\right)} \tag{7.15}$$

【例7－8】某市食品加工厂从长期实践中得知，其加工的500克的某袋装食品重量X是一个随机变量，服从方差为5的正态分布。为对加工的袋装食品质量进行监测，该厂质检部门经常要进行抽检，以分析每袋食品重量是否符合要求。现从某天加工的一批袋装食品中随机抽取28袋，测得其重量如表7－5所示。

表7－5　28袋食品的重量　　单位：克

502	500	499	501	503	496	497
495	501	502	505	502	499	502
503	501	500	500	501	500	502
501	500	496	499	497	502	500

试以95%的置信水平估计该天袋装食品平均重量的置信区间。

解：已知$\sigma^2=5$，$n=28$，置信水平$1-\alpha=95\%$，查正态分布表得$Z_{0.05/2}=1.96$。

样本均值：$\bar{x}=\frac{\sum_{i=1}^{n}x_i}{n}=\frac{14\,006}{28}=500.21$（克）

置信区间：$\bar{x} \pm Z_{\alpha/2}\sqrt{\frac{\sigma^2}{n}}=500.21 \pm 1.96 \times \sqrt{\frac{5}{28}}=500.21 \pm 0.83$

即该天袋装食品平均重量的置信区间为：500.21 ± 0.83，即在499.38～501.04克之间。

（二）正态总体、方差未知、小样本

根据抽样分布理论，如果总体方差未知，在小样本的情况下，样本均值经过标准化后的随机变量服从自由度为$(n-1)$的t分布。即

$$t=\frac{\bar{x}-\mu}{S/\sqrt{n}} \sim t\ (n-1) \tag{7.16}$$

根据t分布建立的总体均值μ在$1-\alpha$置信水平下重复和不重复抽样的置信区间分别为：

$$\bar{x} \pm t_{\alpha/2}\sqrt{\frac{S^2}{n}},\ \bar{x} \pm t_{\alpha/2}\sqrt{\frac{S^2}{n}\left(\frac{N-n}{N-1}\right)} \tag{7.17}$$

【例7－9】如果在例7－8中，不知总体方差，试以95%的置信水平估计该天袋装食品平均重量的置信区间。

解：因为方差未知，$n=28$，置信水平$1-\alpha=95\%$，所以样本服从t分布，查t分布表得$t_{\alpha/2}(n-1)=t_{0.025}(28-1)=2.052$。

样本均值：$\bar{x}=\frac{\sum_{i=1}^{n}x_i}{n}=\frac{14\,006}{28}=500.21$（克）

$$S^2=\frac{\sum_{i=1}^{n}(x_i-\bar{x})^2}{n-1}=\frac{148.714\,3}{28-1}=5.507\,9$$

置信区间：$\bar{x}\pm t_{\alpha/2}\sqrt{\frac{S^2}{n}}=500.21\pm2.052\times\sqrt{\frac{5.507\,9}{28}}=500.21\pm0.91$

即该天袋装食品平均重量的置信区间为：500.21 ± 0.91，即在 499.30 ~ 501.12 克之间。

在不同的情况下，总体均值的区间估计参见表 7－6：

表 7－6　不同情况下总体均值的区间估计

总体分布	样本量	方差已知	方差未知
正态分布	大样本（$n\geqslant30$）	$\bar{x}\pm Z_{\alpha/2}\sqrt{\frac{\sigma^2}{n}}$	$\bar{x}\pm Z_{\alpha/2}\sqrt{\frac{S^2}{n}}$
	小样本（$n<30$）	$\bar{x}\pm Z_{\alpha/2}\sqrt{\frac{\sigma^2}{n}}$	$\bar{x}\pm t_{\alpha/2}\sqrt{\frac{S^2}{n}}$
非正态分布	大样本（$n\geqslant30$）	$\bar{x}\pm Z_{\alpha/2}\sqrt{\frac{\sigma^2}{n}}$	$\bar{x}\pm Z_{\alpha/2}\sqrt{\frac{S^2}{n}}$

三、总体成数的区间估计

根据抽样分布理论，在大样本的情况下，当样本容量足够大时，样本成数 p 的抽样分布可以用正态分布近似，样本成数 p 的数学期望等于总体成数 P，即 $E(p)=P$；样本成数的方差等于总体方差的 $1/n$，即 $\sigma_p^2=\frac{P(1-P)}{n}$。样本成数经标准化后的随机变量服从标准正态分布，即：

$$Z=\frac{p-P}{\sqrt{p(1-p)/n}}\sim N(0,1) \tag{7.18}$$

与总体均值的区间估计同理，总体成数 P 在 $1-\alpha$ 置信水平下重复和不重复的置信区间如下。如果总体方差未知，可用样本方差代替。

$$p\pm Z_{\alpha/2}\sqrt{\frac{p(1-p)}{n}},\ p\pm Z_{\alpha/2}\sqrt{\frac{p(1-p)}{n}}\left(\frac{N-n}{N-1}\right) \tag{7.19}$$

【例 7－10】某电视台要了解某市某次电视节目的收视率，随机抽取 300 户居民作为样本。调查结果，其中有 120 户居民收视该电视节目，试以 95.45% 的置信水平推断该电视节目收视率的置信区间。

解：已知 $n=300$，置信水平 $1-\alpha=95.45\%$，查正态分布表得 $Z_{0.045\,5/2}=2$。

收视率：$p=\frac{120}{300}=40\%$

置信区间：$p \pm Z_{\alpha/2}\sqrt{\frac{p(1-p)}{n}} = 0.40 \pm 2 \times \sqrt{\frac{0.40(1-0.40)}{300}} = 0.40 \pm 0.0554$

该台电视节目在该市收视率的置信区间为：0.40 ± 0.055 4，即在 34.46% ~ 45.54% 之间。

【例 7 – 11】某企业共有职工 1 200 人，企业准备推行一项改革，在职工中征求意见，采取不重复抽样方法随机抽取 240 人调查，调查结果显示，有 180 人表示赞成该项改革，60 人表示反对。试以 95.45% 的置信水平推断该企业赞成改革人数比例的置信区间。

解：已知 $N = 1\,200$，$n = 240$，置信水平 $1-\alpha = 95.45\%$，查正态分布表得 $Z_{0.0455/2} = 2$。

赞成率：$p = \frac{180}{240} = 75\%$

置信区间：$p \pm Z_{\alpha/2}\sqrt{\frac{p(1-p)}{n}\left(\frac{N-n}{N-1}\right)} = 0.75 \pm 2 \times \sqrt{\frac{0.75(1-0.75)}{240}\left(\frac{1\,200-240}{1\,200-1}\right)} = 0.75 \pm 0.0500$

该企业赞成改革人数比例的置信区间为：0.75 ± 0.050 0，即在 70% ~ 80% 之间。

在总体成数的区间估计中，如果在正态总体、方差未知、小样本的情况下，也与总体均值的区间估计同理，那么样本成数经过标准化后的随机变量服从自由度为 $n-1$ 的 t 分布。即

$$t = \frac{p-P}{\sqrt{p(1-p)/n}} \sim t(n-1) \tag{7.20}$$

根据 t 分布建立的总体成数 P 在 $1-\alpha$ 置信水平下重复和不重复的置信区间分别为：

$$p \pm t_{(\alpha/2)}\sqrt{\frac{p(1-p)}{n}},\ p \pm t_{(\alpha/2)}\sqrt{\frac{p(1-p)}{n}\left(\frac{N-n}{N-1}\right)} \tag{7.21}$$

四、总体方差的区间估计

以上讨论了总体均值和成数的区间估计问题，在现实生活中，我们还时常遇到作为衡量变量偏离总体均值尺度的方差估计问题。如一批灯管的平均耐用时间虽然合乎要求，但各灯管的耐用时间长短差异较大，即方差很大，那么这批灯管质量还是有问题。

若给定一个显著性水平 α，用 χ^2 分布构造总体方差 σ^2 的置信区间，首先需找到一个 χ^2 值，使其满足 $\chi^2_{1-\alpha/2} \leqslant \chi^2 \leqslant \chi^2_{\alpha/2}$，由于 $\frac{(n-1)S^2}{\sigma^2} \sim \chi^2(n-1)$，可用它来代替 χ^2，于是有

$$\chi^2_{1-\alpha/2} \leqslant \frac{(n-1)\ S^2}{\sigma^2} \leqslant \chi^2_{\alpha/2} \tag{7.22}$$

由此可推导出，总体方差 σ^2 在 $1-\alpha$ 置信水平下的置信区间为：

$$\frac{(n-1)\ S^2}{\chi^2_{\alpha/2}} \leqslant \sigma^2 \leqslant \frac{(n-1)\ S^2}{\chi^2_{1-\alpha/2}} \tag{7.23}$$

【例 7-12】某灯管厂从一批灯管中抽出 50 支进行耐用时间测试，计算出样本方差为 2 500，试构造：（1）σ^2 的 95% 的置信区间；（2）σ 的 95% 的置信区间；（3）该批灯管的耐用时间是否稳定？（4）以上构造置信区间时作了何种假设？

解：（1）已知 $S^2=2\,500$，查自由度为 49 的 χ^2 分布表，$\chi^2_{\alpha/2}\ (n-1)=\chi^2_{0.025}\ (50-1)\ =71.42$，$\chi^2_{1-\alpha/2}\ (n-1)\ =\chi^2_{0.975}\ (50-1)\ =32.36$，代入公式，得该批灯管方差的置信区间：

$\dfrac{(50-1)\ \times 2\,500}{71.42} \leqslant \sigma^2 \leqslant \dfrac{(50-1)\ \times 2\,500}{32.36}$，即 $1\,715.21 \leqslant \sigma^2 \leqslant 3\,785.54$

（2）该批灯管标准差的置信区间：$41.42 \leqslant \sigma \leqslant 61.53$（小时）

（3）该批灯管的耐用时间比较稳定。

（4）以上构造置信区间时作了被抽样的总体服从或近似服从正态分布的假设。

五、样本量的确定

（一）必要的样本量

必要的样本量是指满足一定精度要求和费用要求必须抽取的样本单位个数。在具体组织实施抽样调查前，首先应该确定一个适当的样本量，即抽取多少样本单位数。因为样本量的多少不仅关系到抽样精确度的高低，而且关系到抽样调查所花费的人财物的多少。根据前面给出的抽样极限误差 $\Delta_{\bar{x}}=Z_{\alpha/2}\cdot\sigma_{\bar{x}}$，其中重复抽样时，$\sigma_{\bar{x}}=\sqrt{\dfrac{\sigma^2}{n}}$；不重复抽样时，$\sigma_{\bar{x}}=\sqrt{\dfrac{\sigma^2}{1}\ \left(1-\dfrac{n}{N}\right)}$，可解出必要的样本量。

均值指标

$$\text{重复}\quad n=\frac{Z^2_{\alpha/2}\sigma^2}{\Delta^2_{\bar{x}}} \tag{7.24}$$

$$\text{不重复}\quad n=\frac{NZ^2_{\alpha/2}\sigma^2}{N\Delta^2_{\bar{x}}+Z^2_{\alpha/2}\sigma^2} \tag{7.25}$$

其中，重复样本量与不重复样本量的关系：设重复样本量为 $n_0=\dfrac{Z^2_{\alpha/2}\sigma^2}{\Delta^2_{\bar{x}}}$，则不重复样本量为 $n=\dfrac{n_0}{1+n_0/N}$。

成数指标（$n \geqslant 30$）

$$\text{重复}\quad n=\frac{Z^2_{\alpha/2}p\ (1-p)}{\Delta^2_p} \tag{7.26}$$

$$\text{不重复}\quad n=\frac{NZ^2_{\alpha/2}p\ (1-p)}{N\Delta^2_p+Z^2_{\alpha/2}p\ (1-p)} \tag{7.27}$$

其中，重复样本量与不重复样本量的关系：设重复样本量为 $n_0=\dfrac{Z_{\alpha/2}^2 p\ (1-p)}{\Delta_p^2}$，则不重复样本量为 $n=\dfrac{n_0}{1+n_0/N}$。

（二）影响必要样本量的因素

从必要的抽样单位数公式可以看出，必要的样本量受五种因素的影响：①受总体单位之间变异程度的影响及方差的影响；②受极限抽样误差的影响；③受概率保证程度的影响；④受抽样方法的影响；⑤受抽样组织方式的影响。

第五节 抽样调查的组织形式

在抽样调查中，由于调查对象的特点及工作条件不同，因此其调查组织形式呈现出多样性的特点。其常用的抽样调查的组织形式有简单随机抽样、类型抽样、等距抽样、整群抽样和多级抽样。

一、简单随机抽样

（一）简单随机抽样的概念和抽选方法

简单随机抽样又称纯随机抽样，它是根据随机原则直接从总体中抽取样本单位的一种抽样方法。从理论上讲，简单随机抽样最符合抽样的随机原则，是抽样调查中最基本也是最单纯的组织形式。简单随机抽样在抽取样本单位时，主要有以下几种抽选方法。

（1）直接抽选法，就是直接从调查对象中随机抽选。

（2）抽签法。先给总体的每个单位编上序号，将号码写在纸片上，掺和均匀后从中随机抽选，直到抽够预先规定的样本单位数为止。

（3）随机数字表法。先将总体的全部单位加以编号，根据编号的位数确定使用随机数字表的栏数，然后从任意一栏、任意一行的数字开始，可以向任何方向摘录属于编号范围内的数字，即为样本单位。如果是不重复抽样，碰到重复的数字时就删掉，直到抽够预定的样本单位数为止。

简单随机抽样主要适用于总体单位数较少、范围较狭窄的情况。简单随机抽样在实践中具有较大的局限性，即当总体很大、范围很广时不宜使用。例如，在进行全国职工家庭收支抽样调查时，要对全国职工家庭进行编号，这实际上是很难办到的。

（二）抽样误差

抽样误差是指按随机原则抽样时，在没有登记误差和系统性误差的条件下，单纯由于采用不同的随机样本统计量估计总体参数而产生的误差。虽然抽样误差是抽样调查所固有的、无法避免的误差，但可以运用大数定理的数学公式加以精确计算，并通过抽样设计程序加以控制，所以这种误差也称为可控制误差。抽样有以下几种表现形式：

1. 抽样实际误差

抽样实际误差是指一次抽样中，由随机因素引起的样本统计量与总体参数之间的离差。例如，样本均值与总体均值之间的离差（$\bar{x}-\mu$）、样本成数与总体成数之间的离差（$p-P$）。在抽样中，由于总体参数是未知的，因此，抽样实际误差是无法计算的；同时，抽样实际误差仅是一系列抽样可能出现的误差数值之一，因此，抽样实际误差不能用来概括可能产生的所有抽样误差。

2. 抽样平均误差

抽样平均误差是指样本统计量的标准差，它反映了所有抽样结果所得的样本统计量与总体参数的平均离差。其计算公式有理论与实际两种：

（1）抽样平均误差的理论公式。由抽样分布理论证明，由于抽样平均误差是样本均值（或样本成数）的标准差，因此，它不同于一般形式的标准差，其计算公式分别为：

$$\sigma_{\bar{x}}=\sqrt{\frac{\sum_{i=1}^{M}(\bar{x}_i-\mu)^2}{M}}；或：\sigma_{\bar{x}}=\sqrt{E[\bar{x}-E(\bar{x})]^2} \tag{7.28}$$

$$\sigma_{\bar{x}}=\sqrt{\frac{\sum_{i=1}^{M}(p_i-P)^2}{M}}；或：\sigma_{p}=\sqrt{E[p-E(p)]^2} \tag{7.29}$$

式中：M 为样本可能数目。

样本可能数目既与总体、样本的大小有关，也与抽样的方式和取样要求有关。由抽样分布理论证明，在抽样调查中，根据取样的方式不同，可分为重复抽样和不重复抽样；根据对样本的要求不同，可分为考虑顺序抽样和不考虑顺序抽样。将上述两种抽样方式和取样要求结合起来考虑，形成相互交叉的四种情况：考虑顺序的不重复抽样，考虑顺序的重复抽样，不考虑顺序的不重复抽样，不考虑顺序的重复抽样。上述四种情况所组成的样本可能数目是不同的。

【例 7－13】设一个盒子里装有编号分别为①②③的三个球，若按重复与不重复方式、考虑顺序与不考虑顺序方式从中随机抽出两个球，问有多少种组合形式？其样本可能数目各为多少？

解：共有四种组合形式。已知 $N=3$，$n=2$，则：

①考虑顺序的不重复抽样数目为：

$$A_N^n=\frac{N!}{(N-n)!}=\frac{3!}{(3-2)!}=6（种可能）$$

②考虑顺序的重复抽样数目为：

$$B_N^n=N^n=3^2=9（种可能）$$

③不考虑顺序的不重复抽样数目为：

$$C_N^n=\frac{N!}{n!(N-n)!}=\frac{3!}{2!(3-2)!}=3（种可能）$$

④不考虑顺序的重复抽样数目为：

$$D_N^n = C_{N+n-1}^n = \frac{(N+n-1)!}{n!\ (N-1)!} = \frac{(3+2-1)!}{2!\ (3-1)!} = 6\ （种可能）$$

（2）抽样平均误差的实际公式。抽样平均误差的理论公式是一个定义公式，理论上是科学的。但在实际抽样调查中，总体单位数 N 常常是很大的，样本量 n 一般也要求不小于 30，导致样本可能数目 M 很大，即使是不考虑顺序的不重复抽样，M 的数目也相当惊人。例如，当 $N=69$，$n=30$ 时，$M=C_{69}^{30}$ 就是一个 20 位的天文数字。所以，在实际工作中，经抽样分布理论证明，可用下列公式计算。

①抽样均值的抽样平均误差：

在简单随机重复和不重复抽样的条件下，抽样均值的抽样平均误差分别为：

$$\sigma_{\bar{x}} = \sqrt{\frac{\sigma^2}{n}} \tag{7.30}$$

$$\sigma_{\bar{x}} = \sqrt{\frac{\sigma^2}{n}\left(\frac{N-n}{N-1}\right)}；\text{或：} \sigma_{\bar{x}} = \sqrt{\frac{\sigma^2}{n}\left(1-\frac{n}{N}\right)} \tag{7.31}$$

②抽样成数的抽样平均误差：

在简单随机重复和不重复抽样的条件下，抽样成数的抽样平均误差分别为：

$$\sigma_p = \sqrt{\frac{p\ (1-p)}{n}} \tag{7.32}$$

$$\sigma_p = \sqrt{\frac{p\ (1-p)}{n}\left(\frac{N-n}{N-1}\right)}；\text{或：} \sigma_p = \sqrt{\frac{p\ (1-p)}{n}\left(1-\frac{n}{N}\right)} \tag{7.33}$$

从上述抽样平均误差的实际公式可以看出，抽样平均误差的大小主要受以下几个因素的影响：

第一，受总体单位之间变异程度的影响，即受总体标准差大小的影响。总体标准差数值大，抽样平均误差也大；反之，抽样平均误差就小。抽样平均误差与总体标准差的大小成正比例关系。

第二，受样本量大小的影响。样本量愈大，抽样平均误差就愈小；反之，抽样平均误差就愈大。抽样平均误差与样本量成反比例关系。

第三，受抽样方式不同的影响。不重复抽样小于重复抽样的抽样平均误差。

第四，受抽样组织形式不同的影响。不同抽样组织所抽取的样本，其计算抽样平均误差的方法不同，故抽样平均误差的计算结果也不相同。

由抽样分布理论证明，在抽样调查中，当总体方差 σ^2 未知时，可以用下列两种方法解决总体方差的来源：

第一，用样本方差代替总体方差。

第二，用过去的资料代替。既可以用过去全面调查的资料，也可以用过去抽样调查的资料，如有几个不同方差资料，则应选用数值较大者。

3. 抽样极限误差

抽样极限误差是指样本统计量与总体参数之间的可能误差范围。由于样本统计量是围绕总体参数上下波动的随机变量，因此其变动幅度或大或小，取值或正或负，这种变动范围的绝对值就是抽样极限误差。用 $\Delta_{\bar{x}}$ 和 Δ_p 分别表示样本均值和成数的抽样极限误差，则有：

$\Delta_{\bar{x}} \leqslant |\bar{x} - \mu|$；$\Delta_p \leqslant |p - P|$

解上述不等式，可以得出下面的不等式关系：

$\bar{x} - \Delta_{\bar{x}} \leqslant \mu \leqslant \bar{x} + \Delta_{\bar{x}}$；$p - \Delta_p \leqslant P \leqslant p + \Delta_p$

由上式可见，抽样极限误差反映了抽样估计的精确度。一般来说，抽样极限误差越小，抽样估计的精确度越高；反之，抽样估计的精确度就越低。

（三）总体均值的参数估计

1. 总体总值、总体均值和总体方差

设总体中，N 个总体单位数的标志值分别为 $\{x_1, x_2, \cdots, x_N\}$，在简单随机抽样中，

（1）总体总值：$\tilde{\mu} = \sum_{i=1}^{N} x_i$；或：$\tilde{X} = \sum_{i=1}^{N} x_i$ （7.34）

（2）总体均值：$\mu = \dfrac{\sum_{i=1}^{N} x_i}{N}$；或：$\bar{X} = \dfrac{\sum_{i=1}^{N} x_i}{N}$ （7.35）

（3）总体方差：$\sigma^2 = \dfrac{\sum_{i=1}^{N} (x_i - \mu)^2}{N}$ （7.36）

当总体确定后，这些总体指标值都是唯一确定的，是常数。

2. 样本总体、样本均值和样本方差

设$\{x_1, x_2, \cdots, x_n\}$是从总体中抽取的简单随机样本。注意，这里的 x_1，x_2，…，x_n 表示总体中任意 n 个单位数，不一定是前 n 个单位数。其样本指标为：

（1）样本总值：$\tilde{x} = \sum_{i=1}^{n} x_i$ （7.37）

（2）样本均值：$\bar{x} = \dfrac{\sum_{i=1}^{n} x_i}{n}$ （7.38）

（3）样本方差：$s_{n-1}^2 = \dfrac{\sum_{i=1}^{n} (x_i - \bar{x})^2}{n-1}$；或：$s_n^2 = \dfrac{\sum_{i=1}^{n} (x_i - \bar{x})^2 f_i}{\sum_{i=1}^{n} f_i}$ （7.39）

3. 总体总值、总体均值和总体方差的参数估计

抽样调查的目的就是为了用样本统计量来估计总体参数。估计时习惯在总体参数的符号上加“ ^ ”，以示区别。其证明如下：

（1）总体均值的估计值：$\hat{\mu} = \bar{x} = \dfrac{\sum_{i=1}^{n} x_i}{n}$ （7.40）

（2）总体总值的估计值：$\hat{\tilde{\mu}} = N\bar{x}$；或：$\hat{\tilde{x}} = N\bar{x}$ （7.41）

（3）总体方差的估计值：$\hat{\sigma}^2 = s^2$ （7.42）

（4）抽样平均误差的估计值 $\begin{cases} \text{重复} \quad \sigma_{\bar{x}} = \sqrt{\dfrac{s^2}{n}} & (7.43) \\ \text{不重复} \quad \sigma_{\bar{x}} = \sqrt{\dfrac{s^2}{n}(1-\dfrac{n}{N})} & (7.44) \end{cases}$

其中：在 $n-1$ 中，当 n 较大时，$n-1 \approx n$，故在统计学中规定，当 $n \geqslant 30$ 时，因为 t 分布与正态分布已十分接近，可以利用统计量分布的大样本性质，这时，$\hat{\sigma}^2 = s_n^2 = \dfrac{\sum_{i=1}^{n}(x_i-\bar{x})^2 f_i}{\sum_{i=1}^{n} f_i}$；当 $n < 30$ 时，则不能利用这一性质，这时，$\hat{\sigma}^2 = s_{n-1}^2 = \dfrac{\sum_{i=1}^{n}(x_i-\bar{x})^2}{n-1}$。故 s_n^2 与 s_{n-1}^2 的一般表达式为 $\hat{\sigma}^2$ 或 s^2。

（5）抽样极限误差：$\Delta_{\bar{x}} = Z_{\alpha/2}\sigma_{\bar{x}}$；或：$\Delta_{\bar{x}} = t_{\alpha/2}(n-1)\sigma_{\bar{x}}$ （7.45）

（6）总体均值区间估计：$\bar{x} - \Delta_{\bar{x}} \leqslant \mu \leqslant \bar{x} + \Delta_{\bar{x}}$ （7.46）

（7）总体总值估计：$(\bar{x} - \Delta_{\bar{x}})N \leqslant \bar{\mu} \leqslant (\bar{x} + \Delta_{\bar{x}})N$ （7.47）

（8）抽样估计精度：$A_{\bar{x}} = 1 - \Delta'_{\bar{x}}$，其中 $\Delta'_{\bar{x}} = \dfrac{\Delta_{\bar{x}}}{\bar{x}}$ 为抽样误差系数。 （7.48）

【例 7-14】某外贸公司出口 5 万包小包装名茶，与外商签订的合同规定每包茶叶的平均重量不能低于 150 克，现采用简单随机不重复方式抽取 2‰进行检验，检验结果如表 7-7 所示：

表 7-7　茶叶重量的计算表

每包茶叶重量（克）	包数 f_i	组中值 x_i	$x_i f_i$	$x_i - \bar{x}$	$(x_i-\bar{x})^2 f_i$
148 以下	10	147	1 470	−3.9	152.10
148～150	15	149	2 235	−1.9	54.15
150～152	50	151	7 550	0.1	0.50
152～154	20	153	3 060	2.1	88.20
154 以上	5	155	775	4.1	84.05
合　计	100	—	15 090	—	379.00

根据上述资料，在 95.45% 的概率保证程度下：（1）试估计该批茶叶的平均重量；（2）试推断该批茶叶是否符合合同规定的要求；（3）试推断该批茶叶总重量区间范围；（4）试推断抽样估计精确度。

解：（1）样本均值：$\bar{x} = \dfrac{\sum_{i=1}^{n} x_i f_i}{\sum_{i=1}^{n} f_i} = \dfrac{15\ 090}{100} = 150.90$（克）

即估计该批茶叶的平均重量为150.90克。

（2）样本方差：$s^2=\frac{\sum_{i=1}^{n}(x_i-\bar{x})^2f_i}{\sum_{i=1}^{n}f_i}=\frac{379.00}{100}=3.79$

抽样平均误差：$\sigma_{\bar{x}}=\sqrt{\frac{s^2}{n}\left(1-\frac{n}{N}\right)}=\sqrt{\frac{3.79}{100}\left(1-\frac{100}{50\,000}\right)}$

$=0.194\,5$（克）

抽样极限误差：$\Delta_{\bar{x}}=Z_{\alpha/2}\sigma_{\bar{x}}=2\times0.194\,5=0.389\,0$

区间范围：$\bar{X}=\bar{x}\pm\Delta_{\bar{x}}=150.90\pm0.389\,0$

即在95.45%的概率保证程度下，该批茶叶的平均重量在150.51~151.29克之间。因为最低重量都超过150克，所以符合合同规定的要求。

（3）总体总值估计：$(\bar{x}-\Delta_{\bar{x}})N\leqslant\tilde{\mu}\leqslant(\bar{x}+\Delta_{\bar{x}})N$，即（150.51~151.29克）×50 000，或在7.525 5~7.564 5吨之间。

（4）抽样误差系数：$\Delta'_{\bar{x}}=\frac{\Delta_{\bar{x}}}{\bar{x}}=\frac{0.389\,0}{150.9}=0.002\,6$

抽样估计精度为：$A_{\bar{x}}=1-\Delta'_{\bar{x}}=1-0.002\,6=99.74\%$

（四）总体成数的参数估计

同理，成数参数和统计量也可以定义为：

1. 总体成数和总体方差

（1）总体成数：$P=\frac{N_1}{N}$　　（7.49）

（2）总体方差：$\sigma^2=PQ$　　（7.50）

其中：$PQ=P(1-P)$。

2. 样本成数和样本方差

（1）样本成数：$p=\frac{n_1}{n}$　　（7.51）

（2）样本方差：$s_{n-1}^2=\frac{npq}{n-1}$；或：$s_n^2=pq$　　（7.52）

证明：$\because s_{n-1}^2=\frac{\sum_{i=1}^{n}(x_i-\bar{x})^2}{n-1}=\frac{\sum_{i=1}^{n}x_i^2-n\bar{x}^2}{n-1}$，由于$x_i$的取值为0或1，

$\therefore s_{n-1}^2=\frac{np-np^2}{n-1}=\frac{np(1-p)}{n-1}=\frac{npq}{n-1}$

3. 总体成数和总体方差的参数估计

（1）总体成数估计值：$\hat{P}=p$　　（7.53）

（2）抽样平均误差的估计值
- 重复　$\sigma_p=\sqrt{\frac{s^2}{n}}$　　（7.54）
- 不重复　$\sigma_p=\sqrt{\frac{s^2}{n}\left(1-\frac{n}{N}\right)}$　　（7.55）

其中：在 $n \geqslant 30$ 的情况下，$\hat{\sigma}^2 = s_n^2 = pq$；在 $n < 30$ 的情况下，$\hat{\sigma}^2 = s_{n-1}^2 = \frac{npq}{n-1}$。

（3）抽样极限误差：$\Delta_p = Z_{\alpha/2}\sigma_p$；或：$\Delta_p = t_{\alpha/2}(n-1)\sigma_p$ (7.56)

（4）总体成数区间估计：$p - \Delta_p \leqslant P \leqslant p + \Delta_p$ (7.57)

【例 7－15】例 7－14 中，按质量规定，凡重量达不到 148 克的茶叶包为不合格品，试以 95.45% 的概率保证程度估计该批茶叶的合格率区间范围。

解：合格率：$p = \frac{n_1}{n} = \frac{90}{100} = 0.90$

抽样平均误差：$\sigma_p = \sqrt{\frac{pq}{n}\left(1 - \frac{n}{N}\right)} = \sqrt{\frac{0.90 \times 0.10}{100}(1 - 0.002)} = 0.03$

抽样极限误差：$\Delta_p = Z_{\alpha/2}\sigma_p = 2 \times 0.03 = 0.06$

区间范围：$P = p \pm \Delta_p = 0.90 \pm 0.06$

即在 95.45% 的概率保证程度下，该批茶叶的平均合格率在 84.0%～96.0% 之间。

（五）样本量的确定

根据参数估计一节的推导，估计总体均值和总体成数时，样本量分别如下：

平均指标
$$\text{重复}\quad n = \frac{Z_{\alpha/2}^2 s^2}{\Delta_{\bar{x}}^2} \tag{7.58}$$
$$\text{不重复}\quad n = \frac{N Z_{\alpha/2}^2 s^2}{N\Delta_{\bar{x}}^2 + Z_{\alpha/2}^2 s^2} \tag{7.59}$$

其中，重复抽样样本量与不重复抽样样本量的关系：设重复抽样样本量为 $n_0 = \frac{Z_{\alpha/2}^2 s^2}{\Delta_{\bar{x}}^2}$，则不重复抽样样本量为 $n = \frac{n_0}{1 + n_0/N}$。

成数指标（$n \geqslant 30$）
$$\text{重复}\quad n = \frac{Z_{\alpha/2}^2 pq}{\Delta_p^2} \tag{7.60}$$
$$\text{不重复}\quad n = \frac{N Z_{\alpha/2}^2 pq}{N\Delta_p^2 + Z_{\alpha/2}^2 pq} \tag{7.61}$$

其中，重复抽样样本量与不重复抽样样本量的关系：设重复抽样样本量为 $n_0 = \frac{Z_{\alpha/2}^2 pq}{\Delta_p^2}$，则不重复抽样样本量为 $n = \frac{n_0}{1 + n_0/N}$。

【例 7－16】在例 7－15 中，其他条件不变，只是抽样极限误差可放宽到 1 克，在 95.45% 的概率保证程度下，做下一次抽样检验，需抽多少包茶叶？

解：$n = \frac{N Z_{\alpha/2}^2 s^2}{N\Delta_{\bar{x}}^2 + Z_{\alpha/2}^2 s^2} = \frac{50\,000 \times 2^2 \times 3.79}{50\,000 \times 1 + 2^2 \times 3.79} = \frac{758\,000}{50\,015.16}$

$= 15.16 \approx 16$（包）

这里需注意的是，为了使样本量满足抽样精度的最低要求，必要样本单位数的所有小数点都必须进整数（即不执行四舍五入的原则）。

【例7-17】拟对某中外合资的新建厂生产的一批电子元件进行合格率的抽样调查，要求抽样极限误差不超过5%，试在95.45%的概率保证程度下：(1) 确定第一次抽查的必要样本量；(2) 已知第一次抽查结果，其产品合格率为90%，如果第二次拟对5万件电子元件进行合格率的抽样调查，必要样本量为多少？

解：(1) 因为未知总体单位数，只能用重复简单随机抽样形式；又因为是新厂，未知该厂产品质量的任何信息，只得取成数方差最大值 $pq=0.5\times0.5=0.025$。则需抽取：

$$n=\frac{Z_{\alpha/2}^2 pq}{\Delta_p^2}=\frac{2^2\times0.5\times0.5}{0.05^2}=400\text{（件）}$$

$$(2)\quad n=\frac{NZ_{\alpha/2}^2 pq}{N\Delta_p^2+Z_{\alpha/2}^2 pq}=\frac{50\,000\times2^2\times0.9\times0.1}{50\,000\times0.05^2+2^2\times0.9\times0.1}$$

$$=143.6\approx144\text{（件）}$$

（六）小样本条件下的简单随机抽样

【例7-18】在例7-14中的外商于数月之后再次向该外贸公司进口小包装名茶，仍执行原先每包茶叶的平均重量不能低于150克的合同。该次从5万包茶叶中随机抽取16包，测得每包重量分别为151、150、149、154、152、148、151、151、150、153、150、151、150、149、150、150克。根据上述抽样资料，在95%的概率保证程度下，试推断该批茶叶是否符合合同规定的要求？与上次相比，质量是否稳定？

解：该题为 $n<30$，为小样本抽样检验。

样本均值：$\bar{x}=\dfrac{\sum_{i=1}^{n}x_i}{n}=\dfrac{2\,409}{16}=150.562\,5$（克）

即估计该批茶叶的平均重量为150.562 5克。

样本方差：$s_{n-1}^2=\dfrac{\sum_{i=1}^{n}(x_i-\bar{x})^2}{n-1}=\dfrac{\sum_{i=1}^{n}x_i^2-n\bar{x}^2}{n-1}$

$$=\frac{362\,739-16\times150.562\,5^2}{16-1}=2.262\,5$$

抽样平均误差：$\sigma_{\bar{x}}=\sqrt{\dfrac{s_{n-1}^2}{n}\left(1-\dfrac{n}{N}\right)}=\sqrt{\dfrac{2.262\,5}{16}\left(1-\dfrac{16}{50\,000}\right)}$

$$=0.376\,0\text{（克）}$$

已知 $1-\alpha=0.95$，查 t 分布表得，$t_{\alpha/2}(n-1)=t_{0.025}(15)=2.131\,5$。

抽样极限误差：

$\Delta_{\bar{x}}=t_{\alpha/2}(n-1)\,\hat{\sigma}_{\bar{x}}=2.131\,5\times0.376\,0=0.801\,4$（克）

区间范围：$\bar{x}\pm\Delta_{\bar{x}}=150.56\pm0.801\,4$（克）

即在95%的概率保证程度下，该批茶叶的平均重量为149.76～151.36克。最低重量虽未达到每包150克，但仍在允许误差范围内，基本符合合同规定的要求。该外贸公司出口茶叶每包装重量较稳定。

二、类型抽样

（一）类型抽样的概念

类型抽样又称分层抽样或分类抽样，它是指对总体各单位先按主要标志加以分类，然后再从各类中按随机原则抽选一定单位构成样本的抽样组织形式。

设总体由 N 个单位组成，把总体划分为 K 组，使 $N=N_1+N_2+\cdots+N_k$，然后从每组的 N_i 中抽取 n_i 单位构成样本量为 n 的抽样总体，使 $n=n_1+n_2+\cdots+n_k$。类型抽样通过对总体各单位分类后，可以使总体单位标志值比较接近的单位归为一类，使各类的分布比较均匀，在样本量一定的条件下，可以缩小抽样平均误差，提高抽样调查的效率。

类型抽样在各类中抽取样本可以看成是总的样本数在各类中的分配。

（二）总体均值（或成数）与总体总值的参数估计

在类型抽样中，总体均值（或成数）与总体总值的参数估计的步骤与简单随机抽样大致相同，由于类型抽样是先分类再从各类中抽选样本量，故其样本均值（或成数）是各类均值（或成数）的加权算术平均数，方差是各类方差的加权算术平均数。

【例7－19】某县有产粮耕地6 500公顷，按平原、丘陵和山区面积等比例共抽819平方米进行实割实测，计算结果如表7－8所示。

表7－8

按地势分组	全部面积（公顷）	抽样面积（米^2）	抽样均值（千克/米^2）	产量标准差（千克/米^2）	样本中高产田的比重
符号	N_i	n_i	$\bar{x}_i$	s_i	p_i
平原	4 000	504	0.70	0.15	0.8
丘陵	1 500	189	0.55	0.25	0.5
山区	1 000	126	0.40	0.23	0.3
合　计	6 500	819	—	—	—

注：1公顷＝10 000米^2。

根据上述资料，在95.45%的概率保证程度下：（1）试估计该县粮食平均每平方米产量的区间范围；（2）试推断该县粮食总产量的区间范围。

解：（1）抽样均值：

$$\bar{\bar{x}}=\frac{\sum_{i=1}^{k}\bar{x}_i n_i}{\sum_{i=1}^{k}n_i}=\frac{0.70\times504+0.55\times189+0.40\times126}{819}$$

$$=0.619\ 2\ （千克/米^2）$$

$$\overline{s^2}=\frac{\sum_{i=1}^{k}s_i^2n_i}{\sum_{i=1}^{k}n_i}=\frac{0.15^2\times504+0.25^2\times189+0.23^2\times126}{819}$$

$$=0.0364$$

抽样平均误差：$\sigma_{\bar{x}}=\sqrt{\frac{\overline{s^2}}{n}\left(1-\frac{n}{N}\right)}=\sqrt{\frac{0.0364}{819}\left(1-\frac{819}{65\ 000\ 000}\right)}$

$=0.0067$（千克/米^2）

抽样极限误差：$\Delta_{\bar{x}}=Z_{\alpha/2}\sigma_{\bar{x}}=2\times0.0067=0.0134$（千克/米^2）

区间估计：$\bar{\bar{x}}\pm\Delta_{\bar{x}}=0.6192\pm0.0134$

即在95.45%的概率保证程度下，该县粮食平均每平方米产量的区间范围为0.6058~0.6326千克。

（2）全县粮食总产量的区间范围为：$\bar{X}=(\bar{\bar{x}}\pm\Delta_{\bar{x}})N=(0.6192\pm0.0134)\times65\ 000\ 000$ 米^2，即在95.45%概率保证程度下，全县粮食总产量的区间范围为39 377~41 119吨。

【例7－20】在例7－19中已知该县6 500公顷产粮耕地，按平原、丘陵和山区面积等比例共抽819平方米进行实割实测，其中高产田的比重资料见表7－8。根据该资料，在95.45%的概率保证程度下，试估计该县高产田的比重区间。

解：抽样成数：$p=\frac{\sum_{i=1}^{k}p_in_i}{\sum_{i=1}^{k}n_i}=\frac{0.8\times504+0.5\times189+0.3\times126}{819}=0.65$

$$\overline{pq}=\frac{\sum_{i=1}^{k}p_iq_in_i}{\sum_{i=1}^{k}n_i}$$

$$=\frac{0.8\times0.2\times504+0.5\times0.5\times189+0.3\times0.7\times126}{819}$$

$$=0.1885$$

抽样平均误差：$\sigma_p=\sqrt{\frac{\overline{pq}}{n}\left(1-\frac{n}{N}\right)}=\sqrt{\frac{0.1885}{819}\left(1-\frac{819}{65\ 000\ 000}\right)}=0.0152$

抽样极限误差：$\Delta_p=Z_{\alpha/2}\sigma_p=2\times0.0152=0.0304$

区间估计：$P=p\pm\Delta_p=0.65\pm0.0304$

即在95.45%的概率保证程度下，该乡高产田的比重区间为61.96%~68.04%。

（三）样本量的确定

类型抽样样本量的确定与简单随机抽样方法基本一样，区别仅在于用类型抽样的方差 $\overline{s^2}$ 替代简单随机抽样的方差 s^2。

（四）各类型之间样本量的分配

在类型抽样中，当总样本量 n 确定后，如何在各类型中分配，对估计量的精确度和调查费用将产生重要的影响。常用的各类型之间样本单位数分配的方法有如下几种。

1. 平均法

平均法是一种简单平分法，其基本思路是：在样本量给定的条件下，仅考虑类型抽样的分类组数，将总样本量平均分配到各层中，各层平均分摊样本量。

2. 比例法

比例法主要以各类型中总体单位数的多少进行分配，其基本思路是：在样本量给定的条件下，按比例分配各层中的样本量，保证类型抽样平均数（或成数）是总体平均数（或成数）的无偏估计。

3. 适度法

适度法兼顾了各层内单位数和差异情况，其基本思路是：在样本量给定的条件下，合理安排各层样本量，使抽样误差达到最小。

4. 最优法

最优法进一步考虑调查费用问题，其基本思路是：在样本量和调查费用给定的条件下，使抽样误差达到最小；或在样本量和抽样误差给定的条件下，使调查费用最省。

最优法是考虑因素最多的样本量分配法，在类型抽样样本合理分配方面起着重要的作用，最优法与其他三种方法的关系式为：

$$\frac{N_i s_i/\sqrt{C_i}}{\sum\limits_{i=1}^{k} N_i s_i/\sqrt{C_i}} \Rightarrow \frac{N_i s_i}{\sum\limits_{i=1}^{k} N_i s_i} \Rightarrow \frac{N_i}{\sum\limits_{i=1}^{k} N_i} \Rightarrow \frac{1}{k} \tag{7.62}$$

【例 7－21】在例 7－19 中，已知该县有产粮耕地 6 500 公顷，现确定按平原、丘陵和山区面积共抽 819 平方米进行实割实测，试分别采用平均法、比例法、适度法和最优法分配样本量，并分别计算其平均每平方米产量、抽样平均误差和总费用。

解：（1）平均法。

$$n_1 = n_2 = n_3 = n\frac{1}{k} = \frac{819}{3} = 273$$

平均产量：$\bar{\bar{x}} = \frac{\sum\limits_{i=1}^{k}\bar{x}_i n_i}{\sum\limits_{i=1}^{k} n_i} = \frac{0.70\times273+0.55\times273+0.40\times273}{819} = 0.550\ 0$（千克/米^2）

$$\overline{s^2} = \frac{\sum\limits_{i=1}^{k} s_i^2 n_i}{\sum\limits_{i=1}^{k} n_i} = \frac{0.15^2\times273+0.25^2\times273+0.23^2\times273}{819} = 0.046\ 0$$

抽样平均误差：

$\sigma_{\bar{x}} = \sqrt{\frac{\overline{s^2}}{n}\left(1-\frac{n}{N}\right)} = \sqrt{\frac{0.046\ 0}{819}\left(1-\frac{819}{65\ 000\ 000}\right)} = 0.007\ 5$（千克/米^2）

总费用：$C = c_1n_1 + c_2n_2 + c_3n_3$

$= 10 \times 273 + 20 \times 273 + 30 \times 273 = 16\,380$（元）

将平均每平方米产量、抽样平均误差和总费用的计算结果填入表 7－9。

表 7－9

按地势分组	全部面积（公顷）	标准差	调查费用（元/米²）	平均法（米²）	比例法（米²）	适度法（米²）	最优法（米²）
符号	N_i	s_i	C_i	n_i	n_i	n_i	n_i
平原	4 000	0.15	10	273	504	408	492
丘陵	1 500	0.25	20	273	189	255	218
山区	1 000	0.23	30	273	126	156	109
合计	6 500	—	—	819	819	819	819
每平方米产量 $\bar{\bar{x}}$	—	—	—	0.550 0	0.619 2	0.596 2	0.620 1
抽样平均误差 $\hat{\mu}_{\bar{x}}$	—	—	—	0.007 5	0.006 7	0.007 1	0.006 7
总费用（元）	—	—	—	16 380	12 600	13 860	12 550

（2）比例法。

$$n_1 = n\frac{N_1}{\sum_{i=1}^{k}N_i} = 819 \times \frac{4\,000}{6\,500} = 504,\quad n_2 = 819 \times \frac{1\,500}{6\,500} = 189$$

$$n_3 = 819 \times \frac{1\,000}{6\,500} = 126$$

将平均每平方米产量、抽样平均误差和总费用的计算结果填入表 7－9。

（3）适度法。

$$n_1 = n\frac{N_1s_1}{\sum_{i=1}^{k}N_is_i} = 819 \times \frac{4\,000 \times 0.15}{4\,000 \times 0.15 + 1\,500 \times 0.25 + 1\,000 \times 0.23}$$

$$= 819 \times \frac{600}{1\,205} = 408$$

$$n_2 = 819 \times \frac{1\,500 \times 0.25}{1\,205} = 255,\quad n_3 = 819 \times \frac{1\,000 \times 0.23}{1\,205} = 156$$

将平均每平方米产量、抽样平均误差和总费用的计算结果填入表 7－9。

（4）最优法。

$$n_1 = n\frac{N_1s_1/\sqrt{C_1}}{\sum_{i=1}^{k}N_is_i/\sqrt{C_i}}$$

$$= 819 \times \frac{4\,000 \times 0.15/\sqrt{10}}{4\,000 \times 0.15/\sqrt{10} + 1\,500 \times 0.25/\sqrt{20} + 1\,000 \times 0.23/\sqrt{30}}$$

$$=819\times\frac{189.7}{315.6}=492$$

$$n_2=819\times\frac{1\,500\times0.25/\sqrt{20}}{315.6}=218$$

$$n_3=819\times\frac{1\,000\times0.23/\sqrt{30}}{315.6}=109$$

将平均每平方米产量、抽样平均误差和总费用的计算结果填入表7-9。从表7-9可以看出，最优法平均单位产量较准、误差最小、总费用最低，比例法平均单位产量最准、误差最小、总费用较低。这两种方法比平均法和适度法优，是实际工作中常用的方法。

三、等距抽样

（一）等距抽样的概念

等距抽样又称机械抽样或系统抽样，它是将总体全部单位按某一标志排列，然后按固定顺序和间隔来抽选样本单位的抽样组织形式。等距抽样总体单位的排列顺序可以是无关标志，也可以是有关标志。

（1）按无关标志排列。即总体各单位排列顺序时所依据的标志与调查的标志无关。例如，城市业主调查，按姓氏笔画、地理位置、街道门牌号码、工商企业名录等排列。

（2）按有关标志排列。即总体各单位排列顺序时所依据的标志与调查的标志有关。例如，城市住户调查，按职工收入由低到高或由高到低顺序排列。

等距抽样抽取样本单位的具体方法有以下几种：

1. 随机等距

设总体有 N 个单位，现需抽取一个容量为 n 的样本，首先将总体单位 N 按一定标志排列；然后将 N 划分为 n 个单位相等的部分，每部分包括 K 个单位，即 $K=N/n$，在第一部分 K 个单位中随机抽取第一个单位 i，以后每隔 K 个单位抽一个，一直抽到第 $i+(n-1)K$ 个单位为止。

2. 对称等距

对称等距就是在总体第一部分 K 个单位中随机抽取第一个单位 i 后，在第二部分抽取第 $2K-i+1$ 个单位，在第三部分抽取第 $2K+i$ 个单位，在第四部分抽取第 $4K-i+1$ 个单位……如此交替对称进行。对称等距抽样能有效地避免随机等距抽样的系统偏差，提高样本的代表性。

随机等距抽样和对称等距抽样的随机性表现在抽取第一个样本单位，当第一个单位确定后，其余各个单位也就确定了。

3. 中点等距

中点等距就是在总体第一部分 K 个单位中，取中间项为起点单位，以后每隔 K 个单位抽一个，一直抽到第 $\frac{K}{2}+(n-1)K$ 个单位为止。采用中点等距的优点在于：由于总体按有关标志的大小顺序排列，因此，总体各部分中间项的标志值接近相应部分标志值的平均数，对本部分具有较好的代表性，从而提高整个样本对总体的代表性。不足之处在于：中点等距在起点抽样时不符合随机原则。

（二）等距抽样的计算

等距抽样的计算按总体单位的排列顺序分成两种情况：

第一种，当总体按无关标志排列时，等距抽样与简单随机不重复抽样没有什么差别，因此，可按简单随机不重复抽样方法计算。

第二种，当总体按有关标志排列时，等距抽样可视为类型抽样的特殊形式，即可视为更细致的类型抽样，因此，可按类型抽样方法计算。

【例 7－22】某城市社会经济调查队欲对该市 60 万户居民（198 万人口）的生活消费水平进行抽样调查，采用按街区每隔1 000户抽取 1 户的等距抽样方法，共调查了 300 户。其居民家庭人均消费年支出额（单位：千元/人年）数据如表 7－10 所示。

表 7－10

人均消费年支出额（千元/人年）	调查户数（户）n_i	组中值 x_i	$x_i n_i$	$x_i-\bar{x}$	$(x_i-\bar{x})^2 n_i$
5 以下	30	4	120	－8.4	2 116.8
5～7	30	6	180	－6.4	1 228.8
7～9	60	8	480	－4.4	1 161.6
9～11	60	10	600	－2.4	345.6
11～17	60	14	840	1.6	153.6
17～25	30	21	630	8.6	2 218.8
25 以上	30	29	870	16.6	8 266.8
合　计	300	—	3 720	—	15 492.0

根据资料，在 95.45% 的概率保证程度下：（1）试估计该市居民家庭人均消费年支出额（单位：千元/人年）的区间范围。（2）试推断该市居民家庭总消费额的区间范围。

解：（1）样本平均数：$\bar{x}=\dfrac{\sum_{i=1}^{n}x_i n_i}{\sum_{i=1}^{n}n_i}=\dfrac{3\,720}{300}=12.40$（千元/人年）

样本方差：$s^2=\dfrac{\sum_{i=1}^{n}(x_i-\bar{x})^2 n_i}{\sum_{i=1}^{n}n_i}=\dfrac{15\,492.0}{300}=51.64$

抽样平均误差：$\sigma_{\bar{x}}=\sqrt{\frac{s^2}{n}\left(1-\frac{n}{N}\right)}$

$$=\sqrt{\frac{51.64}{300}\ (1-0.001)}$$

$$=0.4145\text{（千元/人年）}$$

抽样极限误差：$\Delta_{\bar{x}}=Z_{\alpha/2}\sigma_{\bar{x}}=2\times0.4145=0.8290$

区间范围：$\bar{x}\pm\Delta_{\bar{x}}=12.40\pm0.8290$

即在95.45%的概率保证程度下，该市居民家庭人均消费性支出额（单位：千元/人年）为11.57千元至13.23千元。

（2）总体总值估计：$(\bar{x}-\Delta_{\bar{x}})\ N\leqslant X\leqslant\ (\bar{x}+\Delta_{\bar{x}})\ N$，（11.57～13.23）千元×198万元，即该市居民家庭总消费额为229.09亿元至261.95亿元。

四、整群抽样

（一）整群抽样的概念

整群抽样是将总体各单位划分成若干群，然后以群为单位从中随机抽取一些群，对抽中群的所有单位都进行调查的抽样组织形式。

整群抽样与简单随机抽样不同，简单随机抽样抽到的单位是总体单位，而整群抽样抽到的是群（或组），而每一群中都包括若干总体单位，因此，整群抽样抽到的单位与总体单位不一致。整群抽样也不同于类型抽样，虽然两者都将总体划分为若干组，但分组的作用却不同。类型抽样划分的组称为类或层，它的作用在于缩小总体，使总体的变异减小，而抽取的基本单位仍是总体单位；整群抽样划分的组称为群，它的作用却是要扩大单位，使抽到的基本单位不再是总体单位而是群。例如，调查城市居民住户，将该城市按居委会行政区域划分为若干群，抽样调查的单位是整个群，即对抽中的样本群中的全部居民住户进行全面调查。

整群抽样的主要优点如下：

（1）设计和组织抽样比较方便。例如，调查城市居民住户，不必列出城市所有居民住户的抽样框，可利用现成的行政区域（街道或居委会）将城市划分为若干群。

（2）节省人力、财力、物力和时间。由于整群抽样的调查单位相对集中于若干个样本群内，在实地调查时，调查人员能节省大量来往于调查单位间的时间和费用。

但是，整群抽样与简单随机抽样相比，在相同的调查单位条件下，由于前者的调查单位相对集中，在总体中分布不均匀，因此，抽样误差较大，抽样估计精度也较低。在实际工作中，由于整群抽样具有组织方便，节省人力、物力和时间等优点，因此，被广泛运用于人口调查、住户调查、林牧业调查以及工业产品质量检验。

（二）整群抽样的计算

在整群抽样中，各群内的单位数可以相等，也可以不相等。

1. 等群抽样

设总体有 N 个单位，将总体 N 划分为 R 个群，每个群含 M 个单位，现从 R 群中随机抽取 r 群，设第 i 群第 j 单位的标志值为 X_{ij}，可分别用简单算术平均法计算样本平均数和成数。

【例 7－23】某工厂大量连续生产，为了掌握某月份某种产品的一级品比率，确定抽出 5% 的产品，即在全月连续生产的 720 小时中，按每隔 20 小时抽取 1 小时的全部产品进行检查。根据抽样资料计算结果，一级品率为 85%，各群间的方差为 6%。在 95.45% 的概率保证程度下，试估计该厂产品一级品比率的区间范围。

解：$R=720$ 小时，$r=720\times5\%=36$ 小时，$p=85\%$，$\delta_p^2=6\%$，则：

抽样平均误差：$\sigma_p=\sqrt{\frac{\delta_p^2}{r}\left(\frac{R-r}{R-1}\right)}=\sqrt{\frac{0.06}{36}\left(\frac{720-36}{720-1}\right)}$

$=0.039\ 8$

抽样极限误差：$\Delta_p=Z_{\alpha/2}\sigma_p=2\times0.039\ 8=0.079\ 6$

一级品比率区间：$p\pm\Delta_p=0.85\pm0.079\ 6$

即在 95.45% 的概率保证程度下，该厂产品一级品比率为 77.04%～92.96%。

2. 不等群抽样

设总体有 N 个单位，将总体 N 划分为 R 个群，每群含 M_i（$i=1,2,\cdots,r$）个单位，各群 M_i 不相同，现从 R 群中随机抽取 r 群，则可分别用加权算术平均法计算样本平均数和成数。

【例 7－24】从某县 50 个村中随机抽取 5 个村，对 5 个村所有养猪专业户进行全面调查，调查结果如表 7－11 所示：

表 7－11

中选村编　号	中选村户数 M_i	户均存栏生猪(头)$\bar{x}_i$	优良品种比重(%)p_i	$\bar{x}_iM_i$	$(\bar{x}_i-\bar{x})^2M_i$	p_iM_i	$(p_i-p)^2M_i$
1	80	50	90	4 000	52 839.2	72	3.801 9
2	120	70	80	8 400	3 898.8	96	1.670 9
3	110	80	50	8 800	2 033.9	55	3.643 6
4	90	85	70	7 650	7 784.1	63	0.029 2
5	100	90	55	9 000	20 449.0	55	1.742 4
合　计	500	—	—	37 850	87 005.0	341	10.888 0

试在 95% 的概率保证程度下，推断该县养猪专业户总存栏生猪数和优良品

种率的区间范围。

解：(1) 抽样均值：$\bar{x}=\dfrac{\sum_{i=1}^{r}\bar{x}_iM_i}{\sum_{i=1}^{r}M_i}=\dfrac{37\ 850}{500}=75.70$（头）

群间方差：$\delta^2=\dfrac{\sum_{i=1}^{r}(\bar{x}_i-\bar{x})^2M_i}{\sum_{i=1}^{r}M_i}=\dfrac{87\ 005.0}{500}=174.01$

抽样平均误差：$\sigma_{\bar{x}}=\sqrt{\dfrac{\delta^2}{r}\left(\dfrac{R-r}{R-1}\right)}=\sqrt{\dfrac{174.01}{5}\left(\dfrac{50-5}{50-1}\right)}=5.65$

抽样极限误差：$\Delta_{\bar{x}}=t_{\alpha/2}(n-1)\sigma_{\bar{x}}=2.776\times5.65=15.684\ 4$

其中查表：$t_{0.05/2}(5-1)=2.776$

区间范围：$(\bar{x}\pm\Delta_{\bar{x}})N=(75.70\pm15.68)\times50\times100$

即在95%的概率保证程度下，该县养猪专业户总存栏生猪为300 100 ~ 456 900头。

(2) 优良品种比重：$p=\dfrac{\sum_{i=1}^{r}p_iM_i}{\sum_{i=1}^{r}M_i}=\dfrac{341}{500}=0.682\ 0$

群间方差：$\delta_p^2=\dfrac{\sum_{i=1}^{r}(p_i-p)^2M_i}{\sum_{i=1}^{r}M_i}=\dfrac{10.888\ 0}{500}=0.021\ 8$

抽样平均误差：$\sigma_p=\sqrt{\dfrac{\delta_p^2}{r}\left(\dfrac{R-r}{R-1}\right)}=\sqrt{\dfrac{0.021\ 8}{5}\left(\dfrac{50-5}{50-1}\right)}$

$=0.063\ 2$

抽样极限误差：$\Delta_p=t_{\alpha/2}(n-1)\sigma_p=2.776\times0.063\ 2=0.175\ 4$

区间范围：$P=p\pm\Delta_p=0.682\ 0\pm0.175\ 4$

即在95%的概率保证程度下，该县养猪专业户存栏生猪优良品种率为50.66% ~85.74%。

五、多级抽样

（一）多级抽样的概念

多级抽样又称多阶段抽样，它把抽取样本单位分为 n 个步骤进行，即先从总体中抽取一级单位，然后再从抽中的一级单位中抽取二级单位，直到抽取最终单位。例如，我国农作物产量，第一阶段是从省抽县；第二阶段是从中选的县抽村；第三阶段再从中选的村抽地块；第四个阶段也是最后的阶段，从中选的地块中抽取样本点。

多级抽样与类型抽样和整群抽样既有共同点又有区别。现仅以两级抽样为例，它们的共同点在于：三者都需要先对总体加以分组，然后抽取单位。它们的区别在于：类型抽样是从全部的分组中每组各抽取部分单位；整群抽样是从全部的分组中随机抽取部分组，然后对中选组的全部单位进行调查；而两级抽样在第一阶段随机抽取部分分组，然后在中选的组中再抽选部分样本单位。所以，两级抽样在组织技术上是整群抽样和类型抽样的综合，其比较见表 7－12。

表 7－12

抽样形式	第一阶段	第二阶段
类型抽样	抽全部	抽部分
整群抽样	抽部分	抽全部
两级抽样	抽部分	抽部分

多级抽样的优点如下：

（1）调查的总体范围分布广。对于几乎不可能从总体中直接抽取调查单位作为样本的情况，例如，农作物产量抽样调查，全国有几千万公顷耕地，很难采用单阶段方式一次抽到所需要的样本，只能采用多阶段抽样调查。

（2）节省人财物等费用。采用多级抽样调查，可以使样本单位相对集中，便于组织，节约费用。

（3）灵活、方便。在抽样的各个阶段，抽中的单位可以根据各自的实际情况，分别采用不同的抽样方式进行，而不必强求一致，因而抽样过程灵活、方便。

（二）多级抽样的计算

以下只讨论两级抽样，设所调查的总体为$\sum_{i=1}^{n,m} X_i$，按照两级抽样的要求，首先将总体划分为 N 个组，每组包含 M_i 个单位，如下所示：

$$X_{11}X_{12}\cdots X_{1j}\cdots X_{1m_1}\cdots X_{1M_1}$$
$$X_{21}X_{22}\cdots X_{2j}\cdots X_{2m_2}\cdots X_{2M_2}$$
$$\vdots$$
$$X_{i1}X_{i2}\cdots X_{ij}\cdots X_{im_i}\cdots X_{iM_i}$$
$$\vdots$$
$$X_{N1}X_{N2}\cdots X_{Nj}\cdots X_{Nm_n}\cdots X_{NM_n}$$

又假设，第一阶段从 N 个组中随机抽取 n 个组，第二阶段再从中选的 n 个组中分别随机抽取 m_i 个单位进行调查。

【例 7－25】某地区有大小不等的 53 个乡，共有 2 072 个行政村，现采用两级抽样，估计该地区平均每村拥有的拖拉机台数。第一阶段从 53 个乡中随机抽取 14 个乡，然后在中选的乡再按 1/4 的比例抽取行政村共 151 个，经调查取得资料如表 7－13 所示。

表 7－13

样本乡 (i)	村数 M_i	样本村 m_i	样本村拖拉机总数 $\sum_{i=1}^{n}\sum_{j=1}^{m_i}X_{ij}$	$\bar{X}_i$	$m_i^2\ (\bar{X}_i-\bar{X})^2$	组内方差 S_{2i}^2
1	46	11	88	8.00	2 403.6	13.80
2	39	10	114	11.40	111.7	78.89
3	25	6	96	16.00	451.9	198.40
4	23	5	82	16.40	388.7	224.25
5	32	8	83	10.38	276.1	86.57
6	31	8	207	25.88	11 531.3	1 435.86
7	60	15	208	13.87	449.2	160.14
8	28	7	73	10.43	201.3	87.33
9	59	14	195	13.99	460.6	190.69
10	24	6	73	12.17	3.0	125.80
11	84	21	191	9.10	4 969.8	72.30
12	30	7	79	11.29	66.7	63.00
13	64	16	226	14.12	708.0	75.47
14	66	17	166	9.76	2 102.1	144.69
合　计	611	151	1 881	—	24 124.0	—

试以 95.45%的概率保证程度，估计该地区平均每村拥有拖拉机的台数。

解：样本平均数：$\bar{x}=\dfrac{\sum_{i=1}^{n}\sum_{j=1}^{m_i}x_{ij}}{\sum_{i=1}^{n}m_i}=\dfrac{1\,881}{151}=12.457\,0$（台）

$$\bar{m}=\frac{\sum_{i=1}^{n}m_i}{n}=\frac{151}{14}=10.785\,7,\ \bar{M}=\frac{\sum_{i=1}^{N}M_i}{N}=\frac{2\,072}{53}=39.09$$

组间方差：

$$S_b^2=\frac{\sum_{i=1}^{n}m_i^2\ (\bar{x}_i-\bar{x})^2}{\bar{m}^2\ (n-1)}=\frac{24\,124.0}{10.785\,7^2\times\ (14-1)}=15.951\,8$$

组内方差加权均值 $S_2^2=\dfrac{\sum_{i=1}^{n}m_iS_{2i}^2}{\sum_{i=1}^{n}m_i}=\dfrac{27\,496.21}{151}=182.094\,1$

其中：组内方差 $S_{2i}^2 = \dfrac{\sum_{j=1}^{m_i}(x_{ij}-\bar{x}_i)^2}{m_i - 1}$

抽样平均误差：$\sigma_{\bar{x}} = \sqrt{\dfrac{S_b^2}{n}\left(1-\dfrac{n}{N}\right)+\dfrac{S_2^2}{n\bar{m}}\left(1-\dfrac{\bar{m}}{\bar{M}}\right)}$

$$= \sqrt{\frac{15.951\ 8}{14}\left(1-\frac{14}{53}\right)+\frac{182.094\ 1}{14\times 10.785\ 7}\left(1-\frac{10.785\ 7}{39.09}\right)}$$

$$= \sqrt{0.838\ 4+0.873\ 2} = 1.308\ 3$$

抽样极限误差：$\Delta_{\bar{x}} = Z_{\alpha/2}\sigma_{\bar{x}} = 2\times 1.308\ 3 = 2.616\ 6$

区间估计：$\bar{x}\pm\Delta_{\bar{x}} = 12.457\ 0\pm 2.616\ 6$

即在95.45%的概率保证程度下，该地区平均每村的拖拉机为9.84～15.07台。

思考题与习题

1. 什么是抽样调查？它有何特点和作用？
2. 抽样调查为什么要遵守随机原则？
3. 什么是参数和统计量？两者有何联系与区别？
4. 什么是抽样分布？它具有哪些不同性质的分布？
5. 什么是参数估计？参数估计量的优良标准有哪些？
6. 为什么要确定必要的样本量？必要的样本量受哪些因素影响？
7. 什么是简单随机抽样？在抽取样本量时主要用哪几种抽选方法？
8. 什么是抽样误差？它有哪些表现形式？
9. 抽样实际误差、抽样平均误差和抽样极限误差有何区别与联系？
10. 影响抽样平均误差的主要因素有哪些？
11. 在简单随机抽样中，小样本与大样本的计算有何不同？
12. 什么是类型抽样？它有哪些特点？
13. 什么是等距抽样？它有哪些特点？
14. 什么是整群抽样？它有哪些主要优点？
15. 什么是多级抽样？它有哪些优点？
16. 设某班组有5个工人，他们的单位工时工资分别为6、8、10、12、14元，现用简单随机不重复抽样方式从5个工人中抽出2人，（1）试列出样本均值的抽样分布，分析样本平均数的数值特征。（2）样本均值小于8的频数、样本均值大于12的频数、样本均值在8～12之间的频数各为多少？
17. 某大型股份公司设有五个工资级别，该公司人员的月平均工资为5 000元，标准差为1 421元，（1）是否可以认为，在这五个级别的人员中，95%的人所挣工资在2 215～7 785元之间？为什么？（2）以下说法是否正确：如果反复地从这些级别中每次抽取100人的简单随机样本，这些人的平均工资约有95.45%的概率落在4 710～5 282元之间。(3) 以下说法是否正确：如果反复地从这些级别中每次抽取10 000人的简单随机样本，这些人的平均工资约有 99.73% 的概率落在 4 718 ~5 282 元之间。

18. 已知某糖果厂用自动包装机包糖，每包糖服从均值为 500 克、标准差为 24 克的正态分布。某日开工后随机抽查 36 包，问：(1) 样本均值低于 492 克的概率为多少？(2) 样本均值在 492 ~508 克之间的概率为多少？

19. 某地区人口普查显示，该市老年人口老龄化（65 岁以上）的比率为 14.7%，若你作为暑期社会实践队成员对该市人口老龄化问题进行研究，随机调查了 400 名当地市民，问该市老龄化为 10% ~16% 之间的概率为多少？

20. 某城市发现单人家庭的夏季电费单服从标准差为 10 元的正态分布。现随机抽取 25 份电费单作为样本。求：(1) 样本方差小于 75 元的概率是多少？(2) 样本方差大于 150 元的概率是多少？

21. 某市劳动和社会保障局想调查下岗职工中女性所占的比重，随机抽取 300 个下岗职工，发现其中 195 个为女性职工。试以 95.45% 的概率保证程度，估计该城市下岗职工中女性比重的区间范围。

22. 某灯管厂生产 10 万支日光灯管，现采用简单随机不重复抽样方式抽取 1‰ 灯管进行质量检验，测试结果如下表所示：

耐用时间（小时）	灯管数（支）
800 以下	10
800 ~900	15
900 ~1 000	35
1 000 ~1 100	25
1 100 以上	15
合　计	100

根据上述资料：

(1) 试计算抽样总体灯管的平均耐用时间。

(2) 在 99.73% 的概率保证程度下，估计 10 万支灯管平均耐用时间的区间范围。

(3) 按质量规定，凡耐用时间不及 800 小时的灯管为不合格品，试计算抽样总体灯管的合格率，并在 95% 的概率保证程度下，估计 10 万支灯管的合格率区间范围。

(4) 若上述条件不变，只是抽样极限误差可放宽到 40 小时，在 99.73% 的概率保证程度下，作下一次抽样调查，需抽多少支灯管检验？

23. 某厂报告期生产某产品 20 000 个，现采用简单随机不重复抽样方法对其合格率进行调查。已知过去进行的 3 次同类调查所得合格率分别为 97%、96% 和 95%，在 95.45% 的概率保证程度下，试求：(1) 抽样极限误差不超过 1%，应抽多少个产品？(2) 若把精确度提高一倍，在其他条件不变时，应抽多少个产品？(3) 若把概率度缩小1/2，在其他条件不变时，应抽多少个产品？(4) 若经报告期研究后认为，由于机器磨损、原材料质量偏低等原因，可能导致产品标志变异度增大，估计成数方差为 0.073 6，在其他条件不变时，应抽多少个产品？

24. 某校拟对大学生月生活费支出情况进行调查分析，已知该校有6 000名本科生，现采用简单随机不重复抽样方法调查 20 名，其月生活费支出分别为 850、880、900、1 050、1 200、1 300、1 600、1 750、1 300、1 360、1 400、1 550、1 560、1 420、1 450、1 480、1 320、1 400、1 450、1 330 元。在 95% 的概率保证程度下，试推断该校本科生月生活费支出的区间范围。

25. 某县欲调查某种农作物的产量，由于平原、丘陵和山区的产量有差别，故拟划分为平原、丘陵和山区三层采用分层抽样。已知平原共有 120 个村，丘陵共有 100 个村，山区共有 180 个村。现按平原村、丘陵村和山区村等比例各抽 5% 的样本村，实割实测产量资料如下表所示：

平原		丘陵		山区	
样本村	当年产量（吨）	样本村	当年产量（吨）	样本村	当年产量（吨）
1	210	1	180	1	150
2	160	2	180	2	200
3	75	3	95	3	125
4	280	4	125	4	60
5	300	5	155	5	110
6	190			6	100
				7	180
				8	75
				9	90

根据上述资料：

（1）在 95.45% 的概率保证程度下，试估计该县农作物平均每村产量的区间范围。

（2）试推算该县农作物总产量的区间范围。

26. 某块麦地长 720 米，宽 100 米，其中包括 100 条垄。现从这块麦地中按等距抽样的方式，抽取 40 个 1 米长的垄为样本，那么，抽样间隔 = 总垄长/样本数 =（720×100）/40 = 1 800 米。假定在地块中抽取第一个样本单位是 900 米，点前后各 1 米，以此为起点，以后每隔1 800米抽取一个样本单位，一直抽到 40 个样本单位为止。得到各样本单位的实割实测数据如下表所示：

样本产量（千克）	0.6	0.8	1.0	1.2	1.4	1.6
单位数（个）	5	7	13	8	4	3

根据上述资料，在概率保证程度为 95.45% 时，试估计该麦地的总产量区间范围。

27. 从某县的 100 个村庄中随机抽出 10 个村，对中选村进行整村调查，调查结果得平均每户饲养家禽 35 只，各村平均数的方差为 16 只，试在 95.45% 的概率保证程度下，推断该县饲养家禽户均只数的区间范围。

第八章　假设检验

第一节　假设检验概述

一、假设检验的意义

假设检验，是指利用样本的实际统计量去检验事先对总体某些数量特征所作的假设是否可信，进而为决策取舍提供依据的一种统计分析方法。假设检验是统计推断的一项重要内容，其实也是抽样估计的必然延续，以判断所作估计的误差是否显著，故也称为统计检验或显著性检验。

在现实生活中，由于我们通常难以完全知道所关心总体的某些数量特征及其变化情况，因此，对总体进行分析研究时，常常需要对目前总体的状况作出某种假设性的判断。例如，工厂生产某种产品，经过工艺改革，使用新材料、新配方，企业管理者十分关心产品质量是否有所提高，因此可以假设经过改革以后产品质量可能提高或并没有提高。又如，我们考虑目前股票市场上价格指数的走势是否正常，可以根据过去长期观察的平均水平和变异情况作出当前股票价格水平可能正常或不正常的假设。而所作的假设是否成立，一方面说明对事物的判断或估计是否准确；另一方面需要用一定的统计方法进行检验才能得出结论。

假设检验作为一种以概率论和数理统计为基础的技术性方法，无论是在自然科学领域还是在社会经济领域的统计分析中，都被广泛采用；尤其是在经济学科和管理学科的实证研究中，假设检验已是一种必不可少的研究手段。所以，学习和掌握假设检验的知识，对于经管学科的学生和学者都是非常重要的。

二、估计与检验的必然联系

假设检验是以样本特征值验证假设的总体特征值是否成立的一种统计推断方法，是抽样推断的另一重要形式。因此，假设检验和上一章的抽样估计有着不可分割的联系。例如，对消耗性产品的质量进行检验，由于不可能对全部产品进行测试，因此必须通过抽样调查，以样本的不合格品率来推断全部产品的不合格品率。如果我们按一定的概率把握程度估计总体的不合格品率，那就是一个参数估计问题，更准确地说，是一个区间估计问题；如果要以一定的概率水平，通过样本资料来假定或判断该批产品是否合格或合格的程度，那就是一个假设检验问题。事实上，这两个问题对同一个实例用的是同一个样本，同一个统计量，同一种分布，因而可由区间估计问题转换成假设检验问题，也可由假设检验问题转换成区间估计问题。

其实，假设检验可以看成是区间估计中置信区间的另一种表达方式。换句话说，我们可以用置信区间估计技术来处理有关假设检验问题。因为置信区间实际上是在一定的概率保证程度下利用样本资料计算得到的关于总体参数可能存在的范围，而我们进行假设检验时对总体参数所作的假设，有可能落在置信区间之外，也有可能落在置信区间里面。在同一样本、同一统计量、同一分布的情况下，落在置信区间之外的假设可以判定为具有显著性差异，不能接受；而落在置信区间里面的假设则不能说它存在显著性差异，因此不能拒绝它，必须等获得更多的信息以后再作决定。所以，我们可以将置信区间看作是所有可以接受的“总体参数与样本观察值无显著差异”假设的集合。

当然，假设检验和区间估计所考虑的问题是不同的，两者所关心的结论也不一样。在假设检验中，通常我们所关心的是检验总体参数值有无变化（即是否存在显著性差异），而检验过程就是利用样本资料所含的信息判断差异是否显著。在区间估计中，我们的目的在于通过样本资料推断总体参数在一定概率水平下的可能取值区间。

三、假设的命题

假设检验首先是从对总体参数所作的一个假设开始，然后通过抽样调查获得的资料进行检验，进而判断对总体的认识是否正确可靠。因此，进行假设检验必须先对总体参数值作出假设命题，它一般又包括两部分：原假设 H_0 和备选假设 H_1。

（一）原假设 H_0

原假设又称虚无假设或零假设，一般用 H_0 表示。它常常是根据已有的资料，或经过周密考虑后确定的。例如，我们要检验一批新进口的薄钢板是否符合平均厚度为 4 毫米的标准，可以事先提出如下假设命题：该批新进口的薄钢板的平均厚度等于 4 毫米。然后，从这批钢板中按随机抽样的方法抽取样本并计算样本的平均厚度，以此来检验所作假设的正确性。如果被证实，即“总体参数值与抽样观察值无差异”，被检验的假设就是原假设，且假设命题成立。用符号表示为：

H_0： $X = 4$ mm

这个表示式读作“原假设是总体平均厚度等于 4 毫米”。

一般而言，原假设建立的依据都是曾经存在的，且具有较大的稳定性，从经验上看，没有发生条件的变化，是不会被轻易否定的。换句话讲，进行假设检验的基本目的，就在于根据经验作出假设和决策，并以抽样技术来检验，即接受原假设还是拒绝原假设。

（二）**备选假设 H_1**

备选假设又称择一假设，即原假设被否定之后而采取的逻辑对立的假设。我们说，原假设一般是稳定的，但这并不能保证原假设永远正确，不会被否定。在检验过程中，如果抽样调查分析的结果表明有充分的理由否定原假设 H_0 的真实性，而拒绝接受原假设，我们就只能选择或接受其逻辑对立面的假设，即备选假设。以上面对钢板厚度的检验为例，当原假设 H_0：$X=4$ mm 被否定后，可能被采用的备选假设有：

H_1：$X \neq 4$ mm

其意思是“这批钢板的平均厚度不等于 4 毫米”。

当我们所关心的问题不是总体参数是否等于假定参数，而是总体参数与假定参数是否发生指定方向的差异时，原假设和备选假设就要用不等号来表示。如：

$$H_0: X \leqslant X_0;\ H_1: X > X_0 \quad (8.1)$$

$$\text{或}\ H_0: X \geqslant X_0;\ H_1: X < X_0 \quad (8.2)$$

例如，某橡胶厂生产卡车轮胎，经长期试验知道其平均耐用里程为 25 000 千米，并且服从正态分布。现在推行橡胶合成的新配方，我们关心生产的新轮胎平均耐用里程是否有所提高。根据要求，我们可以作出这样的假设命题：原假设 H_0 表示生产的新轮胎平均耐用里程没有任何提高；备选假设 H_1 表示生产的新轮胎平均耐用里程有所提高，即

H_0：$X \leqslant 25\,000$ 千米

H_1：$X > 25\,000$ 千米

四、显著性水平

我们作出假设命题后，等于为总体参数建立了一个比较标准。接下来要做的工作就是从实际总体中抽取样本，并根据实际观察的资料计算统计量的取值。当然，我们不知道总体是否已经发生了变化，即不知道样本是来自新的总体，还是仍然从原来的总体中抽取的。我们通过样本统计量取值与假设的总体参数比较来判断，要求两者完全一致的可能性是极小的，那么差异要达到多大才算是显著呢？所谓显著性就是相对差异程度而言的，程度不同说明引起差异的原因也不同，且存在着两种不同性质的差异：一种是条件差异，即由于工艺或试验条件的改变所引起的差异；一种是随机差异，即由于生产或试验过程中受偶然因素的影响所引起的差异。这两种原因的共同作用导致各种各样的误差，如果样本统计量与假设总体参数之间的差异超过了通常偶然因素起作用的程度，就说明所发生的差异，除了随机因素之外还存在条件差异的因素，因此我们可以据此否定总体的变动纯粹由随机原因引起，故而没有显著差异的原假设。换句话说，如果我们能证明统计量和假设的总体参数实际发生的差异超过给定的标准的可能性尽管很小但发生了，那么，我们就有理由用反证法认为原假设是错误的，从而拒绝接受这

个假设。否则，我们就没有理由拒绝原假设，而称原假设是可容的。

我们之所以拒绝原假设，并不是因为它存在逻辑的绝对矛盾，或实际上不可能存在这种假设，而仅仅是因为它存在的可能性很小。根据小概率事件原理，概率很小的事件在一次试验中几乎是不会发生的。如果根据原假设的条件正确计算出某一结果发生的概率很小，理应在一次试验中不至于发生，然而在一次试验中事实上却发生了，我们则认为原假设不正确，而拒绝接受。

这里关键的问题是，概率要小到何种程度才足以否定原来所作的假设。在进行假设检验时应该事先规定一个小概率的标准，作为判断的界限，这个小概率标准称为显著性水平。由于原假设的分布是已知的，因而样本统计量和总体参数的离差在一定范围内的概率也可以知道，离差超过这个范围的概率同样可以知道，如果统计量与参数的差异过大，以致发生这种事件的概率很小，而且小到低于给定的标准，我们就拒绝原假设；如果计算出的统计量与参数差异的相应概率大于给定的标准，我们就接受原假设。这样，我们把概率分布分为两个区间：离差的绝对值大于给定的标准的概率分布区间称为拒绝区间，离差的绝对值小于这个标准则为接受区间。例如，给定小概率标准 $\alpha=0.05$，凡概率小于5%的差异都是小概率事件，属于拒绝区间，如图8－1中分布两端的阴影部分所示；而 $1-\alpha=0.95$，则是对立事件的概率，其概率在95%以内的，为接受区间，如图8－1中央部分所示。

事件属于接受区间，原假设成立，判断总体无显著差异；事件属于拒绝区间，推翻原假设，认为总体有显著差异。其区间以小概率标准 $\alpha=0.05$ 为界限，所以称 α 为显著性水平，α 所对应的概率度称为显著性水平 α 的临界值。例如，$\alpha=0.05$ 时，在正态分布的情况下，则临界值 $z_{0.05}=1.96$ 的事件作为小概率事件，这样，我们可以直接利用概率表查找临界值作为判断的依据。

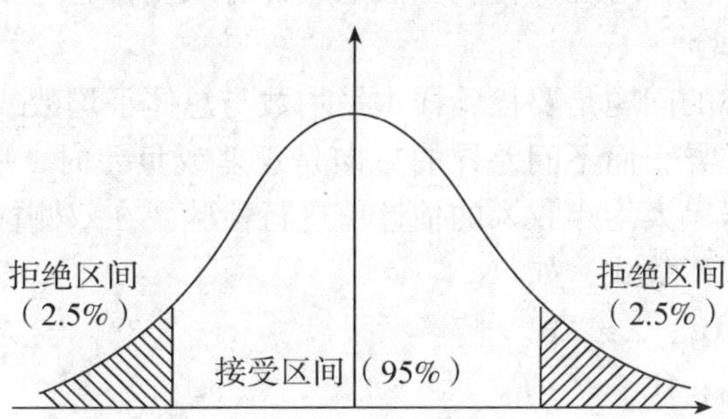

图8－1 正态分布图

显著性水平主要由拒绝区间所能承担的风险来决定，应该根据研究问题的性质和对结论准确性的要求而有所不同。在实践中，通常采用0.1、0.05、0.01、0.001等显著性水平。例如，民意测验采用显著性水平 $\alpha=0.01$，工程技术检验取 $\alpha=0.001$，甚至取 $\alpha=0.0001$，等等。

第二节　假设检验的基本思路与方法

一、假设检验的思路与程序

在上一节中，我们实际上已提到了假设检验的基本思路，为了更好地理解和运用假设检验方法，这里特将假设检验的思路与程序归纳如下。

（1）建立假设。首先提出原假设，记为 H_0，设立原假设的目的在于检验中要确立予以拒绝或接受的假设。原假设总是假定总体没有显著性差异，所有差异都是由随机原因引起的，所以这种假设又称无效假设。其次提出备选假设，记为 H_1，如果原假设被拒绝，则等于接受了备选假设，所以备选假设也就是原假设的对立事件。

（2）决定检验的显著性水平 α。在原假设成立的条件下，由被检验的统计量分布求出相应的临界值，该临界值即为原假设的拒绝域和接受域的分界线。

（3）确定检验统计量，并依据样本信息计算检验统计量的实际值。

（4）将实际求得的检验统计量取值与临界值进行比较，作出拒绝或接受原假设的决策。如果样本统计量取值超过临界值，则说明原假设落入拒绝域中，我们就选择拒绝接受原假设；若样本统计量的取值小于临界值，则说明原假设落入接受域中，我们就不能拒绝原假设，而必须接受原假设或作进一步的检验。

二、双侧检验与单侧检验

根据我们所研究问题的性质不同，以及我们所关心的统计量与总体参数的显著性差异的方向不同，对统计检验方法的设计有双侧检验与单侧检验两种类型。

（一）双侧检验

当我们所关心的问题是要检验样本平均数与总体平均数或样本成数与总体成数有没有显著性差异，而不问差异的方向是正差或负差时，应该采用双侧检验。例如，对广州市居民人均年收入的估计值进行检验。在双侧检验中，原假设取等式，而备选假设取不等式，如：

$$H_0: \bar{X}=\bar{X}_0; \ H_1: \bar{X}\neq\bar{X}_0 \tag{8.3}$$

或 $$H_0: P=P_0; \ H_1: P\neq P_0 \tag{8.4}$$

同时，由于双侧检验不问差距的正负，因此给定的显著性水平 α 须按正态分布对称性的原理平均分配到左右两侧，每方各为 $\alpha/2$，相应得到下临界值为 $-Z_{\alpha/2}$，上临界值为 $Z_{\alpha/2}$，如图 8-2 所示。

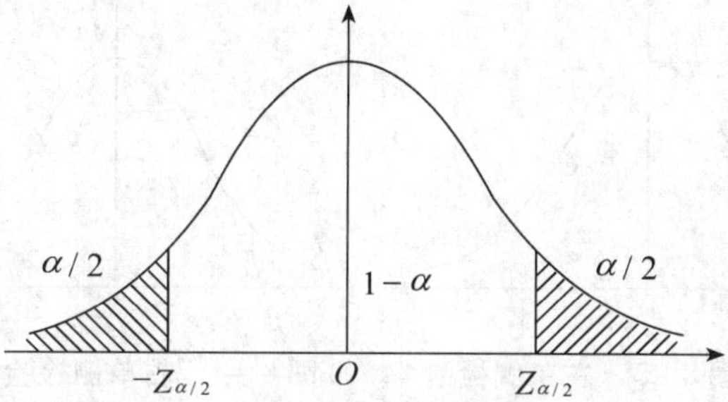

图 8-2 双侧检验

将由样本信息计算的统计量 Z 的实际值与事先给定的临界值 $Z_{\alpha/2}$ 作比较。在双侧检验中，如果 $Z \geqslant Z_{\alpha/2}$ 或 $Z \leqslant -Z_{\alpha/2}$，就拒绝原假设 H_0，接受备选假设 H_1；如果 $Z \leqslant Z_{\alpha/2}$，$Z \geqslant -Z_{\alpha/2}$，就不能否定原假设，而接受原假设是真实的。

（二）单侧检验

当我们所关心的问题不仅仅要检验样本平均数和总体平均数之间或样本成数和总体成数之间有没有显著的差异，而且要追究是否发生预先指定方向的差异时，则应该采用单侧检验。根据所关心的是正差异或负差异，单侧检验又有左单侧检验和右单侧检验之分。

平均数和成数的单侧检验，原假设和备选假设都是以不等式的形式表示。

当我们所关心的问题是总体平均数或成数是否低于预先假设时，如检验空调的连续运作时数，应该采用左单侧检验。原假设与备选假设为：

H_0：$\bar{X} \geqslant \bar{X}_0$；$H_1$：$\bar{X} < \bar{X}_0$ (8.5)

或 H_0：$P \geqslant P_0$；H_1：$P < P_0$ (8.6)

当我们所关心的问题是总体平均数或成数是否超过预先的假设时，如检验罐头食品的防腐剂含量，应该采用右单侧检验。原假设与备选假设为：

H_0：$\bar{X} \leqslant \bar{X}_0$；$H_1$：$\bar{X} > \bar{X}_0$ (8.7)

或 H_0：$P \leqslant P_0$；H_1：$P > P_0$ (8.8)

在决定检验的显著性水平 α 以及相应的临界值时，如果是左单侧检验，则有左侧临界值 $-Z_\alpha$；如果是右单侧检验，则有右侧临界值 Z_α。由于这时临界拒绝区域是单侧要求，考虑到正态分布概率表是双侧的，如果单侧的概率要求为 α，则双侧的概率应为 2α，并按 $F(Z) = 1 - 2\alpha$ 的要求查概率表求得临界值 Z_α 或 $-Z_\alpha$，如图 8-3、图 8-4 所示。

将实际求得的 Z 值与事先给定的 Z_α 或 $-Z_\alpha$ 作比较，在左单侧检验中，如果 Z 值等于或小于 $-Z_\alpha$，即 $Z \leqslant -Z_\alpha$，则拒绝原假设，接受备选假设；如果 Z 值大于 $-Z_\alpha$，即 $Z > -Z_\alpha$，则接受原假设。在右单侧检验中，如果 Z 值等于或大于 Z_α，即 $Z \geqslant Z_\alpha$，则拒绝原假设，接受备选假设；如果 Z 值小于 Z_α，即 $Z < Z_\alpha$，则接受原假设。

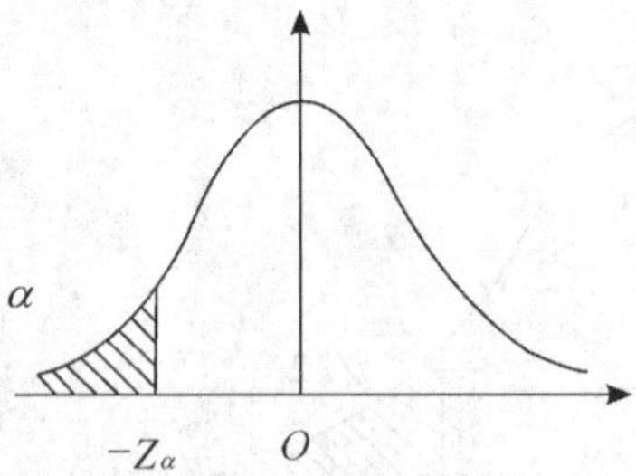

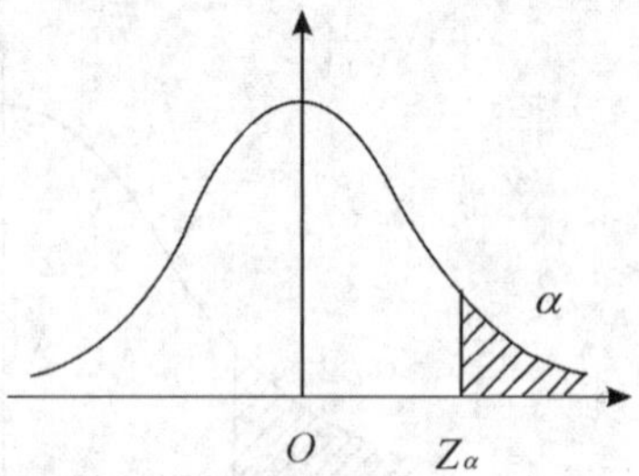

图 8-3 左单侧检验　　图 8-4 右单侧检验

三、Z 检验与 t 检验

在假设检验中，由于样本量和样本资料的限制，而使样本统计量有不同的概率分布，并据此形成 Z 检验和 t 检验两种方法。

（一）Z 检验

Z 检验又称正态分布检验。我们知道，从正态总体中随机抽取容量为 n 的样本，不论 n 的大小，样本平均数 $\bar{x}$ 都服从正态分布 $N(\bar{X},\ \sigma_{\bar{x}}^2)$，而统计量 $Z=\dfrac{\bar{x}-\bar{X}}{\sigma_{\bar{x}}}$ 服从标准正态分布 $N(0,\ 1)$。从一般非正态总体中抽取容量为 n 的样本，当容量 n 很大时，样本平均数也趋近于正态分布 $N(\bar{X},\ \sigma_{\bar{x}}^2)$，而统计量 $Z=\dfrac{\bar{x}-\bar{X}}{\sigma_{\bar{x}}}$ 趋近于标准正态分布。这里抽样平均误差 $\sigma_{\bar{x}}=\dfrac{\sigma}{\sqrt{n}}$ 中，σ 是已知的，因而 $\sigma_{\bar{x}}$ 也是确定的。但常常是总体的标准差 σ 不知道，必须用样本标准差 $S=\sqrt{\dfrac{\sum_{i=1}^{n}(x_i-\bar{x})^2}{n-1}}$ 来代替 σ，即用 $\hat{\sigma}_{\bar{x}}=\dfrac{S}{\sqrt{n}}$ 来代替 $\sigma_{\bar{x}}$。这时，统计量 $t=\dfrac{\bar{x}-\bar{X}}{\hat{\sigma}_{\bar{x}}}$ 不再是标准正态统计量 $Z=\dfrac{\bar{x}-\bar{X}}{\sigma_{\bar{x}}}$ 了，因为 Z 中唯一的变量是 x，而在 t 中除了变量 x 外又加了另一变量 $\hat{\sigma}_{\bar{x}}$。数学上已证明，当样本量足够大（$n>30$）时，统计量 t 的分布趋近于正态分布。因此，在大样本的情况下，我们可以利用正态分布来进行统计推断，包括总体参数的估计和检验。这就是迄今为止我们都用正态分布的统计量 Z 作区间估计和统计检验的原因。

在总体平均数和成数的 Z 检验中，给定显著性水平，并按标准正态分布 $N(0,\ 1)$ 确定相应的临界值 $Z_{\alpha/2}$ 或 Z_α，然后根据实际调查的样本信息计算统计量 Z，并将实际计算的 Z 值和临界值进行对比，再对是接受原假设或拒绝作出决策，检验步骤如前文所述。

（二）t 检验

t 检验又称 t 分布检验。在统计假设检验中，当总体的标准差 σ 未知，而需

要用样本标准差 $S=\sqrt{\dfrac{\sum_{i=1}^{n}(x_i-\bar{x})^2}{n-1}}$ 来代替时，则统计量 $t=\dfrac{\bar{x}-\bar{X}}{S/\sqrt{n}}$ 不再服从标准正态分布，而服从于另一种概率分布，称为 t 分布。t 分布是假定样本取自正态总体并且样本平均数 x 和抽样标准差 $\hat{\mu}_{\bar{x}}$ 相互独立的一种分布。t 分布类似于标准正态分布，其期望值为 0，即 $E(t)=0$，并以它为中心形成钟形的两边对称分布。标准正态分布的方差 $\sigma^2=1$，而 t 分布的方差 $\sigma^2(t)$ 则受自由度 $\nu=n-1$ 这个参数的影响。当自由度很小（即小样本）时，$\sigma^2(t)$ 大于1；当自由度在 30 以上时，t 分布和标准正态分布极为相近，以 S 估计 σ 的误差可以忽略不计；但当自由度很小时，t 分布的 S 变异就很明显，因此 t 分布和标准正态分布就有显著的差别。图 8－5 是自由度为 3 时的 t 分布与标准正态分布的比较。

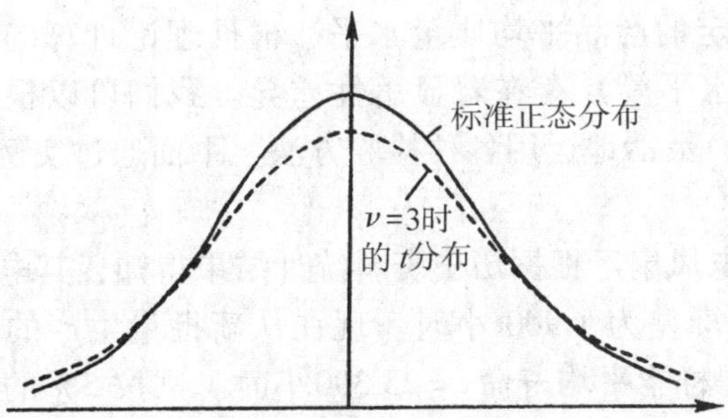

图 8－5　正态分布与 t 分布

t 分布也是左右对称的，但 t 分布的顶部比标准正态分布低，而两端又比较高些。对这个现象的直观解释是，t 分布依赖于两个随机变量 x 和 $\sigma_{\bar{x}}$，在小样本中，x 的极值和 S（或 $\sigma_{\bar{x}}$）的极值很可能会成对出现，所以统计量 t 势必比 Z 分散些。但是当自由度 ν 增大时，t 的变异性减小；当自由度无限增大时，则 t 分布的方差趋近于 1，t 分布与 Z 分布便重叠在一起。由此可见，t 分布受自由度 $\nu=n-1$ 大小的影响。一个自由度决定一个 t 分布，形成 t 分布族。在自由度为 1～30 时，可以按不同自由度编制 30 张 t 分布表。但在假设检验中，我们常用的显著性水平 α 只有 0.005、0.01、0.05、0.10 等几种，则可以选用 t 分布中的部分概率，编制一张综合性的 t 分布表，供统计假设检验时使用。

在 t 分布检验中，我们用 $t_\alpha(\nu)$ 表示自由度为 ν，而显著性水平为 α 的临界值，由于本书所附的 t 分布表 t 值的 α 是双侧分配的，因此在双侧检验中，各边包含着 $\alpha/2$ 的概率面积，上临界值为 $t_{\alpha/2}(\nu)$，而下临界值为 $-t_{\alpha/2}(\nu)$。例如，给定显著性水平 $\alpha=5\%$，则分配两侧的概率面积各为 2.5%，假定自由度 $\nu=10$，查 t 分布表中当自由度为 10 而 $\alpha=0.05$ 时，t 临界值为 2.228，即上临界值 $t_{0.025}(10)=2.228$，下临界值 $-t_{0.025}(10)=-2.228$。在单侧检验中，如果给定单侧显著性水平 α，则应查找 t 分布表的概率为 2α（即各边概率面积为 α）对应的临界值，并确定相应的右临界值 t_α，或左临界值 $-t_\alpha$。例如，要求自由度为15，单侧的显著性水平 $\alpha=0.05$ 时，应该查找 t 分布表的 $2\alpha=0.1$（即每边概率面积为 0.05）相应的右临界值 $t_{0.05}$（15）$=1.753$，或左临界值 $-t_{0.05}$（15）$=-1.753$。

第三节　总体参数检验

一、总体均值检验

总体均值的假设检验就是检验当前的总体平均数是否和事先假设的总体平均数（如生产规程规定的产品平均质量水平、根据理论计算的标准水平、根据历史资料计算的平均水平等）存在着显著性差异。我们可以根据研究问题的要求和样本资料的条件，灵活地运用各种检验方法，下面通过实例介绍各种检验方法的应用。

【例8-1】某电风扇厂根据历史资料统计结果得知，其电风扇平均使用寿命为25 000 小时，标准差为1 900 小时。现在从新批量生产的电风扇中随机抽取400 台做试验，求得样本平均寿命 $\bar{x}=25\ 300$ 小时。试按5%的显著性水平判断新产电风扇的平均使用寿命与通常的使用寿命有没有显著的差异，或者它们属于同一总体的假设是否成立。

解：本题是关于“新产电风扇的平均使用寿命与通常的使用寿命有没有显著的差异”，而不需考虑是正差异还是负差异，所以是双侧检验问题，而且是大样本的 Z 检验。具体求解步骤如下：

（1）设立原假设。H_0：$\bar{X}=25\ 000$ 小时，其意思是总体平均数仍为25 000 小时，样本资料并不显示新批量生产的电风扇平均使用寿命与过去有什么显著的差异，因而所发生的差异完全是随机性的。

设立备选假设 H_1：$\bar{X}\neq 25\ 000$ 小时，其意思和原假设相反，即新批量生产的电风扇的平均使用寿命与通常的平均使用寿命有明显的差异。

（2）给定显著性水平。取 $\alpha=0.05$，由于是双侧检验，则两边拒绝区间的概率各为 $\alpha/2=0.025$，即下临界值为 $-Z_{0.025}$，上临界值为 $Z_{0.025}$，由于拒绝区间的概率 $\alpha=0.05$，因此接受区间的概率为 $1-0.05=0.95$。查“正态概率分布表”得 $Z_{0.025}=1.96$，所以下临界值 $-Z_{0.025}=-1.96$，表示下拒绝区域包括所有小于和等于 -1.96 的 Z 值；上临界值 $Z_{0.025}=1.96$，表示上拒绝区域包括所有大于和等于1.96 的 Z 值。

（3）根据样本信息，计算统计量 Z 的实际值。

$$Z=\frac{\bar{x}-\bar{X}_0}{\sigma/\sqrt{n}}=\frac{25\ 300-25\ 000}{1\ 900/\sqrt{400}}=3.16$$

（4）检验判断。由于实际的 Z 值 $3.16>$ 上临界值 $Z_{0.025}=1.96$，因此我们有理由拒绝原假设 H_0，即推翻新批量生产的电风扇的平均使用寿命和原来没有显著差异的假设，而接受备选假设 H_1，即认为新批量生产的产品质量有明显的提高，或者说，新批量生产的产品和原来的产品并非同一总体。

【例 8-2】某公司年度财务报表的附注中声明，其应收账款的平均计算误差不超过 50 元。审计师从该公司年度内应收账款账户中随机抽取 17 笔进行调查，结果其平均计算误差为 56 元，标准差为 8 元。试以 0.01 的显著性水平评估该公司应收账款的平均计算误差是否超过 50 元。

解：本题的要求是，检验总体平均数是否显著超过原来的声明（假设），因而属于右单侧检验。

（1）设立假设。根据题意，如果调查结果与原来水平有显著的差异（提高），我们就拒绝原假设，所以我们以等于或小于原平均数为原假设，而以大于原平均数为备选假设。

H_0：$\bar{X}\leqslant 50$；H_1：$\bar{X}>50$

（2）给定显著性水平。由于要求检验应收账款计算误差是否有显著的提高，因此只需右侧临界值，不存在左侧临界值。由于是小样本，须用 t 检验，且给定显著性水平 $\alpha=0.01$ 是单侧的要求。考虑到查用方便，“t 分布临界值表”是按单侧和双侧同时设列的，如果单侧要求 $\alpha=0.01$，则双侧就应为 $2\times0.01=0.02$，查 t 分布表得知，自由度 $\nu=n-1=17-1=16$ 时，$t_\alpha(\nu)=t_{0.01}(16)=2.583$。

（3）根据样本资料，计算检验统计量 t 的实际值。

$$t=\frac{\bar{x}-\bar{X}_0}{S/\sqrt{n}}=\frac{56-50}{8/\sqrt{17}}=3.09$$

（4）检验判断。因为 $t>t_\alpha$，即 $3.09>2.583$，检验统计量的样本观察值落入拒绝区域，所以在 0.01 显著性水平下，拒绝原假设。也就是说，该公司应收账款的平均计算误差超过 50 元，原声明不能成立。

【例 8-3】某电池厂生产的某号电池，历史资料表明平均发光时间为1 000 小时，标准差为 80 小时。在最近生产的产品中抽取 100 个电池，测得平均发光时间为 990 小时。若给定显著性水平为 0.05，问新生产的电池发光时间是否有明显的降低。

解：本题是关于总体平均数的左单侧检验问题。

（1）设立假设。原假设 H_0：$\bar{X}\geqslant 1\ 000$ 小时；备选假设 H_1：$\bar{X}<1\ 000$小时。

（2）给定显著性水平。取 $\alpha=0.05$，左侧临界值为 $-Z_\alpha$，由于单侧概率要求 $\alpha=0.05$，则双侧概率应为 $2\times0.05=0.1$。$F(Z_\alpha)=1-0.1=0.9$，查“概率表”得 $Z_\alpha=1.645$，即临界值 $-Z_\alpha=-1.645$。

（3）根据样本平均数，计算统计量 Z 的实际值。

$$Z=\frac{\bar{x}-\bar{X}_0}{S/\sqrt{n}}=\frac{990-1\,000}{80/\sqrt{100}}=-1.25$$

（4）检验判断。由于 Z 值大于 $-Z_\alpha$，即 $-1.25>-1.645$，因此不能拒绝原假设 H_0，即认为现在生产的电池发光时间比正常生产的没有显著降低。

【例 8-4】某牛奶厂生产盒装牛奶，按规定自动装罐的标准盒装净重为 1 000 克。现在从装罐车间生产中抽取 10 盒，实测每盒净重（克）的结果如下：1 010、1 024、994、986、1 016、1 030、1 004、990、980、1 020。给定显著性水平 $\alpha=0.01$，问装罐车间的生产是否正常。

解：由于本题检验的是盒装净重是否符合净重 1 000 克的标准，因此是双侧检验问题，而且是小样本的 t 检验。

（1）设立假设。原假设 H_0：$\bar{X}=1\,000$ 克；备选假设 H_1：$\bar{X}\neq 1\,000$ 克。

（2）给定显著性水平。取 $\alpha=0.01$，由于是双侧检验，自由度 $\nu=n-1=10-1=9$，从"t 分布表"中查得上临界值 $t_{0.005}(9)=3.25$，下临界值 $-t_{0.005}(9)=-3.25$。

（3）计算样本的各项指标值。

样本平均数：$$\bar{x}=\frac{\sum_{i=1}^{n}x_i}{n}=1\,005.4\text{(克)}$$

样本标准差：$$S=\sqrt{\frac{\sum_{i=1}^{n}(x_i-\bar{x})^2}{n-1}}=17.28\text{(克)}$$

样本平均误差：$$\sigma_{\bar{x}}=\frac{S}{\sqrt{n}}=\frac{17.28}{3.16}=5.468\text{（克）}$$

检验统计量：$$t=\frac{\bar{x}-\bar{X}_0}{S/\sqrt{n}}=\frac{1\,005.4-1\,000}{5.468}\approx 1$$

（4）检验判断。由于 t 的实际值 $t=1<$ 临界值 $t_{0.005}(9)=3.25$，因此不能拒绝原假设，即认为该牛奶厂的装罐车间的生产属于正常。

二、总体成数检验

表明现象的数量结构用成数（比率）指标，如产品合格率、电视收视率、升学率、就业率等。若要研究总体成数是否发生显著变化，则可以利用样本成数对总体成数作假设检验。

前面已经讨论过，总体成数 P 可以看作总体（0，1）分布的平均数，其方差为 $P(1-P)$，即

$$E(x)=P$$

$$\sigma=\sqrt{P(1-P)}$$

同样，每个样本的（0，1）分布中，样本成数 p_i 也有

$$E_i(x) = p_i$$

$$\sigma_i(x) = \sqrt{p_i(1-p_i)}$$

而且，抽样平均数和总体平均数的关系，抽样平均误差和总体方差的关系分别为：

$$E(p_i) = P$$

$$\sigma_p = \sqrt{\frac{P(1-P)}{n}}$$

上一章讨论了（0，1）二项分布趋近于正态分布，即当样本容量 n 足够大的时候，样本成数 p_i 趋近于一个平均数为 P、方差为 $\frac{P(1-P)}{n}$ 的正态分布，而统计量 $Z = \frac{p_i - P}{\sqrt{\frac{P(1-P)}{n}}}$ 趋近于标准正态分布。这一事实提供了成数假设检验的基础。

【例 8-5】某化肥厂生产合成氨，按规定含氮量为 80%。现在，每小时取 50 千克，一班 8 小时共抽 400 千克进行检验，测得平均浓度为 84%，试以 5% 的显著性水平检验质量有没有明显的差异。

解：（1）设立假设。原假设 H_0：$P=0.8$；备选假设 H_1：$P \neq 0.8$。

（2）给定显著性水平。取 $\alpha=0.05$，由于是双侧检验，查“概率表”得上临界值 $Z_{0.025}=1.96$，下临界值 $-Z_{0.025}=-1.96$。

（3）根据抽样资料，计算：

$$\sigma_p = \sqrt{\frac{P(1-P)}{n}} = \sqrt{\frac{0.8 \times 0.2}{400}} = 2\%$$

$$Z = \frac{p-P}{\sigma_p} = \frac{0.84-0.8}{0.02} = 2$$

（4）检验判断。由于 $Z=2$，$Z_{0.025}=1.96$，即 $Z > Z_{0.025}$，因此拒绝原假设，即认为合成氨含氮量和标准含量有明显的差异。

【例 8-6】某公司宣称，有 75% 以上的消费者满意其产品的质量。一家市场调查公司受委托调查该公司此项声明是否属实。随机抽样调查 625 位消费者，表示满意该公司产品质量者有 500 人，试问在 0.05 的显著性水平下，该公司的声明是否属实。

解：由于该公司宣称 75% 以上的消费者满意其产品质量，现在要检验该声明是否属实，因此本题是关于总体成数的右单侧检验问题。

（1）设立假设。原假设 H_0：$P \leqslant 75\%$；备选假设 H_1：$P > 75\%$。

（2）给定显著性水平。取 $\alpha=0.05$，由于是单侧检验，查“正态概率分布表”，$F(Z_\alpha)=1-2\alpha=0.90$，得 $Z_\alpha=1.645$。

（3）根据样本资料可得：$p=500/625=0.8$，则检验统计量 Z 的实际值为：

$$\sigma_p=\sqrt{\frac{P\ (1-P)}{n}}=\sqrt{\frac{0.75\times 0.25}{625}}=0.01732$$

$$Z=\frac{p-P}{\sigma_p}=\frac{0.8-0.75}{0.01732}=2.887$$

（4）检验判断。因 $Z=2.887>Z_{0.05}=1.645$，所以拒绝原假设 H_0，认为该公司的声明属实。

三、总体方差检验

方差反映现象在数量上的变异程度，从而也从另一方面反映事物变化的均匀性程度，现象的平均水平可变则相应的差异水平也可变。若要检查总体方差是否发生了显著性变化，则可以利用总体方差的假设检验方法。

在上节总体方差估计中，已介绍用样本方差 $S^2=\frac{\sum_{i=1}^{n}(\bar{x}_i-\bar{X})^2}{n-1}$ 来估计总体方差 σ^2，其中 S^2 的分母 $n-1$ 称为自由度，用 ν 表示，它说明样本 n 个单位中，只有 $n-1$ 个单位可以独立决定。现在的问题是，根据样本资料计算 S^2 之后，怎样判断总体方差 σ^2 是否发生了显著性变化？总体方差检验与总体平均数或成数检验的基本思路是一致的，所不同的是正态分布和 t 分布已经不适用于总体方差的检验，而必须利用另一种概率分布，即 χ^2（卡方）分布来确定方差检验的拒绝或接受临界值，并根据样本方差的实际值建立一个 χ^2 统计量，然后就可以按一般程序进行检验和决策。

从一个方差为 σ^2 的正态分布总体中，独立抽取容量为 n 的样本，构造新的随机变量 η：

$$\eta=\frac{\sum_{i=1}^{n}(x_i-\bar{x})^2}{\sigma^2}=\frac{(n-1)S^2}{\sigma^2} \tag{8.9}$$

则 η 是服从自由度 $\nu=n-1$ 的 χ^2 分布，记为 χ^2_{n-1}。它表明样本方差 S^2 乘以常数因子 $\frac{(n-1)}{\sigma^2}$ 后，服从于自由度 $\nu=n-1$ 的 χ^2 分布。其分布曲线全部处于第一象限，而自由度 ν 是分布的唯一参数，随着自由度不同而有不同的偏斜程度，自由度愈小偏斜度愈大，当自由度超过 30 时，曲线接近于正态分布。

事先编制 χ^2 分布表，以表明 $\eta\geqslant\lambda_1$ 的概率。从 χ^2 分布表中，对应一定的自由度和给定的概率 α，查表就可得到临界值 λ_1，如图 8-6 阴影部分所示。

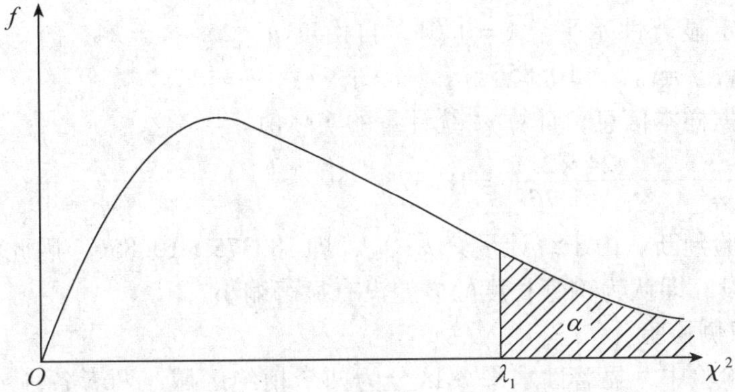

图 8－6 χ^2 分布

例如，当自由度等于 5，而 $\alpha=0.10$ 时，表中对应的 $\lambda_1=9.236$，即表示：

$P(\eta\geqslant 9.236)=0.1$

利用 χ^2 分布表，就可以进行总体方差检验。

（一）右单侧检验

χ^2 分布表事实上就是提供右单侧临界值 χ^2_α。从样本资料求得 χ^2 统计量实际值大于 χ^2_α 时，我们就拒绝原假设，采用备选假设，否则我们就接受原假设。

【例 8－7】某机械厂生产某型号螺栓，正常生产螺栓口径服从于平均数为 $\bar{X}$、方差 $\sigma^2=36$ 毫米的正态分布。现在，从新批量生产的螺栓中抽取 10 只实测，计算样本方差为 42 毫米，试以显著性水平 $\alpha=0.05$ 检验总体方差是否显著提高了。

解：(1) 设立假设。H_0：$\sigma^2\leqslant 36$ ；H_1：$\sigma^2>36$。

(2) 给定显著性水平。$\alpha=0.05$，自由度 $\nu=10-1=9$，查 χ^2 分布表得右临界值 $\chi^2_{0.05}=16.919$。

(3) 根据样本信息，计算 χ^2 统计量的实际值。

$$\chi^2=\frac{(n-1)S^2}{\sigma^2}=\frac{9\times 42}{36}=10.5$$

(4) 检验判断。由于 $\chi^2<\chi^2_{0.05}$，即 $10.5<16.919$，因此不能拒绝原假设，不能认为总体方差有显著的提高。

（二）左单侧检验

由于 χ^2 分布表只提供右单侧临界值，因此给定显著性水平 α 的左单侧临界值，应该用 $\chi^2_{1-\alpha}$ 来代替，并且规定，当根据样本信息计算 χ^2 统计量的实际值小于 $\chi^2_{1-\alpha}$ 时，就拒绝原假设而接受备选假设，否则我们接受原假设。

【例 8－8】某机器加工某型钢管的长度服从标准差 $\sigma=2.4$ 厘米的正态分布，经技术调整后，选出新生产的 25 根钢管的一个随机样本，求出样本标准差 $S=2.1$ 厘米。试以显著性水平 1% 判断，该机器生产的钢管长度的变异性是否已显著减小。

解：（1）设立假设。H_0：$\sigma^2 \geqslant 2.4^2 = 5.76$；$H_1$：$\sigma^2 < 5.76$。

（2）给定显著性水平。$\alpha = 0.01$，自由度 $\nu = 25 - 1 = 24$，查"χ^2 分布表"得左临界值 $\chi^2_{1-\alpha} = \chi^2_{0.99} = 10.856$。

（3）根据样本信息，计算 χ^2 统计量的实际值。

$$\chi^2 = \frac{(n-1)\ S^2}{\sigma^2} = \frac{24 \times 2.1^2}{5.76} = 18.375$$

（4）检验判断。由于统计量 $\chi^2 > \chi^2_{0.99}$，即 $18.375 > 10.856$，因此我们没有理由拒绝原假设，即认为钢管长度的方差没有显著缩小。

（三）双侧检验

在双侧检验中，显著性水平 α 区分为两个拒绝区域，两者各占 $\alpha/2$。由于 χ^2 分布并非对称，必须分别求左临界值 $\chi^2_{1-\alpha/2}$、右临界值 $\chi^2_{\alpha/2}$，并规定，当根据样本信息计算的 $\chi^2 < \chi^2_{1-\alpha/2}$ 或 $\chi^2 > \chi^2_{\alpha/2}$ 时，就拒绝原假设而接受备选假设；当 $\chi^2 > \chi^2_{1-\alpha/2}$ 并且 $\chi^2 < \chi^2_{\alpha/2}$ 时，就没有理由拒绝原假设，认为原假设为真。

【例 8－9】某茶叶进出口公司规定，每包茶叶的重量服从标准差 $\sigma = 10$ 克的正态分布，现在从一批待出口茶叶中随机抽取 16 包，实测样本标准差 $S = 12$ 克。请以 0.02 显著性水平检查该批茶叶的每包重量是否有显著的变异。

解：（1）设立假设。H_0：$\sigma^2 = 10^2 = 100$；H_1：$\sigma^2 \neq 100$。

（2）给定显著性水平。$\alpha = 0.02$，自由度 $\nu = 16 - 1 = 15$，查"χ^2 分布表"，得下临界值 $\chi^2_{1-\alpha/2} = \chi^2_{0.99} = 5.229$，上临界值 $\chi^2_{\alpha/2} = \chi^2_{0.01} = 30.578$。

（3）根据样本信息，计算 χ^2 统计量的实际值。

$$\chi^2 = \frac{(n-1)\ S^2}{\sigma^2} = \frac{15 \times 12^2}{100} = 21.6$$

（4）检验判断。由于 $\chi^2_{0.99} < \chi^2 < \chi^2_{0.01}$，即 $5.229 < 21.6 < 30.578$，我们没有理由拒绝原假设，认为总体方差没有显著的变异，说明该批茶叶就重量来说是合格的。

四、两类错误分析

原假设究竟是真实的还是不真实的，事实上是不知道的。在参数检验中，我们接受原假设仅仅是由于它出现的可能性比较大，而拒绝原假设也仅仅是由于它出现的可能性比较小。这样，按概率大小所作的判断并不能保证百分之百正确，不论是接受原假设还是拒绝原假设都可能犯错误，总是要承担一定的风险。通常，所作的判断不外乎以下四种情况：

（1）原假设是真实的，而作出接受原假设的判断，这是正确的决定。

（2）原假设是不真实的，而作出拒绝接受原假设的判断，这是正确的决定。

（3）原假设是真实的，而作出拒绝原假设的判断，这是犯了第一类型的错误。

（4）原假设是不真实的，而作出接受原假设的判断，这是犯了第二类型的错误。

这四种情况构成如表 8－1 所示的统计决策表。

表 8－1 假设检验的统计决策表

	接 受	拒 绝
H_0 真实	正确的决定（$1-\alpha$）	第一类型错误（α）
H_0 不真实	第二类型错误（β）	正确的决定（$1-\beta$）

在做检验决策的时候，当然希望所有真实的原假设都能得到接受，尽量避免真实的假设被拒绝，少犯或不犯第一类型的错误；也希望所有不真实的原假设都被拒绝，尽量避免不真实的假设被接受，少犯或不犯第二类型的错误。因此，需要对可能犯第一类型或第二类型错误的概率作分析。

假设检验是建立在小概率事件几乎不会发生的原理基础上的，给定显著性水平 α，如果样本平均数或成数与总体平均数或成数差异出现的概率等于或小于 α，则认为此事件可能性很小，因此就拒绝原假设。但是这个差异的发生并不是完全不可能，而是有 α 的可能性存在。这就是说，有 α 的可能性发生原假设是真实的而被拒绝了，所以显著性水平 α 实际上就是犯了第一类型错误的概率，α 也称为拒真概率。犯第一类型错误所引起的损失可能很大，例如，决定大批量生产实际无效的药物，就会造成很大的浪费。因此，要根据实际需要对显著性水平 α 加以控制，α 定得越小，则犯第一类型错误的可能性越小。例如，$\alpha=0.05$，表示可以保证判断时犯第一类型错误的可能性不超过 5%；而当 $\alpha=0.01$ 时，则保证犯第一类型错误的可能性不超过 1%。

但是，第一类型错误和第二类型错误又是一对矛盾，在其他条件不变的情况下，减少犯第一类型错误的可能性，势必增加犯第二类型错误的可能性，即增加原假设是不真实的而又被接受的错误。设犯第二类型错误的概率为 β，则 β 称为纳伪概率。犯第二类型错误也可能引起很大损失，例如，把有显著效果的新药检验为无效，以致不敢投入生产，使某种疾病蔓延、贻害不浅。要比较第一类型错误与第二类型错误的损失哪个更大，就要对不同情况作具体的分析。

如果说 β 表示接受不真实的原假设的概率，那么 $1-\beta$ 就表示拒绝不真实的原假设的概率，$1-\beta$ 的值接近于1，表示不真实的原假设几乎都能够加以拒绝；反之，$1-\beta$ 接近于0，表示犯第二类型错误的可能性是很大的，因此 $1-\beta$ 是表明检验工作做得好坏的一个指标，称为检验功效。一般地说，检验功效和备选假设的真值与不真实的原假设距离有关，离原假设愈远的检验功效也愈高，但是由于备选假设的真值通常是不知道的，而且 β 的大小又和显著性水平 α 成反比变化，因此在假设检验时总是将冒第一类型错误的风险概率固定下来，对所得的结果进行判断。要同时减少第一、二两类错误的概率，只有增加样本单位数，但在实际工作中，不可能无限增大样本容量，因而选择控制第一类型错误便是更切实际的办法，检验程序的设计正是从满足这一要求出发的。

思考题与习题

1. 什么是假设检验？假设检验的基本思路是什么？
2. 试述假设检验和区间估计的联系与区别。
3. 什么是显著性水平和检验临界值？
4. 什么是原假设？什么叫备选假设？
5. 假设检验的一般程序是什么？
6. 什么是双侧检验？什么是单侧检验？它们各自适用于何种情况？
7. 什么是第一类型错误？什么是第二类型错误？两种错误间的关系如何？
8. 某食品公司销售一种果酱，按标准规格每罐净重为250克，标准差是3克。现食品公司从生产该果酱的工厂进了一批货，抽取其中的100罐，测得平均净重为251克。问该批果酱是否符合标准？（$\alpha=0.05$）
9. 根据统计资料，彩电的无故障工作时间服从正态分布，平均无故障工作时间为10 000小时。为了提高彩电的质量水平，延长无故障工作时间，生产厂家采取了改进措施。现抽取100台改进后生产的彩电，得出平均无故障工作时间为10 900小时，标准差为500小时。问能否据此认为彩电的平均无故障工作时间有显著增加？（$\alpha=0.01$）
10. 已知某市青年的初婚年龄服从正态分布。现抽取1 000对新婚青年，发现样本平均年龄为24.5岁，样本标准差为3岁。问是否可以据此认为该地区平均初婚年龄没有达到晚婚年龄（25岁）的标准？（$\alpha=0.05$）
11. 某质量管理部门从一家企业抽查了180件准备出厂的产品作为样本进行检查，发现其中有168件为合格品。问该企业全部产品的合格率是否达到95%？（$\alpha=0.05$）
12. 根据原有资料，某城市居民彩电的拥有率为60%。现根据最新100户的抽样调查，发现彩电的拥有率为62%。问能否认为彩电的拥有率有新增长？（$\alpha=0.05$）
13. 从一个连续对称总体中，抽取一个$n=18$的随机样本，测得样本值如下：
    8，10，17，15，16，20，11，9，10，10，18，15，11，12，19，13，14，12。
    问在显著性水平$\alpha=0.05$下，其中位数是否等于15？
14. 某市全部职工家庭中，订阅某种报纸的占20%。最近，从订阅数量来看，似乎出现减少的迹象。为了检验订阅率是否存在变化，任选100户职工家庭进行调查，获得其样本订阅率p为0.16。问这种报纸的订阅率是否显著地降低了？（取$\alpha=0.06$）
15. 某种型号汽车的制造商保证说，他的汽车使用每升纯净汽油平均行驶里程为50千米。选取9辆汽车的随机样本，每辆汽车用1升纯净汽油行驶。由样本获得的信息是平均值为47.4千米，标准差为4.8千米，使用0.05的显著性水平。问你对汽车制造商的保证作何评价？
16. 在下列练习中，给出显著性水平和试验结果相应的概率值，试述你将作出何种决策——拒绝H_0或接受H_0。
    （1）$\alpha=0.05$，$p=0.65$；　（2）$\alpha=0.01$，$p=0.009$；
    （3）$\alpha=0.01$，$p=0.025$；　（4）$\alpha=0.05$，$p=0.025$；

（5）$\alpha=0.01$，$p=0.10$；　　（6）$\alpha=0.05$，$p=0.49$；

（7）$\alpha=0.05$，$p=0.049$；　（8）$\alpha=0.01$，$p=0.012$。

17. 在下列练习中，给出 H_0、α、P 的观察值以及 H_0 的实际情况，请陈述错误的类型。

（1）H_0：$P=Q=1/2$，$\alpha=0.01$ 单侧检验，$P=0.008$（单侧），H_0 为真。

（2）H_0：$P=Q=1/2$，$\alpha=0.05$ 双侧检验，$P=0.08$（双侧），H_0 为真。

（3）H_0：$P=Q=1/2$，$\alpha=0.05$ 双侧检验，$P=0.06$（双侧），H_0 不真。

（4）H_0：$P=Q=1/2$，$\alpha=0.05$ 双侧检验，$P=0.03$（双侧），H_0 不真。

（5）H_0：$P=Q=1/2$，$\alpha=0.01$ 双侧检验，$P=0.005$（双侧），H_0 不真。

18. 某橡胶厂生产的汽车轮胎平均寿命为 40 000 千米，标准差为 7 500 千米。该厂经过技术革新，试制了一种新型汽车轮胎，技术人员拟抽试 100 只新型轮胎，以判断其寿命是否有所提高。兹选定第一类型错误最大概率不超过 1%，若要获得新型轮胎寿命显著地超过老型轮胎的结论，100 只样本轮胎的平均寿命需要达到多少千米？若新型轮胎的寿命实际为 42 000 千米，而抽样检验的结果却低于所确定的临界里程，从而导致技术人员作出错误判断。问这属于哪一类型的错误？其概率值是多少？并计算其检验力。

第九章　相关与回归

第一节　相关与回归分析的基本问题

一、相关的概念与种类

经济现象之间客观上存在着各种各样的有机联系，一种经济现象的发展变化必然受与之相联系的其他经济现象发展变化的制约与影响。这种依存关系可以分成函数关系和相关关系两大类。

（一）函数关系

函数关系，是指现象之间存在着严格的依存关系。在这种关系中，对于某一变量的每一个数值，都有另一变量的确定值与之相对应，并且这种关系可用一个数学表达式反映出来。例如，在价格一定的条件下，商品销售额与销售量的依存关系。

（二）相关关系

相关关系，是指现象之间存在着非严格的、不确定的依存关系。这种依存关系的特点是：某一现象在数量上发生变化会影响另一现象数量上的变化，而且这种变化在数量上具有一定的随机性。就是说，当给定某一现象以一个数值时，另一现象会有若干个数值与之相对应，并且总是遵循一定的规律，围绕这些数值的平均数上下波动。其原因是，影响现象发生变化的因素不止一个。例如，影响工业总产值的因素除了职工人数外，还有固定资产原值、流动资金和能源供应状况等因素。

相关关系与函数关系是既有区别又有联系的两个概念。两者的区别在于：函数关系所反映的现象之间的具体关系值固定，自变量与因变量在数量上一一对应；相关关系所反映的现象之间的具体关系值不固定，有关现象变动在数量上不是一一对应，而是具有一定的随机性。两者的联系是：函数关系中的有些自变量与因变量由于观测或实验出现误差，其关系值也不可能绝对固定，有时也通过相关关系来反映；相关关系分析也可用函数表达式来近似地反映现象之间的数量依存关系，当随机因素不存在时，相关关系就变为函数关系。因此，函数关系是相关关系的特殊形式。

（三）相关关系的种类

现象之间的相关关系，可以从不同的角度进行分类。

（1）相关关系按变量的多少，可以分为单相关和复相关。单相关是指两个变量之间的相关关系。例如，耐用消费品销售量与居民货币收入之间的关系。复相关是指三个以及三个以上变量之间的相关关系。例如，消费基金与国内生产总值及平均人口的相关关系。

（2）相关关系按相关形式的不同，可以分为线性相关和非线性相关。若相关的两个变量对应值的散布点在直角坐标图上围绕直线波动，则称为线性相关或直线相关。例如，耐用消费品销售量与居民货币收入之间的关系。若相关的两个变量对应值的散布点在直角坐标图上围绕曲线波动，则称为非线性相关或曲线相关。例如，农作物亩产量与施肥量之间的关系。

（3）相关关系按相关方向的不同，可以分为正相关和负相关。正相关是指两个变量之间的变化方向一致，呈一致增长或一致下降的趋势。例如，耐用消费品销售量与居民货币收入之间的关系。负相关是指两个变量之间的变化方向相反，即一个呈下降（上升）而另一个呈上升（下降）趋势。例如，某商场的商品流通费用率与销售额之间的关系。

（4）相关关系按相关程度的高低，可以分为完全相关、不完全相关和不相关。如果一变量的变量值完全由另一个或一组变量值所决定，这种相关关系称为完全相关。因此，完全相关也就是变量之间的一种确定的函数关系。如果一变量的变量值不但与另一个或一组变量值有关，而且受随机因素的影响，则变量之间的相关关系表现为不完全相关。如果一变量的变量值不受另一个或一组变量值的影响，彼此独立，则变量之间没有相关关系，即为不相关。由于社会经济现象的数量表现多数具有随机性质，因此它们之间的关系通常表现为不完全相关。

此外，相关关系按变量之间的依存关系，还可以分为单向因果关系、互为因果关系和分不清因果的依存关系。单向因果关系，是指两变量之间因果分明，不能互相转化的相关关系。例如，农作物亩产量与施肥量之间的关系。互为因果关系，是指两变量之间互相影响、能互相转化的相关关系。例如，身高与体重之间的关系。分不清因果的依存关系，是指两变量之间只存在互相联系而并不存在明显的因果关系。例如，工业总产值与耗电量之间的关系。

二、回归的概念与种类

（一）回归的概念

回归最初是遗传学中的一个名词，是由英国生物学家兼统计学家高尔登（Galton，1822—1911）首先提出来的。他在研究人类的身高时，发现高个子父母的子女身高有低于其父母身高的趋势；而矮个子父母的子女身高往往有高于其父母身高的趋势。从整个发展趋势看，高个子回归于人口的平均身高，而矮个子则从另一方向回归于人口的平均身高。回归这一名词，从此便一直为生物学和统计学所沿用。

回归的现代概念与过去大不相同。一般来说，回归是研究自变量与因变量之间关系形式的分析方法，其目的在于根据已知自变量来估计和预测因变量的总平均值。例如，农作物亩产量对施肥量、降雨量和气温有着依存关系。通过对这一依存关系的分析，在已知有关施肥量、降雨量和气温信息的条件下，可以预测农作物的平均亩产量。

（二）回归的种类

回归可以从不同的角度进行分类，常用的分类如下：

（1）回归按变量的多少，可以分为一元回归方程和多元回归方程。一元回归方程是根据某一因变量与一个自变量之间的相关关系建立的方程。例如，根据耐用消费品销售量与居民货币收入的相关关系建立的回归方程。多元回归方程是根据某一因变量与两个或两个以上自变量之间的相关关系建立的回归方程。例如，根据农作物亩产量与施肥量、降雨量、气温的相关关系建立的回归方程。

（2）回归按是否线性，可以分为线性回归方程和非线性回归方程。在线性回归方程中，因变量与自变量的关系是呈直线型的。例如，耐用消费品销售量与居民货币收入的关系。在非线性回归方程中，因变量与自变量的关系是呈曲线型的。例如，某商店的商品流通费用率与销售额的关系。

（3）回归按是否有滞后关系，可以分为自身回归方程和无自身回归现象的回归方程。自身回归方程是指一个变量自身随时间的不同，其值在前后期（前一期或前几期）之间表现出一定的依存关系。如某些水果有大小年之分，本年的产量与前年的产量有关。

此外，回归按是否带虚拟变量，可分为普通回归方程和带虚拟变量回归方程。

三、相关分析与回归分析的区别与联系

相关分析与回归分析均为研究及测度两个或两个以上变量之间关系的方法。相关分析是研究两个或两个以上随机变量之间相互依存关系的方向和密切程度的方法，直线相关用相关系数表示，曲线相关用相关指数表示，多元相关用复相关系数表示。回归分析是研究某一因变量与一个或几个自变量之间数量关系变动趋势的方法，由回归分析求出的关系称为回归方程。

这两种分析的区别是：相关分析研究的都是随机变量，并且不分自变量与因变量；回归分析研究的变量要定出自变量与因变量，并且自变量是确定的普通变量，因变量是随机变量。这两种分析的联系是：它们是研究现象之间相互依存关系的两个不可分割的方面。在实际工作中，一般先进行定性的相关分析；然后计算相关系数，拟合适当的回归方程，进行显著性检验；最终用回归方程进行推算或预测。

四、相关分析与回归分析的作用

相关与回归既可用来分析同一时期的变量数列（静态分析），也可用来分析不同时期的时间数列（动态分析），在社会经济分析中具有重要作用。

（1）可以研究经济现象之间的相关形式、相关方向和密切程度，认识其数量变化的规律性；

（2）可以对经济现象进行推算和预测，为各级领导鉴往知来、科学地制定经济政策和管理决策提供依据；

（3）可以用于补充缺少的资料。

五、相关分析与回归分析的步骤

相关分析与回归分析的步骤如下：

（1）进行相关关系的定性分析；

（2）确定回归方程；

（3）计算相关系数或相关指数，对回归方程变量之间的相关性进行显著性检验；

（4）利用回归方程式进行推算和预测；

（5）对推算和预测作出置信区间估计。

第二节　直线相关与简单直线回归分析

直线相关与简单直线回归分析是对两个具有线性关系的变量，研究其相关性，配合线性回归方程，并根据自变量的变动来推算和预测因变量平均发展趋势的方法。

一、相关图

对于两个变量之间相关关系的分析，常用的方法是相关图法。所谓相关图法就是将具有相关关系的两列成对的变量值，在直角坐标图上标出每对变量值的散布点（坐标点），以其散布点的分布状况来判别相关形式、相关方向和密切程度的方法。先用相关图对数列进行分析，可以为正确选择回归分析的数学表达式提供依据。例如，两变量之间的几种相关图形及差别方法如图 9－1 所示。

二、简单直线回归分析

在相关图分析的基础上，可以选择一定的回归方程式进行定量分析。对两个具有线性关系的变量，配合线性回归方程，并根据自变量的变动来测定因变量平均发展趋势的分析方法，称为简单直线回归分析。它是回归分析中最基本、最常用的方法。

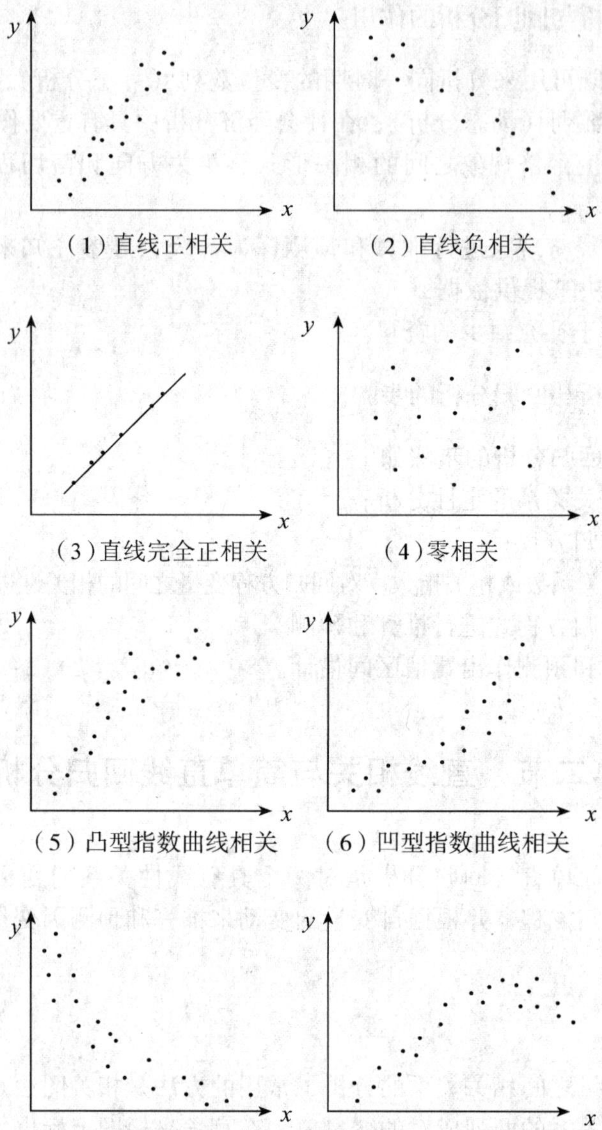

图9－1　相关图

（一）简单直线回归分析的特点

（1）两个变量的地位不是对等关系。在进行回归分析时，必须根据研究目的，确定哪个变量是自变量，哪个变量是因变量。

（2）因变量为随机变量，而自变量为非随机变量，即可以预先给定或控制的变量。

(3) 回归方程可利用自变量的给定值来推算因变量的相应值。它反映的是自变量与因变量之间的具体变动关系。

(4) 回归系数可正可负。正号说明两变量为正相关；负号说明两变量为负相关。

(二) 简单直线回归方程

设 x 为自变量，y 为因变量，y 与 x 之间存在某种线性关系，其简单直线回归方程为：

$$\hat{y}_i = a + bx_i \tag{9.1}$$

式中，a 和 b 是两个待定参数，其中 a 是直线 $\hat{y}_i$ 在 y 轴上的截距，当 $x_i = 0$ 时，$\hat{y}_i = a$。b 是直线 $\hat{y}_i$ 的斜率，也称回归系数，它表明自变量增加（或减少）一个单位，因变量相应增加（或减少）一个单位。当 $b > 0$ 时，x 与 y 为正相关，当 $b < 0$ 时，x 与 y 为负相关。

估计回归方程的参数有许多方法，其中使用最广泛的是最小平方法，下面我们采用最小平方法来估计回归方程的参数。

最小平方法的中心思想是通过数学方程，配合一条较为理想的趋势线，这条趋势线必须满足两个条件：

(1) 原数列的观测值与方程的估计值的离差平方和为最小；

(2) 原数列的观测值与方程的估计值的离差总和为零。

现以公式表示如下：

$$\sum_{i=1}^{n}(y_i - \hat{y}_i)^2 = \text{最小值}$$

$$\sum_{i=1}^{n}(y_i - \hat{y}_i) = 0$$

公式中：y 代表原数列的观测值；

$\hat{y}$ 代表回归方程的估计值。

根据最小平方法的要求，得：

$$Q = \sum_{i=1}^{n}(y_i - \hat{y}_i)^2 = \sum_{i=1}^{n}(y_i - a - bx_i)^2$$

根据极值原理，为使 Q 具有最小值，对 a 和 b 分别求偏导数，并令其等于零，即

$$\frac{\partial Q}{\partial a} = -2\sum_{i=1}^{n}(y_i - a - bx_i) = 0$$

$$\frac{\partial Q}{\partial b} = -2\sum_{i=1}^{n}(y_i - a - bx_i)x_i = 0$$

整理两个标准方程：

$$\sum_{i=1}^{n} y_i = na + b\sum_{i=1}^{n} x_i$$

$$\sum_{i=1}^{n} x_i y_i = a\sum_{i=1}^{n} x_i + b\sum_{i=1}^{n} x_i^2$$

对上面两个等式联立求解，解出 a、b 参数为：

$$b = \frac{n\sum_{i=1}^{n} x_i y_i - \sum_{i=1}^{n} x_i \sum_{i=1}^{n} y_i}{n\sum_{i=1}^{n} x_i^2 - (\sum_{i=1}^{n} x_i)^2}$$

$$a = \frac{\sum_{i=1}^{n} y_i}{n} - b\frac{\sum_{i=1}^{n} x_i}{n}$$

【例 9－1】某地区 2005—2016 年国内生产总值和固定资产投资完成额资料如表 9－1 所示。

要求：根据表 9－1 中的资料，绘制相关图并配合适当的回归方程。

表 9－1 简单直线回归方程计算表　　单位：亿元

年 份	国内生产总值 y_i	固定资产投资完成额 x_i	$x_i y_i$	x_i^2	y_i^2
2005	195	20	3 900	400	38 025
2006	210	20	4 200	400	44 100
2007	244	26	6 344	676	59 536
2008	264	35	9 240	1 225	69 696
2009	294	52	15 288	2 704	86 436
2010	314	56	17 584	3 136	98 596
2011	360	81	29 160	6 561	129 600
2012	432	131	56 592	17 161	186 624
2013	481	149	71 669	22 201	231 361
2014	567	163	92 421	26 569	321 489
2015	655	232	151 960	53 824	429 025
2016	704	202	142 208	40 804	495 616
合 计	4 720	1 167	600 566	175 661	2 190 104

解：（1）绘制相关图。设国内生产总值为 y，固定资产投资完成额为 x，建立直角坐标，绘制相关图（图略）。由散点图形看出两者为线性关系，可以配合简单直线回归方程。

（2）建立简单直线回归方程：

$$\hat{y}_i = a + bx_i$$

（3）估计参数。列表计算有关数据（见表 9－1），计算结果得：

$$b = \frac{n\sum_{i=1}^{n} x_i y_i - \sum_{i=1}^{n} x_i \sum_{i=1}^{n} y_i}{n\sum_{i=1}^{n} x_i^2 - (\sum_{i=1}^{n} x_i)^2} = \frac{12 \times 600\,566 - 1\,167 \times 4\,720}{12 \times 175\,661 - 1\,167^2}$$

$$= \frac{1\,698\,552}{746\,043} = 2.276\,7$$

$$a=\frac{\sum_{i=1}^{n}y_i}{n}-b\frac{\sum_{i=1}^{n}x_i}{n}=\frac{4\,720}{12}-2.276\,7\times\frac{1\,167}{12}=171.924\,3$$

所求简单直线回归方程为：

$\hat{y}_i=171.924\,3+2.276\,7x_i$

上式表明固定资产投资完成额每增加1亿元，国内生产总值将增加2.2767亿元，两者为正相关关系。

三、直线相关分析

（一）直线相关分析的特点

在线性相关分析中采用相关系数来测定两变量之间的联系程度的方法，称为直线相关分析。它具有以下几个特点：

（1）两个变量的地位是对等关系。直线相关分析研究的两个变量不分彼此，不反映任何自变量和因变量的关系，是完全对等的关系。

（2）只能算出一个相关系数。相关系数是一个绝对值在0与1之间的系数，其值的大小反映两变量之间相关关系的密切程度，由于两变量的地位是对等的，因此改变两变量的地位不影响相关系数的数值。

（3）相关系数有正负号，分别表示正相关和负相关。

（4）相关的两个变量都是随机变量。

（二）相关系数

在相关与回归分析中，正确判别变量之间的相互关系、计算相关系数是至关重要的。为了阐明相关系数的性质，需要从变差的分析开始。

1. 离差平方和的分解

在简单直线回归方程中，观测值 y 的取值大小是上下波动的，这种波动现象称为变差。变差的产生由两方面原因引起：①受自变量变动的影响，即 x 取值的不同；②其他因素（包括观测和实验中产生的误差）的影响。为了分析这两方面的影响，需要对总变差进行分解。

对每一个观测值来说，变差的大小可以通过该观测值 y 与其算术平均数 $\bar{y}$ 的离差来表示，而全部观测值的总变差可由这些离差的平方和来表示：

$$L_{yy}=\sum_{i=1}^{n}(y_i-\bar{y})^2$$

式中，L_{yy} 称为总变差。

$$\text{因为 } L_{yy}=\sum_{i=1}^{n}(y_i-\bar{y})^2=\sum_{i=1}^{n}\left[(y_i-\hat{y}_i)+(\hat{y}_i-\bar{y})\right]^2$$

$$=\sum_{i=1}^{n}(y_i-\hat{y}_i)^2+\sum_{i=1}^{n}(\hat{y}_i-\bar{y})^2+2\sum_{i=1}^{n}(y_i-\hat{y}_i)(\hat{y}_i-\bar{y})$$

由于交叉项等于零，故总变差为：

$$\sum_{i=1}^{n}(y_i-\bar{y})^2=\sum_{i=1}^{n}(y_i-\hat{y}_i)^2+\sum_{i=1}^{n}(\hat{y}_i-\bar{y})^2$$

或记为：$L_{yy}=Q+U$

等式右边的 U 称为回归变差（或回归平方和），它是通过 x 与 y 的线性关系由自变量 x 的变动而引起的；等式右边的 Q 称为剩余变差（或残差平方和），它是由观测和实验中产生的误差以及其他未加控制的因素引起的。

2. 可决系数 R^2

可决系数是回归变差与总变差之比，它是评价两个变量之间线性相关关系强弱的一个重要指标。其计算公式为：

$$R^2=\frac{\sum_{i=1}^{n}(\hat{y}_i-\bar{y})^2}{\sum_{i=1}^{n}(y_i-\bar{y})^2}=1-\frac{\sum_{i=1}^{n}(y_i-\hat{y}_i)^2}{\sum_{i=1}^{n}(y_i-\bar{y})^2}\tag{9.2}$$

3. 相关系数 R

相关系数是可决系数的平方根，它是简单直线回归分析中用来衡量两个变量之间相关关系密切程度的重要指标。相关系数有两种定义方法：

（1）根据总变差定义：

$$R=\sqrt{\frac{\sum_{i=1}^{n}(\hat{y}_i-\bar{y})^2}{\sum_{i=1}^{n}(y_i-\bar{y})^2}}=\sqrt{1-\frac{\sum_{i=1}^{n}(y_i-\hat{y}_i)^2}{\sum_{i=1}^{n}(y_i-\bar{y})^2}}\tag{9.3}$$

（2）根据积差法定义：

因为 $$\frac{\sum_{i=1}^{n}(\hat{y}_i-\bar{y})^2}{\sum_{i=1}^{n}(y_i-\bar{y})^2}=\frac{\sum_{i=1}^{n}(a+bx_i-a-b\bar{x})^2}{\sum_{i=1}^{n}(y_i-\bar{y})^2}=\frac{b^2\sum_{i=1}^{n}(x_i-\bar{x})^2}{\sum_{i=1}^{n}(y_i-\bar{y})^2}$$

$$=\left[\frac{\sum_{i=1}^{n}(x_i-\bar{x})(y_i-\bar{y})}{\sum_{i=1}^{n}(x_i-\bar{x})^2}\right]^2\cdot\frac{\sum_{i=1}^{n}(x_i-\bar{x})^2}{\sum_{i=1}^{n}(y_i-\bar{y})^2}$$

$$=\frac{\left[\sum_{i=1}^{n}(x_i-\bar{x})(y_i-\bar{y})\right]^2}{\sum_{i=1}^{n}(x_i-\bar{x})^2\sum_{i=1}^{n}(y_i-\bar{y})^2}$$

所以，根据积差法定义的相关系数为：

$$R=\frac{\sum_{i=1}^{n}(x_i-\bar{x})(y_i-\bar{y})}{\sqrt{\sum_{i=1}^{n}(x_i-\bar{x})^2}\sqrt{\sum_{i=1}^{n}(y_i-\bar{y})^2}}\tag{9.4}$$

由于根据积差法定义的相关系数不需要先求回归方程的剩余变差，可以直接从样本数据中计算得到，因此在实际计算中用得较为广泛。用积差法计算相关系数计算量仍然较大，因此，根据平均数的数学性质可将其简化为：

$$R = \frac{n\sum_{i=1}^{n}x_i y_i - \sum_{i=1}^{n}x_i\sum_{i=1}^{n}y_i}{\sqrt{n\sum_{i=1}^{n}x_i^2 - (\sum_{i=1}^{n}x_i)^2}\sqrt{n\sum_{i=1}^{n}y_i^2 - (\sum_{i=1}^{n}y_i)^2}} \tag{9.5}$$

从上述定义可以看出，相关系数的取值范围为 $-1\leqslant R\leqslant 1$，相关系数为正值表示正相关，相关系数为负值表示负相关，相关系数 R 的绝对值的大小表示相关程度的高低。

①当 $R=0$ 时，说明回归变差为 0，自变量 x 的变动对总变差毫无影响，这种情况称为零相关。

②当 $|R|=1$ 时，说明回归变差等于总变差，总变差的变化完全由自变量 x 的变化所引起，这种情况称为完全相关。这时自变量 x 与因变量 y 的关系已转化为函数关系。

③当 $0<|R|<1$ 时，说明自变量 x 的变动对总变差有部分影响，这种情况称为普通相关。其中，R 的绝对值愈大，表示相关程度愈高。一般情况下，当 $|R|>0.8$，即 $R^2>0.64$ 时，说明自变量 x 的变动对总变差的影响占一半以上，称为高度相关；当 $|R|<0.3$，即 $R^2<0.09$ 时，说明自变量 x 的变动对总变差的影响小于9%，称为低度相关；当 $0.3\leqslant|R|\leqslant 0.8$ 时，说明自变量 x 的变动对总变差的影响程度在9% ~64%之间，称为中度相关。

（三）显著性检验

相关系数愈大说明两个变量之间的相关关系愈密切，但相关系数的绝对值大到什么程度时，才能认为两变量的相关关系是显著的、用回归方程来推算和预测是有意义的？只有根据具体的条件和要求，通过相关系数检验法的检验才能加以判别。相关系数检验法的步骤如下：

第一步，计算相关系数。

第二步，根据回归方程的自由度（$n-m$）和给定的显著性水平 α 值，从相关系数临界值表中查出临界值 R_α（$n-m$）。

第三步，判别。若 $|R|\geqslant R_\alpha$（$n-m$），表明两变量之间线性相关关系显著，检验通过，这时可以用回归方程来推算和预测；若 $|R|<R_\alpha$（$n-m$），表明两变量之间线性相关关系不显著，检验不通过，这时就不能用回归方程来推算和预测，应分析其原因，对回归方程重新加以处理。

【例9-2】根据表9-1中的数据进行显著性检验。

（1）计算相关系数：

$$R = \frac{n\sum_{i=1}^{n} x_i y_i - \sum_{i=1}^{n} x_i \sum_{i=1}^{n} y_i}{\sqrt{n\sum_{i=1}^{n} x_i^2 - (\sum_{i=1}^{n} x_i)^2}\sqrt{n\sum_{i=1}^{n} y_i^2 - (\sum_{i=1}^{n} y_i)^2}}$$

$$= \frac{12 \times 600\,566 - 1\,167 \times 4\,720}{\sqrt{12 \times 175\,661 - (1\,167)^2}\sqrt{12 \times 2\,190\,104 - 4\,720^2}}$$

$$= \frac{1\,698\,552}{1\,728\,090.487} = 0.982\,9$$

（2）当显著性水平 $\alpha = 0.05$、自由度 $= n - m = 12 - 2 = 10$ 时，查相关系数临界值表得：$R_{0.05}$（10）$= 0.576$。

（3）判别。因 $R = 0.982\,9 > 0.576 = R_{0.05}$（10），故在 $\alpha = 0.05$ 显著性水平上，检验通过，说明两变量之间相关关系显著。

四、估计标准误差

通过相关系数的检验后，就可以使用回归方程进行推算和预测。但是，要了解它的可靠性如何，观测值与估计值之间的平均离差程度如何，就需要计算估计标准误差。

估计标准误差也称剩余标准差，它是剩余变差的平均数的方根，估计标准误差以回归直线为中心，反映各观测值与估计值之间的平均离差程度。其计算公式为：

$$S_y = \sqrt{\frac{\sum_{i=1}^{n}(y_i - \hat{y}_i)^2}{n - m}} \tag{9.6}$$

在实际应用时，可用其简捷公式：

$$S_y = \sqrt{\frac{\sum_{i=1}^{n} y_i^2 - a\sum_{i=1}^{n} y_i - b\sum_{i=1}^{n} x_i y_i}{n - m}} \tag{9.7}$$

从上式可以看出，若各观测值与估计值的平均离差愈小，说明两变量之间的线性关系愈密切；若各观测值与估计值的平均离差愈大，则说明两变量之间的线性关系愈不密切。

根据正态分布的性质，对于固定的 x，y 取值是以 $\hat{y}$ 为中心而对称分布的，愈靠近 $\hat{y}$ 的地方出现的机会愈大，反之出现的机会就愈小，且实际观测值 y：

落在 $\hat{y} \pm S_y$ 区间内的概率为 68.27%；

落在 $\hat{y} \pm 2S_y$ 区间内的概率为 95.45%；

落在 $\hat{y} \pm 3S_y$ 区间内的概率为 99.73%。

由此可见，S_y 愈小，则根据简单直线回归方程推算和预测的结果就愈精确。因此，通常把估计标准误差作为估计回归方程精确度的标志。

【例 9－3】根据表 9－1 中的数据，如果 2017 年该地区固定资产投资完成额为 249 亿元，试以 95.45% 的概率保证程度估计 2017 年国内生产总值的置信区间。

（1）计算估计标准误差：

$$S_y = \sqrt{\frac{\sum_{i=1}^{n} y_i^2 - a\sum_{i=1}^{n} y_i - b\sum_{i=1}^{n} x_i y_i}{n-m}}$$

$$= \sqrt{\frac{2\,190\,104 - 171.924\,3 \times 4\,720 - 2.276\,7 \times 600\,566}{12-2}}$$

$$= \sqrt{\frac{11\,312.691\,8}{10}} = 33.634\,3$$

（2）预测 2017 年该地区国内生产总值。当 $x_0 = 249$ 亿元时，代入简单直线回归方程得：

$\hat{y}_0 = 171.924\,3 + 2.276\,7 \times 249 = 738.822\,6$（亿元）

（3）置信区间。当概率为 95.45% 时，该方程的置信区间为：

$\hat{y}_0 \pm 2S_y = 738.822\,6 \pm 2 \times 33.634\,3$

即当 2017 年该地区固定资产投资完成额为 249 亿元时，在 95.45% 的概率保证程度下，国内生产总值的置信区间为 671.554 0 亿～806.091 2 亿元。

五、相关与回归在计算上的联系

相关与回归在计算上的联系包括两方面：一方面是先求出回归方程和估计标准误差，利用估计标准误差计算相关系数；另一方面是先求出相关系数，再利用相关系数求回归方程。

（一）从回归求相关

由前面离差平方和的分解可知，总变差可以分解为剩余变差与回归变差两部分，即

$$\sum_{i=1}^{n}(y_i - \bar{y})^2 = \sum_{i=1}^{n}(y_i - \hat{y}_i)^2 + \sum_{i=1}^{n}(\hat{y}_i - \bar{y})^2$$

或记为：$L_{yy} = Q + U$

相关系数 $R = \sqrt{\frac{U}{L_{yy}}} = \sqrt{1 - \frac{Q}{L_{yy}}}$

因为 $\sigma_y^2 = \frac{L_{yy}}{n}$，$S_y^2 = \frac{Q}{n-2}$，所以上式可以写成：

$$R = \sqrt{1 - \frac{S_y^2}{\sigma_y^2}\left(1 - \frac{2}{n}\right)} \qquad (9.8)$$

在 n 相当大的条件下，$\left(1 - \frac{2}{n}\right) \to 1$，因此上式还可以写成：

$$R=\sqrt{1-\frac{S_y^2}{\sigma_y^2}} \tag{9.9}$$

因为上述公式计算的相关系数总为正数，所以，按上述公式计算的相关系数的符号应由回归系数 b 的正负号决定。

【例 9－4】根据表 9－1 中的数据，已知剩余变差 $Q=11\,312.691\,8$，总变差 $L_{yy}=333\,570.666\,7$，则：

$$R=\sqrt{1-\frac{Q}{L_{yy}}}=\sqrt{1-\frac{11\,312.691\,8}{333\,570.666\,7}}=0.982\,9$$

计算结果与积差法计算结果相同。

（二）从相关求回归

前面已推导出积差法计算的相关系数公式为：

$$R=\frac{n\sum_{i=1}^{n}x_i y_i-\sum_{i=1}^{n}x_i\sum_{i=1}^{n}y_i}{\sqrt{n\sum_{i=1}^{n}x_i^2-(\sum_{i=1}^{n}x_i)^2}\sqrt{n\sum_{i=1}^{n}y_i^2-(\sum_{i=1}^{n}y_i)^2}}$$

等式右边的分子分母同时除以 n^2，则有：

$$R=\frac{\sigma_{xy}^2}{\sigma_x\sigma_y} \tag{9.10}$$

公式中：$\sigma_{xy}^2=\overline{xy}-\bar{x}\bar{y}$ 为 x、y 数列的协方差；

$\sigma_x=\sqrt{\overline{x^2}-(\bar{x})^2}$ 为 x 数列的标准差；

$\sigma_y=\sqrt{\overline{y^2}-(\bar{y})^2}$ 为 y 数列的标准差。

因此，简单直线回归方程 $\hat{y}_i=a+bx_i$ 的待定参数为：

$$b=\frac{n\sum_{i=1}^{n}x_i y_i-\sum_{i=1}^{n}x_i\sum_{i=1}^{n}y_i}{n\sum_{i=1}^{n}x_i^2-(\sum_{i=1}^{n}x_i)^2}=\frac{\sigma_{xy}^2}{\sigma_x^2}$$

$$a=\bar{y}-b\bar{x}=\bar{y}-\frac{\sigma_{xy}^2}{\sigma_x^2}\bar{x}$$

将 a、b 公式代入简单直线回归方程得：

$$\hat{y}_i=\bar{y}-\frac{\sigma_{xy}^2}{\sigma_x^2}\bar{x}+\frac{\sigma_{xy}^2}{\sigma_x^2}x_i=\bar{y}+\frac{\sigma_{xy}^2}{\sigma_x^2}(x_i-\bar{x})=\bar{y}+\frac{\sigma_{xy}^2}{\sigma_x\sigma_y}\times\frac{\sigma_y}{\sigma_x}(x_i-\bar{x})$$

将相关系数 R 代入上式，整理得：

$$\hat{y}_i=\bar{y}+R\frac{\sigma_y}{\sigma_x}(x_i-\bar{x})$$

【例 9－5】根据表 9－1 中的数据，已知：$\bar{x}=97.25$，$\bar{y}=393.333\,3$，$R=0.982\,9$，$L_{xx}=62\,170.25$，$L_{yy}=333\,570.666\,7$，$n=12$。则：

$$\sigma_x = \sqrt{\frac{L_{xx}}{n}} = \sqrt{\frac{62\ 170.25}{12}} = 71.978\ 2$$

$$\sigma_y = \sqrt{\frac{L_{yy}}{n}} = \sqrt{\frac{333\ 570.666\ 7}{12}} = 166.726\ 0$$

$$\hat{y}_i = 393.333\ 3 + 0.982\ 9 \times \frac{166.726\ 0}{71.978\ 2}(x_i - 97.25)$$

计算、整理得：

$$\hat{y}_i = 171.924\ 3 + 2.276\ 7x_i$$

其计算结果与直接用最小平方法计算的结果相同。

第三节　曲线相关与曲线回归分析

两变量之间的关系不是直线型，而是存在某种曲线关系，这时就必须运用曲线相关与曲线回归进行分析。

一、曲线相关与曲线回归的概念和分类

曲线相关，是指相关的两个变量对应值的散布点在直角坐标图上呈某种曲线形状的关系式，也称非线性相关。根据曲线相关的变量拟合的回归方程称为曲线回归方程，也称非线性回归方程。常见的一元曲线回归方程有下列几种类型：

（1）双曲线回归方程：

$$\hat{y}_i = a + b\frac{1}{x_i} \tag{9.11}$$

（2）对数曲线回归方程：

$$\hat{y}_i = a + b\ln x_i \tag{9.12}$$

（3）二次曲线回归方程：

$$\hat{y}_i = a + bx_i + cx_i^2 \tag{9.13}$$

（4）指数曲线回归方程：

$$\hat{y}_i = ab^{x_i} \tag{9.14}$$

上述（1）（2）（3）类方程通过简单的变量换元可直接化为线性回归方程，由于这类方程的因变量没有变形，故可以直接采用最小平方法估计其待定参数；在第（4）类方程中，经常要通过对数变形代换间接地化为线性回归方程，由于这类方程在对数变换后形似线性回归方程，故可利用这一对数形式，间接地采用最小平方法估计其待定参数。上述四种曲线回归方程由于可直接或间接地化为线性回归方程，故又称为可线性化的曲线回归方程。

二、可线性化的曲线回归方程的方程变换及相关指数的计算

对于上述（1）（2）（3）类可线性化的曲线回归方程，主要是通过简单的

变量换元，化曲线回归方程为直线回归方程，然后再采用最小平方法估计参数并进行一系列的计算。其换元过程和相关指数计算公式如表 9－2 所示：

表 9－2　可线性化曲线方程的换元过程和相关指数的计算

原方程	方程代换	代换后方程	相关指数
$\hat{y}_i = a + b\dfrac{1}{x_i}$	$x_i' = \dfrac{1}{x_i}$	$\hat{y}_i = a + bx_i'$	$R = \dfrac{n\sum_{i=1}^{n} x_i'y_i - \sum_{i=1}^{n} x_i'\sum_{i=1}^{n} y_i}{\sqrt{n\sum_{i=1}^{n} x_i'^2 - (\sum_{i=1}^{n} x_i')^2}\sqrt{n\sum_{i=1}^{n} y_i^2 - (\sum_{i=1}^{n} y_i)^2}}$
$\hat{y}_i = a + b\ln x_i$	$x_i' = \ln x_i$	$\hat{y}_i = a + bx_i'$	$R = \dfrac{n\sum_{i=1}^{n} x_i'y_i - \sum_{i=1}^{n} x_i'\sum_{i=1}^{n} y_i}{\sqrt{n\sum_{i=1}^{n} x_i'^2 - (\sum_{i=1}^{n} x_i')^2}\sqrt{n\sum_{i=1}^{n} y_i^2 - (\sum_{i=1}^{n} y_i)^2}}$
$\hat{y}_i = a + bx_i + cx_i^2$	$x_i' = x_i^2$	$\hat{y}_i = a + bx_i + cx_i'$	$R = \sqrt{1 - \dfrac{\sum_{i=1}^{n} y_i^2 - a\sum_{i=1}^{n} y_i - b\sum_{i=1}^{n} x_i y_i - c\sum_{i=1}^{n} x_i'y_i}{\sum_{i=1}^{n} y_i^2 - n(\sum_{i=1}^{n} y_i)^2}}$

【例 9－6】某商店 2007—2016 年商品流通费用率和商品零售额资料如表 9－3所示。

表 9－3　直线换元法计算表

年　份	商品流通费用率 y（%）	商品零售额 x（百万元）	$x' = \dfrac{1}{x}$	$x'y$	x'^2	y^2
2007	7.0	10.2	0.098 0	0.686 0	0.009 60	49.00
2008	6.2	11.7	0.085 5	0.530 1	0.007 31	38.44
2009	5.8	13.0	0.076 9	0.446 0	0.005 91	33.64
2010	5.3	15.0	0.066 7	0.353 5	0.004 45	28.09
2011	5.0	16.5	0.060 6	0.303 0	0.003 67	25.00
2012	4.6	19.0	0.052 6	0.242 0	0.002 77	21.16
2013	4.5	22.0	0.045 5	0.204 8	0.002 07	20.25
2014	4.4	25.0	0.040 0	0.176 0	0.001 60	19.36
2015	4.2	28.5	0.035 1	0.147 4	0.001 23	17.64
2016	4.0	32.0	0.031 3	0.125 2	0.000 98	16.00
合　计	51.0	—	0.592 2	3.214 0	0.039 59	268.58

要求：根据表 9－3 中的资料绘制相关图，配合适当的回归方程分析商品零售额与流通费用率的关系；若 2017 年该商店商品零售额为 36.33 百万元，试对 2017 年该商店商品流通费用作出点预测。

解：(1) 绘制相关图。设商品流通费用率为 y，商品零售额为 x，建立直角坐标，绘制相关图（图略）。由散点图形看出，随着商品零售额的增加，流通费用率有不断下降的趋势，呈双曲线形状。

（2）建立双曲线回归方程：

$$\hat{y}_i = a + b\frac{1}{x_i}，令 x'_i = \frac{1}{x_i}$$

得：

$$\hat{y}_i = a + bx'_i$$

（3）估计参数。列表计算有关数据，见表9-3，由计算结果得：

$$b = \frac{n\sum_{i=1}^{n} x'_i y_i - \sum_{i=1}^{n} x'_i \sum_{i=1}^{n} y_i}{n\sum_{i=1}^{n} x'^2_i - (\sum_{i=1}^{n} x'_i)^2} = \frac{10 \times 3.2140 - 0.5922 \times 51.0}{10 \times 0.03959 - (0.5922)^2}$$

$$= \frac{1.9378}{0.045199} = 42.8726$$

$$a = \frac{\sum_{i=1}^{n} y_i}{n} - b\frac{\sum_{i=1}^{n} x'_i}{n} = \frac{51.0}{10} - 42.8726 \times \frac{0.5922}{10} = 2.5611$$

得双曲线回归方程为：

$$\hat{y}_i = 2.5611 + 42.8726\frac{1}{x_i}$$

（4）计算相关指数：

$$R = \frac{n\sum_{i=1}^{n} x'_i y_i - \sum_{i=1}^{n} x'_i \sum_{i=1}^{n} y_i}{\sqrt{n\sum_{i=1}^{n} x'^2_i - (\sum_{i=1}^{n} x'_i)^2}\sqrt{n\sum_{i=1}^{n} y_i^2 - (\sum_{i=1}^{n} y_i)^2}}$$

$$= \frac{1.9378}{\sqrt{0.045199}\sqrt{10 \times 268.58 - (51.0)^2}} = \frac{1.9378}{1.9578} = 0.9898$$

（5）显著性检验。取显著性水平 $\alpha = 0.05$，自由度 $= n - m = 10 - 2 = 8$，查相关系数临界值表得：$R_{0.05}$（8）$= 0.632$。由于商品零售额增加，流通费用率呈下降趋势，两者之间为负相关关系，相关指数取负值为 -0.9898。因为 $|R| > R_{0.05}$（8），故在 $\alpha = 0.05$ 显著性水平上，检验通过，说明两变量之间相关关系显著，用双曲线回归方程拟合数列进行预测是可靠的。

（6）预测。将2017年该商店商品零售额36.33百万元代入方程，得2017年该商店流通费用率为：

$$\hat{y}_0 = 2.5611 + 42.8726\frac{1}{36.33} = 3.74\%$$

故2017年该商店商品流通费用总额点预测值为1.3587百万元（36.33×3.74%）。

第四节　时间数列自身相关与自身回归分析

时间数列自身相关，是指一个变量自身随时间的不同，其值在前后期（前一期或前几期）之间表现出一定的依存关系。这种时间数列自身相关的现象在社会经济现象中较为普遍。例如，本年产品产量一般与上年产量有关，可用上年产品产量与本年产量的关系进行相关分析；又如，荔枝的产量有大小年之分，其本年的产量与前两年的产量有关，可用前两年的产量与本年产量的关系进行相关分析；再如，美国私人汽车一般是五年更新一次，每年汽车的销售量与五年前的销售量有关，可用前五年的销售量与本年销售量的关系进行相关分析。研究这种时间数列自身相关关系，拟合自身回归方程，对于掌握社会经济现象发展的规律和进行经济预测决策，都具有重要意义。

一、简单自身回归方程

当时间数列自身的相关关系近似表现为直线形态时，可用简单自身回归方程和自身相关系数来分析，其错后一期的公式分别为（9.15）式和（9.16）式。

$$\hat{y}_t = a + by_{t-1} \tag{9.15}$$

式中，$\hat{y}_t$ 表示 t 期的估计值，y_{t-1} 表示 $t-1$ 期的观测值，a 和 b 为两个待定参数，根据最小平方法原理，可以解出 a、b 两个参数为：

$$b = \frac{n\sum_{t=2}^{n} y_{t-1}y_t - \sum_{t=2}^{n} y_{t-1}\sum_{t=2}^{n} y_t}{n\sum_{t=2}^{n} y_{t-1}^2 - (\sum_{t=2}^{n} y_{t-1})^2}$$

$$a = \frac{\sum_{t=2}^{n} y_t}{n} - b\frac{\sum_{t=2}^{n} y_{t-1}}{n}$$

二、自身相关系数

$$R = \frac{n\sum_{t=2}^{n} y_{t-1}y_t - \sum_{t=2}^{n} y_{t-1}\sum_{t=2}^{n} y_t}{\sqrt{n\sum_{t=2}^{n} y_{t-1}^2 - (\sum_{t=2}^{n} y_{t-1})^2}\sqrt{n\sum_{t=2}^{n} y_t^2 - (\sum_{t=2}^{n} y_t)^2}} \tag{9.16}$$

【例9－7】某农场根据2005—2016年荔枝产量资料进行自身相关和自身回归的实例分析。

要求：根据表9－4中的资料，对该农场荔枝产量进行自身相关和自身回归分析，并对2017年该农场荔枝产量作出预测。

表 9－4 某农场荔枝产量计算表

年 份	产量（万千克）y_t	错后两年产量（万千克）y_{t-2}	$y_{t-2}y_t$	y_{t-2}^2	y_t^2
2005	22	—	—	—	—
2006	36	—	—	—	—
2007	30	22	660	484	900
2008	52	36	1 872	1 296	2 704
2009	46	30	1 380	900	2 116
2010	58	52	3 016	2 704	3 364
2011	52	46	2 392	2 116	2 704
2012	64	58	3 712	3 364	4 096
2013	60	52	3 120	2 704	3 600
2014	68	64	4 352	4 096	4 624
2015	62	60	3 720	3 600	3 844
2016	73	68	4 964	4 624	5 329
合 计	565	488	29 188	25 888	33 281

解：（1）绘制相关图。因为荔枝有大小年之分，故需错后两期，设 y_t 为 t 期产量，代表因变量；y_{t-2} 为 $t-2$ 期产量，代表自变量。建立直角坐标（图略），由散点图形可看出，该农场荔枝产量错后两期对应值的散布点呈直线形态，可拟合简单自身回归方程。

（2）建立简单自身回归方程：

$$y_t = a + by_{t-2}$$

（3）估计参数：

$$b = \frac{n\sum_{t=3}^{n} y_{t-2}y_t - \sum_{t=3}^{n} y_{t-2}\sum_{t=3}^{n} y_t}{n\sum_{t=3}^{n} y_{t-2}^2 - (\sum_{t=3}^{n} y_{t-2})^2}$$

$$= \frac{10 \times 29\,188 - 488 \times 565}{10 \times 25\,888 - (488)^2} = \frac{16\,160}{20\,736} = 0.779\,3$$

$$a = \frac{\sum_{t=3}^{n} y_t}{n} - b\frac{\sum_{t=3}^{n} y_{t-2}}{n} = \frac{565}{10} - 0.779\,3 \times \frac{488}{10} = 18.47$$

得简单自身回归方程为：

$$\hat{y}_t = 18.47 + 0.779\,3y_{t-2}$$

（4）自身相关系数：

$$R = \frac{n\sum_{t=3}^{n} y_{t-2}y_t - \sum_{t=3}^{n} y_{t-2}\sum_{t=3}^{n} y_t}{\sqrt{n\sum_{t=3}^{n} y_{t-2}^2 - (\sum_{t=3}^{n} y_{t-2})^2}\sqrt{n\sum_{t=3}^{n} y_t^2 - (\sum_{t=3}^{n} y_t)^2}}$$

$$= \frac{10 \times 29\,188 - 488 \times 565}{\sqrt{10 \times 25\,888 - (488)^2}\sqrt{10 \times 33\,281 - (565)^2}}$$

$$= \frac{16\,160}{16\,783.88} = 0.962\,8$$

（5）显著性检验。取显著性水平 $\alpha = 0.05$，自由度 $= n - m = 10 - 2 = 8$，查相关系数临界值表得：$R_{0.05}$（8）$= 0.632$，因为 $R > R_{0.05}$（8），故在$\alpha = 0.05$显著性水平上，检验通过，说明该农场荔枝本年产量 y_t 与上两年产量 y_{t-2}高度自身相关。

（6）预测。将 2015 年荔枝产量 62 万千克代入方程，得 2017 年该农场荔枝产量为：

$\hat{y} = 18.47 + 0.779\,3 \times 62 = 66.79$（万千克）

第五节　复相关与复回归分析

社会经济现象的变动是复杂的，一个因变量的变动往往是由许多自变量的综合影响所造成的。例如，消费基金的增长主要受国内生产总值和平均人口增长的影响。这种研究某一因变量与两个或两个以上自变量之间的相互依存关系的理论方法，就是复相关与复回归分析法。

一、复相关与复回归的概念和种类

复相关，是指多个变量之间的依存关系，即一个因变量与两个或两个以上自变量之间的依存关系，也称多元相关。

复回归，是指根据某一因变量与两个或两个以上自变量之间的相关关系建立的回归关系式，也称多元回归。复回归方程按自变量的多少分为：

二元线性回归方程，是根据某一因变量与两个自变量之间的线性相关关系建立的回归方程：

$$\hat{y}_i = b_0 + b_1 x_{i1} + b_2 x_{i2} \tag{9.17}$$

三元线性回归方程，是根据某一因变量与三个自变量之间的线性相关关系建立的回归方程：

$$\hat{y}_i = b_0 + b_1 x_{i1} + b_2 x_{i2} + b_3 x_{i3} \tag{9.18}$$

n 元线性回归方程，是根据某一因变量与 n 个自变量之间的线性相关关系建立的回归方程：

$$\hat{y}_i = b_0 + b_1 x_{i1} + b_2 x_{i2} + \cdots + b_n x_{in} \tag{9.19}$$

二、复相关系数与复回归方程的测定

在复相关与复回归分析中，较常用的是二元线性回归和复相关分析法，为说明方便起见，本节主要讨论二元线性回归方程和复相关系数。

（一）二元线性回归方程

设 y 为因变量，且 y 与 x_1、x_2 之间存在某种线性关系，其二元线性回归方程为：

$$\hat{y}_i = b_0 + b_1 x_{i1} + b_2 x_{i2}$$

式中，$\hat{y}$ 为二元线性回归的估计值；b_0 为常数项；b_1 为 y 对 x_1 的回归系数，表明当 x_2 固定时，x_1 变动一个单位，引起 y 变动的平均值；b_2 为 y 对 x_2 的回归系数，表明当 x_1 固定时，x_2 变动一个单位，引起 y 变动的平均值。

根据最小平方法原理，可以得到三个标准方程：

$$\sum_{i=1}^{n} y_i = nb_0 + b_1 \sum_{i=1}^{n} x_{i1} + b_2 \sum_{i=1}^{n} x_{i2}$$

$$\sum_{i=1}^{n} x_{i1} y_i = b_0 \sum_{i=1}^{n} x_{i1} + b_1 \sum_{i=1}^{n} x_{i1}^2 + b_2 \sum_{i=1}^{n} x_{i1} x_{i2}$$

$$\sum_{i=1}^{n} x_{i2} y_i = b_0 \sum_{i=1}^{n} x_{i2} + b_1 \sum_{i=1}^{n} x_{i1} x_{i2} + b_2 \sum_{i=1}^{n} x_{i2}^2$$

上述联立方程，可用消元法、替代法或行列式法解出三个参数。

（二）复相关系数

复相关系数，是在多元线性回归分析中表明因变量与多个自变量之间相关程度的指标。与单相关系数一样，复相关系数也是回归变差与总变差之比的方根。其计算公式为：

$$R = \sqrt{\frac{\sum_{i=1}^{n} (\hat{y}_i - \bar{y})^2}{\sum_{i=1}^{n} (y_i - \bar{y})^2}} = \sqrt{1 - \frac{\sum_{i=1}^{n} (y_i - \hat{y}_i)^2}{\sum_{i=1}^{n} (y_i - \bar{y})^2}} \tag{9.20}$$

上式，尽管在形式上与单相关系数相同，但是，单相关系数仅反映两个变量之间相关关系的密切程度，而复相关系数所反映的是两个以上变量之间相关关系的密切程度。

在实际应用时，复相关系数的计算常用其简捷公式，如二元线性回归的复相关系数为：

$$R = \sqrt{1 - \frac{\sum_{i=1}^{n} y_i^2 - b_0 \sum_{i=1}^{n} y_i - b_1 \sum_{i=1}^{n} x_{i1} y_i - b_2 \sum_{i=1}^{n} x_{i2} y_i}{\sum_{i=1}^{n} y_i^2 - n(\bar{y})^2}} \tag{9.21}$$

三元线性回归的复相关系数为：

$$R = \sqrt{1 - \frac{\sum_{i=1}^{n} y_i^2 - b_0 \sum_{i=1}^{n} y_i - b_1 \sum_{i=1}^{n} x_{i1} y_i - b_2 \sum_{i=1}^{n} x_{i2} y_i - b_3 \sum_{i=1}^{n} x_{i3} y_i}{\sum_{i=1}^{n} y_i^2 - n(\bar{y})^2}} \tag{9.22}$$

（三）估计标准误差

复回归的估计标准误差与简单回归一样，也是剩余变差的平均数的方根，其计算公式为：

$$S_y = \sqrt{\frac{\sum_{i=1}^{n} (y_i - \hat{y}_i)^2}{n - m}} \tag{9.23}$$

式中，n 为数列的项数（或称组数），m 为因变量与自变量的总个数，$(n-m)$为回归方程的自由度。

在实际应用时，估计标准误差的计算常用其简捷公式，如二元线性回归的估计标准误差为：

$$S_y = \sqrt{\frac{\sum_{i=1}^{n} y_i^2 - b_0 \sum_{i=1}^{n} y_i - b_1 \sum_{i=1}^{n} x_{i1} y_i - b_2 \sum_{i=1}^{n} x_{i2} y_i}{n - 3}} \tag{9.24}$$

三元线性回归的估计标准误差为：

$$S_y = \sqrt{\frac{\sum_{i=1}^{n} y_i^2 - b_0 \sum_{i=1}^{n} y_i - b_1 \sum_{i=1}^{n} x_{i1} y_i - b_2 \sum_{i=1}^{n} x_{i2} y_i - b_3 \sum_{i=1}^{n} x_{i3} y_i}{n - 4}} \tag{9.25}$$

（四）应用举例

【例 9－8】某省 2004—2016 年的居民消费、国内生产总值和平均人口资料如表 9－5 所示。

试对该省统计资料进行复相关和复回归分析。若 2017 年该省国内生产总值为 122（单位：十亿元），平均人口为 63（单位：百万人），在 99.73% 的概率保证程度下，试估计 2017 年该省居民消费的置信区间。

表 9－5　二元线性回归方程计算表

年　份	居民消费（十亿元）y_i	国内生产总值（十亿元）x_{i1}	平均人口（百万人）x_{i2}	$x_{i1}x_{i2}$	x_{i1}^2	x_{i2}^2	$x_{i1}y_i$	$x_{i2}y_i$	y_i^2
2004	11	15	50	750	225	2 500	165	550	121
2005	12	16	51	816	256	2 601	192	612	144
2006	16	21	52	1 092	441	2 704	336	832	256
2007	18	24	53	1 272	576	2 809	432	954	324
2008	20	28	54	1 512	784	2 916	560	1 080	400

（续上表）

年　份	居民消费（十亿元）y_i	国内生产总值（十亿元）x_{i1}	平均人口（百万人）x_{i2}	$x_{i1}x_{i2}$	x_{i1}^2	x_{i2}^2	$x_{i1}y_i$	$x_{i2}y_i$	y_i^2
2009	22	30	55	1 650	900	3 025	660	1 210	484
2010	25	36	55	1 980	1 296	3 025	900	1 375	625
2011	31	49	56	2 744	2 401	3 136	1 519	1 736	961
2012	36	55	57	3 135	3 025	3 249	1 980	2 052	1 296
2013	44	67	58	3 886	4 489	3 364	2 948	2 552	1 936
2014	57	90	59	5 310	8 100	3 481	5 130	3 363	3 249
2015	65	101	60	6 060	10 201	3 600	6 565	3 900	4 225
2016	69	103	61	6 283	10 609	3 721	7 107	4 209	4 761
合　计	426	635	721	36 490	43 303	40 131	28 494	24 425	18 782

解：（1）设居民消费为 y_i，国内生产总值为 x_{i1}，平均人口为 x_{i2}，并假设 y_i 与 x_{i1}、x_{i2}之间存在线性关系。

（2）建立二元线性回归方程：

$$\hat{y}_i = b_0 + b_1 x_{i1} + b_2 x_{i2}$$

（3）估计参数。将表 9－5 中有关数据代入其标准方程，得：

$426 = 13b_0 + 635b_1 + 721b_2$

$28\,494 = 635b_0 + 43\,303b_1 + 36\,490b_2$

$24\,425 = 721b_0 + 36\,490b_1 + 40\,131b_2$

用消元法解上述联立方程，得三个参数分别为：

$b_0 = -9.820\,9$

$b_1 = 0.600\,9$

$b_2 = 0.238\,7$

将参数代入二元线性回归方程，得：

$\hat{y}_i = -9.820\,9 + 0.600\,9x_{i1} + 0.238\,7x_{i2}$

（4）计算复相关系数：

$$R = \sqrt{1 - \frac{\sum_{i=1}^{n} y_i^2 - b_0\sum_{i=1}^{n} y_i - b_1\sum_{i=1}^{n} x_{i1}y_i - b_2\sum_{i=1}^{n} x_{i2}y_i}{\sum_{i=1}^{n} y_i^2 - n(\bar{y})^2}}$$

$$= \sqrt{1 - \frac{18\,782 - (-9.820\,9) \times 426 - 0.600\,9 \times 28\,494 - 0.238\,7 \times 24\,425}{18\,782 - 13 \times \left(\frac{426}{13}\right)^2}}$$

$$= \sqrt{1 - \frac{13.411\,3}{4\,822.307\,7}} = 0.997\,2$$

（5）显著性检验。取显著性水平 $\alpha = 0.05$，自由度 $= n - m = 13 - 3 = 10$，查相关系数临界值表得：$R_{0.05}$（10） $= 0.671$，因为 $R > R_{0.05}$（10），故在 $\alpha = 0.05$ 显著性水平上，检验通过，说明国内生产总值、平均人口与居民消费之间相关关系非常显著。

（6）计算估计标准误差：

$$S_y = \sqrt{\frac{\sum_{i=1}^{n} y_i^2 - b_0 \sum_{i=1}^{n} y_i - b_1 \sum_{i=1}^{n} x_{i1} y_i - b_2 \sum_{i=1}^{n} x_{i2} y_i}{n - m}}$$

$$= \sqrt{\frac{18\,782 - (-9.820\,9) \times 426 - 0.600\,9 \times 28\,494 - 0.238\,7 \times 24\,425}{13 - 3}}$$

$$= \sqrt{\frac{13.411\,3}{10}} = 1.158\,1$$

（7）预测。当2017年该省国内生产总值为122（单位：十亿元），平均人口为63（单位：百万人）时，居民消费点预测值为：

$\hat{y}_0 = -9.820\,9 + 0.600\,9 \times 122 + 0.238\,7 \times 63 = 78.53$（十亿元）

在99.73%的概率保证程度下，该省居民消费置信区间为：$78.53 \pm 3 \times 1.158\,1$ 十亿元，即在750.6亿元至820.0亿元之间。

第六节　应用相关与回归分析应注意的问题

在应用相关与回归分析时，一般应分为定性分析与定量分析两个阶段。所谓定性分析就是依据经济理论、专业知识和实践经验进行分析。在定性分析中应注意下列问题。

一、相关与否要以定性分析为前提

在应用相关与回归分析时，首先要分析判明拟分析的变量之间确有相互依存关系，然后才能转入定量分析。不能不加分析地将两个或两个以上的变量资料凑合在一起进行定量分析，因为这样会得出虚假相关的结论。例如，有人将历年捕鲸量资料与股票价格指数资料凑合在一起，得出负相关的结论；有人将卷烟销售量资料与人的平均寿命资料凑合在一起，得出正相关的结论等。这些结论显然是非常荒谬的。

二、回归分析要正确确定自变量和因变量

在现实经济生活中，经济现象之间客观上存在着各种各样的有机联系，因此，当我们研究某一经济现象的客观运动规律时，经过理论分析，总是可以找到影响这一现象变化的一个或几个主要因素。例如，当研究工业总产值的变化时，

可以发现它与职工人数、固定资产原值、流动资金和耗电量等因素有关，那么，工业总产值是因变量，而后者均为自变量。一般来说，当单独进行相关分析时，可以不区分因变量与自变量，但是，当相关与回归分析结合运用时，就一定要区分因变量与自变量，且因变量与自变量在回归方程中的地位不能倒置。

三、要选用正确的数学表达式

为了客观地反映经济现象之间的有机联系，在相关与回归分析中备有多种可供选择的定量分析数学表达式，这就产生了如何根据经济现象的客观联系选用正确的数学表达式问题。一般来说，在经济理论、专业知识和实践经验的基础上，还需借助相关图法来判明相关与回归的性质，然后选用正确的数学表达式。此外，在复相关与复回归分析中，既要注意选用与因变量关系密切的变量作自变量，又要在众多的自变量中进行筛选，留用自变量之间关系不密切的变量，舍弃关系密切的变量，以防止多重共线性的发生。

四、要注意回归分析应用的范围和条件

利用数学表达式取得的回归方程，均是根据一定范围内的有限资料计算的。一般来说，其有效性只适用于该范围内，不适用于该范围外，即只宜用于内插推算，不宜用于外推预测。但是，现代科学尤其是经济计量学的产生和发展，以及各种预测检验方法的进一步完善，为回归方程的外推预测奠定了良好的理论基础。因此，根据经济现象之间的客观联系建立起来的回归方程，通过相关系数的显著性检验，在一定的概率保证程度下，可作近期预测；若经过其他预测检验法的检验，也可作较长期的预测。

思考题与习题

1. 什么是相关关系？相关关系与函数关系有何区别与联系？
2. 什么是回归分析与相关分析？两者有何区别与联系？
3. 相关关系有哪些种类？
4. 回归方程有哪些种类？
5. 相关与回归分析有何作用？
6. 相关与回归分析一般分为哪几个步骤？
7. 简单直线回归分析有哪些特点？
8. 在直线回归方程 $\hat{y}_i = a + bx_i$ 中，参数 a 和 b 的几何意义和经济意义分别是什么？
9. 直线相关分析有哪些特点？
10. 因变量 y 的总变差、回归变差和剩余变差分别反映什么问题？
11. 什么是直线回归分析的估计标准误差？它有何作用？
12. 相关与回归在计算上有何联系？

13. 什么是曲线相关与曲线回归分析?
14. 什么是时间数列自身相关与自身回归分析?
15. 什么是复相关与复回归分析?
16. 应用相关与回归分析应注意哪些问题?
17. 某工业企业某种产品产量与单位成本资料如下表所示:

年　份	2009	2010	2011	2012	2013	2014	2015	2016
产品产量（万件）	2	3	4	3	4	5	6	7
单位成本（元/件）	73	72	71	73	69	68	66	65

要求:

(1) 根据上述资料绘制相关图，判别该数列相关与回归的种类。

(2) 配合适当的回归方程。

(3) 根据回归方程，指出每当产品产量增加 1 万件时，单位成本的变动情况。

(4) 计算相关系数，在显著性水平 $\alpha=0.05$ 时，对回归方程进行显著性检验。

(5) 计算估计标准误差。

(6) 当产量为 8 万件时，在 95.45% 的概率保证程度下，对单位成本作区间估计。

18. 某地区 40 个企业的工业生产固定资产原值和平均每昼夜原材料加工量资料如下表所示:

序　号	固定资产原值（万元）	平均每昼夜原材料加工量（万吨）	企业数（个）
1	300	0.5	2
2	400	0.5	6
3	400	0.7	3
4	500	0.5	2
5	500	0.7	5
6	500	0.9	7
7	600	0.7	2
8	600	0.9	2
9	600	1.1	3
10	700	0.9	1
11	700	1.1	7

要求:

(1) 试根据上述资料，配合简单直线回归方程。

(2) 计算相关系数，在显著性水平 $\alpha=0.05$ 时，对回归方程进行显著性检验。

19. 兹有如下数据: $n=7$, $\sum_{i=1}^{n} x_i = 1\,890$, $\sum_{i=1}^{n} y_i = 31.3$, $\sum_{i=1}^{n} x_i^2 = 535\,500$, $\sum_{i=1}^{n} y_i^2 = 174.15$, $\sum_{i=1}^{n} x_i y_i = 9\,318$。

要求：

（1）根据上述数据，试确定 y 与 x 的简单直线回归方程。

（2）计算相关系数，在显著性水平 $\alpha=0.01$ 时，对回归方程进行显著性检验。

（3）计算估计标准误差。

（4）在 95.45% 的概率保证程度下，试确定该方程的置信区间。

20. 某企业按某产品的产量（吨）与生产费用（万元）之间的相关关系求得一简单直线回归方程，据方程式有：（1）产量每增加 1 吨，生产费用将增加 2 万元；（2）当产量为 6 吨时，生产费用为 16 万元。试确定该简单直线回归方程。

又知该产品产量数列的方差为 9，生产费用数列的方差为 49，试求该产品产量与生产费用之间的相关系数。

21. 某企业某产品 2007—2016 年利润率与单位成本统计数据如下表所示：

年　份	利润率（%）	单位成本（元/件）	年　份	利润率（%）	单位成本（元/件）
2007	9	100	2012	16	79
2008	10	95	2013	17	75
2009	11	88	2014	20	70
2010	13	84	2015	22	68
2011	15	80	2016	25	66

要求：

（1）根据上述数据绘制相关图，判别该数列相关与回归的种类。

（2）配合适当的回归方程。

（3）在显著性水平 $\alpha=0.01$ 时，对回归方程进行显著性检验。

（4）若该企业 2017 年产品单位成本降至 60 元/件，产量为 8 万件时，预期可获多少利润？

22. 某省 1967—2016 年年末人口数如下表所示：

单位：万人

年　份	人口数	年　份	人口数	年　份	人口数	年　份	人口数	年　份	人口数
1967	2 872	1977	3 491	1987	4 493	1997	5 324	2007	6 349
1968	2 910	1978	3 571	1988	4 589	1998	5 415	2008	6 463
1969	2 983	1979	3 670	1989	4 696	1999	5 494	2009	6 582
1970	3 088	1980	3 755	1990	4 781	2000	5 577	2010	6 691
1971	3 151	1981	3 866	1991	4 858	2001	5 656	2011	6 789
1972	3 214	1982	3 969	1992	4 922	2002	5 741	2012	6 897
1973	3 302	1983	4 071	1993	4 986	2003	5 832	2013	7 014
1974	3 372	1984	4 190	1994	5 064	2004	5 928	2014	7 116
1975	3 433	1985	4 291	1995	5 141	2005	6 025	2015	7 299
1976	3 471	1986	4 382	1996	5 228	2006	6 246	2016	7 499

根据上述资料，对该省人口数进行自身相关和自身回归分析，并对 2019 年和 2020 年人口数作出预测（提示：人口出生数一般与前 25 年的人口出生数有关）。

23. 某市2005—2016年主要百货商店营业额、在业人员总收入和当年竣工住宅面积的统计数据如下表所示：

年　份	营业额（千万元）	在业人员总收入（千万元）	当年竣工住宅面积（万平方米）	年　份	营业额（千万元）	在业人员总收入（千万元）	当年竣工住宅面积（万平方米）
2005	8.2	76	9.0	2011	12.2	116	6.2
2006	8.3	78	7.8	2012	13.7	129	10.8
2007	8.6	80	5.5	2013	15.5	148	18.4
2008	9.0	83	5.0	2014	18.3	183	15.7
2009	9.4	85	10.8	2015	23.3	210	32.5
2010	9.4	88	3.5	2016	27.3	249	45.5

试对该市统计数据进行复相关与复回归分析；若该市在业人员总收入和当年竣工住宅面积在2016年的基础上分别增长15%和17%，在95.45%的概率保证程度下，对该市2017年主要百货商店营业额作区间估计。

第十章　时间数列分析指标

统计不仅要从静态角度分析社会经济现象的数量特征，而且要从动态角度分析社会经济现象的数量特征。我们可以通过对社会经济现象的数量方面在不同时间上表现出来的各具体值，作比较分析和平均分析，以探索社会经济现象发展变化的过程及其规律性。本章着重阐述时间数列的概念、方法及其动态分析指标。

第一节　时间数列概述

一、时间数列的概念

社会经济现象总是随着时间的推移而变化的。任何一个经济研究机构、企业管理部门或国家机关要掌握社会活动或经济活动的变化过程及其发展趋势，都必须及时掌握和分析有关的时间数列资料。所谓时间数列，亦称为动态数列或时间序列（Time Series），就是指将表明社会现象在不同时间发展变化的某种指标数值，按时间先后顺序排列而形成的数列。例如，将某省2011—2016年的国内生产总值、第三产业产值、国内生产总值中第三产业比重、职工人数和职工年平均工资依年份远近排列形成的数列就是时间数列，见表10－1。

时间数列由两个基本要素构成：一个是资料所属的时间，另一个是在一定时间条件下的统计指标数值。

时间数列中通常用 t 来表示时间序号，时间数列中的变量值通常用 a_t 或 y_t 来表示，a_t 或 y_t 亦称为时间数列的发展水平。

表10－1　某省2011—2016年有关社会经济指标表

年　份	国内生产总值（亿元）	第三产业产值（亿元）	国内生产总值中第三产业比重（%）	职工人数（万人）	职工年平均工资（元）
2011	4 516.63	1 579.98	34.98	879.84	7 117.00
2012	5 733.97	1 988.24	34.67	911.90	8 250.00
2013	6 519.14	2 318.06	35.56	904.07	9 127.00

（续上表）

年　份	国内生产总值（亿元）	第三产业产值（亿元）	国内生产总值中第三产业比重（%）	职工人数（万人）	职工年平均工资（元）
2014	7 315. 51	2 680. 87	36. 65	897. 32	9 698. 00
2015	7 919. 12	2 922. 23	36. 90	884. 80	10 233. 00
2016	8 464. 31	3 178. 69	37. 55	857. 07	11 309. 00

在编制时间数列的基础上，可以通过计算分析指标来进行比较分析；还可以建立经济计量模型，进行现象变动的趋势分析和预测。因此，时间数列是对社会经济现象进行动态分析和预测的基础数据。

二、时间数列的种类

时间数列按其所排列的指标值的性质不同，可分为绝对数时间数列、相对数时间数列和平均数时间数列。绝对数时间数列是基本数列，其余两种时间数列是根据绝对数时间数列计算出来的派生数列。

（一）绝对数时间数列

绝对数时间数列，是指由一系列同类的总量指标数值所构成的时间数列。它反映事物在不同时间上的规模、水平等总量特征。由于绝对数有时期数与时点数之分，因此，绝对数时间数列也相应地有时期数列和时点数列之分。

时期数列和时点数列各有其特点，平均发展水平算法不同。

1. 时期数列

时期数列，是指由反映某种社会经济现象在一段时期内发展过程累计量的总量指标所构成的绝对数时间数列。例如，表 10 - 1 中的国内生产总值时间数列即为一个时期数列。

在时期数列中，时间单位的长度称为时期。两个相邻时期间的距离称为时期间隔。在连续而不断的时期数列中，时期间隔的长度等于时期长度。如表 10 - 1 中的国内生产总值时间数列的时期与间隔均为 1 年。时期与间隔可以为日、周、旬、月、季、年，甚至若干年，其长短应根据统计研究的目的要求而定。为编制和检查短、近期计划及进行短、近期预测服务，采用的时期与间隔宜短；为编制和检查中长期计划及进行中长期预测服务，采用的时期与间隔宜长。

时期数列的特点是：时期数列中各项指标值反映现象在一段时期内发展过程的总量；各项指标值随着现象的发展进程进行连续登记，因而各项指标值可以相加，相加后的指标值反映现象在更长时期内发展过程的总量；每项指标值的大小与其所包括的时期长短有直接关系，时期长则指标值大，时期短则指标值小，因此，其时期间隔一般应该相等。

2. 时点数列

时点数列，是指由反映某种现象在一定时点（瞬间）上的发展状况的总量指标所构成的绝对数时间数列。例如，表 10－1 中的职工人数时间数列即为一个时点数列。

在时点数列中，每一时点指的都是一瞬间，因此无时点长度。相邻两个时点间的距离，称为时点间隔。时点间隔的长短，决定于所研究现象变动的快慢。对一些变动频繁的现象，间隔宜短。如企业职工人数、流动资金余额、商品库存量等，可以月、季为间隔，每月月末或每季季末统计一次。对一些变动较小、比较稳定的现象，间隔可适当长一些。如学校数、企业数、耕地面积、设备台数等，可以年为间隔，每年年末统计一次。

时点数列的特点是：时点数列中各项指标值反映现象在一定时点上的发展状况；各项指标值只能按时点所表示的瞬间进行不连续登记，相加无实际经济意义，因而不能直接相加；各项指标值的大小，与其时点间隔的长短没有直接关系。

（二）相对数时间数列

相对数时间数列，是指由一系列同类的相对指标数值所构成的时间数列。它可以反映社会经济现象数量对比关系的发展过程。它包括：由两个时期数列对比所形成的相对数时间数列，由两个时点数列对比所形成的相对数时间数列和由一个时期数列和一个时点数列对比所形成的相对数时间数列。例如，表 10－1 中的“国内生产总值中第三产业比重”，就是由“第三产业产值”与“国内生产总值”这两个时期数列对比而形成的。相对数时间数列反映事物数量关系的发展变化动态，由于各期相对数的对比基数不同，故其各项水平数值不能直接相加。

（三）平均数时间数列

平均数时间数列，是指由一系列同类的平均数指标数值所构成的时间数列。它可以反映社会经济现象一般水平的发展变化过程。例如，表 10－1 中的“职工年平均工资”时间数列即为平均数时间数列。这类动态数列可以揭示研究对象一般水平的发展趋势和发展规律。平均数时间数列中各项水平数值也不能直接加总。

上述三种时间数列，不是彼此孤立的。由于社会经济现象的复杂性和相互联系性，在很多情况下，为了全面地分析事物的发展变化过程，必须将各种时间数列结合起来运用。

三、编制时间数列的原则

编制时间数列的目的，在于通过数列中各项指标值对比，说明社会经济现象的发展过程和规律性。因此，为了保证同一时间数列中指标值的可比性，即数列中前后各项指标值可以相互比较，应遵守以下几个基本编制原则：

（一）时间长短应该可比

由于时期数列数值的大小与时期长短成正比，时期愈长指标值愈大，反之则愈小。因此，时期数列中各项指标值所属的时期长短应该前后一致才能对比；如果时期长短不同，应进行必要的调整。关于时期间隔，为了便于对比分析，间隔最好相等，也可以编制间隔不等的数列。例如，可将1978、1980、1985、1990、1995、2000、2005、2010各年的国内生产总值编成一个数列。

对于时点数列来说，则不存在指标值所属时间长短问题，只要求注意时点间隔是否一致即可。由于时点数列指标值的大小与时点间隔的长短没有直接关系，其时点间隔虽然可以不一致，但是为了明显地反映社会经济现象发展变化的规律性，时点间隔也应力求一致。

（二）总体范围大小应该一致

总体范围，是指时间数列指标值所包括的地区范围、隶属关系范围等。在进行时间数列分析时，要查明所依据的指标值总体范围是否前后一致。只有范围一致才能对比，如有变动应进行必要的调整。

（三）指标的经济内容应该相同

一般来说，只有同质的现象才能进行动态对比，才能表明现象发展变化的过程及趋势。因此，保证各期指标经济内容的一致性就十分必要。

（四）指标的计算方法和计量单位应该一致

各个指标的计算方法和计量单位应该一致，便于动态对比。例如，劳动生产率指标，有按职工总数计算的，也有按生产工人数计算的；有按总产值、净产值计算的，也有按国内生产总值或国民生产总值计算的。必须前后一致，不可混杂。

第二节　时间数列的水平分析指标

对时间数列所反映事物的变动情况的描述，可以采用一系列动态分析指标。动态分析指标基本上有两类：一类是现象发展的水平指标，如发展水平、平均发展水平；另一类是现象发展的速度指标，如发展速度、平均发展速度。

一、发展水平与平均发展水平

（一）发展水平

发展水平，是指时间数列中的每一具体指标值。它反映某种社会经济现象在一定时期或时点所达到的规模或水平，如表10－1中五个指标各年的数值反映了这五种现象在不同时间的发展水平。发展水平通常用a_i表示。a_0，a_1，$\cdots$，a_n是时间数列中各个时期或时点的发展水平。其中，a_0是最初水平，a_n是最末水平，中间各项是中间各时期或各时点的水平。在动态对比时作为对比基础时期的水平，叫基期水平；所要分析的时期（与基期相比较的时期）的水平，叫报告期水平或计算期水平。发展水平的这些不同名称，随着研究目的的不同而有所改变。

（二）平均发展水平

平均发展水平，是指将不同时间的发展水平加以平均而得到的平均数，因是不同时间的、动态上的平均，故又叫作序时平均数或动态平均数。序时平均数与前面所讲的一般平均数都反映现象的一般水平，但两者之间却有区别。一般平均数是根据同一时期总体标志总量与总体单位总量对比求得的，是根据变量数列计算的，从静态上说明总体某个数量标志的一般水平；序时平均数则是根据时间数列中不同时间的指标值的总和与时间的项数对比求得的，是根据时间数列计算的，从而说明某一现象在不同时间数值的一般水平。

在动态分析中，利用序时平均数分析社会经济现象的动态变化具有很重要的作用：用它可以反映社会经济现象在一段时间内所达到的一般水平，并对其作出概括的说明；用它可以消除现象在短期内波动的影响，便于观察现象的发展趋势和规律；用它还可以对不同单位、不同地区等在某一段时间内，某一事物的一般水平进行比较。

序时平均数，可以根据各种时间数列进行计算，由于时间数列中指标的性质不同，故有下列不同的计算方法：

1. 绝对数时间数列的序时平均数

绝对数时间数列包括性质不同的时期数列和时点数列，其序时平均数的计算方法也因之不同。

（1）时期数列的序时平均数。同一时期数列中各项指标值所属时期的长短相等，可以直接将各项指标值相加除以项数，用简单算术平均法计算序时平均数。其计算公式为：

$$\bar{a}=\frac{a_1+a_2+a_3+\cdots+a_n}{n}=\frac{\sum_{i=1}^{n}a_i}{n} \tag{10.1}$$

公式中：$\bar{a}$ 为序时平均数；

a_i 为各个时期的发展水平；

n 为时期数。

【例 10－1】根据表 10－1 中的国内生产总值数列，计算各年度的平均国内生产总值。

解：根据（10.1）式得：

$$\bar{a}=\frac{4\,516.63+5\,733.97+6\,519.14+7\,315.51+7\,919.12+8\,464.31}{6}$$

$$=6\,744.78\text{（亿元）}$$

（2）时点数列的序时平均数。时点数列的序时平均数，根据掌握资料的不同而有不同的计算方法：

①根据每日时点资料计算序时平均数。在掌握整个研究时期中每日资料的情况下，序时平均数的计算方法与时期数列相同，即将每日数字相加再除以日数，用简单算术平均法计算序时平均数。例如，工厂根据每天的出勤人数计算一个月的平均每天出勤人数，即可用此法。这种方法计算的平均发展水平是最准确的。其计算公式为：

$$\bar{a}=\frac{\sum_{i=1}^{n}a_i}{n} \tag{10.2}$$

公式中：a_i 为各时点发展水平；

n 为指标项数（天数）。

如果我们掌握了一段时期中每次变动的资料，就可以将每一资料所存在的日数作为权数，对各时点指标值加权，用加权算术平均法来计算序时平均数。其公式为：

$$\bar{a}=\frac{\sum_{i=1}^{n}a_i f_i}{\sum_{i=1}^{n}f_i} \tag{10.3}$$

公式中：a_i 为每次变动的时点水平；

f_i 为各时点水平所持续的间隔长度（天数）。

【例 10－2】某种商品的零售价格，自 6 月 11 日起从 70 元调整为 50 元，直至月底再无变化，试计算该商品 6 月份平均零售价格。

解：根据（10.3）式得：

$$\bar{a}=\frac{70\times10+50\times20}{10+20}=56.67\text{（元）}$$

②根据间隔相等的时点资料计算序时平均数。在掌握间隔相等的时点资料的情况下，计算序时平均数，可以用简单算术平均法，先依次将相邻两个时点指标值相加除以“2”，得到两个时点指标值的序时平均数；然后再将这些序时平均数进行简单算术平均，就可以计算出整个时点数列的序时平均数。

【例 10－3】某工业企业 2016 年 7—10 月各月初产品库存额资料如表 10－2 所示，试计算第三季度产品平均库存额。

表 10－2 某工业企业 2016 年 7—10 月各月初产品库存额

	7 月 1 日	8 月 1 日	9 月 1 日	10 月 1 日
库存额（万元）	20.00	16.00	18.00	17.60

解：$$\text{月平均库存额}=\frac{\text{当月初库存额}+\text{当月末（下月初）库存额}}{2}$$

7 月份平均库存额 $=\frac{20+16}{2}=18.00$（万元）

8 月份平均库存额 $=\frac{16+18}{2}=17.00$（万元）

9 月份平均库存额 $=\frac{18+17.6}{2}=17.80$（万元）

季平均库存额 $=\frac{\text{该季各月平均库存额之和}}{3}$

第三季度产品平均库存额 $=\frac{18+17+17.8}{3}=17.60$（万元）

将上面两个步骤加以合并简化，可以写成：

$$\text{第三季度产品平均库存额}=\frac{\frac{20+16}{2}+\frac{16+18}{2}+\frac{18+17.6}{2}}{3}$$

$$=\frac{\frac{20}{2}+16+18+\frac{17.6}{2}}{4-1}$$

$$=17.60\text{（万元）}$$

通过以上计算，我们可以得出一个计算间隔相等时点数列序时平均数的一般公式。如以 a_1，a_2，…，a_n 代表各时点水平，n 代表项数，则其计算公式为：

$$\bar{a}=\frac{\frac{a_1}{2}+a_2+a_3+\cdots+\frac{a_n}{2}}{n-1} \tag{10.4}$$

$$\text{时点数列的序时平均数}=\frac{\frac{1}{2}\text{首项数值}+\text{第二项数值}+\cdots+\frac{1}{2}\text{末项数值}}{\text{项数}-1}$$

根据时间间隔相等的时点数列计算序时平均数的方法，是假定现象在各个时点之间的变动是均匀的，但是实际上并不完全如此，所以计算的序时平均数只能是近似值。由于间隔愈短，误差愈小，因此，为了使序时平均数能基本反映实际情况，时点数列的间隔不宜过长。

③根据间隔不等的时点资料计算序时平均数。在掌握间隔不等的时点资料的情况下，可用不同的时点间隔长度作为权数，用加权算术平均法计算序时平均数。其公式为：

$$\bar{a}=\frac{\frac{a_1+a_2}{2}f_1+\frac{a_2+a_3}{2}f_2+\cdots+\frac{a_{n-1}+a_n}{2}f_{n-1}}{\sum_{i=1}^{n-1}f_i} \tag{10.5}$$

公式中：f_i 为各时点间隔长度。

【例 10－4】某镇 2016 年各统计时点的人口数如表 10－3 所示，试计算该镇 2016 年的年平均人口数。

表 10 -3　某镇 2016 年各统计时点的人口数

统计时点	1月1日	4月1日	7月1日	11月1日	12月31日
人口数（万人）	14.35	15.20	16.10	17.50	18.77

解：根据（10.5）式得：

$$\bar{a}=\frac{\frac{14.35+15.20}{2}\times 3+\frac{15.20+16.10}{2}\times 3+\frac{16.10+17.50}{2}\times 4+\frac{17.50+18.77}{2}\times 2}{3+3+4+2}$$

$$=16.23\text{（万人）}$$

2. 相对数时间数列和平均数时间数列的序时平均数

相对数和平均数时间数列的序时平均数是由两个绝对数时间数列对比形成的。由于各相对数和平均数的分母不同，不能直接将不同时间的相对数或平均数相加来计算序时平均数，而应根据时期数列和时点数列序时平均数的求法，分别求出构成相对数和平均数时间数列的子项和母项数列的序时平均数，然后将它们对比求出相对数和平均数时间数列的序时平均数。其基本计算公式为：

$$\bar{c}=\frac{\bar{a}}{\bar{b}} \tag{10.6}$$

公式中：$\bar{a}$为分子数列的序时平均数；

$\bar{b}$为分母数列的序时平均数；

$\bar{c}$为相对数或平均数时间数列的序时平均数。

根据表 10 -1 中的资料，试求 2011 年至 2016 年某省国内生产总值中第三产业的平均比重。

解：设第三产业的产值为 a，国内生产总值为 b，国内生产总值中第三产业的比重为 c。则：

$$\bar{a}=\frac{\sum_{i=1}^{n}a_i}{n}=\frac{1\,579.98+1\,988.24+2\,318.06+2\,680.87+2\,922.23+3\,178.69}{6}$$

$$=2\,444.68\text{（亿元）}$$

$$\bar{b}=\frac{\sum_{i=1}^{n}b_i}{n}=\frac{4\,516.63+5\,733.97+6\,519.14+7\,315.51+7\,919.12+8\,464.31}{6}$$

$$=6\,744.78\text{（亿元）}$$

根据（10.6）式得：

$$\bar{c}=\frac{\bar{a}}{\bar{b}}=\frac{2\,444.68}{6\,744.78}=36.25\%$$

二、增长量与平均增长量

（一）增长量

增长量，是指时间数列中计算期水平与基期水平之差，说明社会经济现象在一定时期内增减变化的绝对量。按对比选择的基期不同，增长量可分为逐期增长量和累计增长量两种。逐期增长量是各期水平与上一期水平之差，表明各计算期比上一时期逐期增减变动的绝对数量；累计增长量是各期水平与某一固定基期水平之差，表明在较长一段时期内累计增减的绝对数量。以公式表示为：

累计增长量：a_1-a_0，a_2-a_0，a_3-a_0，…，a_n-a_0　(10.7)

逐期增长量：a_1-a_0，a_2-a_1，a_3-a_2，…，a_n-a_{n-1}　(10.8)

从上述公式中，可以看出这两种增长量之间具有一定的数量关系，即累计增长量等于相应各个逐期增长量之和，即

$$a_n-a_0=(a_1-a_0)+(a_2-a_1)+(a_3-a_2)+\cdots+(a_n-a_{n-1}) \tag{10.9}$$

【例10－5】2011—2016年某省海关进出口总额资料如表10－4所示，试计算其增长量。

表10－4　2011—2016年某省海关进出口总额　单位：亿美元

年　份	2011	2012	2013	2014	2015	2016
进出口总额	1 039.72	1 099.60	1 301.20	1 297.98	1 403.54	1 701.08

解：根据（10.7）和（10.8）式，计算2011—2016年某省海关进出口总额的增长量，如表10－5所示。

表10－5　2011—2016年某省海关进出口总额的增长量计算表　单位：亿美元

年　份	2011 a_0	2012 a_1	2013 a_2	2014 a_3	2015 a_4	2016 a_5
发展水平：产量	1 039.72	1 099.60	1 301.20	1 297.98	1 403.54	1 701.08
增长量：累计	—	59.88	261.48	258.26	363.82	661.36
逐期	—	59.88	201.60	－3.22	105.56	297.54

按表中资料计算，2011—2016年某省海关进出口总额的逐期增长量之和为：

59.88＋201.60＋（－3.22）＋105.56＋297.54＝661.36（亿美元）

这个数值等于2011—2016年的累计增长量661.36亿美元。

此外，对于受季节因素影响较明显的社会经济指标，为了排除季节变化的影响，还可计算年距增长量。它是报告期某月（季）水平与上年同月（季）水平之差，说明经济现象经过一年增减变化的绝对量。

（二）平均增长量

平均增长量，是指逐期增长量的简单算术平均数，说明经济现象在一段较长时间内，平均每期增减变化的数量。其计算公式为：

$$平均增长量=\frac{逐期增长量之和}{逐期增长量个数}$$

$$=\frac{(a_1-a_0)+(a_2-a_1)+\cdots+(a_n-a_{n-1})}{n}$$

$$=\frac{\text{累计增长量}}{n}=\frac{a_n-a_0}{n} \tag{10.10}$$

公式中：n 为逐期增长量个数，也即资料项数减 1。

根据表 10-4 的资料，得到 2011—2016 年某省海关进出口总额的平均增长量为：

$$\frac{59.88+201.60+(-3.22)+105.56+297.54}{5}$$

$$=\frac{661.36}{5}=132.27\text{（亿美元）}$$

第三节　时间数列的速度分析指标

一、发展速度与增长速度

（一）发展速度

发展速度，是指计算期发展水平与基期发展水平之比，表示计算期水平已达到或相当于基期水平之多少，反映了某种社会经济现象在一定时期内发展的方向和速度，通常用倍数或百分数表示。根据对比的基期不同，发展速度可以分为定基发展速度与环比发展速度。定基发展速度是时间数列中计算期发展水平与固定基期发展水平之比，说明某种社会经济现象在较长时期内总的发展方向和速度，亦称为总速度。环比发展速度是时间数列中计算期发展水平与前期发展水平之比，说明某种社会经济现象的逐期发展方向和速度。用公式表示为：

定基发展速度：$\frac{a_1}{a_0}, \frac{a_2}{a_0}, \frac{a_3}{a_0}, \cdots, \frac{a_n}{a_0}$ （10.11）

环比发展速度：$\frac{a_1}{a_0}, \frac{a_2}{a_1}, \frac{a_3}{a_2}, \cdots, \frac{a_n}{a_{n-1}}$ （10.12）

不难看出，定基发展速度与环比发展速度存在一定的数量关系：相邻若干个环比发展速度的连乘积等于相应的定基发展速度，相邻两个定基发展速度之商等于相应的环比发展速度。

（二）增长速度

增长速度，是指计算期增长量与基期发展水平之比，说明社会经济现象在一定时期内增减的快慢程度，通常也用百分数或倍数表示。由于采用的基期不同，可分定基增长速度和环比增长速度两种。用公式表示为：

定基增长速度：$\frac{a_1-a_0}{a_0}, \frac{a_2-a_0}{a_0}, \frac{a_3-a_0}{a_0}, \cdots, \frac{a_n-a_0}{a_0}$

$$或\frac{a_1}{a_0}-1,\ \frac{a_2}{a_0}-1,\ \frac{a_3}{a_0}-1,\ \cdots,\ \frac{a_n}{a_0}-1 \tag{10.13}$$

环比增长速度：$\frac{a_1-a_0}{a_0},\ \frac{a_2-a_1}{a_1},\ \frac{a_3-a_2}{a_2},\ \cdots,\ \frac{a_n-a_{n-1}}{a_{n-1}}$

$$或\frac{a_1}{a_0}-1,\ \frac{a_2}{a_1}-1,\ \frac{a_3}{a_2}-1,\ \cdots,\ \frac{a_n}{a_{n-1}}-1 \tag{10.14}$$

由此可见，增长速度等于发展速度减 1。当计算期水平高于基期水平时，发展速度大于 1 或 100%，增长速度为正值，表示现象增长的程度，亦称增长率。当计算期水平低于基期水平时，发展速度小于 1 或 100%，增长速度为负值，表示现象降低的程度，亦称降低率。

【例 10－6】根据表 10－4 中 2011—2016 年某省海关进出口总额的数列，计算各年的环比发展速度和环比增长速度，以及以 2011 年为基期的定基发展速度和定基增长速度。

解：根据（10.11）（10.12）（10.13）及（10.14）式，可得计算结果如表 10－6 所示：

表 10－6　2011—2016 年某省海关进出口总额的速度计算表

年　份		2011	2012	2013	2014	2015	2016
进出口总额（亿美元）		1 039.72	1 099.60	1 301.20	1 297.98	1 403.54	1 701.08
发展速度（%）	定基	100.00	105.76	125.15	124.84	134.99	163.61
	环比	—	105.76	118.33	99.75	108.13	121.20
增长速度（%）	定基	—	5.76	25.15	24.84	34.99	63.61
	环比	—	5.76	18.33	－0.25	8.13	21.20

定基增长速度不等于环比增长速度的连乘积，两者不能直接换算。若要根据若干个环比增长速度求相应的定基增长速度，需利用增长速度与发展速度之关系及两种发展速度之关系作变换计算。此外，对于季节因素影响较明显的社会经济指标，为了消除季节因素影响，还可计算年距发展速度和年距增长速度。年距发展速度是计算期某月（季）水平与上年同月（季）水平之比，或本年累计至某月（季）之水平与上年同期累计水平之比（俗称“同比”）；年距增长速度是年距增长量与上年同月（季）水平之比，或用年距发展速度减 1 计算。

二、平均发展速度与平均增长速度

平均发展速度，是指环比发展速度的序时平均数，说明某种社会经济现象在一段较长时期内逐期发展变化的平均速度。由于社会经济现象在各个时期所处的条件及影响其变化的因素不同，因而各时期的发展速度有差异，而平均发展速度通过对各个时期发展速度的平均，消除了差异，也消除了时期长短不同的影响，便于对社会经济现象不同历史时期发展变化速度进行比较，或对不同地区、不同国家的发展速度进行比较，它是进行统计分析和预测的必要依据。平均增长速度是平均发展速度的派生指标，它说明某种社会经济现象在一段较长时期内逐期平均增减变化的程度。两者之间的关系为：平均增长速度＝平均发展速度－1。

在社会经济现象统计中，计算平均发展速度通常采用水平法和累计法两种。

（一）水平法，亦称几何平均法

$$\bar{x}=\sqrt[n]{x_1\cdot x_2\cdot x_3\cdot\cdots\cdot x_n}=\sqrt[n]{\prod_{i=1}^{n}x_i} \tag{10.15}$$

公式中：$\bar{x}$ 为平均发展速度；

x_i 为环比发展速度（$i=1, 2, \cdots, n$）；

$\prod$ 为连乘符号。

环比发展速度的连乘积等于定基发展速度。因此，平均发展速度亦可直接用定基发展速度（总速度）来计算，即

$$\bar{x}=\sqrt[n]{\frac{a_n}{a_0}}=\sqrt[n]{R} \tag{10.16}$$

公式中：R 为定基发展速度。

【例 10－7】某地区 2011 年国内生产总值为 246 亿元，根据规划制定 2016 年要达到 365 亿元，试计算 2011 年至 2016 年该地区国内生产总值的平均发展速度。

解：$a_0=246$ 亿元，$a_n=365$ 亿元，$n=5$

故根据（10.16）式，得：

$$\bar{x}=\sqrt[5]{\frac{a_n}{a_0}}=\sqrt[5]{\frac{365}{246}}=108.21\%$$

用水平法计算平均发展速度的要求是按数列最初水平（a_0）和平均发展速度推算的最末水平等于实际的最末水平（a_n），即 $a_0\bar{x}^n=a_n$。

由此可见，用水平法计算的平均发展速度取决于 a_0 和 a_n，并侧重于考察中长期计划期末发展水平。这种方法适用于诸如生产能力、国民生产总值、工资总额、劳动生产率等水平指标平均发展速度的计算。水平法可以直接用期末水平与期初水平资料计算，其优点是简单易算。但它忽略了中间各期水平，当中间各期水平波动很大时，水平法计算的平均发展速度的代表性就不高。

（二）累计法

累计法又称方程法。它是用高次方程法计算，其正根即为平均发展速度。其公式为：

$$\bar{x}+\bar{x}^2+\bar{x}^3+\cdots+\bar{x}^n=\frac{\sum_{i=1}^{n}a_i}{a_0} \tag{10.17}$$

由（10.17）式可见，计算过程不胜其烦。在实际工作中，已编有《平均增

长速度查对表》一书，可根据年限和各年发展水平总和对基期水平的百分比（$\sum_{i=1}^{n} a_i/a_0$）直接查表求得平均发展速度。该表分递增速度和递减速度两部分，若 $\frac{\sum_{i=1}^{n} a_i}{a_0}/n > 100\%$，即从递增速度部分查表；若 $\frac{\sum_{i=1}^{n} a_i}{a_0}/n < 100\%$，则从递减速度部分查表。

表 10－7　累计法查对表（节录）

平均每年增长（%）	各年发展水平总和对基期水平的百分比（%）				
	1 年	2 年	3 年	4 年	5 年
8.80	⋮	⋮	⋮	⋮	648.55
8.90	⋮	⋮	⋮	⋮	650.44
⋮	⋮	⋮	⋮	⋮	⋮
⋮	⋮	⋮	⋮	⋮	⋮
28.90	⋮	⋮	509.22	785.29	1 141.14
29.00	⋮	⋮	510.08	787.00	1 144.23

【例 10－8】某市 2011—2016 年普通高校毕业生人数见表10－8，试计算该市 2011—2016 年普通高校毕业生人数的年平均发展速度。

表 10－8　2011—2016 年某市普通高校毕业生人数

年　份	2011	2012	2013	2014	2015	2016
毕业生人数（万人）	10.00	11.00	12.00	13.50	14.00	14.50

解：$a_0 = 10$（万人），$\sum_{i=1}^{5} a_i = 65$（万人），则 $\sum_{i=1}^{5} a_i/a_0 = 65/10 = 650\%$。

由于 $650\%/5 > 100\%$，故从递增部分查表。查表 10－7 中 5 年期限一列，可知 650% 介于 648.55% 与 650.44% 之间，顺水平方向从表中第一列可查得平均增长速度为 8.80% 与 8.90%，即该市 2011 年至 2016 年普通高校毕业生人数的年平均发展速度在 108.80% 与 108.90% 之间。利用内插法可得更具体的数值，计算过程如下：

$$\frac{650\% - 648.55\%}{650.44\% - 648.55\%} = \frac{t}{8.9\% - 8.8\%}$$

$$t = \frac{1.45\% \times 0.1\%}{1.89\%} = 0.08\%$$

故 5 年的平均发展速度为 100% +（8.80% + 0.08%）= 108.88%。

用累计法计算平均发展速度的要求是按数列最初水平（a_0）和平均发展速度推算的各期水平的累计数要等于各期实际发展水平的累计数，即 a_0（$\bar{x} + \bar{x}^2 + \cdots +$

$\bar{x}^n) = \sum_{i=1}^{n} a_i$。

由此可见，用方程法计算平均发展速度，侧重于考察中长期计划各期水平的总和，亦即计划期间的累计总量。这种方法适用于计算基本建设投资额、新增固定资产额、住宅建筑面积、造林面积等指标的平均发展速度。

三、计算和运用速度指标应注意的问题

对于大多数时间数列，特别是有关社会经济现象的时间数列，我们经常利用速度来描述其发展的数量特征。尽管速度的计算与分析都比较简单，但现实生活中仍存在误用乃至滥用速度指标的现象。因此，在用速度分析实际问题时，应注意以下两方面的问题：

（1）如果时间数列中的指标值有 0 或负数，则不宜用几何平均法计算平均发展速度。

（2）速度指标与发展水平指标要结合运用。速度指标是相对数，其数值大小取决于报告期和基期两个发展水平，有时速度很快，但增长量甚小；有时速度虽慢，但增长量颇大。基数小时，速度就可能较快，基数大时，速度就可能较慢。因此，当我们观察和研究问题时，不能只看速度，必须同时考察发展水平和增长量，把两者结合起来，才能避免片面性。统计上把增长速度和增长量结合起来的指标，就是增长百分之一的绝对值。其计算公式为：

$$\text{增长 1\% 的绝对值} = \frac{\text{逐期增长量}}{\text{环比增长速度}} = \frac{\text{前期水平}}{100} \qquad (10.18)$$

增长 1% 的绝对值这一指标，不仅可用于比较同一事物不同时期增长速度的经济意义，还可用于比较不同国家、不同地区、不同单位之间同一事物增长速度所隐含的不同经济意义。这对我们正确评价和处理速度与效益的关系是颇有好处的。

思考题与习题

1. 简述时间数列的概念、作用及种类。
2. 什么是时期数列和时点数列？两者有什么特点和区别？
3. 编制时间数列应遵循哪些原则？
4. 什么是发展水平、增长量、平均增长量、发展速度、增长速度和增长 1% 的绝对值？定基发展速度和环比发展速度，发展速度和增长速度的关系如何？
5. 一般平均数和序时平均数有什么不同点？
6. 怎样计算时间数列的平均发展水平指标？
7. 怎样计算时间数列的平均发展速度指标？
8. 根据下表中的已知资料，运用时间数列分析指标的相互关系，推算表中空缺的数字。

年　份	钢产量（万吨）	累计增长量（万吨）	定基发展速度（%）	定基增长速度（%）
第1年	8.20	—		
第2年		1.50		
第3年			131.80	
第4年				30.80
第5年				41.20
第6年			150.50	

9. 运用时间数列指标的相互关系，根据已知资料，推算表中空缺的数字。

年　份	销售额（万元）	逐期增长量（万元）	环比发展速度（%）	环比增长速度（%）	增长1%的绝对值（万元）
第1年	100.8	—	—	—	
第2年		10.20			
第3年			110.50		
第4年				11.30	
第5年					
第6年		14.20			1.46

10. 已知某企业2016年各月总产值、职工人数资料如下表所示：

月　份	1	2	3	4	5	6	7	8	9	10	11	12
1. 总产值（万元）	168	204	80	184	182	188	200	202	200	198	201	205
2. 月初职工人数（人）	200	196	200	206	210	210	220	222	212	216	218	229
其中：生产工人人数（人）	136	120	136	144	150	150	156	158	154	152	153	158

注：2017年1月初职工人数为230人，其中生产工人为160人。

试根据上述资料：

（1）计算2016年各季的月平均总产值和全年的月平均总产值。

（2）计算2016年全年平均职工人数。

（3）计算2016年月平均全员劳动生产率、全年平均全员劳动生产率和全年职工构成指标。

（4）根据有关时间数列分析指标，分别对企业上半年、下半年的变化作出分析评价。

11. 已知某企业制造A产品的单位成本资料如下表所示：

年　份	2011	2012	2013	2014	2015	2016
成本水平（元）	12. 80	13. 00	12. 40	12. 10	11. 80	11. 60

试计算 A 产品成本水平逐期降低量、逐期降低率和平均每年递减率。

12. 某企业 2016 年的增加值为 4 000 万元，计划到 2021 年增加值要达到 10 000 万元。试计算：

（1）每年应以怎样的增长速度进行生产，才能达到预定的计划目标？

（2）如果希望提前两年完成计划，则每年的增长速度应比原来提高多少？

（3）如果按新的增长速度继续生产，到 2021 年该企业的增加值应为多少？

13. 已知某地区国内生产总值最近 5 年的环比增长速度依次为 8. 20%、8. 80%、8. 98%、10. 50%和 10. 83%，试计算该地区 5 年的平均增长速度。若该地区要实现国内生产总值翻两番，那么需要多少时间？

第十一章　时间数列预测方法

第一节　时间数列预测的基本理论

一、时间数列预测分析的意义

时间数列，是指社会经济现象发展过程中的数量表现，隐含着社会经济现象发展变化的规律。为了认识和掌握这些规律，我们必须对时间数列进行深入分析，以便鉴往知来，预测事物发展的前景，为各级领导制定政策与计划、实行科学管理提供有效的咨询服务。

二、时间数列的因素分析

社会经济现象的性质多种多样，发展的时空条件千差万别，影响事物发展的具体原因不可胜数。但就共同规律而言，一般可归纳为长期趋势、季节变动、循环变动和不规则变动四个因素。

（一）长期趋势

长期趋势，是指受事物发展的根本原因制约而形成的事物在一段较长时期内持续增长或持续下降的基本趋势。尽管在这个时期内，事物的发展仍有波动，但基本趋势不变。如股票市场的“牛市”和“熊市”。

（二）季节变动

季节变动，是指由于自然条件、社会条件的影响，社会经济现象在 1 年内随着季节的转变而引起的周期性变动。例如，农产品收购、农业生产资料和其他季节性商品的销售、几大节日的客运量等，就有明显的季节性，而且年复一年地有规律地变动。

季节变动一般以 1 年为周期，此外，有的季节现象是以 1 日、1 周、1 月为周期而发生变动的，亦称为准季节变动。例如，市内公共汽车的乘客，早晨逐渐增多，上、下班时间达到高峰，入夜以后逐渐减少，是以 1 日为周期的变动；市内商店的顾客、影剧院的售票，星期六和星期日最多，是以 1 周为周期的变动；由于机关、团体、企业习惯在月初发工资，因此，银行活期储蓄存款月初增加、月末减少，是以 1 月为周期变动的。

（三）循环变动

循环变动，是指社会经济现象以若干年为周期呈波浪式的变动。例如，股票市场由牛市到熊市的周期再到下一个牛市与熊市的周期；资本主义经济由危机、萧条、复苏、繁荣的一个周期再到下一个危机、萧条、复苏、繁荣的周期。虽然每一个周期可能长短不同，但盛衰起伏周而复始。事物的循环变动，也是由事物发展的内在原因决定的。

（四）不规则变动

不规则变动，是指由于天灾、人祸、战乱等意外因素的影响而产生的变动。

长期趋势、季节变动和循环变动都有一定的规律性，可以用统计方法加以测定，不规则变动是无规律性的随机波动，难以测定，一般可作为误差项处理。

社会经济现象的发展变化，都是上述四种因素的全部或部分变动影响的结果。在现实生活中，有些社会经济现象无循环变动，以年为单位的时间数列无季节变动。因此，时间数列预测分析应从实际出发，实际包含分解和测定几个因素。

三、时间数列预测分析的基本原理

时间数列预测分析的基本原理是，在长期趋势、季节变动、循环变动和不规则变动四种因素中，先剔除其余几种因素的影响来测定一种因素变动的影响，然后再结合起来测定各种因素变动的综合影响。进行时间数列预测分析，首先要了解各种因素的结构类型。以 Y 代表时间数列的指标值，T 代表长期趋势，S 代表季节变动，C 代表循环变动，I 代表不规则变动。各种因素的结构类型如下：

（一）乘法型

乘法型，是指时间数列由各种因素相乘的乘积所形成的结构类型。其关系式为：

$$Y = T \times S \times C \times I \tag{11.1}$$

进行分析时，一般是先测定长期趋势值 T，用长期趋势去除时间数列，即可得出消除长期趋势影响的时间数列：

$$\frac{Y}{T} = S \times C \times I \tag{11.2}$$

进一步测定季节变动值 S，再用季节变动去除时间数列，即可得出消除长期趋势和季节变动影响的时间数列：

$$\frac{Y}{T \times S} = C \times I \tag{11.3}$$

将只包含循环变动和不规则变动影响的时间数列，加以移动平均，即可测得循环变动影响值 C。

如果时间数列不含循环变动因素的影响，则：

$$\frac{Y}{T \times S} = I \tag{11.4}$$

当消除长期趋势和季节变动影响后，其数值接近于1时，则时间数列受循环变动和不规则变动的影响可略而不计；如果其数值和1有较大的离差，还要进一步测定循环变动和不规则变动。

如果是以年为时间单位的时间数列，则不包含季节变动因素的影响，其关系式为：

$$Y = T \times C \times I \tag{11.5}$$

（二）加法型

加法型，是指时间数列由各种因素相加的总和所形成的结构类型。其关系式为：

$$Y = T + S + C + I \tag{11.6}$$

根据上列关系式，要测定某种因素的影响，将时间数列减去其余因素即可。如果是以年为时间单位的时间数列，则不包含季节变动的影响。其关系式为：

$$Y = T + C + I \tag{11.7}$$

（三）乘加型

乘加型，是指时间数列由有关因素分别相乘之后再相加的总和所形成的结构类型。它是上述两种结构类型的综合和折中。其关系式为：

$$Y = T \times S + C \times I \tag{11.8}$$

由于长期趋势和季节变动属于常态现象，实践上将两者的结合 $T \times S$ 称为标准变动。时间数列扣除标准变动影响后，所剩余的就是循环变动和不规则变动，因而两者的结合称为剩余变动。

以年为时间单位的时间数列，其乘加型的关系式为：

$$Y = T + C \times I \tag{11.9}$$

对于一个具体时间数列，要分解为几个影响因素，采用何种结构类型，应根据研究对象的性质、研究目的和所掌握的资料来确定。

第二节　长期趋势预测

长期趋势预测是利用各种预测方法对时间数列在一段较长时间内的根本变动趋势进行预测，测定其规律性，并对未来进行外推预测的方法。长期趋势预测分析的目的是，正确反映社会经济现象发展变化的方向和趋势，认识其发展变化的规律性；为统计决策提供依据；便于从时间数列中消除长期趋势影响，为测定季节变动和循环变动创造条件。

长期趋势预测分析的方法很多，常用的有时距扩大法、移动平均法、指数平滑法和最小平方法。现分别介绍如下：

一、时距扩大法

时距扩大法，也称为间隔扩大法，是指将原有时间数列中若干时期加以合并，得出扩大间隔的较大时距单位的数据，以便消除较小时距单位所受到的不规则变动影响，以显示事物发展变化长期趋势的方法。这种方法包括用时距扩大后的总量指标编制新的时间数列、用时距扩大后的序时平均数编制新的时间数列。前者只适用于时期数列，后者既适用于时期数列又适用于时点数列。举例如下：

【例 11 - 1】1997—2016 年某地固定资产投资如表 11 - 1 所示。

表 11 - 1　某地固定资产投资（一）　　单位：亿元

年　份	固定资产投资	年　份	固定资产投资	年　份	固定资产投资	年　份	固定资产投资
1997	150.66	2002	132.87	2007	214.07	2012	440.45
1998	174.33	2003	141.29	2008	265.94	2013	532.98
1999	149.95	2004	153.62	2009	307.84	2014	574.93
2000	110.21	2005	184.02	2010	347.57	2015	700.43
2001	120.49	2006	195.72	2011	376.02	2016	766.39

从表 11 - 1 的资料可看出，由于多种因素的影响，该地固定资产投资有升有降，发展趋势不够明显。为了反映长期趋势，将时距扩大为 5 年，编制时距扩大后的固定资产投资时间数列和序时平均数时间数列如表 11 - 2 所示。

表 11 - 2　某地固定资产投资（二）　　单位：亿元

年　份	1997—2001	2002—2006	2007—2011	2012—2016
固定资产投资	705.64	807.52	1 511.44	3 015.18
年均固定资产投资	141.13	161.54	302.29	603.04

从表 11 - 2 两种新的时间数列可以明显地看出，固定资产投资有不断增长的长期趋势。

以月、季为时距单位的数列，通过合并，扩大为以年为时距单位的数列，还可以消除季节变动的影响。

应用时距扩大法应注意的问题是，为了保持可比性，同一数列前后的时距单位应当一致；时距单位的大小，应以时距扩大后数列能正确反映长期趋势为准。

时距扩大法是一种时间数列分析法，虽然计算简便，但有一定的局限性；时距扩大后，新数列的项数比原数列少，可能不便据以预测未来的发展趋势，不能满足消除长期趋势、分析季节变动和循环变动的需要。

二、移动平均法

移动平均法，是指根据时间数列资料逐项递推移动，依次计算包含一定项数的扩大时距平均数，形成一个新的时间数列，反映长期趋势并进行外推预测的方法。

采用移动平均法修匀时间数列，可以削弱或消除不规则变动的影响。若包含季节变动的时间数列，用含有季节变动周期的序时项数进行移动平均，还可以消除季节变动的影响。因此利用移动平均法，能够测定社会经济现象发展变化的基本趋势。

当利用移动平均法进行长期趋势分析时，每一移动平均数位于序时项数的中点位置。序时项数采用奇数项（如3、5、7、9 等）计算移动平均数，一次移动平均即可取得对正序时项数中间项的长期趋势值，其计算公式如下所示。序时项数采用偶数项（如2、4、6、8 等）计算移动平均数，序时项数的中点位于偶数项的中间位置，不和任一具体时期相对应。为了求得某一具体时期的长期趋势值，还应以序时项数为2 计算二次移动平均数，以移正长期趋势值，综合一次、二次移动平均公式可得序时项数为偶数项的综合移动平均数的计算公式如下所示。

设序时项数为 P，则移动平均数可以写为：

P 为奇数项：　　　　P 为偶数项：

$$\bar{a}_1 = \frac{a_1 + a_2 + \cdots + a_p}{P} \qquad \bar{a}_1 = \frac{\frac{a_1}{2} + a_2 + \cdots + \frac{a_{p+1}}{2}}{P}$$

$$\bar{a}_2 = \frac{a_2 + a_3 + \cdots + a_{p+1}}{P} \qquad \bar{a}_2 = \frac{\frac{a_2}{2} + a_3 + \cdots + \frac{a_{p+2}}{2}}{P} \tag{11.10}$$

$$\cdots \qquad \cdots$$

$$\bar{a}_t = \frac{a_i + a_{i+1} + \cdots + a_{p+i-1}}{P} \qquad \bar{a}_t = \frac{\frac{a_i}{2} + a_{i+1} + \cdots + \frac{a_{p+i}}{2}}{P}$$

公式中，P 为大于1 的正整数。

【例 11－2】利用移动平均法对某地第三产业增加值进行长期趋势预测分析，分别计算三期移动平均数和四期移动平均数，结果如表 11－3 和表 11－4 所示。

表 11-3　某地第三产业增加值移动平均数（$P=3$）　单位：亿元

时间变量 i	年　份	第三产业增加值 a_i	分析用三期移动平均数 $\bar{a}_t$
1	2002	26	—
2	2003	29	30.0
3	2004	35	36.3
4	2005	45	44.7
5	2006	54	52.3
6	2007	58	61.3
7	2008	72	74.0
8	2009	92	92.3
9	2010	113	118.0
10	2011	149	147.0
11	2012	179	177.3
12	2013	204	207.6
13	2014	240	237.3
14	2015	268	267.0
15	2016	293	—

表 11-4　某地第三产业增加值移动平均数（$P=4$）　单位：亿元

时间变量 i	年　份	第三产业增加值 a_i	分析用四期移动平均数 $\bar{a}_t$
1	2002	26	—
2	2003	29	—
3	2004	35	37.3
4	2005	45	44.4
5	2006	54	52.6
6	2007	58	63.1
7	2008	72	76.4
8	2009	92	95.1
9	2010	113	119.9
10	2011	149	147.3
11	2012	179	177.1
12	2013	204	207.9
13	2014	240	237.0
14	2015	268	—
15	2016	293	—

从表 11－3、11－4 可以看出，移动平均数列由于消除了不规则变动的影响，能较明显地反映第三产业增加值增长趋势，但其趋势预测值明显落后于实际值，存在滞后偏差。在事物发展过程成等差或近似等差变动的情况下，其滞后期为（$P-1$）/2，若用于预测，则滞后期就更长。为使预测值比较接近实际值，较简便的方法为：

$$T_{t+m}=\bar{a}_t+\left(\frac{P-1}{2}+m\right)b \tag{11.11}$$

公式中：T 为目标期预测值；

$\bar{a}_t$ 为第 t 期的移动平均数；

P 为序时项数；

m 为从 t 期至预测目标期的时期数；

b 为近若干期移动平均数的平均增长量。

例如：若根据表 11－3 中的资料计算 2017 年的预测值，则：

$$T_{2015+2}=267.0+\left(\frac{3-1}{2}+2\right)\times 29.9=356.7\text{（亿元）}$$

公式中的 29.9 是近三期移动平均数的平均增长量。

应用移动平均法应注意的问题是，计算移动平均数的序时项数不宜过多或过少。序时项数过少，虽然反映波动的敏感性较高，但是易受不规则变动的干扰，修匀的曲线不够平滑；序时项数过多，虽然能减少不规则变动的干扰，修匀作用增强，但敏感性较低，数列缺项越多，移动平均趋势越不够完整。一般来说，对于含有周期变动的时间数列，采用的序时项数应与周期长度相一致，以便消除周期变动和不规则变动的影响，准确反映现象发展变化的长期趋势。对于不含周期变动的时间数列，序时项数可用奇数，其大小应以能消除不规则变动干扰，修匀曲线比较平滑，能明显反映现象的长期趋势为准。

三、指数平滑法

指数平滑法是一种特殊的加权平均法。它是利用本期实际观察值和本期趋势预测值，分别对不同权数进行加权，求得一个指数平滑值，作为下一期趋势预测值的预测方法。它的特点是对离预测期较近的观察值给予较大的权数，对离预测期较远的观察值给予较小的权数，权数由近到远按指数规律递减，所以称之为指数平滑法。常用的有一次指数平滑法和二次指数平滑法。

（一）一次指数平滑法

一次指数平滑值：

$$S_t^{(1)}=\alpha y_t+(1-\alpha)S_{t-1}^{(1)} \tag{11.12}$$

一次指数平滑趋势预测值：

$$\begin{aligned}T_{t+1}=S_t^{(1)}&=\alpha y_t+(1-\alpha)S_{t-1}^{(1)}\\&=\alpha y_t+(1-\alpha)T_t\end{aligned} \tag{11.13}$$

公式中：$S_t^{(1)}$ 为一次指数平滑值；

α 为权系数；

y_t 为 t 期实际观测值；

T_{t+1} 为 $t+1$ 期的一次指数平滑趋势预测值。

进行一次指数平滑预测分析时，应注意以下几个问题：

1. 权系数的选择

将一次指数平滑公式展开分析权系数的特点：

$$
\begin{aligned}
S_t^{(1)} &= \alpha y_t + (1-\alpha)S_{t-1}^{(1)} \\
&= \alpha y_t + (1-\alpha)[\alpha y_{t-1} + (1-\alpha)S_{t-2}^{(1)}] \\
&= \alpha y_t + \alpha(1-\alpha)y_{t-1} + (1-\alpha)^2 S_{t-2}^{(1)} \\
&= \alpha y_t + \alpha(1-\alpha)y_{t-1} + (1-\alpha)^2[\alpha y_{t-2} + (1-\alpha)S_{t-3}^{(1)}] \\
&= \cdots \\
&= \alpha y_t + \alpha(1-\alpha)y_{t-1} + \alpha(1-\alpha)^2 y_{t-2} + \cdots + (1-\alpha)^t S_0^{(1)} \\
&= \alpha\sum_{j=0}^{t-1}(1-\alpha)^j y_{t-j} + (1-\alpha)^t S_0^{(1)} \qquad (11.14)
\end{aligned}
$$

当 t 无穷大时，$(1-\alpha)^t$ 是一个很小的值，甚至趋于零，故 $(1-\alpha)^t S_0^{(1)}$ 可略而不计，则上式为：

$$S_t^{(1)} = \alpha\sum_{j=0}^{\infty}(1-\alpha)^j y_{t-j} \qquad (11.15)$$

从上式观察到，所有实际观测值 y_t，y_{t-1}，y_{t-2}，…都参加了计算，分别给予了加权系数 α，$\alpha(1-\alpha)$，$\alpha(1-\alpha)^2$，…，权系数成等比级数，按级数衰减，愈近的数据，权系数越大；愈远的数据，权系数越小；且权系数之和为 $\alpha\sum_{j=0}^{\infty}(1-\alpha)^j=1$。故称这种方法为指数平滑法。

权系数的选择是很重要的，其取值范围是 $\alpha\in(0, 1)$。若原始数列无明显的增减趋势，且波动幅度不大，α 取值大小均可；若原始数列有明显而稳定的增减趋势，α 取值宜大些，以增强规则性变动的影响；若原始数列无明显的增减趋势，且波动幅度又较大，则 α 取值应小些，以削弱不规则变动的影响。

2. 初始值的选择

因为 $S_1^{(1)}=\alpha y_1+(1-\alpha)S_0^{(1)}$，$S_0^{(1)}$ 为一未知数，所以称初始值。如何确定 $S_0^{(1)}$，可分两种情况。当样本为大样本时，初始值以时间数列的首项替代；当样本为小样本时，初始值以时间数列的前几项求一简单平均数替代。

【例 11－3】以某省 2002—2016 年汽车生产量的数据为例进行指数平滑分析。

表 11－5　某省汽车生产量一次指数平滑趋势预测计算表　　单位：万辆

年　份	年次 t	汽车生产量 y_t	一次指数平滑值 $S_t^{(1)}$ （$\alpha=0.8$）	趋势预测值 $T_{t+1}=S_t^{(1)}$	离差 y_t-T_t	离差平方 $(y_t-T_t)^2$
2002	1	44.34	44.06	—	—	—
2003	2	37.27	38.63	44.06	－6.79	46.10
2004	3	47.25	45.53	38.63	8.62	74.30
2005	4	64.70	60.87	45.53	19.17	367.49
2006	5	58.69	59.12	60.87	－2.18	4.75
2007	6	50.92	52.56	59.12	－8.20	67.24
2008	7	70.88	67.12	52.56	18.32	335.62
2009	8	106.17	98.38	67.12	38.96	1 517.88
2010	9	129.65	123.40	98.38	31.27	977.81
2011	10	135.34	132.95	123.40	11.94	142.56
2012	11	143.48	141.37	132.95	10.53	110.88
2013	12	145.62	144.77	141.37	4.25	18.06
2014	13	157.79	158.18	144.77	13.02	169.52
2015	14	162.78	161.86	158.18	4.60	21.16
2016	15	183.03	178.79	161.86	21.17	448.17
2017	16	—	—	178.79	—	—
合　计	—	—	—	—	—	4 301.54

因为样本容量为 15 年的数据，属于小样本，初始值取前三项简单平均数：$S_0^{(1)}=\dfrac{44.34+37.27+47.25}{3}=42.95$，权系数 $\alpha=0.8$，计算结果列于表 11－5。

计算均方误差如下：$MSE=\dfrac{\sum_{t=2}^{15}(y_t-T_t)^2}{14}=\dfrac{4\,301.54}{14}=307.252\,9$。将实际值和趋势预测值绘制成曲线图（见图 11－1）。

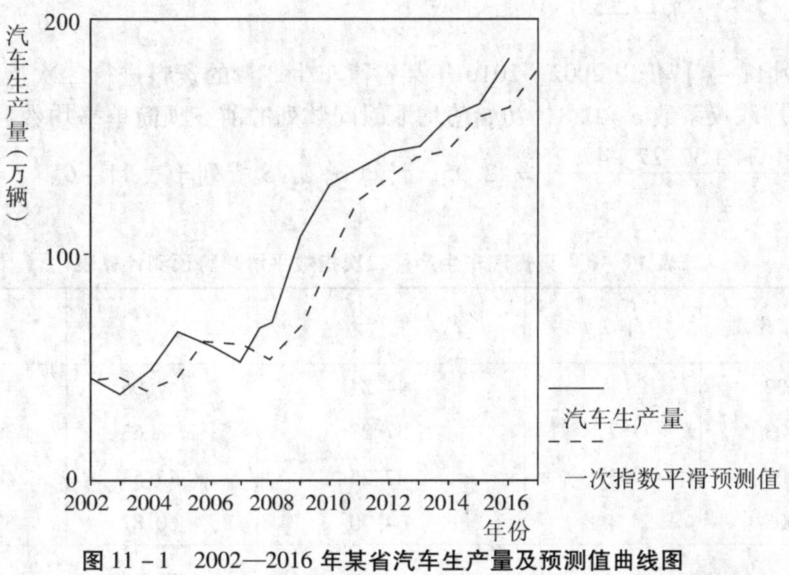

图 11－1　2002—2016 年某省汽车生产量及预测值曲线图

由图 11－1 可见，趋势预测值与实际值的变动趋势一致，但趋势预测值比实际值滞后，均方误差也比较大。

一次指数平滑法优于移动平均法之处是，在计算中，它将所有的观察值都考虑在内，对各项观察值根据时期远近给予不同的权数，使趋势预测结果更接近实际。但一次指数平滑法只适合于具有水平发展趋势的时间数列分析，而且只能作近期预测。如果碰到时间数列具有上升或下降明显趋势，那么最好用二次指数平滑预测法进行分析。

（二）二次指数平滑法

二次指数平滑法通过计算一次、二次指数平滑值建立一元线性模型，利用线性模型进行未来预测。其计算公式如下：

一次指数平滑值：$S_t^{(1)} = \alpha y_t + (1-\alpha) S_{t-1}^{(1)}$

二次指数平滑值：$S_t^{(2)} = \alpha S_t^{(1)} + (1-\alpha) S_{t-1}^{(2)}$

线性模型：$T_{t+K} = a + bK$ （11.16）

公式中：$S_t^{(1)}$、$S_t^{(2)}$ 分别为 t 期一次、二次指数平滑值；

α 为权系数；

y_t 为实际值；

$S_{t-1}^{(1)}$、$S_{t-1}^{(2)}$ 为 $t-1$ 期一次、二次指数平滑值；

T_{t+K} 为 $t+K$ 期预测值；

K 是 t 期到预测期的间隔期数；

a、b 为平滑系数。

a、b 可由以下公式求得：

$$a = 2S_t^{(1)} - S_t^{(2)} \tag{11.17}$$

$$b = \frac{\alpha}{1-\alpha}(S_t^{(1)} - S_t^{(2)}) \tag{11.18}$$

【例 11－4】仍以 2002—2016 年某省汽车生产量的资料进行二次指数平滑预测分析。取权系数 $\alpha = 0.8$，初始值均取时间数列的前三项简单平均数，则 $S_0^{(1)} = S_0^{(2)} = \frac{44.34 + 37.27 + 47.25}{3} = 42.95$，计算 $S_0^{(1)}$、$S_0^{(2)}$ 列于表 11－6。

表 11－6　某省汽车生产量二次指数平滑趋势预测计算表　　单位：万辆

年　份	年次 t	汽车生产量 y_t	$S_t^{(1)}$	$S_t^{(2)}$
2002	1	44.34	44.06	43.84
2003	2	37.27	38.63	39.67
2004	3	47.25	45.53	44.36
2005	4	64.70	60.87	57.57

（续上表）

年 份	年次 t	汽车生产量 y_t	$S_t^{(1)}$	$S_t^{(2)}$
2006	5	58.69	59.12	58.81
2007	6	50.92	52.56	53.81
2008	7	70.88	67.12	64.46
2009	8	106.17	98.38	91.60
2010	9	129.65	123.40	117.04
2011	10	135.34	132.95	129.77
2012	11	143.48	141.37	139.05
2013	12	145.62	144.77	143.63
2014	13	157.79	158.18	155.27
2015	14	162.78	161.86	160.54
2016	15	183.03	178.79	175.14

由表11-6的计算结果得知，2016年的一次、二次指数平滑值 $S_{15}^{(1)}=178.79$，$S_{15}^{(2)}=175.14$，可求得模型平滑系数为：

$a=2S_{15}^{(1)}-S_{15}^{(2)}=2\times178.79-175.14=182.44$

$b=\frac{\alpha}{1-\alpha}(S_{15}^{(1)}-S_{15}^{(2)})=\frac{0.8}{1-0.8}(178.79-175.14)=14.6$

可得线性模型：$T_{15+K}=a+bK=182.44+14.6K$

计算2017年、2018年、2019年该省汽车生产量的趋势预测值，$K=1$、2、3。

$T_{15+1}=182.44+14.6\times1=197.04$（万辆）

$T_{15+2}=182.44+14.6\times2=211.64$（万辆）

$T_{15+3}=182.44+14.6\times3=226.24$（万辆）

二次指数平滑法利用 K 值可简便地进行趋势外推，不过由于其平滑系数固定不变，不能适应未来时间数列趋势增减变化，长期预测误差率较高，但短期预测较准确。

四、最小平方法

最小平方法也称为最小二乘法，是时间数列长期趋势预测分析中的传统方法。它要求实际值和趋势预测值的离差平方和为最小值，列出联立方程，估计参数，配合趋势模型，是分析预测长期趋势的方法。

（一）直线模型

当时间数列的逐期增长量近似一常数，趋势图形表现为一条直线时采用直线模型：

$$T_t=a+bx \tag{11.19}$$

按最小平方法的要求：$\sum(y_t-T_t)^2=\sum(y_t-a-bx)^2=$ 最小值，对该式求

偏导数并令其等于零，整理得估计参数 a、b 的标准联立方程如下：

$$\begin{cases}\sum y = na + b\sum x \\ \sum xy = a\sum x + b\sum x^2\end{cases}$$

解联立方程，即可求得参数 a、b：

$$a = \frac{\sum x^2 \sum y - \sum x \sum xy}{n\sum x^2 - (\sum x)^2} \tag{11.20}$$

$$b = \frac{n\sum xy - \sum x \sum y}{n\sum x^2 - (\sum x)^2} \tag{11.21}$$

公式中：n 代表年数；

t 代表年份；

x 代表年次（$x = 0, 1, 2, 3, \cdots$）。

为了简化计算，当时期项数为奇数时，可用中间一期为原点，则 $x = \cdots, -3, -2, -1, 0, 1, 2, 3, \cdots$，$x$ 以一期为单位。当时期项数为偶数时，可用中间2期之中点为原点，使其时期次序为0，则 x 以半年为单位，$x = \cdots, -5, -3, -1, 0, 1, 3, 5, \cdots$。这样可使 $\sum x = 0$，于是，上边的联立方程可简化为：

$$\begin{cases}\sum y = na \\ \sum xy = b\sum x^2\end{cases}$$

$$a = \frac{\sum y}{n} = \bar{y} \tag{11.22}$$

$$b = \frac{\sum xy}{\sum x^2} \tag{11.23}$$

【例11－5】对某省餐饮业从业人员数配合直线模型进行趋势预测分析。具体数据见表11－7。

表11－7 某省餐饮业从业人员直线模型计算表　　单位：万人

年份 t	年次 x	从业人员 y_t	xy	x^2	T_t
	(1)	(2)	(3)	(4)	(5)
2007	－9	446.3	－4 016.7	81	455.03
2008	－7	480.2	－3 361.4	49	508.57
2009	－5	531.9	－2 659.5	25	562.11
2010	－3	635.1	－1 905.3	9	615.65
2011	－1	710.3	－710.3	1	669.19
2012	1	775.3	775.3	1	722.73
2013	3	781.4	2 344.2	9	776.27
2014	5	821.6	4 108.0	25	829.81
2015	7	869.1	6 083.7	49	883.35
2016	9	908.4	8 175.6	81	936.89
合　计	0	6 959.6	8 833.6	330	6 959.60

上例时间数列年数 $n=10$，为偶数，其中点在 2011 年与 2012 年中间。为了简化计算，令两年的中点为原点，$x=0$，以半年为单位，则 2011 年的年次为 -1，以前各年的年次为 -3、-5、-7、-9；2012 年的年次为 1，以后各年的年次依次为 3、5、7、9，使 $\sum x=0$。

将上表合计栏资料代入联立方程：

$$\begin{cases}6\,959.6=10a\\8\,833.6=330b\end{cases}$$

$$a=\frac{6\,959.6}{10}=695.96$$

$$b=\frac{8\,833.6}{330}=26.77$$

得趋势直线模型为：

$$T_t=695.96+26.77x$$

将各年年次代入模型，即可求得各年趋势值，填入表 11－7（5）栏。将 $x=9$、11、13 代入模型，可测得 2016 年、2017 年、2018 年某省餐饮业从业人员数趋势值。

$T_{2016}=695.96+26.77\times9=936.89$（万人）

$T_{2017}=695.96+26.77\times11=990.43$（万人）

$T_{2018}=695.96+26.77\times13=1\,043.97$（万人）

将某省餐饮业从业人员计算结果画成图，如图 11－2 所示：

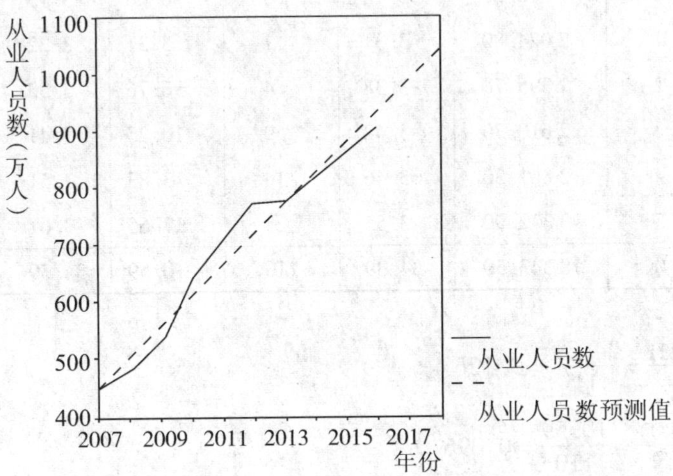

图 11－2　某省餐饮业从业人员数曲线图

（二）指数模型

当时间数列的对数的逐期增长量近似一常数时，可配合指数曲线模型：

$$T_t = ab^x \tag{11.24}$$

其对数直线模型为:

$$\lg T_t = \lg a + x\lg b \tag{11.25}$$

用最小平方法原理，估计参数，配合对数直线模型的标准联立方程为:

$$\begin{cases} \sum \lg y_t = n\lg a + \lg b\sum x \\ \sum x\lg y_t = \lg a\sum x + \lg b\sum x^2 \end{cases} \tag{11.26}$$

以时间数列的中点为原点，使$\sum x = 0$，联立方程可简化为:

$$\begin{cases} \sum \lg y_t = n\lg a \\ \sum x\lg y_t = \lg b\sum x^2 \end{cases} \tag{11.27}$$

解联立方程即可估计参数，配合对数直线模型和指数曲线模型。

【例11－6】对某商店营业额配合指数曲线模型进行趋势预测（参见表11－8）。

表11－8　某商店营业额指数曲线模型计算表　　单位：万元

年　份	年次 x	营业额 y_t	$\lg y_t$	x^2	$x\lg y_t$	$\lg T_t$	T_t
2006	－5	419.80	2.62	25	－13.12	2.65	442.97
2007	－4	516.20	2.71	16	－10.84	2.74	552.56
2008	－3	589.70	2.77	9	－8.31	2.84	689.26
2009	－2	861.40	2.94	4	－5.87	2.93	859.79
2010	－1	1 175.00	3.07	1	－3.07	3.03	1 072.49
2011	0	1 516.00	3.18	0	0.00	3.13	1 337.83
2012	1	2 024.80	3.31	1	3.31	3.22	1 668.81
2013	2	2 395.70	3.38	4	6.76	3.32	2 081.67
2014	3	2 610.70	3.42	9	10.25	3.41	2 596.67
2015	4	2 861.30	3.46	16	13.83	3.51	3 239.09
2016	5	3 372.90	3.53	25	17.65	3.61	4 040.44
合　计	0	18 343.50	34.39	110	10.59	34.39	18 581.58

$$\lg a = \frac{\sum \lg y_t}{n} = \frac{34.39}{11} = 3.126\,4$$

$$\lg b = \frac{\sum x\lg y_t}{\sum x^2} = \frac{10.59}{110} = 0.096$$

$a = 1\,337.827\,1 \qquad b = 1.247\,4$

$\lg T_t = 3.126\,4 + 0.096x$

$T_t = 1\,337.827\,1 \times (1.247\,4)^x$

将各年年次代入模型，即可求得各年的估计对数值和趋势值，填入表

11 - 8。如：

$\lg T_{2016} = 3.1264 + 0.096 \times 5 = 3.61$

$T_{2016} = 1\,337.827\,1 \times (1.247\,4)^5 = 4\,040.44$

将商店营业额及其趋势预测值画成图，如图 11 - 3 所示：

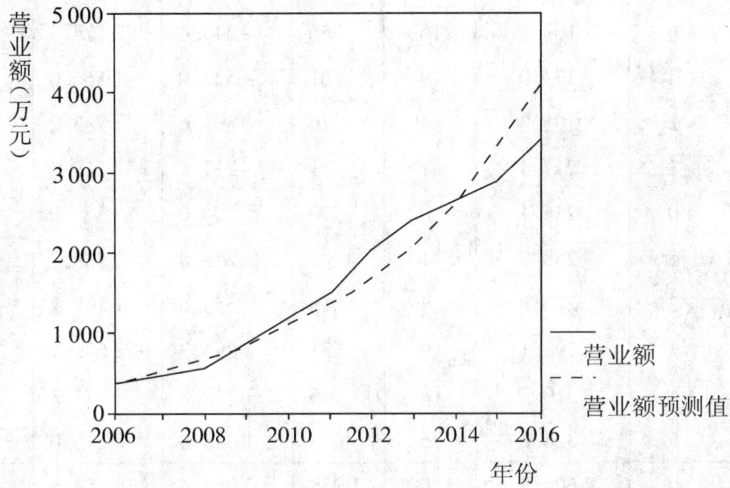

图 11 - 3 某商店的营业额指数模型曲线图

（三）二次抛物线模型

在时间数列中，现象的逐期增长量之差（第二阶差）近似一个常数，当散点图围绕上凹的上升或下凹的下降曲线趋势波动时，可配合二次抛物线模型。其模型为：

$$T_t = a + bx + cx^2 \tag{11.28}$$

公式中：x 代表时间次序；

T_t 代表长期趋势值；

a、b、c 代表参数。

用最小平方法原理，估计参数，配合二次抛物线模型的标准联立方程为：

$$\begin{cases} \sum y = na + b\sum x + c\sum x^2 \\ \sum xy = a\sum x + b\sum x^2 + c\sum x^3 \\ \sum x^2 y = a\sum x^2 + b\sum x^3 + c\sum x^4 \end{cases} \tag{11.29}$$

以时间数列的中点为原点，使 $\sum x = 0$，$\sum x^3 = 0$，则可简化为：

$$\begin{cases} \sum y = na + c\sum x^2 \\ \sum xy = b\sum x^2 \\ \sum x^2 y = a\sum x^2 + c\sum x^4 \end{cases} \tag{11.30}$$

解联立方程即可估计参数，配合二次抛物线模型。

【例 11 - 7】以某商品销售额二次抛物线模型趋势预测分析为例（参

见表 11 -9)。

表 11 -9 某商品销售额二次抛物线模型计算表 单位：万元

年 份	年次 x	销售额 y_t	x^2	x^4	xy	x^2y	T_t
2006	-5	151.1	25	625	-755.5	3 777.5	144.59
2007	-4	160.9	16	256	-643.6	2 574.4	162.61
2008	-3	174.0	9	81	-522.0	1 566.0	180.79
2009	-2	195.8	4	16	-391.6	783.2	199.13
2010	-1	217.4	1	1	-217.4	217.4	217.64
2011	0	236.1	0	0	0	0	236.31
2012	1	258.8	1	1	258.8	258.8	255.14
2013	2	276.8	4	16	553.6	1 107.2	274.13
2014	3	298.1	9	81	894.3	2 682.9	293.28
2015	4	310.7	16	256	1 242.8	4 971.2	312.60
2016	5	328.6	25	625	1 643.0	8 215.0	332.10
合 计	0	2 608.3	110	1 958	2 062.4	26 153.6	2 608.32

$$\begin{cases} 2\,608.3 = 11a + 110c \\ 2\,062.4 = 110b \\ 26\,153.6 = 110a + 1\,958c \end{cases}$$

可得：

$$a = \frac{\sum x^4 \sum y - \sum x^2 \sum x^2 y}{n\sum x^4 - (\sum x^2)^2} = \frac{1\,958 \times 2\,608.3 - 110 \times 26\,153.6}{11 \times 1\,958 - 110^2} = 236.295\,3$$

$$b = \frac{\sum xy}{\sum x^2} = \frac{2\,062.4}{110} = 18.749\,1$$

$$c = \frac{n\sum x^2 y - \sum x^2 \sum y}{n\sum x^4 - (\sum x^2)^2} = \frac{11 \times 26\,153.6 - 110 \times 2\,608.3}{11 \times 1\,958 - 110^2} = 0.082\,3$$

抛物线趋势模型为：

$T_t = 236.295\,3 + 18.749\,1x + 0.082\,3x^2$

将各年年次代入模型，即可求得各年的趋势值，填入表 11 -9 中。如：

$T_{2016} = 236.295\,3 + 18.749\,1 \times 5 + 0.082\,3 \times 5^2 = 332.098\,3$（万元）

将计算结果画成曲线图，如图 11 -4 所示。

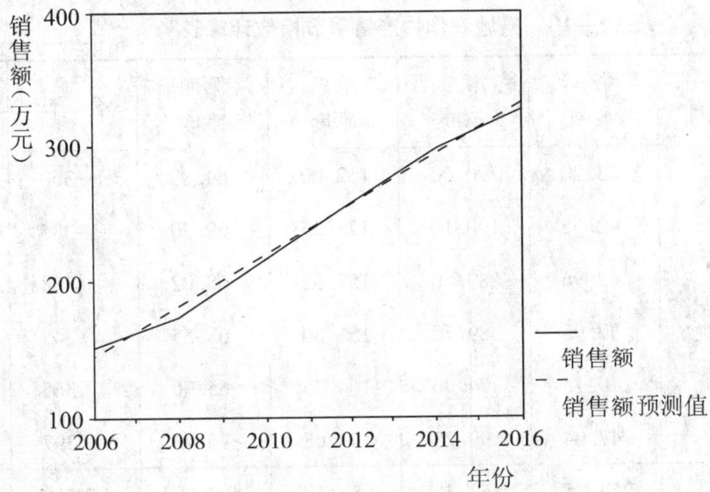

图 11－4　商品销售额和趋势预测值曲线图

最小平方法能以和原数列相同的项数反映长期趋势变动；经过修匀能够得到平滑的曲线，外推预测长期趋势；能够满足消除长期趋势，分析季节变动和循环变动的需要；不仅其总离差等于零，而且其离差的平方和最小。

第三节　季节变动分析

季节变动分析一般是根据以月、季为单位的时间数列资料，测定以年为周期的、随着季节转变而发生的周期性变动的规律性。当然，也可以更小的时间单位进行准季节变动分析。为消除偶然因素的影响，时间数列的资料至少要包括三个周期以上。最常用的分析方法有同期水平平均法和长期趋势剔除法。

一、同期水平平均法

同期水平平均法，是指根据三年以上的历史资料，通过求出同月（季）平均数来计算季节指数分析季节变动的方法。其计算步骤是：首先，直接将历年同月（季）发展水平加总求同月（季）平均数和总平均数；然后，将同月（季）平均数和总平均数对比，计算季节指数。

【例 11－8】以表 11－10 某地农作物产值资料为例进行季节变动分析。

表 11－10　某地农作物产值季节指数计算表　　单位：亿元

年　份	第一季度	第二季度	第三季度	第四季度	合　计	季度平均数
2011	43.20	90.00	162.00	64.80	360	90.00
2012	42.35	100.10	173.25	69.30	385	96.25
2013	42.96	89.50	157.52	68.02	358	89.50
2014	37.95	89.70	151.80	65.55	345	86.25
2015	40.15	94.90	164.25	65.70	365	91.25
2016	47.64	99.25	174.68	75.43	397	99.25
合　计	254.25	563.45	983.50	408.80	2 210	552.50
同季平均数	42.38	93.91	163.92	68.13	368.34	92.08
季节指数（%）	46.03	101.99	178.02	73.99	400.03	100.01

$$同季平均数=\frac{各年同季资料之和}{年数}$$

$$第一季度同季平均数=\frac{43.2+42.35+42.96+37.95+40.15+47.64}{6}$$

$$=\frac{254.25}{6}=42.38$$

其余类推。

$$总平均数=\frac{各年产值总和}{季数}=\frac{2\,210}{24}=92.08$$

$$或=\frac{各年季平均数之和}{年数}=\frac{552.5}{6}=92.08$$

$$或=\frac{各年同季平均数之和}{季数}=\frac{368.34}{4}=92.08$$

$$季节指数=\frac{同季平均数}{总平均数}$$

$$第一季度季节指数=\frac{42.38}{92.08}=46.03\%$$

其余类推。

季节指数用百分比表示，四个季度的季节指数之和应为 400，12 个月的季节指数之和应为 1 200，若不为 400 或 1 200，则应计算校正系数予以修正。校正的季节指数 = 原季节指数 × 校正系数。

$$校正系数 = \frac{400\ (或\ 1\ 200)}{各季（月）季节指数之和} = \frac{400}{400.03} = 0.999\ 925$$

经校正的各季节指数为：

第一季度 = 46.03 × 0.999 925 = 46.03

第二季度 = 101.99 × 0.999 925 = 101.98

第三季度 = 178.02 × 0.999 925 = 178.01

第四季度 = 73.99 × 0.999 925 = 73.98

合计 = 400.03 × 0.999 925 = 400

季节指数如果大于100%表示旺季，小于100%表示淡季，在100%左右表示平季。从表11－10可看出，第一季度是淡季，第二季度和第三季度是旺季，第四季度由旺转淡。

如果掌握的是分月资料，可以参照上法计算月度季节指数。

二、长期趋势剔除法

长期趋势剔除法，是指先配合趋势模型，确定各月（季）的趋势值，再从实际值中剔除趋势变动，以反映季节变动的方法。

（一）配合趋势模型

【例11－9】根据表11－11某市某港口在6个星期周一到周五的货物流通量的数据资料，用最小平方法配合趋势直线模型分析如下：

表11－11　某港口货物流通量直线模型计算表

时　间	天次 x	货物流通量 y	x^2	xy	趋势值 T_t（万吨）	Y/T（%）	$Y-T$（万吨）
1. 星期一	-29	22	841	-638	43.42	50.67	-21.42
星期二	-27	30	729	-810	42.53	70.54	-12.53
星期三	-25	57	625	-1 425	41.63	136.91	15.37
星期四	-23	51	529	-1 173	40.74	125.18	10.26
星期五	-21	24	441	-504	39.85	60.23	-15.85
2. 星期一	-19	24	361	-456	38.95	61.61	-14.95
星期二	-17	41	289	-697	38.06	107.72	2.94
星期三	-15	63	225	-945	37.17	169.50	25.83
星期四	-13	52	169	-676	36.27	143.35	15.73
星期五	-11	25	121	-275	35.38	70.66	-10.38

（续上表）

时　间	天次 x	货物流通量 y	x^2	xy	趋势值 T_t（万吨）	Y/T（%）	$Y-T$（万吨）
3. 星期一	-9	24	81	-216	34.49	69.59	-10.49
星期二	-7	41	49	-287	33.59	122.05	7.41
星期三	-5	56	25	-280	32.70	171.25	23.30
星期四	-3	44	9	-132	31.81	138.34	12.19
星期五	-1	21	1	-21	30.91	67.93	-9.91
4. 星期一	1	19	1	19	30.02	63.29	-11.02
星期二	3	30	9	90	29.13	103.00	0.87
星期三	5	45	25	225	28.23	159.39	16.77
星期四	7	35	49	245	27.34	128.02	7.66
星期五	9	17	81	153	26.45	64.28	-9.45
5. 星期一	11	15	121	165	25.55	58.70	-10.55
星期二	13	23	169	299	24.66	93.27	-1.66
星期三	15	30	225	450	23.77	126.23	6.23
星期四	17	23	289	391	22.87	100.56	0.13
星期五	19	10	361	190	21.98	45.50	-11.98
6. 星期一	21	13	441	273	21.09	61.65	-8.09
星期二	23	20	529	460	20.19	99.05	-0.19
星期三	25	27	625	675	19.30	139.90	7.70
星期四	27	22	729	594	18.41	119.53	3.59
星期五	29	10	841	290	17.51	57.10	-7.51
合　计	0	914	8 990	-4 016	914.00	2 985.00	0.00

由于 $\sum x=0$，其标准联立方程为：

$$\begin{cases}\sum y = na \\ \sum xy = b\sum x^2\end{cases}$$

$$a=\frac{\sum y}{n}=\frac{914}{30}=30.4667$$

$$b=\frac{\sum xy}{\sum x^2}=\frac{-4016}{8990}=-0.4467$$

长期趋势直线模型：$T_t=30.4667-0.4467x$

其中：T_t 代表长期趋势值，x 代表天数。

将天数 x 值代入模型，即可求得各季长期趋势值 T_t，填入表 11－11。如：

$T_{6.\text{星期四}}=30.4667-0.4467\times 27=18.41$

$T_{6.星期五} = 30.4667 - 0.4467 \times 29 = 17.51$

其余类推。

（二）分析季节变动

1. 乘法型时间数列季节变动分析

这种分析是将长期趋势值去除相应的原时间数列的数据剔除长期趋势影响，再用月（季）平均计算季节指数分析季节变动。

首先，计算 Y/T 剔除长期趋势影响，填入表 11－11。

其次，根据消除长期趋势后的比率计算同期平均数和季节指数。现将表 11－11 中 Y/T 的数据转入表 11－12 进行计算。

表 11－12　季节指数计算表　　单位:%

周	星期一	星期二	星期三	星期四	星期五	合　计
1	50.67	70.54	136.91	125.18	60.23	—
2	61.61	107.72	169.50	143.35	70.66	—
3	69.59	122.05	171.25	138.34	67.93	—
4	63.29	103.00	159.39	128.02	64.28	—
5	58.70	93.27	126.23	100.56	45.50	—
6	61.65	99.05	139.90	119.53	57.10	—
同期平均数	60.92	99.27	150.53	125.83	60.95	497.5
季节指数	61.22	99.77	151.28	126.46	61.25	500.0

在无不规则变动影响时，5 天的同期平均数之和应为 500%，现为 497.5% < 500%，其中含有不规则变动影响，因此应进行校正。

$$校正系数 = \frac{500}{497.5} = 1.005$$

季节指数 = 同期平均数 × 校正系数

各季的季节指数 S 分别为：

$S_1 = 60.92\% \times 1.005 = 61.22\%$

$S_2 = 99.27\% \times 1.005 = 99.77\%$

$S_3 = 150.53\% \times 1.005 = 151.28\%$

$S_4 = 125.83\% \times 1.005 = 126.46\%$

$S_5 = 60.95\% \times 1.005 = 61.25\%$

这种方法由于剔除了长期趋势变动影响，通过季节指数所反映的季节变动，比同期水平平均法较为精确。

2. 加法型时间数列季节变动分析

这种分析是将原时间数列的实际数据减去长期趋势值剔除长期趋势影响，再用月（季）平均计算季节差分析季节变动。

首先，计算 $Y-T$ 剔除长期趋势影响，填入表 11 - 11。

其次，根据剔除长期趋势后的离差计算同期平均数和季节差。将表 11 - 11 中 $Y-T$ 的数据转入表 11 - 13 进行计算。

表 11 - 13　季节差计算表　　单位：万吨

周	星期一	星期二	星期三	星期四	星期五	合　计
1	-21.421 0	-12.527 6	15.365 8	10.259 2	-15.847 4	—
2	-14.954 0	2.939 4	25.832 8	15.726 2	-10.380 4	—
3	-10.487 0	7.406 4	23.299 8	12.193 2	-9.913 4	—
4	-11.020 0	0.873 4	16.766 8	7.660 2	-9.446 4	—
5	-10.553 0	-1.659 6	6.233 8	0.127 2	-11.979 4	—
6	-8.086 0	-0.192 6	7.700 8	3.594 2	-7.512 4	—
同期平均数	-12.753 5	-0.526 8	15.866 6	8.260 0	-10.845 7	0.000 6
季节差	-12.753 6	-0.526 92	15.866 48	8.259 88	-10.845 82	0.000 0

当无不规则变动影响时，5 天的同期平均数之和为 0，现为 $0.000\,6>0$，其中仍含有不规则变动影响，因此应进行校正。

$$\text{校正值}=\frac{0.000\,6}{5}=0.000\,12$$

校正值表明，由于不规则变动影响使季节变动平均减少 0.000 12 万元，因此应将同期平均数减去校正值，就可得到只反映季节变动的季节差。

季节差 = 同期平均数 - 校正值

各季的季节差 S' 分别为：

$S_1=-12.753\,5-0.000\,12=-12.753\,62$（万吨）

$S_2=-0.526\,8-0.000\,12=-0.526\,92$（万吨）

$S_3=15.866\,6-0.000\,12=15.866\,48$（万吨）

$S_4=8.260\,0-0.000\,12=8.259\,88$（万吨）

$S_5=-10.845\,7-0.000\,12=-10.845\,82$（万吨）

季节差正值表示旺季，负值表示淡季，在 0 附近表示平季。从表 11 - 13 可看出，周一、周二是淡季，周三、周四是旺季，周五由旺转淡。

（三）趋势季节变动分析

在长期趋势和季节变动分析的基础上，还要将两者结合起来，进行趋势季节变动分析，常用的有乘法型和加法型。

1. 乘法型

乘法型是将长期趋势值和季节指数相乘来分析预测趋势季节变动。

$$\text{趋势季节变动}=\text{长期趋势值}\times\text{季节指数}=T\cdot S$$

计算乘法型趋势季节变动值，列于表 11－14。

例如：第 6 周各天的趋势季节变动值为：

$T_1 \cdot S_1 = 21.09 \times 61.22\% = 12.9113$（万吨）

$T_2 \cdot S_2 = 20.19 \times 99.77\% = 20.1436$（万吨）

$T_3 \cdot S_3 = 19.30 \times 151.28\% = 29.1970$（万吨）

$T_4 \cdot S_4 = 18.41 \times 126.46\% = 23.2813$（万吨）

$T_5 \cdot S_5 = 17.51 \times 61.25\% = 10.7249$（万吨）

将外推预测趋势值乘季节指数，即可外推预测趋势季节变动。

表 11－14　某港口货物流通量趋势季节变动计算表

时　间	货物流通量 Y	趋势值 T_t（万吨）	季节指数 S（%）	季节差 S'（万吨）	乘法型 $T \cdot S$	加法型 $T+S'$
1. 星期一	22	43.42	61.22	－12.7536	26.5823	30.6664
星期二	30	42.53	99.77	－0.5269	42.4298	42.0007
星期三	57	41.63	151.28	15.8665	62.9842	57.5007
星期四	51	40.74	126.46	8.2599	51.5208	49.0007
星期五	24	39.85	61.25	－10.8458	24.4065	29.0016
2. 星期一	24	38.95	61.22	－12.7536	23.8476	26.1964
星期二	41	38.06	99.77	－0.5269	37.9731	37.5337
星期三	63	37.17	151.28	15.8665	56.2265	53.0337
星期四	52	36.27	126.46	8.2599	45.8718	44.5337
星期五	25	35.38	61.25	－10.8458	21.6705	24.5346
3. 星期一	24	34.49	61.22	－12.7536	21.1129	21.7364
星期二	41	33.59	99.77	－0.5269	33.5163	33.0667
星期三	56	32.70	151.28	15.8665	49.4689	48.5667
星期四	44	31.81	126.46	8.2599	40.2229	40.0667
星期五	21	30.91	61.25	－10.8458	18.9345	20.0676
4. 星期一	19	30.02	61.22	－12.7536	18.3782	17.2664
星期二	30	29.13	99.77	－0.5269	29.0596	28.5997
星期三	45	28.23	151.28	15.8665	42.7112	44.0997
星期四	35	27.34	126.46	8.2599	34.5739	35.5997
星期五	17	26.45	61.25	－10.8458	16.1984	15.6006

（续上表）

时间	货物流通量 Y	趋势值 T_t（万吨）	季节指数 S（%）	季节差 S'（万吨）	乘法型 $T \cdot S$	加法型 $T+S'$
5. 星期一	15	25.55	61.22	-12.7536	15.6435	12.7964
星期二	23	24.66	99.77	-0.5269	24.6029	24.1327
星期三	30	23.77	151.28	15.8665	35.9535	39.6327
星期四	23	22.87	126.46	8.2599	28.9249	31.1327
星期五	10	21.98	61.25	-10.8458	13.4624	11.1336
6. 星期一	13	21.09	61.22	-12.7536	12.9088	8.3364
星期二	20	20.19	99.77	-0.5269	20.1462	19.6657
星期三	27	19.30	151.28	15.8665	29.1958	35.1657
星期四	22	18.41	126.46	8.2599	23.2760	26.6657
星期五	10	17.51	61.25	-10.8458	10.7263	6.6666

2. *加法型*

加法型是将长期趋势值和季节差相加来分析预测趋势季节变动。

$$趋势季节变动 = 长期趋势值 + 季节差 = T + S$$

计算加法型趋势季节变动值，列于表 11-14。

例如，第 6 周各天的趋势季节变动值为：

$T_1 + S_1 = 21.09 - 12.7536 = 8.3364$（万吨）

$T_2 + S_2 = 20.19 - 0.5269 = 19.6631$（万吨）

$T_3 + S_3 = 19.3 + 15.8665 = 35.1665$（万吨）

$T_4 + S_4 = 18.41 + 8.2599 = 26.6699$（万吨）

$T_5 + S_5 = 17.51 - 10.8458 = 6.6642$（万吨）

将外推预测趋势值加季节差，即可外推预测趋势季节变动。

从以上计算观察可知，剔除长期趋势的乘法型，把同季季节变动影响的相对量看成近似一个常数；剔除长期趋势的加法型，把同季季节变动影响的绝对量看成近似一个常数。由于社会经济现象是发展变化的，因此，前者较后者更具实际意义。

第四节　循环变动和不规则变动分析

循环变动一般周期较长。所以循环变动分析需以时期更长的时间数列资料为基础，去测定以若干年为周期的社会经济现象盛衰起伏的变动规律。分析方法常用剩余法，即从时间数列中剔除长期趋势、季节变动和不规则变动的影响，求得循环变动的影响。

不规则变动是由一些不可估计、不可意料的原因引起的变动，具有很大的随机性。进行不规则变动分析，可将时间数列剔除长期趋势、季节变动、循环变动，剩余的就是不规则变动。它也可用乘法型、加法型和乘加型三种模型分析，现分别介绍如下：

一、乘法型

乘法型各种因素的结合方式为：

月（季）别时间数列：$Y = T \cdot S \cdot C \cdot I$ (11.31)

循环变动：$C = \dfrac{T \cdot S \cdot C \cdot I}{T \cdot S \cdot I}$ (11.32)

不规则变动：$I = \dfrac{T \cdot S \cdot C \cdot I}{T \cdot S \cdot C} = \dfrac{C \cdot I}{C}$ (11.33)

年别时间数列：$Y = T \cdot C \cdot I$ (11.34)

循环变动：$C = \dfrac{T \cdot C \cdot I}{T \cdot I}$ (11.35)

不规则变动：$I = \dfrac{T \cdot C \cdot I}{T \cdot C} = \dfrac{C \cdot I}{C}$ (11.36)

公式中：T 代表长期趋势；
S 代表季节变动；
C 代表循环变动；
I 代表不规则变动。

【例 11 - 10】仍以某港口货物流通量为例进行循环变动和不规则变动分析。

首先，用趋势季节变动值去除时间数列中的相应数据，剔除长期趋势和季节变动影响，测定循环变动和不规则变动。将计算结果列于表 11 - 15。

其次，将循环变动和不规则变动值进行 5 天移动平均，剔除不规则变动影响，测定循环变动，结果见表 11 - 15。

最后，将长期趋势、季节变动、循环变动去除时间数列中的实际数据，其商数就是不规则变动；也可用循环变动去除循环变动与不规则变动值，计算不规则变动。将计算结果列于表 11 - 15。

循环变动百分数大于 100% 为经济扩张期，小于 100% 为经济收缩期，等于 100% 为无循环变动。从表 11 - 15 和循环变动图可看出，第 1 周为货物流通量的波谷，第 2、3、4 周为波峰，第 5 周又掉回波谷，周期为 5 周。

不规则变动等于 100% 表示无影响，大于 100% 为正影响，小于 100% 为负影响，离 100% 的远近与影响的程度成正比。

表 11-15　某港口货物流通量循环变动、不规则变动计算表

时　间	货物流通量 Y	趋势季节变动 $T\cdot S$	循环及不规则变动 $C\cdot I$（%）	循环变动 C（%）	不规则变动 I（%）
1. 星期一	22	26.5823	82.76	—	—
星期二	30	42.4298	70.71	—	—
星期三	57	62.9842	90.50	88.26	111.42
星期四	51	51.5208	98.99	91.83	109.59
星期五	24	24.4065	98.33	99.29	108.75
2. 星期一	24	23.8476	100.64	103.60	108.16
星期二	41	37.9731	107.97	106.47	106.47
星期三	63	56.2265	112.05	109.88	104.99
星期四	52	45.8718	113.36	112.48	101.06
星期五	25	21.6705	115.36	115.35	106.05
3. 星期一	24	21.1129	113.67	115.59	97.94
星期二	41	33.5163	122.33	114.79	95.29
星期三	56	49.4689	113.20	113.90	97.37
星期四	44	40.2229	109.39	111.84	92.44
星期五	21	18.9345	110.91	108.02	95.57
4. 星期一	19	18.3782	103.38	106.46	98.97
星期二	30	29.0596	103.24	104.82	96.57
星期三	45	42.7112	105.36	103.63	101.27
星期四	35	34.5739	101.23	102.13	93.88
星期五	17	16.1984	104.95	100.18	93.31
5. 星期一	15	15.6435	95.89	95.80	87.10
星期二	23	24.6029	93.48	91.46	86.95
星期三	30	35.9535	83.44	85.32	87.06
星期四	23	28.9249	79.52	86.29	116.71
星期五	10	13.4624	74.28	87.44	113.53
6. 星期一	13	12.9088	100.71	89.25	103.62
星期二	20	20.1462	99.27	92.25	102.46
星期三	27	29.1958	92.48	96.04	97.07
星期四	22	23.2760	94.52	—	—
星期五	10	10.7263	93.23	—	—

各因素中除长期趋势外，其余均为百分数，从其乘积中可以分析各种因素的影响。

如：$Y_{1.星期四} = T_{1.星期四} \times S_{1.星期四} \times C_{1.星期四} \times I_{1.星期四}$

$51 = 40.74 \times 126.46\% \times 88.26\% \times 111.42\%$

表明在长期趋势 40.74 万吨基础上，季节变动影响增加 26.46%，循环变动影响减少 11.74%，不规则变动影响增加 11.44%，各种因素综合影响使第一周星期四货物流通量约为 51 万吨。

将时间数列、长期趋势、季节变动、循环变动、不规则变动画出曲线图。如图 11-5 至图 11-9 所示：

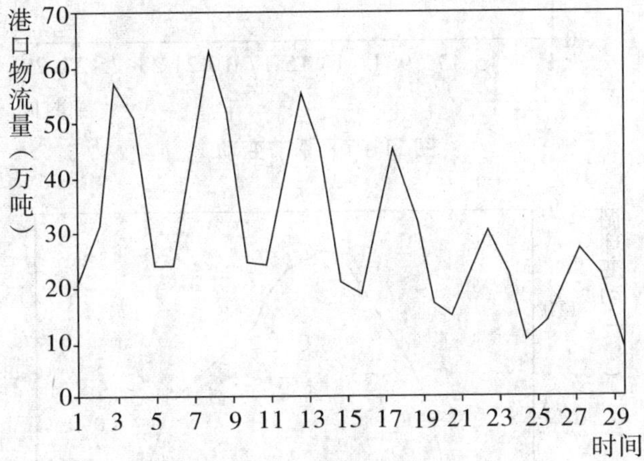

图 11-5　时间数列

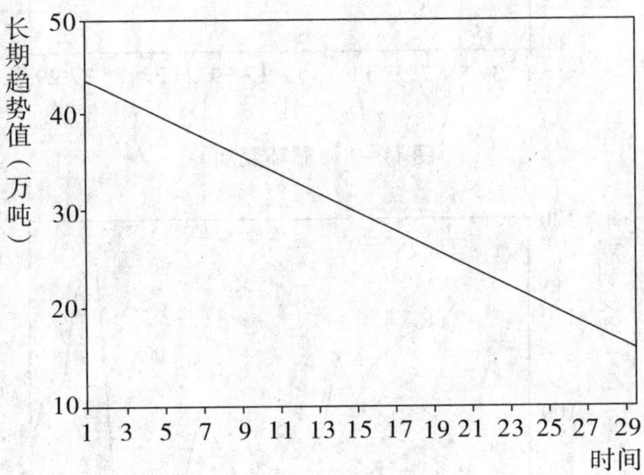

图 11-6　长期趋势

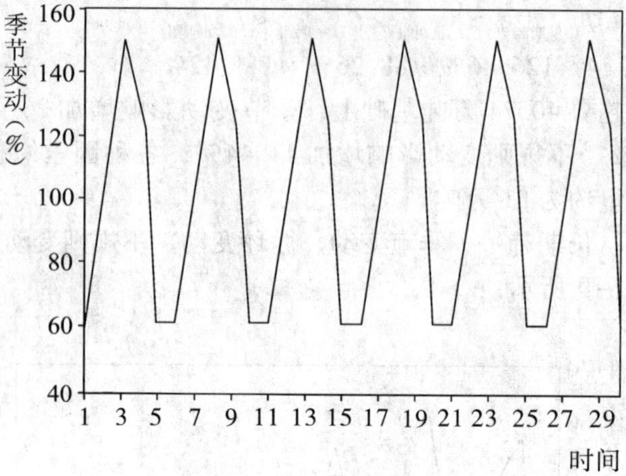

图 11－7　季节变动

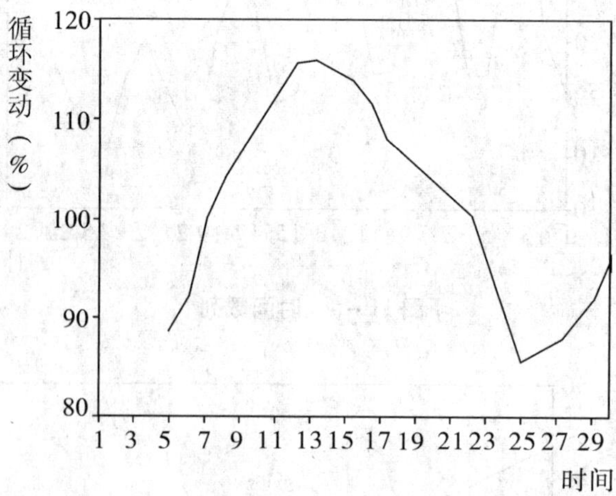

图 11－8　循环变动

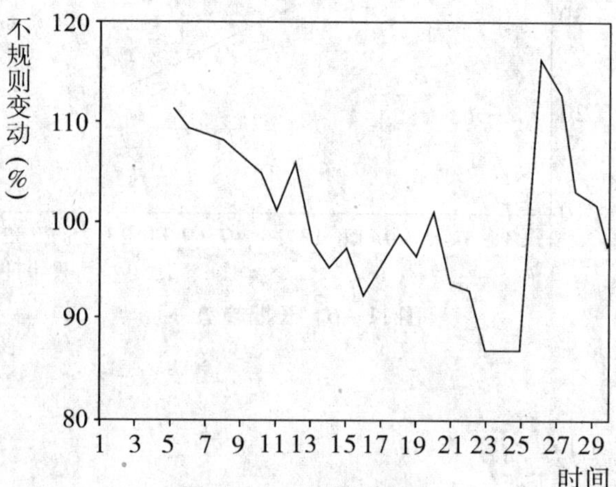

图 11－9　不规则变动

二、加法型

加法型各种因素的结合方式为：

月（季）别时间数列：$Y=T+S+C+I$　(11.37)

循环变动：$C=Y-T-S-I$　(11.38)

不规则变动：$I=Y-T-S-C$　(11.39)

年别时间数列：$Y=T+C+I$　(11.40)

循环变动：$C=Y-T-I$　(11.41)

不规则变动：$I=Y-T-C=(C+I)-C$　(11.42)

公式中：T 代表长期趋势；

S 代表季节变动；

C 代表循环变动；

I 代表不规则变动。

【例 11－11】仍以某港口货物流通量为例进行循环变动和不规则变动分析。

首先，将时间数列中的实际数据减去趋势季节变动值，测定循环变动和不规则变动的绝对额。将计算结果列于表 11－16。

其次，将循环变动和不规则变动绝对额进行 5 天移动平均，剔除不规则变动影响，测定循环变动绝对额，结果见表 11－16。

最后，将时间数列中的实际数据减去长期趋势、季节变动、循环变动，其差额就是不规则变动；也可用循环变动、不规则变动减去循环变动计算不规则变动。将计算结果列于表 11－16。

循环变动绝对数大于 0 为经济扩张期，小于 0 为经济收缩期，等于 0 为无循环变动。从表 11－16 可看出，第 1 周为货物流通量的波谷，第 2、3、4 周为波峰，第 5 周又掉回波谷，周期为 5 周。

不规则变动绝对数等于 0 表示无影响，正值为正影响，负值为负影响，离 0 的远近与影响的程度成正比。

表 11－16　某港口货物流通量循环变动、不规则变动计算表　单位：万吨

时　间	货物流通量 Y	趋势值 T_t	趋势季节变动 $T+S$	循环和不规则变动 $C+I$	循环变动 C	不规则变动 I
1. 星期一	22	43.42	30.6710	－8.67	—	—
星期二	30	42.53	42.0007	－12.00	—	—
星期三	57	41.63	57.5007	－0.50	－4.83	－4.33
星期四	51	40.74	49.0007	2.00	－3.54	5.54
星期五	24	39.85	29.0016	－5.00	－0.45	－4.55

（续上表）

时间	货物流通量 Y	趋势值 T_t	趋势季节变动 $T+S$	循环和不规则变动 $C+I$	循环变动 C	不规则变动 I
2. 星期一	24	38.95	26.2040	-2.20	1.65	-3.85
星期二	41	38.06	37.5337	3.47	2.74	0.73
星期三	63	37.17	53.0337	9.97	3.83	6.13
星期四	52	36.27	44.5337	7.47	4.73	2.74
星期五	25	35.38	24.5346	0.47	5.62	-5.15
3. 星期一	24	34.49	21.7370	2.26	5.11	-2.85
星期二	41	33.59	33.0667	7.93	4.41	3.53
星期三	56	32.70	48.5667	7.43	4.50	2.93
星期四	44	31.81	40.0667	3.93	4.39	-0.46
星期五	21	30.91	20.0676	0.93	3.09	-2.15
4. 星期一	19	30.02	17.2700	1.73	1.78	-0.05
星期二	30	29.13	28.5997	1.40	0.87	0.53
星期三	45	28.23	44.0997	0.90	0.97	-0.07
星期四	35	27.34	35.5997	-0.60	1.06	-1.66
星期五	17	26.45	15.6006	1.40	0.55	0.85
5. 星期一	15	25.55	12.8030	2.20	-1.55	3.75
星期二	23	24.66	24.1327	-1.13	-3.06	1.93
星期三	30	23.77	39.6327	-9.63	-3.57	-6.07
星期四	23	22.87	31.1327	-8.13	-3.07	-5.06
星期五	10	21.98	11.1336	-1.13	-2.78	1.65
6. 星期一	13	21.09	8.3360	4.66	-2.49	7.15
星期二	20	20.19	19.6657	0.33	-1.79	2.13
星期三	27	19.30	35.1657	-8.17	-0.90	-7.27
星期四	22	18.41	26.6657	-4.67	—	—
星期五	10	17.51	6.6666	3.33	—	—

根据表11-16中时间数列、长期趋势、季节变动、循环变动、不规则变动情况的数据，也可作出相应的曲线图形（图略）。

三、乘加型

乘加型各种因素的结合方式为：

月（季）别时间数列：$Y=T\cdot S+C\cdot I$ （11.43）

循环变动、不规则变动：$C\cdot I=Y-T\cdot S$ （11.44）

年别时间数列：$Y=T+C\cdot I$ （11.45）

循环变动、不规则变动：$C\cdot I=Y-T$ （11.46）

公式中：T 代表长期趋势；

S 代表季节变动；

C 代表循环变动；

I 代表不规则变动。

【例 11－12】仍以某港口货物流通量为例进行循环变动和不规则变动分析。

首先，测定循环变动、不规则变动绝对额。将计算结果列于表11－17。

其次，将循环变动和不规则变动值进行 5 天移动平均，剔除不规则变动影响，测定循环变动绝对额，结果见表 11－17。

最后，用循环变动去除循环变动与不规则变动值，计算不规则变动。将计算结果列于表 11－17。

根据表 11－17 中时间数列、长期趋势、季节变动、循环变动、不规则变动情况的数据，也可作出相应的曲线图形（图略）。

表 11－17 某港口货物流通量循环变动、不规则变动计算表 单位：万吨

时间	货物流通量 Y	趋势 季节变动 $T \cdot S$	循环和 不规则变动 $C \cdot I$	循环变动 C	不规则变动 I
1. 星期一	22	26.582 3	－4.58	—	—
星期二	30	42.429 8	－12.43	—	—
星期三	57	62.984 2	－5.98	－4.78	1.25
星期四	51	51.520 8	－0.52	－3.84	0.14
星期五	24	24.406 5	－0.41	－0.75	0.54
2. 星期一	24	23.847 6	0.15	1.81	0.08
星期二	41	37.973 1	3.03	3.13	0.97
星期三	63	56.226 5	6.77	3.88	1.74
星期四	52	45.871 8	6.13	4.43	1.38
星期五	25	21.670 5	3.33	5.32	0.63
3. 星期一	24	21.112 9	2.89	5.27	0.55
星期二	41	33.516 3	7.48	4.80	1.56
星期三	56	49.468 9	6.53	4.55	1.44
星期四	44	40.222 9	3.78	4.10	0.92
星期五	21	18.934 5	2.07	2.79	0.74
4. 星期一	19	18.378 2	0.62	1.94	0.32
星期二	30	29.059 6	0.94	1.27	0.74
星期三	45	42.711 2	2.29	1.02	2.25
星期四	35	34.573 9	0.43	0.76	0.56
星期五	17	16.198 4	0.80	0.25	3.16

（续上表）

时　间	货物流通量 Y	趋势季节变动 $T \cdot S$	循环和不规则变动 $C \cdot I$	循环变动 C	不规则变动 I
5. 星期一	15	15.643 5	−0.64	−1.39	0.46
星期二	23	24.602 9	−1.60	−2.66	0.60
星期三	30	35.953 5	−5.95	−3.52	1.69
星期四	23	28.924 9	−5.92	−3.37	1.76
星期五	10	13.462 4	−3.46	−3.08	1.12
6. 星期一	13	12.908 8	0.09	−2.33	−0.04
星期二	20	20.146 2	−0.15	−1.40	0.10
星期三	27	29.195 8	−2.20	−0.85	2.58
星期四	22	23.276 0	−1.28	—	—
星期五	10	10.726 3	−0.73	—	—

思考题与习题

1. 时间数列通常可以分解为哪几种因素？各种因素的概念是什么？
2. 时间数列各种因素的结构类型有哪几种？各种类型的关系式表现如何？
3. 什么是时距扩大法和移动平均法？各有什么作用和特点？
4. 什么是指数平滑法？其权系数和初始值的选择有什么要求？
5. 什么是最小平方法？它的要求是什么？
6. 配合趋势直线模型、指数曲线模型和二次抛物线模型的条件分别是什么？
7. 什么是季节变动分析？其目的是什么？有哪两种最常用的分析方法？
8. 什么是长期趋势剔除法？这种方法如何计算季节指数和季节差？如何分析季节变动？分析趋势季节变动的类型有哪几种？
9. 什么是循环变动分析？其目的是什么？什么是不规则变动分析？
10. 已知某煤矿 2016 年 4 月份采煤量如下表所示：

单位：吨

日　期	产　量	日　期	产　量	日　期	产　量
1	301	11	308	21	336
2	302	12	319	22	334
3	304	13	320	23	338
4	291	14	323	24	338
5	298	15	296	25	339
6	310	16	290	26	345
7	305	17	328	27	342
8	312	18	330	28	356
9	315	19	334	29	350
10	310	20	333	30	351

试编制：(1) 按 5 日扩大时距的时间数列；(2) 5 日平均日产量的时间数列；(3) 5 日移动平均数数列。

11. 某企业 2011 年至 2016 年销售额如下表所示：

年　份	2011	2012	2013	2014	2015	2016
销售额（万元）	210	195	200	197	205	202

根据以上资料，用一次指数平滑法（$\alpha=0.4$）测定各年趋势预测值，并计算估计标准误差。

12. 某企业 2010 年至 2016 年销售额如下表所示：

年　份	2010	2011	2012	2013	2014	2015	2016
销售额（万元）	300	324	347	372	396	420	446

根据以上资料，用二次指数平滑法（$\alpha=0.8$）测定各年趋势预测值。

13. 某地区 2010 年至 2016 年工业增加值资料如下表所示：

年　份	2010	2011	2012	2013	2014	2015	2016
工业增加值（亿元）	180	200	208	214	220	233	241

试用最小平方法配合趋势直线模型，并测定各年长期趋势值。

14. 某工厂产量资料如下表所示：

年　份	2011	2012	2013	2014	2015	2016
产量（台）	75	89	105	124	148	177

试用最小平方法配合指数曲线模型，并测定各年长期趋势值。

15. 某部门各年基本建设投资额资料如下表所示：

年　份	2008	2009	2010	2011	2012	2013	2014	2015	2016
投资额（万元）	1 240	1 291	1 362	1 450	1 562	1 695	1 845	2 018	2 210

试用最小平方法配合二次抛物线模型，并测定各年长期趋势值。

16. 某市百货公司 2013 年至 2016 年各月毛线销售量资料如下表所示：

单位：百千克

年　份	月　份											
	1	2	3	4	5	6	7	8	9	10	11	12
2013	8	6	2	1.0	0.6	0.4	0.8	1.2	2.0	5.0	21	25
2014	15	9	4	2.5	1.0	0.8	1.2	2.0	3.5	8.5	34	35
2015	24	15	6	4.0	2.0	1.1	3.2	4.0	7.0	15.0	42	48
2016	28	14	8	3.0	1.2	0.9	3.7	4.8	8.3	14.0	47	51

试用同期水平平均法计算季节指数，进行季节变动分析。

17. 某市水产公司2014年至2016年各季销售水产品资料如下表所示：

单位：万担

年　份	2014				2015				2016			
季　度	1	2	3	4	1	2	3	4	1	2	3	4
销　量	1.05	0.85	2.04	1.48	1.83	1.70	4.46	3.17	3.21	3.85	6.33	4.80

试用最小平方法配合直线模型，剔除长期趋势，计算季节指数，分析趋势季节变动。

18. 利用第17题资料，计算季节差，分析趋势季节变动。

19. 某省1996年至2016年各年净增人口数如下表所示：

单位：万人

年　份	净增人口数	年　份	净增人口数	年　份	净增人口数
1996	139.42	2003	110.61	2010	123.98
1997	143.02	2004	103.48	2011	114.55
1998	140.93	2005	101.65	2012	114.86
1999	139.11	2006	111.23	2013	115.70
2000	134.63	2007	119.60	2014	126.23
2001	132.61	2008	118.31	2015	128.00
2002	123.45	2009	129.09	2016	122.90

试用剩余法中的乘法型，分析长期趋势、循环变动和不规则变动。（长期趋势可用最小平方法配合直线模型测定，循环变动可采用循环及不规则变动的3项移动平均测定。）

20. 利用第19题资料，用剩余法中的加法型，分析长期趋势、循环变动和不规则变动。

21. 利用第19题资料，用剩余法中的乘加型，分析长期趋势、循环变动和不规则变动。（提示：乘加型为 $Y=T+C\cdot I$。）

第十二章　统计指数

第一节　指数的意义与分类

一、指数的概念

统计指数有广义与狭义之分。广义的指数是指反映社会经济现象变动或差异程度的相对数，如产值指数、产量指数、出口额指数、出口价格指数、贸易条件指数和采购经理人指数等。所以，广义的指数包括一切动态相对数和某些比较相对数。一般的动态相对数和比较相对数在相对指标中已经阐明，在此不再赘述。

这里是指狭义的指数。它虽然也反映事物变动或差异的程度，但所反映的对象是一种特殊的总体，如产品的总产量、市场上流通商品的价格总水平等。不同的产品和商品，有不同的使用价值和计量单位，不同商品的价格也以不同的使用价值和计量单位为基础，它们是不同度量的事物，是不能直接相加的。但我们却要把它们当作一个总体来反映其变动或差异的程度。狭义的指数，是指反映由不同度量的事物所构成的特殊总体变动或差异程度的特殊相对数，如产量总指数、物价总指数、成本总指数等。

二、指数的作用

统计指数在统计工作和社会经济活动分析中被广泛运用。它主要有以下作用：可以反映事物变动的方向和程度；可以反映事物在空间上的差异程度，如消费物价地区差指数；也可以反映事物之间的某些比例关系，如工农业商品综合比价指数、贸易条件指数；还可用于分析受多种因素影响的复杂社会经济总体的总变动中各种因素影响的程度，如在商品零售总额的变动中价格变动和商品数量变动各影响多少等。

三、指数的分类

（一）个体指数与总指数

指数按其研究范围可分为个体指数与总指数。个体指数，是指反映个体现象或个别事物的变动或差异程序的相对数，如个别产品的产量指数、某种商品的价格指数等，这属一般的动态相对数和广义指数的范围。总指数，是指反映特殊总体变动或差异程度的相对数，是严格意义上的指数，是我们需要特别研究的指数。

（二）质量指标指数与数量指标指数

指数按指标的不同作用可分为质量指标指数和数量指标指数。就一般意义而言，所谓数量指标，是指反映事物的规模或总量的指标，如产品产量、进出口商品数量、职工总数等；所谓质量指标，是指反映事物的性质、质量和管理水平的指标，如产品的成本、价格，商品流通费用率，劳动生产率等。质量指标指数就是反映质量指标变动或差异程度的相对数，数量指标指数则是反映数量指标变动或差异程度的相对数。

数量指标指数和质量指标指数的编制原理和方法有所不同。

（三）定基指数和变基指数

（1）定基指数。

指数按所用基期的不同可分为定基指数和环比指数。定基与环比的含义和发展速度中的定基与环比相同。定基指数的基期，一般都是报告期以前的某一时期，这样计算的指数反映事物向前发展的趋势和速度，叫顺时指数或前进指数；但当一个指数数列中确定以中间某一有特定意义的时期为基期时，则会出现基期在报告期之后的情况，这样计算的指数，则叫逆时指数或后退指数。例如，我国就曾以1980年为基期，编制了1978—1987年的进出口贸易额、贸易量和价格指数。其中，进口价格指数（%）从1978年至1987年依次为66.2、83.0、100.0、103.5、91.1、77.1、78.7、74.0、73.5、72.2。全世界消费物价指数中也有顺时指数和逆时指数。这种做法是在需要强调以某一时期为基期来观察问题时使用的。

（2）变基指数。

在实际工作中还偶有固定报告期而变换基期的变基指数，以观察报告期某种事物的水平与不同的基期比较时的变动情况。就1987年我国进口价格指数而言，若以1980年为基期，指数为72.2%；若以1978年为基期，指数为109.1%；若以1985年为基期，指数为97.6%；若以1986年为基期，指数则为98.2%。

（3）环比指数与年距环比指数（俗称“同比”指数）。

环比意为连环相比，即某一时期的某种指标与相邻的上期同一指标相比，上期的同一指标再与它相邻的前一时期的同一指标相比，依此类推便形成一个某种指标连环相比的环比指数数列，以相对数的形式反映这一指标连续变动的起伏过程，掌握其发展过程的变动趋势和表现出来的某种规律性。相邻时期的长短，可以是年，也可以是季或月，视工作的需要而定。例如，比较各年年内各季（或各月）某种指标变动的起伏趋势和程度，可以发现某种事物的变动有无明显季节性和季节变动的程度，作为指导今后工作的参考。

年距环比指以一年为时距，将本期（季、月）的某种指标与上年同期（季、月）的同一指标相比。现在，实际工作和新闻报道中都把“与上年同期比”简称为“同比”。“同比”排除了季节变动因素的影响，用它反映事物的发展趋势，优于“季环比”“月环比”的方法。虽然年距环比（“同比”）指数只反映某种事物时隔一年的变动情况，但若把若干年的“同比”增减幅度加以比较，则可较清晰、准确地反映该事物的发展趋势，可以用来估计该事物未来1年或若干年相同季节可能达到的水平。不过，“季环比”和“月环比”则可反映事物变动的季节规律，各有各的作用。

（四）时间数列指数、空间数列指数与属性数列指数

指数按计算时所依据的数列性质的不同，可分为时间数列指数、空间数列指数和属性数列指数。反映事物在不同时间变动情况的指数叫时间数列指数，这是最常见的指数。反映事物在不同空间的差异程度的指数叫空间数列指数，如居民消费价格地区差指数。反映不同事物之间对比关系的指数叫属性数列指数，如工农业商品综合比价指数、进出口比价指数。

（五）综合指数和平均指数

指数按计算方法的不同可分为综合指数和平均指数。综合指数是通过同度量因素的媒介作用，将不同度量的事物综合计算的指数；平均指数则是个体指数的平均数。

第二节　综合指数

一、综合指数的产生和发展

综合指数，是指用综合法加总总体各部分数值来计算的指数。可以说，指数理论是从研究物价变动中产生和发展起来的，而且是从综合法的诞生开始的。最先研究市场物价变动的人是英国的利斯·吴恒，他于1650年选择了谷、畜、鱼、布、菜等商品，研究这些商品在1352年至1650年间的价格变动情况。这就是物价指数的萌芽。1738年，法国调查员杜托首创了简单综合法（$\sum p_1/\sum p_0$），研究了路易十四时期与路易十二时期相比较的物价变动，编制了世界上第一个物价指数，从而成为物价指数的创始人。然而，简单综合法（又叫总价法）不合理、不科学的地方，就在于将各种商品的价格简单加总而后对比，这种方法脱离交换过程去研究价格变动，不能反映价格变动对社会经济生活的影响，而且价格的变动趋势与幅度受商品计量单位变动的明显影响。1864年，德国统计学家拉斯贝尔首创了加权综合法，提出了以基期商品交易量为权数的综合物价指数公式（$\bar{K}_p=\sum p_1q_0/\sum p_0q_0$），使综合指数大大地前进了一步。到1874年，德国的另一位统计学家派许提出了以报告期交易量为权数的物价指数新公式（$\bar{K}_p=\sum p_1q_1/\sum p_0q_1$）。由于按 q_0 加权与按 q_1 加权计算的结果存在差别，因此便产生了“权偏误”之争。1887—1890年，英国人马歇尔和艾奇渥司首创了“中介权数”（以基期数量与报告期数量之平均数为权数），提出了中介权数的加权综合指数，即

$$\bar{K}_p=\frac{\sum p_1\left(\frac{q_0+q_1}{2}\right)}{\sum p_0\left(\frac{q_0+q_1}{2}\right)}=\frac{\sum p_1(q_0+q_1)}{\sum p_0(q_0+q_1)} \qquad (12.1)$$

1901年和1912年，美国经济学家沃尔斯和皮古先后提出以拉斯贝尔指数和派许指数的简单几何平均数来计算物价指数的新公式，即

$$\bar{K}_p=\sqrt{\frac{\sum p_1q_0}{\sum p_0q_0}\times\frac{\sum p_1q_1}{\sum p_0q_1}} \qquad (12.2)$$

这就是后来被美国统计学家欧文·费暄所推崇的“理想公式”。

此外，还有主张以若干时期的平均数或常态时期的实际量为权数的。直至今天，权数问题的争论仍然没有结束，成为指数理论中长期悬而未决的一个重要问题。

二、指数化因素和同度量因素

用综合法编制的指数，无论是数量指标指数，还是质量指标指数，都由两个因素构成。一个是指数化因素，即通过指数去反映其变化或差异程度的因素，如物价指数中的价格、物量指数中的物量。另一个就是同度量因素，即将特殊总体中不同度量的事物转化为同度量事物的媒介因素，如物价指数中的物量、物量指数中的价格。因为物价通过物量而变为物值，物量通过物价也变为物值，都还原为抽象的人类劳动，成为同度量的事物。有人把同度量因素叫作权数，认为它在起同度量因素作用的同时，也起了权数的作用。

从综合指数产生和发展的历史过程可以看到，在选择同度量因素问题上是有不同的主张的。那么，应当按什么原则来选择同度量因素，什么样的同度量因素才是比较合理的呢？让我们先从简单的例子谈起吧。

由于　　销售量×价格＝销售额

产量×价格＝产值

物量×物价＝物值

因此，物量变动和物价变动就成为物值变动的两个因素，从指数理论上说，就是：

物量指数×物价指数＝物值指数

因物量变动而增减的物值＋因物价变动而增减的物值＝物值增减总额

两个时期的物量、物价和物值的关系，可用图12－1（物量、物价和物值动态示意图）来表示。

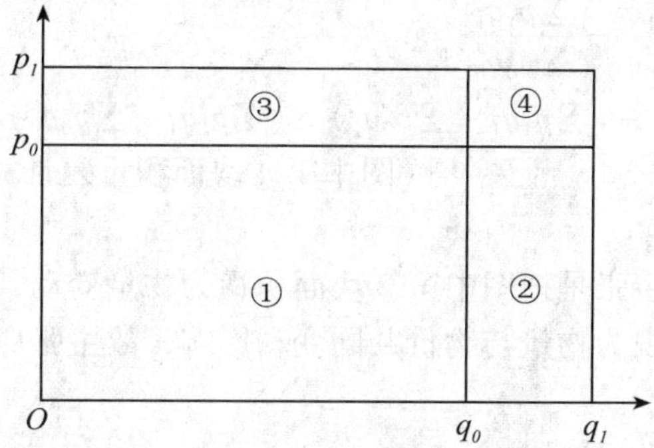

图 12－1　物量、物价和物值动态示意图

图中：①＝p_0q_0

②＝（q_1-q_0）$p_0=p_0q_1-p_0q_0$

③＝（p_1-p_0）$q_0=p_1q_0-p_0q_0$

④＝（p_1-p_0）（q_1-q_0）＝（$p_1q_1-p_0q_1$）－（$p_1q_0-p_0q_0$）

①＋②＋③＋④＝p_1q_1

现就以图 12－1 为例来分析和评价关于综合指数公式的各种不同的主张。

（一）关于同度量因素的几种主张

1. 拉斯贝尔体系

按照拉斯贝尔的主张：

（1）物量指数 $\bar{K}_q=\sum p_0q_1/\sum p_0q_0$　　（12.3）

因物量变动而增减的物值 $=\sum p_0q_1-\sum p_0q_0$（图中第②块面积）

（2）物价指数 $\bar{K}_p=\sum p_1q_0/\sum p_0q_0$　　（12.4）

因物价变动而增减的物值 $=\sum p_1q_0-\sum p_0q_0$（图中第③块面积）

（3）$\dfrac{\sum p_0q_1}{\sum p_0q_0}\times\dfrac{\sum p_1q_0}{\sum p_0q_0}\neq\dfrac{\sum p_1q_1}{\sum p_0q_0}$

$(\sum p_0q_1-\sum p_0q_0)+(\sum p_1q_0-\sum p_0q_0)<(\sum p_1q_1-\sum p_0q_0)$

（缺图中第④块面积）

2. 派许体系

按照派许的主张：

（1）物量指数 $\bar{K}_q=\sum p_1q_1/\sum p_1q_0$　　（12.5）

因物量变动而增减的物值 $=\sum p_1q_1-\sum p_1q_0$（图中第②④块面积）

（2）物价指数 $\bar{K}_p=\sum p_1q_1/\sum p_0q_1$　　（12.6）

因物价变动而增减的物值 $=\sum p_1q_1-\sum p_0q_1$（图中第③④块面积）

(3) $\frac{\sum p_1q_1}{\sum p_1q_0} \times \frac{\sum p_1q_1}{\sum p_0q_1} \neq \frac{\sum p_1q_1}{\sum p_0q_0}$

$(\sum p_1q_1 - \sum p_1q_0) + (\sum p_1q_1 - \sum p_0q_1) > (\sum p_1q_1 - \sum p_0q_0)$

（图中第④块面积重复计算）

3. 共变影响体系

共变影响体系的主张是把图中第②块面积视为物量变动，第③块面积视为物价变动，第④块面积视为物量与物价共同变动影响，故主张应增加一个共变影响指数，其体系为：

(1) 物量指数 $\bar{K}_q = \sum p_0q_1 / \sum p_0q_0$

(2) 物价指数 $\bar{K}_p = \sum p_1q_0 / \sum p_0q_0$

(3) 共变影响指数 $\bar{K}_{pq} = \frac{\sum p_1q_1}{\sum p_0q_1} \div \frac{\sum p_1q_0}{\sum p_0q_0}$

(4) $\frac{\sum p_0q_1}{\sum p_0q_0} \times \frac{\sum p_1q_0}{\sum p_0q_0} \times \left(\frac{\sum p_1q_1}{\sum p_0q_1} \div \frac{\sum p_1q_0}{\sum p_0q_0}\right) = \frac{\sum p_1q_1}{\sum p_0q_0}$ (12.7)

$(\sum p_0q_1 - \sum p_0q_0) + (\sum p_1q_0 - \sum p_0q_0) +$
$[(\sum p_1q_1 - \sum p_0q_1) - (\sum p_1q_0 - \sum p_0q_0)]$
$= \sum p_1q_1 - \sum p_0q_0$

共变影响体系的问题在于：一是计算比较麻烦；二是共变影响部分还需按一定方法分为物量变动影响和物价变动影响两部分，问题就更复杂了。故这种体系无实用价值。

4. 交叉体系Ⅰ

交叉体系Ⅰ是由拉氏物量指数和派氏物价指数交叉组成的体系。它能使物量指数、物价指数与物值指数三者之间在数量上相互衔接和平衡。

$$\frac{\sum p_0q_1}{\sum p_0q_0} \times \frac{\sum p_1q_1}{\sum p_0q_1} = \frac{\sum p_1q_1}{\sum p_0q_0} \quad (12.8)$$

$(\sum p_0q_1 - \sum p_0q_0) + (\sum p_1q_1 - \sum p_0q_1) = \sum p_1q_1 - \sum p_0q_0$

其特点是将图中第④块面积计入物价变动影响。

5. 交叉体系Ⅱ

交叉体系Ⅱ与交叉体系Ⅰ相反，是由派氏物量指数与拉氏物价指数交叉组成的体系，也能使物量、物价、物值三个指数在数量上相互衔接和平衡。但其特点则是把图中第④块面积计入物量变动的影响。其体系如下：

$$\frac{\sum p_1q_1}{\sum p_1q_0} \times \frac{\sum p_1q_0}{\sum p_0q_0} = \frac{\sum p_1q_1}{\sum p_0q_0} \quad (12.9)$$

$(\sum p_1q_1 - \sum p_1q_0) + (\sum p_1q_0 - \sum p_0q_0) = \sum p_1q_1 - \sum p_0q_0$

（二）确定统计指数同度量因素的一般原则

比较上述五种体系可知：拉氏体系和派氏体系都存在理论逻辑上的缺陷，共变影响体系既烦琐又无实用价值，可供选择的就只有两个交差体系了。那么，哪一个交叉体系更合理一些呢?

我们认为，相对而言，交叉体系Ⅰ比交叉体系Ⅱ更为合理。因为就物量指数而言，拉氏公式($\sum p_0q_1/\sum p_0q_0$)以基期价格为同度量因素，可以纯粹反映使用价值的变动；而派氏公式（ $\sum p_1q_1/\sum p_1q_0$)以报告期价格为同度量因素，则会把价格变动的影响带进使用价值的变动之中，使物量指数不能纯粹反映使用价值量的增减。若就物价指数而言，派氏公式（ $\sum p_1q_1/\sum p_0q_1$ ）以报告期物量作同度量因素，使物价变动与现实的社会经济情况相联系，而不是与物价变动前的社会经济情况相联系，使物价变动对社会经济生活的影响具有实际的而不是假定的社会经济内容。

综上所述，确定统计指数同度量因素的一般原则是：质量指标指数应当以报告期的数量指标作为同度量因素，而数量指标指数则应以基期的质量指标作为同度量因素。

三、综合指数的计算

下面，我们按上述一般原则，以多种商品为例说明综合指数的计算方法。

【例 12 -1】某商店甲、乙、丙三种商品报告期与基期价格、销售量资料如表 12 -1 所示。

表 12 -1 综合指数的计算举例

商品	基期			报告期			假定		个体指数	
	p_0	q_0	p_0q_0	p_1	q_1	p_1q_1	p_0q_1	p_1q_0	K_p	K_q
甲	10	100	1 000	12.0	70	840	700	1 200	1.20	0.70
乙	3	300	900	3.0	240	720	720	900	1.00	0.80
丙	8	600	4 800	7.2	690	4 968	5 520	4 320	0.90	1.15
合计	—	—	6 700	—	—	6 528	6 940	6 420	—	—

1. 销售量指数（数量指标指数）

$$\bar{K}_q=\frac{\sum p_0q_1}{\sum p_0q_0}=\frac{6\ 940}{6\ 700}=103.58\%$$

因销量变动而增减的销售额：

$$\sum p_0q_1-\sum p_0q_0=6\ 940-6\ 700=240\text{（元）}$$

2. 销售价格指数（质量指标指数）

$$\bar{K}_p=\frac{\sum p_1q_1}{\sum p_0q_1}=\frac{6\ 528}{6\ 940}=94.06\%$$

因销售价格变动而增减的销售额：

$$\sum p_1q_1-\sum p_0q_1=6\ 528-6\ 940=-412\text{（元）}$$

3. 销售额指数

$$\bar{K}_s=\frac{\sum p_1q_1}{\sum p_0q_0}=\frac{6\ 528}{6\ 700}=97.43\%$$

销售额增减总额：

$\sum p_1q_1 - \sum p_0q_0 = 6\ 528 - 6\ 700 = -172$（元）

从以上计算和分析可以看出，综合指数既可以从相对数的角度反映事物变动的方向和程度，又可用分子与分母的差额直接反映事物变动的实际经济效果。

第三节　平均指数

一、平均指数的概念

平均指数，是指个体指数的平均数。按照平均数的原理，当总体各部分在总体中占有不同的比重时，必须采用加权平均法。

平均指数可用加权算术平均法计算，也可以采用加权调和平均法计算，还可以采用其他方法计算，但最常用的是加权算术平均法和加权调和平均法。

二、综合指数变形的必要性

从理论上说，综合指数是计算总指数的比较理想的形式，因为它不仅可以反映事物变动的方向与程度，而且可以用分子与分母的差额直接反映事物变动的实际经济效果。然而，无论是物价指数，还是物量指数，都要掌握$\sum p_0q_1$（各种商品或产品的基期价格乘报告期数量之积的和），这是比较困难的。但是，各种商品或产品的基期和报告期的物值（p_0q_0、p_1q_1）却是容易取得的资料。因此，我们就可以在不违反综合指数的一般原则的前提下，改变公式的形式而不改变公式的实质，利用我们容易掌握的资料来推算我们不容易掌握的资料，进而计算指数。

三、加权算术平均指数

在加权算术平均法中，$\bar{X} = \sum xf / \sum f$，是用变量乘次数（分母）来求得标志总量（分子）的。利用这个原理，我们可以将物量指数的综合公式改为加权算术平均公式。

设个体物量指数 $K_q = q_1/q_0$，则：

$$\bar{K}_q = \frac{\sum p_0q_1}{\sum p_0q_0} = \frac{\sum \frac{q_1}{q_0}p_0q_0}{\sum p_0q_0} = \frac{\sum K_qp_0q_0}{\sum p_0q_0} \tag{12.10}$$

（综合公式）　　　　（加权算术平均公式）

仍以表 12－1 中的资料为例计算如下：

$$销售量指数\ \bar{K}_q = \frac{\sum K_qp_0q_0}{\sum p_0q_0} = \frac{0.7 \times 1\ 000 + 0.80 \times 900 + 1.15 \times 4\ 800}{1\ 000 + 900 + 4\ 800}$$

$$=\frac{6\ 940}{6\ 700}=103.58\%$$

$$\sum K_q p_0 q_0-\sum p_0 q_0=6\ 940-6\ 700=240\text{（元）}$$

四、加权调和平均指数

在加权调和平均法中，$\bar{X}=\sum M/\sum\frac{1}{x}M$，是用变量去除各组的标志总量（分子）来推算各组的次数或单位数（分母）的。利用这个原理，我们可将物价指数的综合公式改为加权调和平均公式。

设个体物价指数 $K_p=p_1/p_0$，$\frac{1}{K_p}=p_0/p_1$，则：

$$\bar{K}_p=\frac{\sum p_1 q_1}{\sum p_0 q_1}=\frac{\sum p_1 q_1}{\sum\frac{p_0}{p_1}p_1 q_1}=\frac{\sum p_1 q_1}{\sum\frac{1}{K_p}p_1 q_1} \qquad (12.11)$$

仍以表 12－1 中的资料为例计算如下：

$$\bar{K}_p=\frac{\sum p_1 q_1}{\sum\frac{1}{K_p}p_1 q_1}=\frac{840+720+4\ 968}{\frac{840}{1.20}+\frac{720}{1.00}+\frac{4\ 968}{0.90}}=\frac{6\ 528}{6\ 940}=94.06\%$$

$$\sum p_1 q_1-\sum\frac{1}{K_p}p_1 q_1=6\ 528-6\ 940=-412\text{（元）}$$

五、综合指数变形的一般原则

从理论上说，物量指数也可以变为加权调和平均形式，物价指数也可以变为加权算术平均形式，但在这种场合，权数都是 $p_0 q_1$，而 $p_0 q_1$ 正是我们难以掌握的资料。故除特殊情况外，作这种变换的实用意义不大。

所以，将综合指数变为平均指数时，一般原则是：

（1）当掌握了个体指数和综合指数的分母资料时，可将综合指数变为加权算术平均指数；

（2）当掌握了个体指数和综合指数的分子资料时，可将综合指数变为加权调和平均指数；

（3）数量指标指数一般宜用加权算术平均法；

（4）质量指标指数一般宜用加权调和平均法。

其中道理，从下列公式变换的对比中不难了解，见表 12－2：

表 12－2 公式变换对比表

指数种类	综合公式	加权算术平均公式	加权调和平均公式
物价指数（$K=p_1/p_0$）	$\frac{\sum p_1 q_1}{\sum p_0 q_1}$	$\frac{\sum K p_0 q_1}{\sum p_0 q_1}$	$\frac{\sum p_1 q_1}{\sum\frac{1}{K}p_1 q_1}$

（续上表）

指数种类	综合公式	加权算术平均公式	加权调和平均公式
物量指数（$K=q_1/q_0$）	$\frac{\sum p_0q_1}{\sum p_0q_0}$	$\frac{\sum Kp_0q_0}{\sum p_0q_0}$	$\frac{\sum p_0q_1}{\sum \frac{1}{K}p_0q_1}$

上述加权算术平均指数和加权调和平均指数是作为综合指数的变形来使用的，本质上仍具有综合指数的特点。在实际工作中，平均指数还有其他形式。例如，我国现行零售物价指数和城乡居民消费价格指数（$K=\sum KW/\sum W$，$\sum W=100$ 或 1 000）也是加权算术平均指数，但它只能反映价格变动的方向与程度，分子与分母之差已不具绝对数的内容，因为 W 是一种以相对数形式出现的权数。

第四节　指数体系和因素分析法

一、指数体系

指数体系，是指在经济意义上和数量上相互联系的一系列指数。在上述指数中，物量指数、物价指数与物值指数就是相互联系的一个指数体系。在这个体系中，当一个指数以基期的质量指标为同度量因素时，另一个指数就应以报告期的数量指标为同度量因素，这样才能保持指数体系的平衡。它们之间的联系表现在如下两个方面：

1. 物量指数与物价指数之积等于物值指数

$$\frac{\sum p_0q_1}{\sum p_0q_0}\times\frac{\sum p_1q_1}{\sum p_0q_1}=\frac{\sum p_1q_1}{\sum p_0q_0}$$

$$\frac{6\ 940}{6\ 700}\times\frac{6\ 528}{6\ 940}=\frac{6\ 528}{6\ 700}$$

$$103.58\%\times 94.06\%=97.43\%$$

2. 物量变动而增减的物值与物价变动而增减的物值之和等于物值增减总额

$$\left(\sum p_0q_1-\sum p_0q_0\right)+\left(\sum p_1q_1-\sum p_0q_1\right)=\sum p_1q_1-\sum p_0q_0$$

$$(6\ 940-6\ 700)+(6\ 528-6\ 940)=6\ 528-6\ 700$$

240 元 − 412 元 = −172 元

指数体系的作用是，通过它，对于受多种因素影响的复杂总体，可以从绝对数和相对数两个方面分析各个因素的影响程度。它是因素分析法的理论基础。上例计算结果表明：

（1）三种商品的数量平均增长 3.58%，使销售额增长 240 元；

（2）三种商品的价格平均下降 5.94%，使销售额减少 412 元；

（3）因销售量与销售价格两个因素变动的影响，使销售额下降 2.57%，减少 172 元。

利用指数体系，还可根据已知资料推算未知资料。例如，实际工作中一般不用编制销售量指数，当我们要确知市场销售的实物量的实际增长情况时，便可按下式推算：

销售量指数 = 销售额指数 ÷ 销售价格指数

103.58% = 97.43% ÷ 94.06%

$$\frac{\text{因销售量变动而}}{\text{增减的销售额}} = \frac{\text{销售额}}{\text{增减总额}} - \frac{\text{因销售价格变动}}{\text{而增减的销售额}}$$

240 元 = −172 元 − （−412 元）

二、因素分析法的意义

因素分析法又叫连环替代法，是指数法原理在经济分析中的应用和发展。它根据指数法的原理，在分析受多种因素影响的事物变动时，为了观察某一因素变动的影响而将其他因素固定下来，如此逐项分析、逐项替代，故称因素分析法或连环替代法。

因素分析法在社会经济分析中有着广泛的用途。它既可用于双因素事物的分析，也可用于多因素事物的分析；既可用于总量指标的分析，也可用于相对指标和平均指标的分析；既可用于动态分析，也可用于静态分析。因此，它是对社会经济现象变动进行定量分析的一种科学方法。

三、因素分析应注意的问题

因素分析法既然是指数法原理的运用，那么，进行分析时就应遵循指数法的基本原理，注意以下几个问题：

（1）应将影响事物发展的因素分为数量指标和质量指标。但是，所谓数量指标和质量指标都是相对的，都会因时、因地、因条件而变化。因此，除了要了解数量指标和质量指标的一般含义外，更应注意把有关指标放在一定的经济环境中，通过比较鉴别来确定。

（2）观察质量指标变动的影响时，应将作为同度量因素的数量指标固定在报告期；观察数量指标变动的影响时，则应将作为同度量因素的质量指标固定在基期。

（3）在多因素的连环替代分析中，各因素应按一定的顺序排列，以防止错乱，并使各因素之变动呈连环之势。它一般可按数量指标—质量指标（数量指标）—质量指标……的顺序排列，也可完全倒置过来，但不能乱。

（4）分析各项因素变动对事物总变动的影响时，既要看相对数，又要看绝对数。

四、总量指标的因素分析

总量指标的变动常常受两种甚至多种因素变动的影响，需进行双因素分析或多因素分析。双因素分析在指数体系中已经阐明，这里只讲多因素分析。

进行多因素分析时，首先要鉴别各因素指标的性质，并将各因素指标按一定的顺序排列好；然后按确定经济指数同度量因素的一般原则确定各因素指标所属的时期；再将有关资料代入公式进行计算。例如：

$$\text{总产量} = \text{工人总数} \times \text{劳动生产率} = \text{职工总数} \times \text{工人比重} \times \text{人均工时} \times \text{时均产量}$$

职工总数（数）× 工人比重（质）

工人比重（数）× 人均工时（质）

人均工时（数）× 时均产量（质）

上述四个因素指标是按数量指标—质量指标（数量指标）—质量指标（数量指标）—质量指标的顺序排列的。用符号表示为：

$$E = ABCD$$

也可以完全倒置过来，成为 $E = DCBA$，但四个因素指标的顺序不能乱，不能排列为 $BDCA$、$DABC$……

【例 12 - 2】现以表 12 - 3 为例进行分析。

表 12 - 3　因素分析计算举例

项　目	计量单位	符　号	报告期	基　期	指数（%）
总产量	件	E	1 937 430	1 408 000	137.60
职工总数	人	A	2 090	2 200	95.00
其中：工人数	人		1 881	1 760	106.88
工人比重	%	B	90	80	112.50
人均工时	小时/人月	C	206	200	103.00
时均产量	件	D	5	4	125.00

因为 $E = ABCD$

所以
$$\frac{E_1}{E_0} = \frac{A_1B_1C_1D_1}{A_0B_0C_0D_0} = \frac{A_1B_0C_0D_0}{A_0B_0C_0D_0} \times \frac{A_1B_1C_0D_0}{A_1B_0C_0D_0} \times \frac{A_1B_1C_1D_0}{A_1B_1C_0D_0} \times \frac{A_1B_1C_1D_1}{A_1B_1C_1D_0} \qquad (12.12)$$

$$\begin{aligned} A_1B_1C_1D_1 - A_0B_0C_0D_0 = {} & (A_1B_0C_0D_0 - A_0B_0C_0D_0) + \\ & (A_1B_1C_0D_0 - A_1B_0C_0D_0) + \\ & (A_1B_1C_1D_0 - A_1B_1C_0D_0) + \\ & (A_1B_1C_1D_1 - A_1B_1C_1D_0) \end{aligned}$$

$$\begin{aligned} \text{或} = {} & (A_1 - A_0)\,B_0C_0D_0 + (B_1 - B_0)\,A_1C_0D_0 + \\ & (C_1 - C_0)\,A_1B_1D_0 + (D_1 - D_0)\,A_1B_1C_1 \end{aligned}$$

根据表中资料计算：

		指数（%）	增减量（件）
$A_1B_1C_1D_1=1\ 937\ 430$ 件			
	（D 变）	125.00	387 486
$A_1B_1C_1D_0=1\ 549\ 944$ 件			
	（C 变）	103.00	45 144
$A_1B_1C_0D_0=1\ 504\ 800$ 件			
	（B 变）	112.50	167 200
$A_1B_0C_0D_0=1\ 337\ 600$ 件			
	（A 变）	95.00	-70 400
$A_0B_0C_0D_0=1\ 408\ 000$ 件			
	（E 变）	137.60	529 430

即 137.60% = 95.00% × 112.50% × 103.00% × 125.00%

529 430 件 = （-70 400 件）+167 200 件 +45 144 件 +387 486 件

以上是对一种产品进行的分析，叫简单的多因素分析。若是两种以上产品，则需先分别算出各产品的 $A_0B_0C_0D_0$、$A_1B_0C_0D_0$……$A_1B_1C_1D_1$，然后加总得 $\sum A_0B_0C_0D_0$、$\sum A_1B_0C_0D_0$……$\sum A_1B_1C_1D_1$，最后再算各因素的指数和各因素变动引起的增减量。这就叫作加权的多因素分析。

【例 12-3】现以表 12-4 为例分析如下：

表 12-4　加权的多因素分析举例

产品	原材料	产量		单耗		原材料单价（元）		原材料费用额（元）			
		q_0	q_1	m_0	m_1	p_0	p_1	$q_0m_0p_0$	$q_1m_0p_0$	$q_1m_1p_0$	$q_1m_1p_1$
甲（个）	（kg）	800	1 000	1.0	0.9	15.0	15.0	12 000	15 000	13 500	13 500
乙（件）	（m）	1 200	1 320	2.0	1.9	18.0	19.8	43 200	47 520	45 144	49 658
丙（套）	（m）	900	900	2.5	2.0	25.0	24.0	56 250	56 250	45 000	43 200
合计	—	—	—	—	—	—	—	111 450	118 770	103 644	106 358

根据上表所列资料计算：

（1）原材料费用总额指数 $=\sum q_1m_1p_1/\sum q_0m_0p_0=106\ 358/111\ 450=95.43\%$

原材料费用增减总额 $=\sum q_1m_1p_1-\sum q_0m_0p_0=106\ 358-111\ 450=-5\ 092$（元）

（2）产量指数 $=\sum q_1m_0p_0/\sum q_0m_0p_0=118\ 770/111\ 450=106.57\%$

因产量变动而增减的原材料费用额 $=\sum q_1m_0p_0-\sum q_0m_0p_0=118\ 770-111\ 450=7\ 320$（元）

（3）单耗指数 $=\sum q_1m_1p_0/\sum q_1m_0p_0=103\ 644/118\ 770=87.26\%$

因单耗变动而增减的原材料费用额 $=\sum q_1m_1p_0-\sum q_1m_0p_0=103\ 644-118\ 770=-15\ 126$（元）

（4）原材料价格指数 $=\sum q_1m_1p_1/\sum q_1m_1p_0=106\ 358/103\ 644=102.62\%$

$\left.\begin{array}{l}\text{因价格变动而增减}\\\text{的原材料费用额}\end{array}\right.=\sum q_1m_1p_1-\sum q_1m_1p_0=106\ 358-103\ 644=2\ 714$（元）

上述各式的关系：

指数关系：

（1）＝（2）×（3）×（4）

95.43% = 106.57% × 87.26% × 102.62%

增减额关系：

（1）＝（2）＋（3）＋（4）

−5 092 元 = 7 320 元 − 15 126 元 + 2 714 元

五、相对指标的因素分析

相对数是由两个指标相比而得到的，这两个指标的变动都会影响相对数的变动，故亦可进行因素分析。其方法如下，见表12－5。

因为 $C=A/B$（设 A 为数量指标，B 为质量指标）

所以 $\dfrac{C_1}{C_0}=\dfrac{A_1/B_1}{A_0/B_0}=\dfrac{A_1/B_0}{A_0/B_0}\times\dfrac{A_1/B_1}{A_1/B_0}$ （12.13）

$A_1/B_1-A_0/B_0=(A_1/B_0-A_0/B_0)+(A_1/B_1-A_1/B_0)$

或 $C_1-C_0=(C'_0-C_0)+(C_1-C'_0)$

【例12－4】某企业商品销售和库存的资料，如表12－5所示：

表12－5 相对指标因素分析举例

项目	符号	本季	上年同季	指数（%）
纯销售额（万元）	A	2 896.00	2 160.00	134.07
平均库存额（万元）	B	1 182.00	1 200.00	98.50
商品周转次数（次）	C	2.45	1.80	136.11

根据表中资料计算：

假定周转次数

$C'_0=A_1/B_0=2\ 896/1\ 200=2.41$（次）

故 $\dfrac{2.45}{1.80}=\dfrac{2.41}{1.80}\times\dfrac{2.45}{2.41}$

136.11% = 133.89% × 101.66%

2.45 − 1.80 = (2.41 − 1.80) + (2.45 − 2.41)

0.65 次 = 0.61 次 + 0.04 次

$\begin{array}{c}\text{商品周转次}\\\text{数增减总数}\end{array}=\begin{array}{c}\text{因销售变动而}\\\text{增减的次数}\end{array}+\begin{array}{c}\text{因库存变动而}\\\text{增减的次数}\end{array}$

六、平均指标的因素分析

平均数水平的高低受各组变量值和总体结构（各组比重）的影响，故平均数的变动受各组变量水平（质量指标）和总体结构（数量指标）两个因素变动的影响，亦可用因素分析法进行分析。进行这种分析时，需分别计算报告期、基期和假定的三个平均数，然后再计算可变组成指数、固定组成指数和结构影响指数。可变组成指数是反映变量水平和总体结构同时变动的指数，固定组成指数是只反映变量水平变动的指数，结构影响指数则是只反映总体结构变动影响的指数。

设

$$\bar{X}_1 = \sum x_1 f_1 / \sum f_1$$

$$\bar{X}_0 = \sum x_0 f_0 / \sum f_0$$

$$\bar{X}'_0 = \sum x_0 f_1 / \sum f_1$$

则

$$\frac{\bar{X}_1}{\bar{X}_0} = \frac{\bar{X}_1}{\bar{X}'_0} \times \frac{\bar{X}'_0}{\bar{X}_0} \tag{12.14}$$

可变组成指数 = 固定组成指数 × 结构影响指数

$$\bar{X}_1 - \bar{X}_0 = (\bar{X}_1 - \bar{X}'_0) + (\bar{X}'_0 - \bar{X}_0)$$

平均数增减总值 = 因各组水平变动而增减的平均值 + 因总体结构变动而增减的平均值

【例 12－5】现以表 12－6 为例分析如下：

表 12－6　平均指标因素分析举例

工人按熟练程度分组	基期			报告期			假定的工资总额（元）
	平均工资（元）	工人数（人）	工资总额（元）	平均工资（元）	工人数（人）	工资总额（元）	
	x_0	f_0	$x_0 f_0$	x_1	f_1	$x_1 f_1$	$x_0 f_1$
熟练工人	1 500	70	105 000	1 650	70	115 500	105 000
非熟练工人	900	30	27 000	990	130	128 700	117 000
合　计	1 320	100	132 000	1 221	200	244 200	222 000

根据上表资料计算：

$\bar{X}_1 = \sum x_1 f_1 / \sum f_1 = 244\ 200/200 = 1\ 221$（元）

$\bar{X}_0 = \sum x_0 f_0 / \sum f_0 = 132\ 000/100 = 1\ 320$（元）

$\bar{X}'_0 = \sum x_0 f_1 / \sum f_1 = 222\ 000/200 = 1\ 110$（元）

$$\frac{\bar{X}_1}{\bar{X}_0} = \frac{\bar{X}_1}{\bar{X}'_0} \times \frac{\bar{X}'_0}{\bar{X}_0}$$

$$\frac{1\ 221}{1\ 320}=\frac{1\ 221}{1\ 110}\times\frac{1\ 110}{1\ 320}$$

92.50% = 110.00% × 84.09%

$$\bar{X}_1-\bar{X}_0=(\bar{X}_1-\bar{X}'_0)+(\bar{X}'_0-\bar{X}_0)$$

$$1\ 221-1\ 320=(1\ 221-1\ 110)+(1\ 110-1\ 320)$$

$$-99\text{ 元}=111\text{ 元}-210\text{ 元}$$

从表 12-6 中的资料和计算结果可以看出：

（1）无论是熟练工人还是非熟练工人，平均工资水平都提高了 10%，但总平均工资反而下降了 7.5%，平均每人减少 99 元。

（2）出现上述情况的原因是总体结构发生了明显的变动：平均工资水平较高的熟练工人所占的比重由基期的 70% 下降到报告期的 35%（即 70/200），而非熟练工人的比重则由 30% 上升到 65%（即 130/200）。总体结构的这种变动，致使平均工资下降了 15.91%，平均每人减少 210 元。

（3）如果排除工人结构变动的影响，则平均工资刚好提高 10%，与各组工人平均工资水平提高的幅度完全一致，平均每人增加 111 元。

七、平均指标与总量指标相结合的因素分析

因平均数等于标志总量除以总体单位数，故标志总量等于平均数乘总体单位数，而平均数又受变量水平与总体结构的影响，从而，标志总量便受变量水平、总体结构与总体单位数三个因素的影响。即

因为 $\bar{x}=\sum xf/\sum f$

$\sum xf=\bar{x}\sum f$

所以
$$\frac{\bar{x}_1\sum f_1}{\bar{x}_0\sum f_0}=\frac{\bar{x}_1\sum f_1}{\bar{x}'_0\sum f_1}\times\frac{\bar{x}'_0\sum f_1}{\bar{x}_0\sum f_1}\times\frac{\bar{x}_0\sum f_1}{\bar{x}_0\sum f_0}\tag{12.15}$$

将表 12-6 中资料及所得结果代入上式，可得：

$$\frac{1\ 221\times200}{1\ 320\times100}=\frac{1\ 221\times200}{1\ 110\times200}\times\frac{1\ 110\times200}{1\ 320\times200}\times\frac{1\ 320\times200}{1\ 320\times100}$$

$$\frac{244\ 200}{132\ 000}=\frac{244\ 200}{222\ 000}\times\frac{222\ 000}{264\ 000}\times\frac{264\ 000}{132\ 000}$$

185.00% = 110.00% × 84.09% × 200.00%

$$\text{工资总额指数}=\text{固定组成指数}\times\text{结构影响指数}\times\text{工人人数指数}$$

$$\bar{x}_1\sum f_1-\bar{x}_0\sum f_0=(\bar{x}_1\sum f_1-\bar{x}'_0\sum f_1)+(\bar{x}'_0\sum f_1-\bar{x}_0\sum f_1)+(\bar{x}_0\sum f_1-\bar{x}_0\sum f_0)$$

$$244\ 200-132\ 000=(244\ 200-222\ 000)+(222\ 000-264\ 000)+(264\ 000-132\ 000)$$

$$112\ 200\text{ 元}=22\ 200\text{ 元}-42\ 000\text{ 元}+132\ 000\text{ 元}$$

$$\text{工资总额增减总额}=\text{因工资水平变动而增减的工资额}+\text{因总体结构变动而增减的工资额}+\text{因工人人数变动而增减的工资额}$$

第五节　指数数列

一、指数数列的意义

指数数列，是指由同一指数的一系列数值所组成的数列，用于反映事物在较长一段时期内连续变化的情况。

【例 12－6】20 世纪末我国居民消费价格总指数见表 12－7。

表 12－7 分别使用了 4 个基期，从不同的基础反映改革开放 20 年来我国居民消费价格的变动情况。若从 1998 年看，我国居民消费价格比 1950 年上升 576.0%，比 1978 年上升 367.2%，比 1980 年上升 326.5%，比 1997 年下降 0.8%。

表 12－7　我国居民消费价格总指数

	1978	1980	1990	1991	1992	1993	1994	1995	1996	1997	1998
以 1950 年价格为 100	144.7	158.5	321.7	338.1	367.2	421.2	522.7	612.1	662.9	681.4	676.0
以 1978 年价格为 100	100.0	109.5	222.3	233.7	253.8	291.1	361.2	423.0	458.1	470.9	467.2
以 1980 年价格为 100	91.3	100.0	203.0	213.3	231.7	265.7	348.7	386.2	418.2	429.9	426.5
以上年价格为 100	100.7	107.5	103.1	105.1	108.6	114.7	124.1	117.1	108.3	102.8	99.2

资料来源：根据《新中国五十年统计资料汇编》第 20～21 页资料整理。

二、指数数列的换算

表 12－7 所列的指数数列，既有定基指数，也有以上年为基期的环比指数。在统计分析研究中，往往因研究目的的不同而需要变换指数的基期。这种变换一般有以下三种情况：

（一）环比数列变为定基数列

根据环比发展速度与定基发展速度相互关系的原理（即环比发展速度的连乘积等于定基发展速度），可用环比指数连乘来求得定基指数。例如，在表 12－7 中，根据“以上年价格为 100”的环比指数，就可推出“以 1990 年价格为 100”的指数。

（二）定基数列变为环比数列

根据环比发展速度与定基发展速度相互关系的另一原理（即相邻两个定基发展速度相除等于环比发展速度），可用相邻两期的定基指数相除来求得相应的环比指数。例如，在表12－7中，根据“以1950年价格为100”“以1978年价格为100”和“以1980年价格为100”的指数数列，均可推出“以上年价格为100”的指数数列。

（三）定基数列变换基期

根据以某一时期为固定基期的指数数列来推算以另一时期为固定基期的指数数列的方法，是以新的固定基期的指数为除数去遍除原数列中各期的指数。例如，若以1995年为新的基期，则按表12－7中第一行的数据推算1990年至1998年各年的指数，依次为：52.6%、55.2%、60.0%、68.8%、85.4%、100.0%、108.3%、111.3%、110.4%。

三、不变权数、可变权数和远期指数的推算

在发展速度和个体指数中，由于不存在权数的影响，因此，环比发展速度连乘等于定基发展速度，相邻两个定基发展速度相除等于相应的环比发展速度。但是，在总指数中，无论是综合指数还是平均指数，都存在不同时期权数或同度量因素变动的影响。在这种情况下，只有各期权数或同度量因素相同，即各期指数均使用同一个不变权数，环比指数与定基指数才存在上述两种联系：

$$\frac{\sum p_1q_0}{\sum p_0q_0}\times\frac{\sum p_2q_0}{\sum p_1q_0}\times\frac{\sum p_3q_0}{\sum p_2q_0}=\frac{\sum p_3q_0}{\sum p_0q_0}$$

$$\frac{\sum p_3q_0}{\sum p_0q_0}\div\frac{\sum p_2q_0}{\sum p_0q_0}=\frac{\sum p_3q_0}{\sum p_2q_0}$$

如果各期均使用报告期的权数或同度量因素，即各期指数所用的是可变权数，环比指数与定基指数的上述两种联系便不复存在：

$$\frac{\sum p_1q_1}{\sum p_0q_1}\times\frac{\sum p_2q_2}{\sum p_1q_2}\times\frac{\sum p_3q_3}{\sum p_2q_3}\neq\frac{\sum p_3q_3}{\sum p_0q_3}$$

$$\frac{\sum p_3q_3}{\sum p_0q_3}\div\frac{\sum p_2q_2}{\sum p_0q_2}\neq\frac{\sum p_3q_3}{\sum p_2q_3}$$

因此，从理论上说，凡是使用可变权数编制的指数，均不宜用环比发展速度与定基发展速度相互关系的原理进行推算。我国的物价指数是用可变权数编制的，西方许多国家的物价指数虽然使用不变权数，但不变也是相对的，只不过维持几年而已，每隔三五年也要变换权数。所以，严格地说，所有国家的物价指数和使用可变权数的其他指数，都不能用环比指数与定基指数进行相互推算。

但是，社会经济情况是不断发展变化的，经济指数如果长期使用不变权数，势必脱离实际而失去它的现实意义。而且，要直接编制时距很长的指数，在实际工作中也存在着许多无法克服的困难。所以，无论是我国还是外国，在编制指数数列和进行长期经济活动分析时，对所谓可变权数的影响，都只好知而不究、略而不计，即用环比指数连乘求定基指数，或用相邻两个定基指数相除求相应的环比指数。

第六节 常用价格指数简介

在市场经济条件下，价格与国民经济运行和人民生活关系十分密切。因此，反映市场价格变动情况的价格指数就成为社会经济统计中十分重要的统计指标。我国目前编制的价格指数主要有居民消费价格指数、零售价格指数、农业生产资料价格指数、农产品收购价格指数、工农业商品综合比价指数、工业品出厂价格指数、固定资产投资价格指数、进出口商品价格指数与贸易条件指数、国内生产总值价格指数以及股票价格指数等。下面简要介绍其中几种：

一、居民消费价格指数

（一）居民消费价格指数的意义

居民消费价格指数，是指反映一定时期居民生活消费所必需的商品与服务项目价格变动情况的指标。在我国，由于城乡居民在消费水平和消费结构上仍然存在较大的差别，因此，须分别计算城市居民消费价格指数和农村居民消费价格指数。为反映全体居民消费价格的变动情况，还须计算包括城乡两部分居民的综合消费价格指数。

居民消费价格指数是市场价格统计中最重要的指标之一，是国家制定和调整价格政策、工资福利与社会保障政策的重要依据，是计算国民生产总值价格缩减指数必不可缺的数据，也是测定通货膨胀与货币购买力变动情况最常用的重要指标。

（二）商品和服务项目的分类与代表品的选择

市场上流通的商品数以万计，提供劳动服务的门类也愈来愈多，不可能也没必要根据居民消费的所有商品和服务项目来计算指数。世界上所有国家或地区，都是选择部分项目进行计算的，少的只有 20 多种，多的达 1 000 种以上，大多数在 300 至 500 种之间。我国规定编制居民消费价格指数的必选品种有 550 种，其中商品品种约 500 种，服务项目约 50 种，各地还可根据当地实际情况再适当增加一些调查品种。

商品和服务项目分为 8 大类，即食品类（包括餐饮业），衣着类，家庭设备与用品类，医疗保健类，交通和通信工具类，娱乐、教育与文化用品类，居住类，服务项目类。

（三）代表地区、代表市场和代表企业的选择

按照选择代表地区的原则，目前在全国抽选出 200 多个市县作为国家掌握的价格调查点，其中城市约占三分之二，县城约占三分之一。为增强各地区价格指数的代表性，部分地区还可结合当地实际情况，适当增选一定数量的中小城市和县城进行调查。

代表地区确定后，在中选的地区中再进行代表市场和代表企业（商店或农贸市场）的选择，一般是每种代表品在大中城市选3~4个商店和3~5个农贸市场，小城市和县城选2~3个商店和1~2个农贸市场。为保证价格资料的连续性，各地区可选若干辅助调查点备用，以便在正式调查点缺价时采用辅助调查点的价格资料。

（四）价格资料的搜集与平均价格的计算

价格调查所收集的价格资料，必须是实际成交的价格，即居民通过各种渠道（商店、工厂、集贸市场等）购买所实际支付的价格，不受挂牌价格的限制。

价格调查的频率依价格变动的频率而定：价格变动频繁者每月不可少于6次，国家控价的商品或服务项目每月或每季1次，其余的每月调查2~3次。

为简便起见，平均价一般用简单算术平均法计算。就是说，各调查地区（市场）的平均价格由各调查点价格简单算术平均而成，月平均价格由各时点的价格简单算术平均而成，年平均价格由各月平均价格简单算术平均而成。

（五）权数的确定

确定消费价格指数的权数，应当以当地居民的消费构成为依据。由于城乡居民消费构成差别较大，故各地和全国均应分别计算三种权数，即城市居民、农村居民和不分城乡的所有居民的三种消费价格指数的权数。

权数一般根据城乡住户调查的资料计算，住户调查中没有的则通过典型调查取得。

权数应随居民消费构成的变化而变化。但因权数的计算工作浩繁，所以世界上大多数国家和地区都是每隔三五年进行一次。为了及时反映居民消费构成的变化，我国居民消费价格指数的权数每年计算一次。

权数是按总指数、大类、中类、小类和代表品分层计算的，每层的权数总和（$\sum_{i=1}^{n} W_i$）为100。各省的权数按中选的样本市县的资料计算，全国的权数则根据各省的资料计算。

（六）指数的计算方法

世界各国的消费价格指数多用加权算术平均法计算，我国也采用加权算术平均法。其公式为：

$$\bar{K} = \frac{\sum_{i=1}^{n} K_i W_i}{\sum_{i=1}^{n} W_i} \qquad (i=1, 2, \cdots, n) \qquad (12.16)$$

公式中：$\bar{K}$代表总（类）指数；

K代表个体（或类）指数；

i为商品或类的序号。

计算程序是：先品后类、由小到大、逐步升级、层层平均，即先计算商品或服务项目的个体指数，进而计算小类、中类、大类指数，最后计算总指数，一级一级地往上升，每层平均一次。小类中的商品或项目，其使用价值是相同或相近的，相互之间的可替性强，价格的变动方向和幅度较一致，小类指数的计算既可用简单几何平均法，也可用简单算术平均法，但中类、大类指数和总指数一律用加权算术平均法。表中总指数、大类指数、中类指数三层，每层的权数总和均为100。

【例12－7】现以城市消费价格指数为例计算如下，见表12－8：

表12－8　某城市居民消费价格指数

（　　年　月/　　年　月）

城市编码：

商品类别及品名	规格等级牌号	计量单位	机器汇总代号	平均价格（元）		权数	以上年同期（或上期）价格为100	
				上年同期或上期	本期		指数	指数×权数
甲	乙	丙	丁	1	2	3	4	5
总指数						100	113.1	—
一、食品类			210000			56	113.3	6 344.8
1. 粮食			211000			20	109.55	2 191.0
（1）细粮			211100			88	109.6	9 644.8
面粉	普通粉	千克	211101	3.812	4.083	38	107.1	4 069.8
大米	标　二	千克	211102	3.948	4.402	55	111.5	6 132.5
江米	标　二	千克	211103	4.460	4.839	5	108.5	542.5
挂面	富强粉	千克	211104	4.088	4.317	2	105.6	211.2
（2）粗粮			211200			12	109.2	1 310.4
2. 淀粉及薯类			212000			1	104.6	104.6
3. 干豆类及豆制品						2	105.5	211.0
4. 油脂类						7	110.4	772.8
5. 肉食及其制品						23	118.7	2 730.1
6. 蛋类						6	112.4	674.4
7. 水产品类						7	111.6	781.2
8. 菜类						9	119.5	1 075.5
9. 调味品			219000			2	107.9	215.8

（续上表）

商品类别及品名	规格等级牌号	计量单位	机器汇总代号	平均价格（元）		权数	以上年同期（或上期）价格为100	
				上年同期或上期	本期		指数	指数×权数
甲	乙	丙	丁	1	2	3	4	5
10. 糖类			21A000			2	106. 3	212. 6
11. 烟草类			21B000			4	108. 4	433. 6
12. 酒和饮料			21C000			3	109. 3	327. 9
13. 干鲜瓜果类						4	112. 7	450. 8
14. 糕点类						2	109. 2	218. 4
15. 奶及奶制品						3	113. 1	339. 3
16. 其他食品						2	110. 8	221. 6
17. 饮食业			21H000			3	121. 7	365. 1
二、衣着类			220000			11	109. 5	1 204. 5
三、家庭设备与用品类			230000			13	108. 8	1 414. 4
四、医疗保健类						4	107. 7	430. 8
五、交通和通信工具类						3	114. 3	342. 9
六、娱乐、教育与文化用品类						4	120. 7	482. 8
七、居住类						4	123. 6	494. 4
八、服务项目类			280000			5	119. 4	597. 0

二、农产品收购价格指数

（一）农产品收购价格指数的意义

农产品收购价格指数，是指反映一定时期农产品收购价格变动趋势和程度的指标。农产品价格的变动与农业生产的水平、速度和农村产业结构的变动，以及农民的收入和生活水平密切相关。因此，农产品收购价格指数是各级政府研究农村经济和农民生活问题及制定农村经济政策的重要依据，也是反映工农业商品综合比价变动情况所必不可缺的指标。

（二）商品分类和代表品的选择

商品分为粮食类、经济作物类（食用植物油及油料、棉、麻、糖、烟、茶等）、竹木材类、工业用油漆类（油脂、油料、漆胶等）、禽畜产品类（肉畜、禽蛋、皮张、鬃毛等）、蚕茧蚕丝类、干鲜果类、干鲜菜及调味品类、中药材类、土特产品类、水产品类等11大类。代表商品近300种，地方可根据实际情况适当增加当地产量大的主要产品，减去当地不产或产量很小且没有代表性的商品。对于规格等级多变的商品，必须选两个以上的代表规格品。

（三）价格资料的搜集和平均价格的计算

农产品收购的价格资料，从各省（区）的主产市县、主产乡镇中若干收购量大的收购点搜集，产地分布较分散时，调查点可多些；产地分布较集中时，调查点可少些。

各中选市县的平均价、全省（区）平均价、月平均价、年平均价，均以收购量或收购额为权数，用加权算术平均法或加权调和平均法计算。

（四）指数的计算方法

农产品收购价格指数，由国家统计局各省（自治区）、直辖市调查总队编制，每年计算一次。各省市的指数和全国的指数均用加权调和平均法计算。其计算公式为：

$$\bar{K}=\frac{\sum p_1 q_1}{\sum \frac{1}{K} p_1 q_1} \tag{12.17}$$

计算程序与居民消费价格指数、零售价格指数相同，即由商品到小类，由小类到大类，逐步升级，层层平均，最后计算总指数。

【例12-8】某省农产品收购价格指数计算见表12-9。

三、工农业商品综合比价指数

工农业商品综合比价指数，是指反映所有工业品和所有农产品交换比例综合变动的指标。由于这个指标不能像某种工业品和某种农产品的交换比例那样直接用两者的价格进行对比，故只能通过价格指数来反映两者交换比例的变化。

表 12－9 某省农产品收购价格指数计算表

省（区）编码： 年

类别及品名	规格等级	计量单位	机器汇总代号	省平均价（元）		指数 K（%）	全省收购额（万元）	
				上年	本年		p_1q_1	$\frac{p_1q_1}{K}$
甲	乙	丙	丁	（1）	（2）	（3）=（2）÷（1）	（4）	（5）=（4）÷（3）
总指数						108.8	380 042	349 410
一、粮食类						107.8	55 517	51 500
二、经济作物类						109.5	46 209	42 200
三、竹木材类						108.6	5 213	4 800
四、工业用油漆类						109.5	74 241	67 800
五、禽畜产品类						108.5	74 417	68 560
1. 肉畜						108.7	64 669	59 500
肥猪	出肉 63%～66%	百千克		799.0	868.6	108.7	64 046	58 920
菜牛	估净肉，中等	百千克		879.2	943.4	107.3	601	560
活羊	估净肉，中等	百千克		565.6	622.2	110.0	22	20
2. 禽蛋						108.5	6 217	5 730
3. 皮张						117.0	562	480
4. 鬃毛						103.7	2 437	2 350
5. 其他畜产品						106.4	532	500
六、蚕茧蚕丝类						111.3	3 729	3 350
七、干鲜果类						114.8	12 341	10 750
八、干鲜菜及调味品类						113.2	41 658	36 800
九、中药材类						102.6	6 002	5 850
十、土特产品类						105.1	43 406	41 300
十一、水产品类						104.9	17 309	16 500

工农业商品综合比价指数是工业品农村销售价格指数与农产品收购价格指数之比。计算时，两个指数的时距（基期至报告期的距离）必须一致。其公式如下：

$$\text{工农业商品综合比价指数（\%）}=\frac{\text{工业品农村销售价格指数}}{\text{农产品收购价格指数}}\times 100 \tag{12.18}$$

$$\text{或}=\frac{\text{农产品收购价格指数}}{\text{工业品农村销售价格指数}}\times 100 \tag{12.19}$$

上述两个公式中，通常采用（12.18）式。计算结果若大于100，表示单位工业品交换农产品的比例上升，工农业商品差价扩大；若小于100，则表示单位工业品交换农产品的比例下降，工农业商品差价缩小。按（12.19）式计算，含义则相反：指数大于100，表示单位农产品交换工业品的比例上升；小于100，则表示单位农产品交换工业品的比例下降。但在说明工农业商品差价扩大还是缩小多少时，只能用（12.18）式。

上述工业品农村销售价格指数所包含的工业品，既有消费品，也包括农业生产资料。

工业品农村销售价格指数

$$=\frac{\text{工业品农村零售额}+\text{农业生产资料销售额}}{\dfrac{\text{工业品农村零售额}}{\text{工业品农村零售价格指数}}+\dfrac{\text{农业生产资料销售额}}{\text{农业生产资料价格指数}}} \tag{12.20}$$

式中，工业品农村零售价格指数根据农村零售价格指数调整计算而得，即从农村零售价格指数中扣除农产品（粮食、肉禽蛋、水产品、鲜菜、水果、中药材）的指数和权数，并将原食品大类中的油脂、干菜、其他食品三个中类和中西药大类中的西药、其他两个中类均升格为大类（缩小权数，新权数 = 原大类权数 × 原中类权数），再按 18 个工业品大类计算即得工业品农村零售价格指数。由于扣除了农产品的权数，新权数的总和小于100。

四、进出口商品价格指数与贸易条件指数

（一）进出口商品价格指数的意义

进出口商品价格指数，是指反映进出口商品国际市场价格变动趋势与程度的指标。在统计实践中，一般是分别编制进口商品价格指数和出口商品价格指数，有的国家（地区）还单独编制转口商品价格指数。准确编制进出口商品价格指数，其重要意义在于：

（1）进出口商品价格指数可以反映进口或出口商品的价格总水平，以及各类商品价格变动的方向和程度，为制定和调整进出口商品价格以及进出口商品的产销政策提供重要依据。

（2）进出口商品价格指数是对外贸易指数体系中的一个主要指标。它可以剔除进出口贸易中价格变动的影响，以便准确反映进出口贸易的规模、速度和构成，准确控制和适度调整我国的对外贸易。

（3）进出口商品价格的变化，直接影响我国对外贸易的条件。没有进出口商品价格指数，也就无法确定贸易条件变动的方向和程度，将使国家对外贸易活动的宏观调控缺乏重要的依据。

（4）为了保持进出口贸易的基本平衡，对外贸易一般都要“量出为入”，应当根据出口创汇的规模和增长速度来确定进口的规模和增长速度。然而，没有比较准确的进出口商品价格指数，我们就不能确定出口购买力的变动方向和程度，从而不能准确确定进口的规模。

（5）进出口商品价格指数也是市场价格统计体系中的一个重要指标，要准确度量整个国民经济价格总水平的变动程度，要准确测定通货膨胀率和国民经济的增长速度，都非有它不可。

（二）进出口商品价格指数的商品范围及分类

进出口商品价格指数所包括的商品范围，应与我国海关进出口贸易额的统计范围一致。商品分类也要与海关统计的商品分类相一致。

（三）代表品的选择

进出口商品品种繁多，规格牌号尤多，很难一一列入指数编制范围，只能选择一部分有代表性的商品来计算。国际上常用两种方法：一是随机抽样，二是判断抽样。由于进出口商品价格和交易频率悬殊，在进出口贸易中的重要性相去甚远，价格变动的幅度千差万别，随机抽取少数商品很难保证样本会有足够的代表性。因此，一般来说，代表品的选择，不宜采用随机抽样法，而应当采用判断抽样法，有目的、有条件地选择代表商品和代表规格品。

代表品的选择应遵循下列条件：①必须是实际进出国境的贸易性商品；②在进口或出口额中所占比重大、影响大的商品；③连续多年进口或出口，可以取得编制指数所必需的有关材料；④在同类或相关联的商品中价格变动情况有代表性。在遵循上述条件的前提下，实际操作时，应从海关统计必报商品目录中选择代表品。

样本商品的代表性有质和量两方面的问题，规定代表品的条件，是为了保证样本的质。但由于进出口贸易的广泛性，也要求样本商品有一定的量，使各个主要的类别都有适量的代表品。样本量的多少，国外的一般做法是不以品种多少而定，而是以代表品的进出口额在进出口总额中所占比重的大小而定。这个比重大小也影响样本代表性的高低。

（四）采价的原则

在我国的进出口统计中，无论是外贸业务统计，还是海关统计，都规定进口商品一律按到岸价（CIF）统计，出口商品则一律按离岸价（FOB）统计。因此，我国的进出口商品价格指数以采用到岸价（进口）和离岸价（出口）为宜。

（五）指数的计算方法和权数

进出口商品价格指数的计算方法有多种，派氏综合法、拉氏综合法、加权算术平均法、加权调和平均法和费暄“理想公式”都有人采用，各国不尽相同。从我国的具体情况出发，我国编制进出口商品价格指数，以采用加权调和平均公式为宜，即

$$\bar{K}=\frac{\sum p_1q_1}{\sum \frac{1}{K}p_1q_1}$$

按照上述公式，计算进出口商品价格指数的步骤为：先计算代表商品或代表规格品的指数，然后加权平均计算小类指数，进而计算中类和大类指数，最后计算总指数。计算过程由小到大，逐步升级，层层平均。

（六）贸易条件指数

贸易条件指数即进出口比价指数，因进出口比价的变动直接影响一个国家或地区从事对外贸易的条件，故又叫贸易条件指数。

$$\text{贸易条件指数}=\frac{\text{出口价格指数}}{\text{进口价格指数}} \tag{12.21}$$

$$\text{或}=\frac{\text{进口价格指数}}{\text{出口价格指数}} \tag{12.22}$$

上述两个公式中，国际上通常使用（12.21）式。据国际货币基金组织统计，1995 年与 1990 年相比，发达国家的贸易条件指数为 105.6%，发展中国家的贸易条件指数则为 97.2%，这表明国际贸易的条件有利于发达国家，而不利于发展中国家。

五、股票价格指数

股票价格指数，是指反映证券市场股票价格涨跌趋势和幅度的指标，是反映国家或地区社会经济和政治形势变动情况的最敏感的指标，被看作经济的晴雨表和政治风云录。

反映股票价格水平及其变动的方法有两种：一是计算股票平均价格并以前后平均价的对比来说明股价的变动，二是计算股价指数。计算股价指数的方法一般分为两类：一是用综合公式计算（一般用拉斯贝尔公式），二是用个体指数加权平均的方法计算（一般用加权算术平均法）。在世界各地的股价统计中，较有名的有美国的道·琼斯平均数和标准普尔指数、英国的金融时报指数、法国的 CAC 指数、德国的 DAX 指数、日本的日经指数及我国香港的恒生股价指数等。

（一）道·琼斯平均数（Dow Jones Average，DJA）

道·琼斯平均数由查尔斯·亨利·道和爱德华·琼斯两人所创，并由道·琼斯经济信息公司计算和发布，于 1897 年开始计算。开始时只选 12 种样股，后增至 65 种，其中工业 30 种、交通运输业 20 种、公用事业 15 种。平均价的计算用简单算术平均法。为排除增资拆股等非价格因素对平均价的影响，1928 年以后使用弹性除数，即 DJA = 增资和拆股后各成分股每股市价总和/弹性除数。弹性除数 = 增资和拆股后每股市价总和/前一天的平均数。DJA 的计量单位本是多少美元，现则称多少点。反映股价变动的方法是前后两个平均数相减，亦以“点”表示。涨跌“点”数除以前期 DJA 即为涨跌幅度，以“%”

表示。

（二）标准普尔指数

标准普尔指数于1923年始编，用拉斯贝尔综合法计算。1957年起，样股（成分股）由原有的233种增至500种（工业425种，铁路15种，公用事业60种）。1976年对样股作了调整：工业400种，运输业20种，公用事业40种，金融业40种，总数仍为500种。在美国，标准普尔指数的影响仅次于DJA，也是世界上颇有影响的股价指数。

（三）金融时报（FT）指数

金融时报所编股价指数有3种，即FT－100、FT－30、FT－700。

FT－100指样股为100种的股价指数，通常报价的金融时报指数就是这一种。它始编于1984年，以1984年1月3日为基期，基数定为1 000。

FT－30，样股只有30种，均为工业股，以1953年7月1日为基期，基数定为100。

FT－700，样股为700种，主要为职业投资者服务。它的基期是1962年4月10日，基数为100。

（四）日经指数（又叫日经DJA）

这是日本经济新闻社所编算的，和DJA一样也是股价平均数。它以1929年5月16日为基期，当日股票平均价为176.21日元。1950年9月7日起采用DJA的方法，1975年5月购买DJA的商标，用日经道·琼斯指数的名称。到1981年2月，其样股有：制造业154种，建筑业10种，电力与煤炭业4种，陆海运输业14种，仓储业2种，金融业15种，服务业5种，水产、矿产与不动产3种。

（五）恒生股价指数

恒生股价指数由我国香港恒生银行恒指服务有限公司所编。基期为1964年7月31日，基数为100。成分股（样股）有：金融业4种、公用事业5种、地产业9种、工商业15种，共33种，成分股的成交额占全港股票成交总额的大部分。计算方法为拉斯贝尔综合法，开始时只计算一个总指数，为便于投资者获得更多的信息，自1984年1月13日起，增算金融业、地产业、工商业和公用事业4个分类指数。

思考题与习题

1. 什么叫指数？狭义的指数与广义的指数有什么不同？
2. 指数有什么作用？
3. 什么叫质量指标指数？什么叫数量指标指数？
4. 什么叫综合指数？
5. 什么叫同度量因素？什么叫指数化因素？

6. 确定统计指数同度量因素的一般原则是什么？为什么？
7. 什么叫平均指数？作为综合指数之变形的平均指数有哪几种？
8. 将综合指数变为平均指数时应遵循哪些原则？
9. 什么叫指数体系？指数体系有什么作用？
10. 什么叫因素分析法？因素分析法有什么作用？
11. 进行因素分析时应注意哪些问题？
12. 什么叫可变组成指数？什么叫固定组成指数？什么叫结构影响指数？三者各反映什么内容？三者之间存在什么关系？怎样进行平均指标的连环替代分析？
13. 什么叫指数数列？怎样进行指数数列的换算？
14. 某地三种商品的价格和销售量资料如下表所示：

商　品	计量单位	基期价格(p_0,元)	报告期价格(p_1,元)	报告期销售量(q_1)
甲	千克	8.0	9.2	2 850
乙	米	12.0	13.2	4 320
丙	件	40.0	38.0	1 040

试根据上表资料计算物价总指数和因价格变动而增减的销售额。

15. 某厂生产情况如下表所示：

产　品	基期产值(p_0q_0,万元)	报告期比基期产量增减(±)(%)
甲	280	+12.5
乙	320	+8.0
丙	675	-4.0
丁	225	-12.0
合　计	1 500	—

请根据上表资料计算该厂的产量总指数和因产量变动而增减的产值。

16. 某地五种商品的销售情况如下表所示：

商　品	计量单位	价格(元)		报告期
		基　期(p_0)	报告期(p_1)	销售额(p_1q_1,元)
A	条	3.00	3.15	63 000
B	千克	7.20	7.92	39 600
C	双	15.00	16.80	42 000
D	件	24.50	26.46	13 230
E	米	13.80	12.42	43 470
合　计	—	—	—	201 300

试根据上表资料计算物价总指数和因价格变动而增减的销售额。

17. 某地三种商品的销售情况如下表所示：

商　品	计量单位	价格(元)		销售量	
		p_0	p_1	q_0	q_1
甲	件	10.0	11.0	12 500	15 000
乙	担	60.0	54.0	12 000	16 800
丙	个	2.0	2.3	6 000	5 700

试根据上表资料计算：

（1）销售量总指数及因销售量变动而增减的销售额。

（2）销售价格总指数及因销售价格变动而增减的销售额。

（3）销售额指数及销售额增减总额。

（4）从相对数和绝对数两方面验证销售量、销售价格和销售额三个指数的相互关系。

18. 2016 年和 2015 年，某市消费品零售总额分别为 1 851.36 亿元和 1 371.02亿元，该市零售物价 2016 年比 2015 年下降 1.2%。请据此计算：

（1）2016 年与 2015 年相比，该市因零售价格变动而增减的消费品零售额。

（2）2016 年与 2015 年相比，该市消费品零售量总指数及因零售量变动而增减的零售额。

（3）从相对数和绝对数两方面验证零售价格、零售量和零售额三个指数的相互关系。

19. 某厂产值和职工人数资料如下表所示：

指　标	总产值（万元）	职工总数（人）	
		合　计	其中：生产工人数（人）
基　期	1 920.0	1 000	800
报告期	2 851.2	1 200	1 080

根据上表资料：

（1）就职工总数和全员劳动生产率对总产值变动的影响进行双因素的连环替代分析。

（2）就职工总数、生产工人数占职工总数的比重（工人比重）和生产工人劳动生产率对总产值变动的影响进行多因素的连环替代分析。

20. 某公司上两年销售和库存情况如下表所示：

指　标	报告期	基　期
商品销售额（万元）	2 508	1 937.0
平均库存额（万元）	418	372.5

要求：

（1）根据上表资料，计算商品周转次数和商品周转次数指数。

（2）从相对数和绝对数两方面对商品周转次数变动的原因进行连环替代分析。

21. 某公司下属三个厂生产同一种产品的情况如下表所示：

工　厂	单位产品成本（元）		产量（吨）	
	Z_0	Z_1	q_0	q_1
甲厂	1 030	985	4 850	5 100
乙厂	1 145	1 150	3 150	3 500
丙厂	1 210	1 130	1 850	2 200

根据上表资料：

（1）计算该产品单位成本的可变组成指数、固定组成指数和结构影响指数，并从相对数和绝对数两方面验证三个指数的相互关系。

（2）从相对数和绝对数两方面分析该产品成本总额变动中单位成本、总体结构和产品总量三个因素变动的影响。

第十三章 统计分析与统计新闻写作

第一节 统计分析的意义与原则

一、统计分析的概念与特点

统计分析，是指以统计资料为依据，以统计方法为手段，定量分析与定性分析相结合去认识事物的一种分析研究活动，为统计工作的最后阶段，是充分发挥统计的信息、咨询、监督作用的高级阶段。它有如下特点：

（一）以统计资料为依据

统计最基本的特点是以数字为语言，用数字说话。因此，统计分析必然以统计资料为依据，从大量的数据入手，通过深入研究，发现问题，分析问题，形成观点，总结经验教训，提出改进工作的对策建议。这是统计分析最基本的特点。

（二）以统计方法为手段

统计分析要通过大量的、散乱的数据去观察事物的整体，了解事物的全貌，要透过事物的数量去认识事物的本质及其运动规律，就必须使用各种科学的统计方法。如大量观察法、抽样推断法、分组分析法、比较分析法、平均分析法、相关与回归分析法、时间数列分析法、指数分析法与连环替代法，以及各种统计预测方法等。不用这些方法对大量的数据进行分类、比较，并加工计算各种分析指标，我们就无法确定事物的性质，无法掌握事物运动的规律，无法判断事物水平的高低、质量的优劣、速度的快慢、效益的大小和发展前景的好坏。

（三）定量分析与定性分析相结合

统计所研究的量是具体的量，是与一定的时空条件和事物的质密切相关联的量。而且，统计研究事物的量的目的在于进一步认识事物的质和事物运动的规律。“质—量—质”，是统计研究的公式。因此，统计分析必须是定量分析与定性分析相结合，数字与情况相结合，绝不应当是数字的堆积和统计表格的汇集。除了必要的数据外，还要有与数字相关的业务情况，要以专业理论、技术知识和有关政策法规为指导，将统计信息文字化、理论化、政策化、通俗化，使不熟悉统计的各级领导和社会公众能从数字、图表和曲线中看到事物的质及其运动的规律，看到理论、技术和时空条件的影响，看到政策法规的力量，使人们不致走入数字游戏的死胡同。

二、统计分析的作用

统计分析是深入开发和充分利用统计信息资源，定量分析与定性分析相结合的研究活动，为统计工作出成果、出主意、出政策，充分发挥信息、咨询和监督作用，为人们认识世界和改造世界提供优质服务的有效途径。具体地说，它有以下几方面的作用：

（一）为各级领导提供决策咨询服务

统计是治国的重要手段，通过统计分析可以监督检查党和国家政策法规与重要计划的贯彻执行情况，分析原因，提出进一步贯彻执行或修订政策法规与计划的建议，为各级领导提供决策咨询服务，促进改革开放的不断深入，促进社会主义现代化建设事业持续、稳定、健康地发展。

（二）促进企业改善经营管理

统计是管理的有效工具，通过统计分析，可总结企业经营管理的经验教训，肯定成绩，找出差距，指明方向，促进企业不断改善经营管理，提高社会经济效益。

（三）推动科学研究事业的发展

科教兴国是我国的重要国策，是强国之道。统计作为认识社会的有力武器，又被誉为“百学之钥”。只有通过统计分析才能深刻认识事物的性质，划分事物的不同类型，理清事物之间的数量关系，掌握事物运动的规律，指导人们的科学实践，使我们在自然和社会科学各领域不断有所发现，有所发明，有所创造，有所前进，从而推动我国科学研究事业的发展。

（四）宣传大好形势，揭露社会矛盾

统计最基本的特点是以数字为语言，无论是宣传国家建设的伟大成就，还是揭露社会生活的各种矛盾和阴暗角落，统计分析都可通过自己特有的语言和方法，使社会公众更深刻、更完整地了解事物的全貌，认清事物的本质和特点，给人以提纲挈领和铁证如山的感受，其效果往往胜过千言万语。

（五）提高统计工作质量

统计分析是统计工作的最后阶段，通过统计分析常常可以发现统计工作的薄弱环节，从而促使统计体制的改革和统计法规的完善，促使统计人员不断提高职业道德、政策水平、业务素质和写作能力，实现统计服务优质化。

三、统计分析的原则

要搞好统计分析，写好统计分析报告，应当遵循以下原则：

（一）必须坚持实事求是，如实反映情况，反对弄虚作假

弄虚作假、欺上瞒下、伪造数字、谋取私利，是治国之大忌，是党风政风之大敌，也是统计工作之大敌。大敌作祟，决策施政失误，必将祸国殃民，其危害

之大，往往是一般刑事犯罪所望尘莫及的。历史的沉痛教训和现实的种种恶行都告诫我们，必须坚持实事求是，反对弄虚作假，这是统计工作者的第一职业道德。

（二）必须以党和国家的方针政策和法律法令为依据

任何一个国家（或地区）社会经济的运行，都离不开一定的（政府的、执政党的）方针政策的指导，都受当时当地法律法令和政策的约束和保护。因此，进行统计分析时，必须以有关的方针政策、法律法令为准绳，揭露违法现象，维护方针政策和法律法令的严肃性，或提出合理建议，促进方针政策和法律法令的修改和完善。

（三）必须以唯物辩证法为指导

唯物辩证法是人们认识世界和改造世界最强大的思想武器，也是统计科学的理论基础，统计分析要正确地认识客观事物，当然要以唯物辩证法为指导，无须赘述。

四、统计分析的一般程序

统计分析一般都要经历选择课题、拟订提纲、收集资料、加工整理、形成观点、构思篇章、执笔成文、修改定稿的过程。这个过程亦可概括为选题、取材、立论、布局、谋篇 10 个字，大致可分为三个阶段：选择课题、拟订提纲，为第一阶段（选题）；根据提纲收集资料，进行加工整理，计算各种分析指标为第二阶段（取材）；从材料中形成观点（立论），构思篇章（布局），执笔成文，修改定稿（谋篇）为第三阶段（写作）。但是，选题、取材、写作三个阶段并不是截然分开的。拟订提纲，虽是收集和整理资料的基础，但实际上也是对所选课题内容和结构的初步构思。对材料进行加工整理和从事写作时，可能还会发现问题，感到资料不足，又必须进行补充调查。此外，拟订提纲是确定课题之后和收集资料之前就要进行的，既可放入第一阶段，也可放入第二阶段，作为单独一个阶段亦未尝不可，似无深究的必要。

总之，把统计分析的全过程分为选题、取材、写作三个阶段相对比较合理。第一阶段解决“写什么”的问题，第二阶段解决“靠啥写”（靠什么材料写）的问题，第三阶段解决“怎样写”的问题。

第二节　选择分析课题，拟订分析提纲

一、选题的意义

统计分析的选题就是确定统计分析写什么，这是统计分析首先要解决的问题。统计分析的选题，犹如工厂的产品计划，必须根据市场需求来确定，使所生

产的产品适销对路，生产经营才能进行下去，企业才能获得经济效益。如果统计分析选题不是各级领导和社会公众的需要，统计分析报告就只能是废品，不仅不能产生社会经济效益，而且将造成人力、物力和财力的巨大浪费，还将有损统计分析的声誉。

统计分析报告的选题还直接关系到资料的搜集整理和分析报告的写作。收集哪些资料，用什么方法收集资料，向谁收集资料，如何整理，计算哪些分析指标，怎样写作分析报告等，都受选题的制约，选题不确定，这些工作都无法进行。所以，统计分析必须首先选好题。

二、选题的原则

所谓选题的原则或方法，或注意事项，说的都是怎样才能选好题。对于这个问题，许多实际工作者不乏经验之谈。这些经验，是他们根据各自的经历从不同的角度所作的总结，难免见仁见智之说，但亦不无借鉴之价值。现择其要点综合介绍如下：

（一）选题要有针对性、政策性和时效性

（1）要有针对性，是指选题一定要针对实际工作中存在的问题，做到有的放矢。

（2）要有政策性，是指要围绕方针政策和法律法令的贯彻执行情况去选题，使统计分析能引起政策法规的制定者和执行者的注意。

（3）要有时效性，是指统计分析要把握时机，及时研究，迅速反映，雪中送炭。对即将发生的问题，最好还能事先预报。如果时过境迁，雨后送伞，再好的统计分析也只能成为一堆废纸，甚至会由于贻误时机而给工作带来不可弥补的损失。

（二）选题要抓住热点、特点和重点

（1）要抓住热点。不同地区、不同部门、不同时期，都可能会有引起人们特别注意的热点问题。热点问题之所以热，或者因为问题较多、较严重，引起社会各方面的关注；或者是老大难问题，长期没有解决，引起公愤；或因事关百姓切身利益，人人关心；或因是新生事物，大家感兴趣。抓住热点问题进行深入研究，又有独到见解，统计分析当然就能发挥好的作用。

（2）要抓住特点。不同地区，自然、社会、经济条件不同，发展水平不同；而不同部门和不同行业，则经营范围不同，业务性质各异；就是同一地区、部门或行业，不同的发展阶段也会有不同的特点；公有制和非公有制企业，大中小型企业，也各有特点。因此，统计分析选题时，应当注意不同类型的事物和事物在不同条件下及不同发展阶段上的不同特点，要抓住特点进行研究。例如，人口老龄化是当今世界的一个普遍性问题，但在不同国家或地区，情况又有差别。国家统计局通过对国内外大量资料的研究，发现我国人口老龄化有自己的特点，写出了《我国人口老化起步晚、速度快、来势猛》的分析报告，就颇有特色。

(3) 要抓住重点。重点是一个地区、部门或单位在一定时期内的中心工作或要解决的主要问题，可以是重大方针政策的贯彻执行，也可以是重点建设项目，还可以是重点企业、重点产区、重点产品的生产经营情况等。统计分析围绕重点去选题，容易得到领导的重视和支持，工作容易开展，“产品”也有“销路”。

此外，还有围绕方针政策选题、围绕发展战略选题、围绕形势宣传选题、围绕理论研究选题、围绕经济效益选题、围绕人民生活选题、围绕民意调查选题、围绕“空白问题”选题之说，在此不再一一介绍。

（三）选题要兼顾效用性与可行性

上述各种经验之谈，虽各有不同的考虑，但有一点是共同的，那就是都希望自己所作的统计分析是“适销对路”的“产品”，对各级领导或社会公众有使用价值。因此，注意“效用性”或实用价值是统计分析选题的第一原则。

然而，只考虑社会需求还不行，还要考虑自身的“生产条件”有无可能生产出你所希望的“产品”。就是说，还要考虑“可行性”，看看有无完成你的选题所必需的统计资料，有无从事该项分析所必备的专业知识和技术条件。如果没有这些条件，即使你所选的课题是社会十分需要的、意义重大的项目，那也只是水中之月、镜中之花。所以，“可行性”是统计分析选题的第二原则。

三、选题的来源

统计分析在遵循注意“效用性”和“可行性”两条选题原则的前提下，题目的来源大致可分为以下几种情况：

（一）“以销定产”型

它主要包括两类课题：

(1) 各级领导在制订年度计划和长期发展规划、出台新的政策法规或调整现行政策法规、确定重大建设项目和了解某种特殊问题而要求研究并提出咨询意向的课题。

(2) 社会团体、专业市场调查机构和大中型企业委托研究的课题。

（二）“自产自销”型

这类课题的特点是没有任何单位和个人事先提出要求或委托，完全是统计人员主动进行研究的。它主要包括：

(1) 统计人员从大量统计资料中发现的有研究价值的课题。

(2) 统计人员深入实际调查研究时发现的有研究价值的课题。

(3) 统计人员根据当时当地的社会需要主动研究的其他课题。

（三）“定产定销”型

这是按统计工作的常规定期分析研究的项目，如各种进度统计分析和年度总结等，属统计分析的常规产品。因此，特别需要注意创新，要根据时间、地点、本单位内部条件和外部环境的变化，反映新情况、发现新问题、寻找新原因、研究新趋势，切忌只用新数字去套老模式，切忌程式化、规格化。否则，这种分析就很可能成为“鸡肋”，甚至连“鸡肋”也不如，不仅劳民伤财，还将败坏统计分析的声誉。

四、选题要防止的倾向

（一）凭兴趣，想当然

这种倾向就是不作调查研究，不问社会需求，只凭个人的兴趣或猜测去选题，缺乏针对性，无的放矢。其结果必然是使统计分析货不对路，无人问津，白费劳动，充其量落得个孤芳自赏。

（二）随大流，赶浪头

这种倾向就是不问本地区、本部门、本单位的实际情况，人为我为，亦步亦趋。这样的统计分析必然毫无特色，甚至完全脱离实际。反对随大流、赶浪头，并不是说别人研究过的问题自己就不能再研究，特别是热点问题或重点问题，不可能只允许少数人去研究。关键在于我们必须注意到同样的问题，在不同时间、地点、条件下，必然会有不同的表现形式、不同的变动规律、不同的发展趋势，必然会有各种各样的特点。只要我们深入研究、大力挖掘、透彻分析，同样的问题我们也会有新的发现，就会写出新的篇章，产生后浪推前浪的动力，产生后来居上的佳作。文章最怕随人后，后来居上亦不奇。这是做文章的辩证法，奥秘就在于抓住特点，努力创新。

（三）眼高手低，不切实际

这种倾向就是不问自身所处的环境和自己现有的条件，片面追求“高、精、尖、大”的课题，其结果只能是事与愿违，白费力气，几经周折，锐气尽失，从此视统计分析为畏途，影响统计分析的开展。这一点是基层统计人员和初作统计分析者要特别注意的。

五、拟订分析提纲

统计分析的选题确定后，一般都要拟订一个分析提纲。这是对课题的内容和结构的初步构思，也是收集和整理资料的依据。

分析提纲的内容一般包括：

（一）主题思想

主题思想即本课题要研究和解决的主要问题。这是统计分析首先要确定的，而且确定之后一般不宜改动。

（二）篇章结构

篇章结构即分析报告准备分哪几个部分，逻辑顺序如何排列。但这只是初步安排，随着研究的深入，篇章结构是可作调整的。

（三）所需资料的名目、来源和收集资料的方法

（四）资料加工整理的要求

它包括采用哪些分组标志，使用何种分组形式，分多少组，需要计算哪些分析指标和设计分析表格等。

第三节　搜集整理资料，计算分析指标

一、搜集资料

（一）充分占有资料的意义

统计分析所需的资料，是指用来提炼和表现主题的各种统计数据和相关的文字材料。事实胜于雄辩，巧妇难为无米之炊。资料是说明情况的依据，是形成和支撑观点的论据，是一篇文章的“血肉”。缺乏资料的统计分析，必然形如骷髅，没有生命力，不会给人好的印象，不能产生好的影响。因此，必须认真做好收集资料的工作。

统计分析必须充分占有资料，要围绕主题尽量博采广集。材料用时方恨少，要有“以十当一”的准备。资料越多，感性知识越丰富，对事物的认识就越全面。资料越多，筛选的余地就越大，就能从中寻找出最有价值的资料作为有力的论据。资料越多，还可最大限度地减少以至消除临时填空补缺的调查，有利于统计分析的顺利进行。

（二）资料的种类

统计分析所需的资料，包括：

（1）与主题相关的统计报表、统计台账、统计年鉴、专题统计资料汇编。

（2）相关的计划（规划）、财务和业务技术资料。

（3）以往的调查研究报告、经验总结、情况介绍、群众反映等文字资料和亲自从事调查的感观记录。

（4）供参照对比的国内外同类事物的资料。

（5）相关科学原理、基本概念和事物发展规律的书籍报刊。

（三）搜集资料应注意的问题

（1）“偏听则暗，兼听则明。”收集资料时一定要正反两方面情况都要听，正反两方面材料都要看，防止片面性，防止误入“材料陷阱”。

（2）搜集资料也要注意利用现有资料和深入实际调查相结合。现有资料是他人或自己以前的劳动成果，只要有价值，应当尽量利用，以节省时间和费用，提高效率。但现成资料不反映变化了和正在变化的情况，不能给你提供有关人、物、事的丰富多彩的直观感受。因此，还应当尽可能深入实际调查研究，亲自搜集第一手资料。

（3）“养兵千日，用兵一时。”搜集资料还要重视平时的积累，对于和自己工作相关的事物、自己感兴趣的事物，要勤于学习，勤做记录，做到“有闻必记”“有见必录”“有资料便抄”“有心得便写”。“蓄之既久，其发必速”，资料积累丰厚了，不仅会催生写作的“灵感”，还会在你需要某种资料时给你一个“踏破铁鞋无觅处，得来全不费工夫”的意外惊喜。

二、鉴别资料

统计分析必须以和主题有关的、准确的、真实的、有代表性的数据和情况为依据。因此，对所得的资料，必须作认真的审查鉴别、去伪存真。

鉴别资料是否准确、是否真实的方法：一是从事物的发展变化上看有无突升、突降、反季节、违常规、逆总体的现象；二是看数字之间的逻辑关系和分析指标的指标口径、计算方法和计量单位是否正确；三是看相关事物之间的依存关系是否正常，是否符合一般规律。如出现可疑现象，则应进行核对，弄清事实，或给予更正，或说明产生异常现象的原因。

鉴别资料的代表性，主要是针对样本资料和典型资料来讲的。对样本资料，要审查抽样框是否完整，总体分类、分群和排列的方法是否科学，样本容量是否足够大，样本单位的分布是否合理，代表性误差的计算有无差错等。对典型资料，则主要审查典型单位有无代表性，是否遵循划类选点，“解剖麻雀，推论一般”的原则，有无以小狗、小猫顶替麻雀的错误。

三、筛选资料

筛选资料，就是从我们所掌握的众多资料中选择用作统计分析之论据的最有价值、最有说服力的材料。这也是统计分析必须十分注意的问题。尽管我们所收集的资料都是或大多数是与主题相关的，但统计分析不是资料的堆集，不仅需要“去伪存真”，还必须“去粗取精”，即使是真实有用的资料，也要精心挑选，甚至要忍痛割爱。在收集资料时，我们强调要“多”，要有“以十当一”的准备；在运用资料时，我们则强调要“精”，要尽量使我们所用的资料能够发挥“以一当十”的效用。只有这样，才能保证统计分析既不会成为皮包骨头的“瘪三”，又不致成为臃肿如瘤的“肥佬”。

四、科学分组

科学分组是统计工作的一项十分重要的内容。这是由事物的多样性和差异的绝对性所决定的。没有科学的分组，就没有科学的统计。谁不懂得这个道理，谁不善于根据事物的不同特点对事物进行灵活多样的分组，谁就不可能成为一个优秀的统计工作者，也不可能作出好的统计分析。

统计分组的关键是，正确选择分组标志和分组方法，合理确定组数和组距，正确运用组限。若原有资料的分组不合我们的要求，则需进行再分组，或采用新的分组标志，或调整组数和组距。按品质标志分组时，组数的多少取决于事物的特点和统计研究的要求。例如，人口按性别只能分为男女两组，但按职业却可分为许多组，到底分多少组就取决于统计研究的要求。按数量标志分组时，可以用等距分组，也可以用异距分组，关键是要使各组数量上的差异尽可能反映出事物性质上的区别，即要注意决定事物质量的数量界线，不可滥用等距分组。例如，人口按年龄分组，通常都用与事物的不同性质相适应的异距分组，分法多种多样，组数各不相同。这些在统计分组理论中已有专门论述。常用的统计分组，国家也有统一规定，此处均不赘述。

但是，统计分析中可能用到的分组是多种多样的，常常超出国家标准统计分类的范围，需要我们根据分析对象的特点和分析研究的特殊目的去设计特殊的分组，这就要求我们在深刻理解分组理论原则的基础上去灵活运用所学的知识。例如，新生婴儿性别比（男婴人数与女婴人数的百分比）一般在104~107内波动，若超出这个范围则可能有非正常因素影响。在我国，计划生育是重大国策，但在一些地区，特别是农村，“重男轻女”思想十分严重，对女婴实行堕胎和溺婴的非法行为时有发生，使婴儿性别比偏高以致严重失衡。为了揭露这一问题，有人采用了一种特别的分组，即按出生婴儿的胎次分组（见表13-1）。其结果令人震惊：

表13-1　我国新生婴儿性别比的变化

	新生婴儿性别比（女婴=100）		
	一胎	二胎	三胎
1985年	106.9	113.4	145.3
1988年	106.8	120.0	184.7

对上述问题，如果我们不作分组研究，只算一个总的性别比例，或者采用别的标志分组，我们就可能不知道问题的严重性。若放任自流让其发展下去，后果将不堪设想。

五、计算分析指标

没有比较就不能鉴别。事物数量的多少、质量的优劣、速度的快慢、力量的强弱、潜力的大小、效益的好坏等，都是与一定的时空条件和一定的社会经济环境相对而言的，是比较出来的，要正确判断统计分析所涉及事物的状况，作出中肯的结论，就要从各方面去比较鉴别，就要灵活运用统计方法去计算各种分析指标。

六、设计分析表

统计分析常常要用到许多数字，数字一多就不便用文字来表述。这时，就要设计分析用的统计表格。因为统计表可简明集中而有序地排列许多统计数字，便于阅读和比较，可避免用语言文字书写时的许多累赘，有着语言文字不可替代的优点。但是，统计分析毕竟是一种文章，统计表格的运用一定要适度。

第四节 立论布局谋篇，写作分析报告

统计分析报告是统计分析结果的文字表述，是定量分析与定性分析巧妙结合的一种特殊文章。它特就特在要数字与文字相结合，既要遵循写文章的共同规则，又要善于科学地运用统计资料和统计方法。所以，写好统计分析报告，并非轻而易举之事，而是“坐在办公室里的艰苦奋斗”，废寝忘食，冥思苦想，几易其稿，都是常有的事。为使写作少走弯路，事先掌握一些要领是十分必要的。

一、主题要集中、突出、唯一

主题是文章的灵魂，是整篇文章的统帅。一篇统计分析，只应有一个主题，文章要围绕主题去展开，不能走题。“意多乱文”，文章切忌多中心，绝不可企图通过一篇统计分析去解决几个问题。

二、标题要确切、简明、醒目

（一）标题的意义

文章都有标题，统计分析也不例外。标题与主题密切相关，是用来揭示主题的中心思想的。但标题与主题又有区别：一篇文章只应有一个主题，而且必须在收集和整理资料之前就确定下来；但同一篇统计分析却可以有不同的标题，而且既可在写作之前确定，也可以在写完文章之后根据全文的中心思想和文章的特色酌定。

文章的标题，犹如商店的门面和招牌，门面漂亮，招牌醒目，才能招引更多的顾客，不管是打算买东西的还是不打算买东西的，都愿意进店逛一逛、看一看。有人更把文章的标题比作人的眼睛，一个好的标题，往往会给文章带来画龙点睛的奇效。

（二）标题的要求

一篇文章可以有多种标题，到底哪种标题更好，必须有所选择，其要求是“确切、简洁、醒目”。

“确切”是指标题要能准确揭示统计分析的主题思想，要使人能从标题便一目了然地看出文章的基本内容是什么，要解决什么问题。写文章一定要围绕主题去写，不能“文不对题”，但标题的制作则要求能准确反映文章的内容，不能“题不对文”。

“简洁”就是标题必须简明扼要，高度概括，不能拖泥带水，臃肿累赘。文章要精练，标题尤其要在“精”字上下功夫。

“醒目”即要求文章的标题要在准确、简洁的前提下尽可能地突出事物的特点，甚至用生动的词语、形象的比喻，以追求引人注目之效果。

请看以下几篇统计分析的标题：

【例 13－1】《骨之不强，肉将焉附？——谈投资结构问题》。这是一篇谈投资结构问题的统计分析文章，标题简洁、醒目，而且由于加了副标题，使标题含义确切，比喻形象，寓意深刻。意为投资结构（“骨”）合理与否，对经济发展水平、速度和效益（“肉”）将产生直接的影响，前者是后者的支撑。需要注意的是，本例的主标题和副标题必须同时使用，缺一不可。若只用副标题，必然显得十分平淡；若只用主标题，就会令人不知所云。主副标题同时运用，就不仅使标题确切，而且显得形象、生动、深刻。在这里，如果说副标题是“龙”，那么主标题就是“睛”了，两者结合，的确有画龙点睛的效果。

【例 13－2】《打破条块分割，合理组织城市经济——武汉市经济体制改革的调查》。这是一篇调查分析报告原来的标题。

《敞开三镇，发挥“九省通衢”优势，武汉市合理组织城市经济》。这是《经济日报》转载上述文章时改用的标题。

同一篇文章，前后两个标题，哪一个好些？“条块分割”是改革开放前我国各地体制中普遍存在的弊病，经济体制改革必然要打破条块分割。从这个意义上说，原用的标题不可谓不准。但这样的标题用在哪一个地区、哪一个城市都可以，体现不出地方特色。后一个标题改用“敞开三镇，发挥‘九省通衢’优势”几个字，不仅隐含了要“打破条块分割”的意思，而且突出了其他城市所没有的武汉市的地理特点，这个特点使“打破条块分割”显得更为必要，优势更大。这样看来，《经济日报》改标题就不无道理，而且改得好。

【例 13－3】《××区工业系统资金状况和解决资金不足的意见及建议》。在这个标题中，“意见”和“建议”两词意义相近，同时使用，不仅累赘，而且不通。文章的中心意思是如何解决该区工业资金不足的问题，故可改为《解决我区工业资金不足的途径》，这样就不仅确切、简洁，而且用“途径”一词也比“建议”更为醒目。

（三）段落标题

如果说总标题是一篇文章的纲，那么，段落标题便是文章的目。有纲有目，便可纲举目张。段落标题的作用是：①提示本段内容；②表明作者观点；③展示全文结构；④提高读者的阅读效果。

【例 13－4】江苏省统计局的《江苏与上海经济效益的对比分析》一文的段落标题：

一、差距

二、原因

第一，我省与上海的经济结构不同

第二，上海工业的技术、管理水平高于我省

第三，上海对经济“宏观控制”“微观搞活”的能力强于我省

第四，上海得到国家计划分配的人才、投资、物资多于我省

三、几点意见

【例 13-5】天津市统计局的《手表国内市场前景乐观》一文的段落标题：

一、事出有因

二、症结所在

1. 生产和进口存在某些失控现象

2. 产品结构的不合理是目前手表供过于求的根本原因

3. 农村收入水平较低的农户仍占较大比重，是限制手表消费的重要因素

三、前景乐观

1. 我国手表的普及率和拥有量比较低

2. 手表的更新量随时间的推移将有较大的增加

3. 人口的增长将使手表的需求进一步扩大

4. 随着手表产品结构向合理化发展，将能够适应不同消费的需求，开拓新的消费领域

5. 城镇人口的增加将促进手表需求的增长

四、奋力开拓

上述两个例子，便很好地体现了段落标题的作用。可以断言，如果上述两篇统计分析都只有一个总标题而没有段落标题，人们阅读的效果肯定要差得多。

三、观点与材料要统一

观点和材料是文章的两个最基本的要素。任何文章都要反映作者的观点，统计分析也不例外，必须观点鲜明。文章的大小标题和基本论点，尤其应当如此。是什么和不是什么，赞成什么和反对什么，应该怎样和不应该怎样，必须泾渭分明，不能含糊其词、模棱两可、“不偏不倚”、貌似公允。没有观点或观点不明确，必然令人不知所云，甚至引起误解。材料是文章的“血肉”。观点要从材料中形成，并以材料为支撑。只有材料充实，言之有据，文章才会丰满有力。但这并不是说材料愈多愈好，而是材料要准、要精（足以说明问题即可）。总之，统计分析必须做到观点与材料的统一，即观点要从材料中产生，又要用观点去统率材料，实现正确的观点与准确、充实的材料的完美结合。

【例 13-6】江苏省统计局在《对我省 1985 年 1—5 月工业生产“超高速”增长的分析》一文中首先谈到该省工业生产“超高速”增长的四个特点，就是观点与材料结合得较好的例子：

（1）历史上罕见，增幅居全国第四位。

除 1958、1959、1970 年 3 年外，其他年份增速均在 30% 以下，而本年 1—5 月却比上年同期增长 33%，居全国第四位，列浙江、广东、福建之后。

（2）市市高速增长，苏南高于苏北。

苏南6个市平均增长34.6%，其中苏州48.8%、镇江36.5%、无锡35.1%、常州31.0%、南通28.6%、南京25.4%。

苏北5个市平均增长28.8%，其中扬州44.8%、连云港27.7%、盐城24.0%、淮阴20.4%、徐州16.2%。

(3) 月月增长，1985年第一季度超上年第四季度。

按日产量计算：2月比1月增长10.5%，3月比2月增长22.2%，4月比3月增长6%，5月比4月增长1.4%，1985年第一季度比上年第四季度增长1.2%。

(4) 集体高于全民，乡办高于集体。

与1984年同期（1—5月）比：全民企业增长19.1%，集体企业增长50.1%，乡镇企业增长73.4%。

四、结构要严密

文章的结构是文章的支架，是一篇文章的各个必要组成部分的合理组合。但一篇文章到底应有哪几个部分和应当怎样组合，却是因题而异和因材而异的，并没有统一的固定的格式可循，应当根据主题和所掌握材料之不同去周密构思，合理布局，力求层次分明，条理清晰，前后呼应，顺理成章。

例13-5《手表国内市场前景乐观》和例13-4《江苏与上海经济效益的对比分析》两文的结构就很不一样，但都是围绕各自的主题，并利用相关的资料而构思和布局的，都做到了层次分明，条理清晰，前后呼应，顺理成章。

五、文字要准确、精练、通俗、生动

文章是用文字来表述的，用词、用语一定要准确、精练、通俗、生动，使人看得懂，愿意读，甚至喜欢读，力求达到信息传递的最佳效果。

"准确"就是在用词语来描述事物的性质、状况和表达作者的看法时，要做到恰如其分，不能词不达意。例如，事物的多少、大小、高低、快慢、好坏，都有程度的不同，在表述事物的变动情况时，到底用"基本持平""有所增长""增长较快"和"显著增长"这几个词中的哪一个更为准确，就要很好斟酌。而且，多少、大小、高低、快慢、好坏等也是一个相对的概念，是因时、因地、因事而异的，相同的增减百分比，对于不同时间、地点条件下的不同事物来说，其快慢程度可能大不一样。例如，GDP增长5%和人口增长5%，其速度是不可等量齐观的。消费价格下降2%和股价指数从15 000点猛跌到14 700点（跌幅也是2%），其速度也是不可比的。钢产量100万吨时增长5%和钢产量1亿吨时增长5%，其快慢程度就更不可同日而语了。相反，若基数很小，增长百分比很大，就说取得了巨大的成绩，也是不妥的，因为实际增长量可能很少。还有，若甲地的GDP比乙地多2倍，就说乙地的GDP比甲地少2倍；本年的利润比上年多1倍，就说上年的利润比本年少1倍。这里的"少2倍""少1倍"的说法就不只

是不准确，而且是一种错误，正确的说法应当是“少 2/3”和“少 1/2”。因为甲比乙和乙比甲，本年比上年和上年比本年，是两种不同的比法，比较的基数变了，比较的结果就不同，不能把正比与反比混为一谈。

这里要特别注意的是，实际工作和新闻报道中都常有把增长倍数和翻番的“番”数等同起来的错误。实际上，除了增 1 倍与翻 1 番结果相同外，其他情况下，两者都不同，甚至差距很大。原因在于，计算倍数的基数是固定的，但计算“番”数时，基数是变动的，后 1 个“番”都以前 1 个“番”的结果为基数。所以，差距就越来越大。例如翻 2 番（$1\times2\times2$）的结果是 4，而增 2 倍（$1+2$）的结果是 3，翻 3 番（$1\times2\times2\times2$）的结果是 8，而增 3 倍（$1+3$）的结果是 4……“番”数越多，其结果就与增长倍数差距越大。

通常情况下，人们说到翻番时，番数都只说整数 1、2、3、4……，但事物的发展受多种因素影响，千变万化，不可能要么翻 1 番，要么翻 2 番，必然会出现 1 番多、2 番多……的情况。为了能比较精确地反映某种事物在不同地区（单位）之间，或本地区（单位）在不同时段之间发展速度（番）的差异，可以用下述方法计算非整数的番数。

已知几何平均发展速度 $\bar{X}=\sqrt[n]{\text{总发展速度 } R}$，为方便推算非整数的“番”数 n，改用对数式：

$\lg\bar{X}=\lg R/n$，　则 $n=\lg R/\lg\bar{X}$

因翻番是假定 $\bar{X}=2$，故 $=\lg R/\lg 2$

例：若已知增长 1.7 倍，则 $R=2.7$，$n=\lg 2.7/\lg 2=1.432\ 96$ 番（而不是 1.7 番）

还原：$R=\bar{X}^n=(2)^{1.432\ 96}=2.7$

又：若已知某产品过去若干年的平均发展速度为 1.12，并知上年产量 $a_0=3.68$ 万吨，求未来第 3 年的产量，则 $a_3=a_0\bar{X}^3=3.68\times(1.12)^3=3.68\times1.404\ 928=5.17$ 万吨。

“精练”就是要力求言简意赅，用尽量少而精的文字去描述客观事物和表述作者的思想，把不必要和可要可不要的字、词、句子以至段落删掉。但精练应当以准确、明了为前提，不能把不该省略的省略了，把不该删除的删掉了，使人莫名其妙。例如，有人在旅游统计分析中，把外国人、华侨、港澳台同胞简称为“五种人”，又不作解释，就可能使人不知所云。

“通俗”就是要使人能理解你所写的东西。统计是一种专业知识，要使统计分析能被人看懂，除了写作要符合语法、修辞规则外，还有一个专业知识通俗化的问题，要把文中非用不可而又不易为普通读者所了解的专业名词、指标、方法等尽可能说得浅显易懂、简单明了一些。例如，“定基发展速度”可以写作“以××××年为 100”，“年距环比发展速度”可以写作“以上年同期为 100”，各种模型的参数也可以用文字将其含义表达出来等。此外，绝对指标、相对指标和平均指标各有各的长短，当用这种指标可能说得不够明白时可改用另一种指标表示，或者同时用不同的指标表示。例如，《人民日报》曾经报道，1979 年至 1981 年三年中，我国政府用 1 400 亿元来改善人民生活。这个报道，对我们中国人来说是很清楚的，但对外国人来说可能就不知道这1 400 亿元（人民币）到底是多少。因此，美联社在转发这条新闻时便改为“中国政府把财政收入的 31% 用于改善人民生活”。这一改，不仅把事情说得更明白，而且使人对中国政府为改善人民生活所作的巨大努力留下深刻的印象。再如，1% 常常被看作很小的数字，但如果我们与经济规模联系起来，将其背后所隐含的经济意义说出来，比如说若我国成本降低 1% 或流通费用降低 1% 都可带来几百亿元的经济效益，那么，人们对降低成本和流通费用的重要意义的理解就会深刻得多。

“生动”就是要求把文章写得活泼一点、形象一点，讲究一点文采，增加文章的趣味性，使人爱看爱读。这就要求我们要有一定的文学修养，懂得遣词造句的技巧和修辞的基本手法，掌握一些生活气息浓郁和富含哲理的成语典故、诗词歌赋和民谚等，同时还要注意深入实际，调查研究，熟悉生活，了解群众，并把已有的知识和通过调查获得的新情况、新信息联系起来认真思考，善于演绎、归纳、总结，就有可能“笔下生花”，把文章写得生动一些。

【例 13－7】山西省统计局在《加快商品生产步伐，促进农村两个转化——雁北地区农村发展战略初探》这篇统计分析中，因为雁北地区是历史上有名的穷乡僻壤，古人曾有诗描绘，作者便恰到好处地引用了一首古诗：“雁门关外野人家，不种桑榆不种麻，百里并无梨枣树，三春哪得桃杏花。六月雨过山头雪，狂风遍地起黄沙，说与江南人不信，早穿皮袄午穿纱。”然后，再配以改革开放前后雁北地区农村发生巨大变化的统计数字，这就增添了统计分析的文采。他们还把雁北地区农村今后几年的发展方向概括为四句颇具乡土气息的顺口溜：“统筹兼顾农林牧，快挖地下黑金库，狠抓流通促工副，围绕重点搞服务。”这个顺口溜反映了该地的特点，又提出了今后的发展方向，而且简明扼要、朗朗上口，便于记忆，显然比一大段关于今后发展战略的论述更容易为广大群众所接受，具有更好的宣传效果。

六、要文图表并用，各施其长

统计分析是数字与文字相结合的特殊文体，既有文字表述，又有统计数字的运用，有时可能还会用到简明、直观、形象的统计图。文字、图像、统计表，三者在统计分析中各有各的作用，是不能相互替代的，应当让它们各施所长，相辅相成。统计表能集中、醒目、有序地显示统计资料，还便于对比观察和分析，在引用的统计资料较多时，应尽可能设计一个简明、醒目的统计表，切忌将大量的统计资料作冗长、杂乱、累赘的文字化表述。例如，《江苏与上海经济效益的对比分析》一文，用了二三十个指标，每个指标又有江苏、上海及江苏与上海相比较的三个数字，用统计表将指标按顺序排列，江苏、上海和江苏比上海各一栏数字，就显得集中醒目、简明有序，又便于观察和对比分析。如果不用统计表，而用文字来表述，必然在指标名称、计量单位、地名、对比结果等方面重重复复，显得十分累赘，而且不便于人们在阅读过程中作对比分析。统计图能把事物的规模、结构、速度、发展过程及变动规律形象地显示出来，其作用也是文字和统计表无法替代的。在统计分析适当的地方，插上必要的、制作精美的统计图，可以使文章显得活泼生动些，增加可读性。

七、要认真修改

要写好统计分析报告，还应注意的一点就是要认真修改。文章不怕百回改，好的文章都是不断修改锤炼出来的。在最后定稿之前，对主题是否突出，结构是否严密，概念是否准确，判断是否正确，推论是否合乎逻辑，论据是否充分，数据有无差错，分析是否透彻，结论是否合理，建议是否可行，文字是否精练等，一定要反复琢磨、不断修改，直至满意为止。

修改统计分析报告，可以自己改，也可征求同事和领导的意见，还可以征求分析所涉及的单位和熟悉有关情况的人的意见。集思广益，兼听则明。多方征求意见，甘拜“一字之师”，就可集中群众的智慧，开拓自己的思路，收到事半功倍的效果。在这方面，贾岛为一字而反复“推”“敲”；毛泽东同志为修改自己的诗词不仅自己反复琢磨，还虚心接受素昧平生的普通群众的建议，亲自请诗词专家修改，甚至乐求“半字之师”。他们的这种精神，十分值得我们学习。

下面，我们剪辑几则毛泽东同志修改自己诗词的小故事，对我们将是一个很好的启迪。

七律《长征》第一次见诸报端时，其中一句是“金沙浪拍云崖暖”。东北大学教师罗元贞（后为山西大学教授）读后觉得最好将“浪拍”改为“水拍”，便于 1952 年元旦写信向毛泽东同志贺年时顺便讲了自己的上述想法。没想到毛泽东同志竟虚心接受了这位素昧平生的普通百姓的意见，到《长征》再次发表时，原句已改作“金沙水拍云崖暖”了。

1957 年，毛泽东同志约臧克家谈论诗词。谈到《沁园春·雪》时，臧建议把“原驰腊象”的“腊”字改为“蜡”字，使“蜡象”正好与“银蛇”映对。毛泽东同志高兴地说：“好，你就替我改过来。”所以，现在的两句是“山舞银蛇，原驰蜡象”。

1959 年在一次会议期间，毛泽东同志与当时的湖北省委秘书长梅白见面，也谈到诗。梅白说：“《到韶山》第一句‘别梦依稀哭逝川’最好改半个字，改为‘别梦依稀咒逝川’。”毛泽东同志欣然同意。梅白又说，最后一句“始使人民百万年”有口号之嫌，亦建议修改。后来，毛泽东同志把这句话改为“遍地英雄下夕烟”。

1964 年元旦，《毛主席诗词》一书正式出版。此前，毛泽东同志亲自开列名单，邀请诗词名家开座谈会，征求对准备出版的 39 首诗词的意见。会后，毛泽东同志采纳了 13 条意见，修改了自己的诗词。

毛泽东同志还常将自己的诗词反复吟咏、反复琢磨，不断修改自己不满意的字、词和句子，直到满意为止。在为纪念毛泽东同志诞辰110周年的电视专题片《诗人毛泽东》中，人们看到这样的镜头：毛泽东同志晚年，躺在病榻上，还叫身边工作人员抄写自己的诗词给他看，他不满意的就改，改后再抄给他看，直到他满意为止。他自知所剩时日无多，却仍竭尽余力为人民播撒精神美食。此情此景，令人为之动容。

八、要勇于实践

“实践出真知”是一句众所周知的至理名言。一切经验、知识、理论和方法，都来源于实践，又被用来指导实践。因此，学习一点写作知识，无疑会对写好统计分析报告有所帮助。但是，要学会游泳，必须投身到江河、湖泊、大海或泳池中去，必须亲自下水，在课堂上、书本上、站在岸上，都是永远学不会游泳的。所以，要学会写统计分析报告，要写好统计分析报告，“勇于实践”是第一条。“世上无难事，只要肯登攀”，只要我们勇于实践，勤于写作，善于向失败学习，我们就一定能到达成功的彼岸。

第五节 统计新闻

我们的时代是信息时代，我们的经济是中国特色社会主义市场经济。经济市场化的程度越高，社会对信息的需求就越大。统计信息是社会经济信息的重要组成部分，不仅为政府机关服务，更要为广大社会公众服务。因此，统计信息必须社会化，而统计信息社会化的最佳途径，就是统计信息新闻化。统计信息也只有实现新闻化，才能最充分地发挥统计在治国、管理、科研中的服务和监督作用。为了实现统计信息的新闻化，不仅新闻记者要掌握统计学的基本知识，统计人员也要掌握新闻学的基本知识，并努力撰写统计新闻，写好统计新闻。

一、新闻的概念和特点

（一）新闻的定义

什么是新闻？新闻学界有各种说法，既有大同小异者，也有大相径庭者。有的说法还会令人发笑。主要有以下几种：

（1）美国密苏里新闻学院已故院长弗兰克·莫特（Frank L. Mott）说：新闻是新近报道的事情。

（2）美国西北大学教授卡迪斯·D. 麦道高（Curtis D. Macdongall）说：对一个足以引起读者兴趣的观念或事情，在不违背正确原则下所作的最新报道，皆为新闻。

（3）美国报人查尔斯·丹纳（Charles A. Dana）说：狗咬人不是新闻，人咬狗才是新闻。

(4) 德国柏林大学教授道比法特说：新闻就是把最新的事实现象在最短的时间间距内连续地介绍给最广泛的公众。

(5) 日本新闻学者小野秀雄说：新闻是根据自己的使命对具有现实性的事实报道和批评，是用最短时距有规律地、连续地出现来进行广泛传播的经济范畴内的东西。

(6) 胡乔木说：新闻是一种新的、重要的事实。

(7) 陆定一说：新闻是新近发生的事实的报道。

(8) 范长江说：新闻就是广大群众欲知、应知而未知的重要事实。

(9) 中国人民大学新闻学院甘惜分教授说：新闻是报道或评述最新的重要事实以影响舆论的特殊手段。

(10) 中共中央宣传部 1981 年召开的全国 18 个大城市报纸工作座谈会纪要则这样表述：新闻反映新发生的、重要的、有意义的、能引起广泛兴趣的事实，具有迅速、明了、简短的特点，是一种最有效的宣传形式。

将以上各家之说作取舍综合，笔者以为可给新闻作如下定义：新闻是媒体对新近发生的事实所作的迅速、简明、真实的报道或述评。

(二) 新闻的特点

上述定义包含新闻的以下特点：

1. 真实

新闻必须是客观存在的事实，而不是凭空捏造或杜撰的东西。这些事实包括事件、人物、法规、观念等，是社会公众欲知而未知的重要的或公众感兴趣的。

2. 新鲜

新闻天生“喜新厌旧”。新闻报道的事实必须是新近发生的事实，或虽在过去发生但在新近曝光、新近解密的事实，或对历史人物和事件的新的评价和解读。

3. 迅速

要保持新闻之“新”，就必须迅速、及时地报道，不能姗姗来迟，写“昔日黄花”。

4. 简明

社会生活复杂多样、瞬息万变，新闻层出不穷，虽有众多媒体，容量也相当有限。再加上现代生活节奏紧张，人们的空闲时间少，也不愿意读长篇大论的新闻。因此，报道必须简明。

二、新闻的要素

要素就是构成事物的必要元素。一条新闻，一般都少不了时间、地点、人物、事件、原因、结果，这就是新闻的六要素。有人把这概括为“5W 和 1H”，即 When（何时）、Where（何地）、Who（何人）、What（何事）、Why（何因）、

How（何果），中文则叫“6 何”。有人为便于记忆，干脆叫“6W”，因为 How 这个词中也有个 W。说起“6W”，统计人员可能已不生疏，因为在统计调查研究中，也强调要掌握 6 个 W，只是含义略有不同，被解释为何时、何地、何人、何物、何因、何量，因为统计是以数字为语言的，必须研究事物的量。

6W 或 5W 和 1H 作为新闻要素，在新闻界是提得比较早的。1945 年 12 月 13 日延安《解放日报》就曾专门发表了一篇社论，题目就叫“从五个 W 谈起”，其中写道：“新闻必须有五个‘W’……犹之乎人的头脸必须有耳、目、口、鼻一样。缺少了一件，就会不成样子。”又说：“五个‘W’是把事物弄清楚的最起码条件，是走向精确的初步阶梯。以五个‘W’为题，问题实际不只是五个‘W’，而是说明新闻要怎样报道得确实，具有强大的说服力，使读者信服。”

三、新闻分类和统计新闻的特点

新闻，无论是通过报刊、广播、电视，还是通过网络传播，都离不开新闻工作者的写作，必然表现为某种格式相对固定而又具自身特色的文体。在我国，文体分类一般首先分为文学作品和非文学作品。文学作品又分为韵文（诗、词、曲等）和非韵文（小说、剧本、故事、散文、杂文等）。非文学作品则分为记叙文（普通体裁、新闻体裁）、说明文（用于介绍人、物、事件、风土人情等）、议论文（政论文、科学论文、思想评论等）和应用文（公文、专用文、日常用文等）。

上述一般文体分类中，新闻主要属于记叙文，是记叙文的一种特殊体裁。述评性新闻则兼有记叙文和议论文的特点。新闻通常又分为消息、通讯、特写和报告文学，其中消息是新闻的主要体裁。

（一）消息

“消息”一词源于《易经》中的“日中则昃，月盈则食，天地盈虚，与时消息”。“消”为灭，“息”为生，“消息”即生生灭灭，事物变迁。

消息是新闻的主体，是各种媒体传播频率最高、扩散面最广和内容最丰富的新闻。消息一般又分为动态消息、典型消息和述评性消息。

1. 动态消息

动态消息是及时反映国内外动态的消息，包括对政治、经济、社会、科技、文教、军事等各领域发生的重要事实或事件发展态势的报道，是最常见的、数量最多的消息。动态消息篇幅一般都比较短，简讯尤甚。

2. 典型消息

典型消息又称经验消息，是以各地、各部门、各战线或典型单位的经验教训为题材的消息。写这类消息要选好典型，要有针对性和指导意义。

3. 述评性消息

述评性消息是一种夹带评论的消息，具有夹叙夹议、边叙边评的特点。述评性消息叙事要简明扼要、言之有据，评论要就事论理、切中要害。

（二）通讯

通讯曾被人叫作“详细的新闻”。在没有电传和网络的年代，简短的新闻（即消息）用电报或电话传输，详细的新闻则用邮寄（通讯）方式传输，久而久之，便把这种新闻叫作“通讯”。今非昔比，今天的“通讯”，当然也不一定再靠邮寄了。

通讯是用叙述、描写、抒情、议论等手法具体而生动地报道新闻人物、新闻事件、地方风貌或工作经验的报章文体。它有如下几个特点：

第一，篇幅容量较大。因为通讯要较详细地报道新闻人物、新闻事件、地方风貌或工作经验，要求深入、具体、生动、形象，故篇幅一般都比消息长。

第二，表现手法多样。消息主要用叙述的手法写作，但通讯则必须叙述、描写、抒情、议论、比喻、拟人等各种手法并用，而且更重视对人物外貌、行为和心理及事件情节和场景的描绘，要绘声绘色、传心传神。

第三，重以情景感人。消息报道也要写人、写事、写物、写场景，但一般是作比较简略的勾画。通讯则要求以事感人，以情动人，以景诱人，因此，对人物、事件、场景就要展开描写和抒情，作比较深入细致的刻画。

第四，取材限于典型。消息的取材广泛，只要有新闻价值，都可报道。但通讯的取材则要严格筛选，着重采写突出的、特别的，有典型意义的人物、事件、经验教训或介绍鲜为人知的自然风光、人文古迹和民俗风情。

通讯一般分为人物通讯、事件通讯、工作通讯和风貌通讯。

1. 人物通讯

人物通讯一般指通过先进人物的事迹，揭示其崇高品质和精神风貌的通讯。人物通讯又可分为：①个人传记式，如《县委书记的榜样——焦裕禄》。②英雄群像式，如《谁是最可爱的人》。③典型事迹式，只写先进人物的一时一事或一个侧面，如《为了周总理的嘱托——记农民科学家吴吉昌》。人物通讯当然也可写反面的典型以警世。

2. 事件通讯

事件通讯，是指描写典型事件的来龙去脉和前因后果的通讯。事件通讯以事为主，由事及人，事件可以是正面的典型，也可以是反面的典型。

3. 工作通讯

工作通讯又叫经验通讯，是以总结某一地方、部门、行业或单位从事某种活动的典型经验教训为题材的通讯。

4. 风貌通讯

风貌通讯，是指以自然景观、民风民俗为题材的通讯。

（三）特写

特写本是影视艺术的一种手法，指近距离拍摄人或物的某一部分，将之特别放大，以显示出清晰的视觉形象，使人印象深刻。新闻中借用这一术语，意指抓住新闻人物或新闻事件的某一侧面作详细的描述和及时的报道。例如，2002 年 4

月20日《新快报》A7版，在报道意大利米兰倍耐力（又译皮诺雷）轮胎公司总部大楼遭一架小型飞机撞击的同时，就配发了一篇特写，题为"'勇士'拯救'电梯女郎'"，专门描述"米兰救援精锐10人组"冒险抢救被困在15层电梯里的1位女士的详细情节。全文虽只500余字，但相对于飞机撞大楼这一大的新闻事件而言，勇士抢救电梯女郎这一"点"已是被特别放大了，使人读起来颇有亲临险境的感觉。

（四）报告文学

报告文学是以文学手法报告真人真事的一种文体。因为它是以真人真事为依据的报告，人们把它列入新闻；因为它用文学手法写作，有人又把它作为文学作品。所以，人们一直把它看作一种边缘文体。但从文学作品以艺术虚构为其主要特征这一点来看，把报告文学只作为新闻的一种体裁也未尝不可，因为它报告的人和事都不是虚构的，也不容许虚构、夸张和所谓"合理想象"。在报告文学中，"文学"只限于表现手法，而不包括作为文学主要特征的"艺术虚构"。例如，《哥德巴赫猜想》写的是陈景润的其人其事，《扬眉剑出鞘》写的是栾菊杰的其人其事，《中国姑娘》写的是中国女排姑娘们的其人其事，《实干家的脚步》写的是王崇伦的其人其事。这些全是真人真事。

报告文学与通讯有许多共同之处。如两者都以事实为依据，都要选好典型，都运用文学手法写作，所以，两者不是很容易区分，甚至有两者交叉的现象存在，同一篇作品有人作为通讯，有人则视为报告文学。但在一般的新闻分类中，还是把两者作为两种文体看待。理由是报告文学比通讯更强调事实的典型性，更强调用"形象"去反映现实，艺术性更高，文学味更浓，篇幅也相对较长。

（五）统计新闻

统计新闻是近几年才出现的新概念，在传统的新闻分类中是没有的，但它是社会经济发展和统计在社会生活中的作用日益显著的必然产物。因为统计是人们认识客观世界的一种有力武器，是治国、管理和监督的重要手段，是科学研究的有效工具。新闻要帮助人们了解现实、认识社会、加强监督、改进管理，就必然少不了统计，而且会越来越多地用到统计，"统计新闻"就应运而生了。

所谓统计新闻，就是运用统计资料、统计方法去反映和分析社会经济问题的新闻。其特点是：

1. 以统计资料为依据

这是统计新闻与某些不涉及统计的社会新闻最主要的不同点。例如，《某某女士为孩子招聘爸爸》这样的新闻，就与统计毫不相干。但是，有许多新闻，无论是国民经济发展、人民生活改善、国际经济交流，还是反腐倡廉、扶贫济困等，都常常离不开统计资料，因为这些统计资料是一国、一地、一部门、一行业组织力量进行调查、整理和推算的结果，通常都具有高度的概括性和准确性，是社会经济活动事实的反映，具有胜于雄辩的说服力。

2. 以统计方法为手段

统计资料的表现形式是统计指标，而统计指标因事而设、因事而异、不可胜数。不同的指标用不同的方法计算，功能各异，说明不同的问题。统计新闻中所用到的统计指标，可能是由有关部门和单位直接提供的，也可能还要在新闻写作过程中根据需要另行计算。无论是哪种情况，都涉及统计方法。因此，新闻记者要懂得基本的统计方法才能正确地、巧妙地运用统计资料。

3. 数字与新闻体裁相结合

统计新闻虽要以统计资料为依据，但它又不是统计报表、统计年鉴，或专题统计资料汇编，而是数字与文字相结合，将统计数字糅进新闻体裁的一种文体，要遵循新闻写作的一般规则，把数字用在适当的地方，用得恰到好处。

四、新闻采访

（一）新闻采访的意义

新闻采访，是指新闻记者为写作和报道新闻而向采访对象作调查研究和收集整理资料的活动。

“巧妇难为无米之炊。”新闻采访是新闻写作的基础，不进行采访，手中没有材料，再天才的记者，也写不出新闻来。采访决定写作是新闻工作的规律。因此，记者的第一职责和主要活动就是采访，然后才是写作。“七分采访，三分写作”，就是新闻记者的生涯。

（二）访前准备

新闻采访是一项艰苦而细致的工作，采访前应做好充分准备，不能临阵磨枪。采访前的准备工作包括：

1. 明确采访主题

明确采访的主题，即确定某次采访的目的，事先明确要解决的问题，做到有的放矢。

2. 选准采访对象

采访对象，无论是新闻事件还是新闻人物，最终都要落实到人，所以选好采访对象就是要确定找什么人采访，谁是被访的主角，谁是被访的配角。

3. 拟好采访提纲

为了能用尽量短的时间收集到新闻写作所需的材料，必须事先有周密的考虑，按照采访的主题拟好采访提纲，按一定的顺序列出应采访的主要问题。采访较复杂的重要事件、典型经验或自己不熟的问题，事先拟好提纲尤为必要。

4. 查阅有关资料

采访前，对你将去的地区、部门、单位，对你将采访的人物和事件，应当查阅现有的有关资料，以便对采访对象有初步了解。虽然现有资料不一定都真实，也可能很不全面，但事先掌握若干情况，可以使采访不至于在对采访对象完全无知的状态下进行，可以避免或减少采访的盲目性，少走弯路，可以为你在采访过程中造就更多的提问、核实和补缺的机会，帮助你更好地完成采访任务。

（三）采访规则

新闻采访是一项深入细致的工作，也是艰苦甚至是冒险的工作，要收集到真实、完整的新闻材料，要遵循一定的原则，要有良好的作风，还要有一定的技巧。为简便起见，我们就将这些内容择要罗列如下，并姑且统称为“采访规则”。

1. 要如实反映，准确报道，反对“客里空”

真实可信，准确可靠，是新闻的生命，也是统计的生命。因此，坚持实事求是，如实反映客观，是新闻采访的第一原则，也是新闻记者的第一职业道德。无论是消息、通讯、特写，还是报告文学或别的什么新闻，都必须以客观事实为依据，以真实为前提，都不得掺假，不得伪造，不得“合理想象”，不得“艺术虚构”，都要坚决反对和自觉抵制“客里空”（“客里空”是苏联作家考涅楚克1942年9月发表的名剧《前线》中一个“特派战地记者”的名字，他以闭门造车、弄虚作假为能事，后来，人们就以“客里空”作为弄虚作假、吹牛说谎的代名词）。杨振宁曾拒绝记者为其作传，就是因为一些记者搞“客里空”，在他们的笔下，科学家几乎都成了陈景润。

2. 要依靠领导，深入群众，直面采访对象

要保证新闻真实可信，最好的办法，就是亲自奔赴采访现场，依靠当地领导，直接面对采访对象，去收集亲眼所见、亲耳所闻的材料，去感受亲临现场的切身体会。坐在办公室看材料、听汇报，有时也是必要的，但这只能作为新闻采访的辅助方法。

3. 要遵纪守法，内外有别，严守国家保密制度

在人类社会，机密可能不是从来就有的，但肯定会长期存在下去。任何国家和政党、机关团体和企事业单位，以至个人，都会有各自的秘密。这些为了保护自身的安全和发展而在一定时期内不应被他人知道的秘密，是受到国家保密制度保护的。国家保密制度范围之内的秘密，被访对象有权拒绝答复，即使你已知道，也应守口如瓶，绝不可把这些秘密当作“无冕之王”的战果去炫耀，更不允许把这些秘密当作情报商品去谋取私利。改革开放以来，利用记者的独特身份充当间谍从事窃密售密的勾当而成为阶下囚者已屡见不鲜。

4. 要以诚待人，平易近人，不耻下问

首先，要向被访者诚恳地说明来意，以期获得对方的支持和合作。其次，和被访对象交谈时，要平等待人，把对方视作同志和朋友，绝不能自视高人一等，以居高临下的姿态出现；要把采访当作朋友式的谈心，不要搞成审问式的问答。最后，还要有甘当小学生的态度，不耻下问。隔行如隔山，天下没有无所不知的“博士”，遇到自己不懂的问题，一定要放下架子，不耻下问，不能只求一知半解，更不能不懂装懂。否则，到下笔时，对这个问题，你就会写不清楚，写不出来。

5. 要灵活机动，见机行事，万变莫离宗旨

新闻采访一般是事先准备了采访提纲的，即使没有见诸文字的提纲，也有深思熟虑的“腹稿”。但是，原定提纲不一定十分周密，在采访过程中可能会发现新的问题，或者原提纲中的问题没法谈下去，这时就要见机行事，转移话题，甚至可谈些与正题无关的事，缓和气氛。但切莫忘记“言归正传”，到适当的时候就要把谈话再转回到正题上来。

采访中，对于一些没有什么秘密可言的问题，不会引起对方疑虑的问题，可以开门见山地提问。如果访谈中遇到被对方视为“机密”而不愿深谈甚至不愿涉及的问题，就不要穷追猛打。有些情况虽不属秘密，但对方又不愿直说时，则可用旁敲侧击、迂回包抄的方法去了解。

6. 要眼明手快，耳聪腿勤，头脑机敏，五官并用

新闻采访是一种复杂的劳动，所到之处，要眼看、耳听、手记、腿跑，头脑还要不停地思考，作出判断，提出问题，寻觅新情况、新线索。所以，有人说记者采访必须五官并用、五官俱勤，这是一点也不夸张的。

7. 要有不怕艰苦的作风和敢冒风险的精神

要做好新闻采访，记者还必须有不怕艰难险阻的战斗作风和不怕横祸飞来的冒险精神。只要采访需要，不管到什么地方，即使是危机四伏的“黑窝”和血肉横飞的战场，都要义无反顾、勇往直前。

五、消息与统计新闻写作

统计新闻的主要体裁是消息。下面谈谈消息的有关问题。

（一）消息的结构要素

从文章结构上说，一篇完整的消息，由标题、导语、主体和结尾四个部分组成。简短的消息例外。

1. 标题

人们看消息，首先看标题。标题是文章的招牌和门面，写文章必须重视标题的制作，写消息也不例外。标题必须简明、醒目，引人注意，但必须名副其实，不可故弄玄虚，“题不对文”。

消息的标题有引题、正题和副题三种。一则消息可以只有正题，也可以引题与正题、正题和副题并用，或引题、正题、副题三者同时使用，要视具体情况而定。使用时，引题、正题、副题各占一行。为醒目起见，引题、正题和副题可用不同的字体和字号，但正题应当最突出、最显眼。有些篇幅较长的消息，文中还有段落标题。

（1）正题，又叫主题或实题，用于揭示消息的中心思想和主要内容。

（2）引题，放在正题之上，像人的一对眉毛或肩膀，故又叫眉题或肩题，用于交代背景和烘托气氛。

（3）副题，又称子题或辅题，放在正题之下，用于补充正题的思想或事实。

【例 13－8】2003，中国铁腕治吏（正题）

《每周文摘》2004 年 1 月 2 日头版

【例 13－9】高速公路推倒穷山门（正题）

——京珠线湖北段大悟县见闻（副题）

《中国财经报》2002 年 4 月 3 日第 2 版

【例 13－10】美貌接线员监控首相电话（引题）

丘吉尔曾被迫两次住嘴（正题）

《新快报》2002 年 4 月 19 日 A11 版

【例 13－11】美官员透露 20 年前惊人秘密（引题）

中情局把病毒装进软件售给苏联（正题）

导致西伯利亚一条天然气管道大爆炸（副题）

《参考消息》2004 年 2 月 29 日第 3 版

（4）段落标题，一般用于篇幅较长的消息。段落标题在统计分析写作中已经提到，其作用是：①提示本段内容；②表明某种观点；③展示全文结构；④提高阅读效率。

【例 13－12】《新快报》2002 年 4 月 18 日题为“广东经济明显好于预期——一季度 GDP 增长 10.5%，上半年有望达到 10.8%”的报道，其段落标题为：

出口需求明显回升

最大的亮点是工业

存货接近零增长

外资滚滚而来

【例 13－13】《广州文摘报》2002 年 4 月 9 日至 15 日一期《乱吃药害苦国人》的段落标题为：

新药开发成了无底洞

药品依赖等于吸毒

广告使人失去选择

止咳糖浆成了摇头丸

靠毒素挽留的青春

可以设想，如果上述例 13－12、例 13－13 两条消息都只有一个总标题，而没有段落标题，人们的阅读效果肯定要差得多。

2. 导语

导语就是置于消息开头的引导性语句或段落，具有开宗明义、概括消息要点和引起读者兴趣的作用。人们由于工作繁忙、时间紧张，看报往往先看标题和导语，有人甚至只看标题和导语。因此，导语在消息中的地位就显得十分重要。正如古人所云“立片言以居要，乃一篇之警策”。

当消息较长而有多个自然段时，一般以第一自然段为导语。当消息较短而不分自然段时，则以第一句或头两三句为导语。若是特别短小的消息，当然就不用导语了。

导语的写作要力求内容扼要、事实准确、观点鲜明、用语简洁、文字生动。

导语的形式，一般有以下几种：

(1) 叙述式，即以简练的语言提纲挈领地叙述消息的主要事实，点明消息的主题。

【例 13－14】《新快报》2002 年 4 月 6 日 A1 版《打“黑社会”须先破法律瓶颈》的导语：“180 多名国内顶尖犯罪学专家昨天齐集广州市检察院，就‘中国入世后的犯罪、恐怖主义和黑社会问题’展开为期 3 天的研讨。记者从多位犯罪学专家口中获悉，我国已出现了黑社会，而‘保护伞’问题已成为打击‘黑社会’性质犯罪的瓶颈——许多黑社会性质组织因挖不出‘保护伞’而逃避了应有的处罚。”

(2) 描写式，即先用简洁而生动的笔触勾画新闻人物的外貌、表情、语言、动作和新闻事件的场景，作些渲染，以制造气氛，然后再作叙述。

【例 13－15】《中国财经报》2002 年 4 月 3 日《高速公路推倒穷山门》的导语：“‘谈起资源点头，谈起交通摇头，谈起投资一去不回头。’这曾是许多投资者对湖北省孝感市大悟县的评价。大悟县是位于鄂东北大别山南麓的国家级贫困县，虽然境内蕴藏着丰富的大理石、石灰石、萤石、铜、金等矿产，并盛产板栗、木梓、茶叶等土特产，但由于交通落后，丰富的矿产资源及土特产却无法转变成现实财源。然而，从 1998 年起，京珠高速公路湖北段的动工兴建，给大悟县经济发展注入了新的活力。老百姓交口称赞：‘京珠高速为我们打开了山门，这是条发展的路、致富的路。’”

(3) 比兴式，即用比喻（比）、铺陈和联想（兴）的手法，托物起兴，把诗歌、民谣、谚语、口号等作为消息的开头，先言他物，然后再引出主题。

【例 13－16】《人民日报》曾报道过湘西土家族苗族自治州有线广播迅速发展的消息，其所用导语是：“一根银线连北京，隔山隔水不隔音，国家大事天天听，土寨苗家方向明。”

(4) 提问式，即把消息的重要内容归纳出一个或若干个问题，通过导语设问，以引起人们的兴趣和思索。

【例 13－17】《经济日报》曾发表过一条题为“熄灭了的火焰又是怎样燃起来的？”的消息，其导语是：“对缺乏社会政治经验和生活经验，思想方法片面，在政治上有错误的青年，应该怎样挽救他们？上海国棉一厂党委在全国职工思想政治工作会议上介绍了他们帮助青年工人吴某转变立场，抛弃错误观点，不断进步的经验。”

(5) 结论式，即先把结论摆在导语之中，然后再作叙述。

【例 13－18】《中国财经报》2002 年 4 月 3 日题为“企业文化即做事方式——从通用电气到首创网络的管理启示”的报道，其导语是：“管理既是一门具有普遍意义的科学，也是具有很强个性的艺术。每个企业家都须根据各自企业的情况，根据自己的知识、能力，采取相应的管理方法。”

（6）评论式，即在导语中作画龙点睛式的评论，以加深公众对该消息之重要意义或新闻事件之特点的认识。

【例13－19】《广州文摘报》（周刊）2002年4月9日至15日题为“乱吃药害苦国人”一文的导语是：“有关统计资料表明，在全世界的死亡病例中，1/3是由于用药不当。我国去年不合理用药的比例占了11%～26%，由此造成的药源性疾病，导致全国19.2万人死亡。有人曾以骑虎难下来形容人类文明的尴尬处境：一方面以扑灭和预防每一起疾病为己任；另一方面，它又为每一起潜在的新型疾病铺就了温床。”

3．主体

主体是消息的主干。它承接导语，展开消息的内容和情节，进一步深化消息的主题，是决定消息质量的重要因素。一条消息，有时可以没有导语，但绝不可没有消息的主体。要写好消息的主体，必须注意以下几点：

第一，主题要突出。消息要一条说一事，不能几事合一条，不能多中心。

第二，叙述要清楚。叙述是述说人物的经历和事件的发展过程的表达方式，最基本的特点是陈述“过程”，而“过程”是与时间紧密相连的。因此，叙述的方法：一是可以按事件发生发展的时间顺序表述，一般用顺叙，不用倒叙、插叙。动态消息多用此法。二是可按照事物的逻辑关系写作，因为一事物的发生、发展是与其他事物相关并受相关事物制约的。按逻辑关系叙述时，要注意分清因果关系、主从关系和并列关系，做到层次分明、条理清晰。三是纵横交错，把事物发展的时间顺序和事物之间的逻辑关系结合起来，既有时间线索纵贯全篇，又用逻辑手段剖析事物的横断面。

第三，取材要精当。消息常常需要有背景材料，这些材料一般穿插于消息的主体之中。消息的背景材料可分为两类：一是对比性材料，即在消息中用于前后对比、左右对比、内外对比、正反对比的材料。二是说明性材料，包括政治背景、历史演变、地理环境、物质条件、思想状况等方面的材料。在运用材料时，必须认真鉴别，去伪存真，确保新闻真实可信；还要紧扣主题，去粗取精，并用观点统率材料。新闻离不开材料，材料越丰富，视野越广阔，挑选的余地越大，新闻的质量就越高。但新闻不是资料汇编，消息尤其要短，因此，运用材料时我们必须强调要精。

4．结尾

结尾即消息末尾的一段结语。其作用是概括消息的内容，强化消息主题，加深读者印象，启迪读者联想，预测事物发展的前景，或提出某种希望和要求。但一条消息是否应当写一个结语，应视具体情况而定。若导语和主体已把消息表达得很清楚、很完整，应当意尽即止，无须画蛇添足。若觉得意犹未尽，尚需点化点化，当然就可写上一段或几句，但应当尽量不与导语和主体重复。下面是两条消息的结尾：

【例 13－20】《高速公路推倒穷山门》的结语："京珠高速公路项目建成后，武汉到北京、广州，均可朝发夕至。这条路可促进湖北省内外不同地域间经济、信息交流和旅游事业的发展，吸引国内外客商投资沿线大中城市，形成沿高速公路的新产业带，并促进湖北省经济迅速跨上一个新的台阶。"

【例 13－21】《乱吃药害苦国人》的结语："医学有着无穷的魅力和威力，这也正是它的可怕之处，人体内的微妙平衡遭到越来越粗暴的破坏，疾病在其中起的恶劣作用往往比不上治病的药剂。保持和增进人的健康是医学的终极目的，健康的阵地是人体自身的调节能力和适应能力，但当代医学似乎在尽最大的可能把健康乃至幸福托付给药片和针管来完成。"

（二）消息的文体模式

"不以规矩，不成方圆。"写文章也有一定的规矩，不遵循基本的规矩，文章就难写好。消息也是文章，写消息也有它的规矩，这些规矩，是前人经验的结晶，掌握这些规矩，可以帮助我们写好消息。但是，社会经济生活丰富多彩，而且变化万端，已有的写作规矩并不一定能够很好地反映丰富多彩而变化万端的社会经济生活。所以，古人又有"文无定法"之说，需要人们在继承的基础上不断地去创新。其实，人类社会的一切章法，都是从无到有、从非法到合法的。关键在于你的创新是否合理，是否有益于社会，能否为广大群众所接受。

说到消息写作的形式或模式，较为普遍采用的是倒金字塔（倒三角形）式，此外还有金字塔式、自由式等。

1．倒金字塔式

顾名思义，倒金字塔式是上大下小、头大尾小或头重脚轻的模式。它的意思是在写作消息时，把消息中最新鲜、最重要、最精彩的内容放在消息的第一段，即导语之中，使导语成为一条消息的"重头"戏，然后再按重要程度的不同，依次排列段落或内容，把最次要的内容放在最后。需要说明的是，这里的头大尾小、头重脚轻，是就消息内容的重要程度来说的，而不是就文字篇幅多少来说的。请看下面的一条消息：

【例 13－22】

原苏联紧急状态委员会所有成员都否认自己有罪

［新华社莫斯科 1992 年 12 月 24 日电］（记者胡汉英）因去年"8·19"事件被捕入狱的原苏联紧急状态委员会的所有成员都否认自己有罪。

这是他们的辩护律师 24 日在莫斯科举行记者招待会上宣布的。这些律师代表的是亚纳耶夫（原苏联副总统）、帕夫洛夫（原苏联总理）、克留奇科夫（原苏联克格勃首脑）和亚佐夫（原苏联国防部长）等。

俄罗斯总检察长斯捷潘科夫指控上述人员犯有"叛国罪和阴谋篡权罪"，并将起诉书交给俄罗斯最高法院军事法庭。

律师们说，戈尔巴乔夫在 1991 年 4 月就知道正在准备实行紧急状态，并且是他亲自下令制订有关计划的。

他们还说，调查从一开始就破坏了法律。开始时，审讯是在没有辩护人的情况下进行的。此外，该委员会成员都是人民代表，逮捕他们并未征得最高苏维埃的同意。

（引自程天敏《新闻写作学》）

消息的倒金字塔模式之所以被较广泛地采用，是因为它有下列优点：

第一，便于读者阅读。由于报纸多、消息多，可是人们工作忙、生活紧张，不可能详细阅读每条消息的全文。他们常常是先看或只看标题和头一两段，对消息有基本了解即罢。所以，要把最重要的内容写在前面，然后写比较重要的，再写次要的，最后写最次要的。它能使读者用较少的时间了解最重要的内容。

第二，便于编辑根据报纸版面的特点和容量对消息进行删节。遇到版面拥挤时，编辑可以从后往前删节，删去次要的，保留重要的或最重要的，即使剩下导语，仍然可以成为一条消息。

2. 金字塔式

金字塔式，有人又把它称为编年体或积趣式。说它是编年体，指消息基本上按事件的时间顺序写作，事件的开头就是消息的开头，然后按事件的发展过程步步推进，事件的结果就是消息的结尾，高潮和有趣的情节常常出现在后面。所以，有人又把这种结构叫“积趣式”，意为这种结构可以使读者在阅读消息的过程中逐步积累兴趣，直至把消息读完。请看下面一条消息：

【例 13－23】

中国女篮攀上一座“高峰”

［《羊城晚报》巴塞罗那 1992 年 8 月 6 日专电］（特派记者苏少泉报道）当地时间昨晚 10 时（北京时间今晨 4 时），柏德罗那（巴塞罗那的卫星城）市立体育馆观众寥寥无几。虽然，这里将要举行的是本届奥运会女子篮球的一场半决赛。

比赛的对手，是刚刚战胜独联体队的 A 组第一名古巴队和预赛时差点被淘汰的 B 组第二名中国队。也许不少人认为这是实力悬殊的比赛，引不起强烈的兴趣吧！不过赛场上几个西班牙人用西文和中文写的白布标语“郑海霞，我爱你”却特别引人注目。

由黑姑娘组成的古巴队采用美式打法，前场紧逼，后场盯人，讲究个人强突，压进篮下进攻。她们速度快，弹跳高，几乎控制了前后场篮板球，又是篮下强攻，又是断球反击，频频得分，中国队似乎难于抗衡了。

8 分钟时，中国队换上了两米多高的郑海霞。古巴队马上缩小防区，重点保护篮下。中国队其他几个队员马上活跃起来，丛学娣乘机跑到对方防守薄弱的另一侧，发挥其百步穿杨的绝技，猛投 3 分球，比分一下窜到了前面。上半场，中国队以 57 比 30 领先 20 多分。

下半场，古巴队捡起美国队前两天胜中国队的法宝，对中国队实行强烈的全场紧逼。没想到中国队研究了两天，已经有了化解的招数。古巴队这一招不但收不到效果，反而令中国队越打越顺，发挥了近年来的最高水平，在终场哨声响时，打出了109比70这个中国队对世界强队从未有过的高比分。

一场漂亮的战斗，把中国姑娘推进了决赛，推向了坐二望一这个历史上从未达到的高峰。曾经带领中国女篮取得奥运季军的老教练杨伯镛冲到场边，轻轻拍着现任中国女队主教练李亚光的脑袋，表示勉励和嘉许。郑海霞也走上观众席，和那几个挂出大标语的西班牙观众拥抱起来。

（引自程天敏《新闻写作学》）

3. 倒金字塔与金字塔结合式

这是前两种模式的结合，形如罗马数字10字（X）。写作时，先写最重要、最精彩的内容，然后转入金字塔式写作。

4. 自由式

社会生活丰富多彩，事物发展千变万化，新闻内容十分广泛，仅用上述三种模式去写作消息，是难以适应的。例如，新闻评论、新闻分析这类述评性消息，介绍经验教训的典型消息，采访重要新闻人物的答记者问等，若硬套上述模式去写作，可能就会不伦不类。这些场合，就不得不冲破上述模式的束缚，去更自然、更自由地写作。于是，便有了“自由式”的主张。

总之，做文章、写消息要遵循一定的章法，但又不必完全受既有章法的约束。尽可能完整、准确、迅速地把有新闻价值的消息传达给受众，是新闻工作者的唯一目的，但实现这一目的的手段则可多种多样，既可因循“旧制”，更应力创“新招”。一旦你的新招被人们普遍接受，就会成为“新法”。

（三）统计新闻写作

统计新闻是运用统计资料和统计方法去反映社会经济问题的新闻，是统计与新闻的融合体。这种融合体的主要体裁是消息。因此，消息的模式、消息的结构及消息写作应注意的问题等都是统计新闻写作应当注意的，在此不再赘述。

但是，统计新闻又具有与统计相关的特色，这是写作统计新闻要特别注意的。

1. 要文中有数

统计新闻既然是运用统计资料和统计方法反映社会经济问题的新闻，新闻中就一定要有统计数字，要用统计数字来反映问题、分析问题。没有统计数字，就不成其为统计新闻。

2. 要精巧用数

统计新闻不能没有统计数字，但必须精选，要选与主题相关的、最重要的、最能说明问题的数字，足以说明问题就可以了。

3. 要通俗释数

统计新闻是给社会公众看的，对新闻中用到而又为群众较难理解的指标，要作出通俗的解释。

4. 要准确表达

以上这些在统计分析写作中都已谈到，这里不再多说。

下面是一篇统计新闻的例文。

【例13－24】

从一分钟看35年巨变

［《解放日报》1984年5月12日讯］一分钟，在解放35年的漫长历史中只是短短的一瞬间，但人们从一分钟里可以看到解放后上海工业的巨大变化。

目前，上海工业每一分钟能完成13万元的产值，新创造4万元的财富，上交国家3万元的税利。去年上海完成的工业总产值，比刚解放的1949年增长了30倍。

工业结构的变化，使上海工业从有轻无重变成了轻重并举。现在，上海每一分钟能发电4万度，生产生铁3吨，钢材8吨，水泥4吨，焦炭4吨，自动化仪表6只。1983年上海每一分钟生产的钢、成品钢材、水泥和机床，在1949年分别需要16.4小时、4.7小时、近1小时和25分钟才能生产出来；3天的烧碱产量、6天的水泥产量、15天的机床产量，就相当于这些产品在1949年全年的产量。

轻工业也发生了质的飞跃，已从原来生产以农产品为原料的技术简单的产品，发展到生产以工业品为原料、技术较高的产品。现在，上海每分钟能生产自行车10辆，缝纫机5台，手表21只，电视机4台，录音机2台，电风扇3台，服装291件，丝织品226米，呢绒59米。去年每一分钟的自行车和缝纫机产量，分别相当于1949年19.7小时、15小时的产量。一年生产的布可绕地球赤道40圈。

解放前，上海工业具有明显的半殖民地特点，基础薄弱，结构畸形。35年来，在党的领导下，经过几番曲折，在原有的工业基础上，发展了一批诸如电子计算机、光学玻璃、半导体元器件、石油化工、汽车、民用航空、精密机床等新兴工业。现在全市已拥有157个工业部门，成为我国一个门类比较齐全、比例比较协调、协作配套能力较强、产品具有一定技术水平的工业基地，在社会主义现代化建设中发挥着越来越重要的作用。（申统）

上面是一篇典型的统计新闻，既用了大量的统计资料和必要的统计方法，又合乎消息写作的规则和要求。其特点是：①整篇消息构思巧妙新颖，以今昔对比的手法，用1分钟的时间价值去说明上海工业在35年间所发生的巨变。②导语简洁有力，点明消息主题。③文章结构严密，段落分明，层次清晰：第一段是导语；第二段从总产值、新创造价值、上缴国家税利等方面说明上海工业的总体变化；第三段说上海工业结构已“从有轻无重变成了轻重并举”；第四段说“轻工业也发生了质的飞跃”；第五段是结尾，进一步点明上海工业已消除了“基础薄弱，结构畸形”的“半殖民地特点”，“成为我国一个门类比较齐全、比例比较协调、协作配套能力较强、产品具有一定技术水平的工业基地，在社会主义现代化建设中发挥着越来越重要的作用”。④数字用得活，没有大量使用传统的产值、产量、利税等总量指标动态对比的方法，没有千篇一律地使用增长速度指标，而是着重用1983年上海工业每1分钟的时间价值指标（每1分钟的总产值、增加值、上缴利税、某产品的产量等），1983年1分钟相当于1949年的多少小时，1983年的多少天就相当于1949年全年，1983年全年的布产量可绕地球赤道40圈等来表示上海工业的巨大变化，使人读起来不致有枯燥乏味的感觉。

思考题与习题

1. 什么是统计分析？它有哪些特点？
2. 统计分析有什么作用？
3. 写作统计分析应遵循哪些原则？
4. 选择分析研究课题应遵循哪些原则？
5. 怎样鉴别和筛选资料？
6. 制作标题的要求是什么？
7. 段落标题有什么作用？
8. 如何正确处理观点与材料的关系？
9. 什么是新闻？它有哪些特点？
10. 常见的新闻有哪几种？
11. 什么是统计新闻？它有什么特点？
12. 新闻采访应遵循哪些规则？
13. 消息的结构要素有哪些？
14. 消息的标题有哪几种？正题、引题、副题、段落标题各有什么作用？
15. 消息的文体模式有哪几种？倒金字塔式和金字塔式各有什么特点？
16. 写作消息为什么常用倒金字塔式？
17. 写作统计新闻要注意哪些问题？

附 录

附录 1 随机数字表

03 47 43 73 86	36 96 47 36 61	46 98 63 71 62	33 26 16 80 45	60 11 14 10 95
97 74 24 67 62	42 81 14 57 20	42 53 32 37 32	27 07 36 07 51	24 51 79 89 73
16 76 62 27 66	56 50 26 71 07	32 90 79 78 53	13 55 38 58 59	88 97 54 14 10
12 56 85 99 26	96 96 68 27 31	05 03 72 93 15	57 12 10 14 21	88 26 49 81 76
55 59 56 35 64	38 54 82 46 22	31 62 43 09 90	06 18 44 32 53	23 83 01 30 30
16 22 77 94 39	49 54 43 54 82	17 37 93 23 78	87 35 20 96 43	84 26 34 91 64
84 42 17 53 31	67 24 55 06 88	77 04 74 47 67	21 76 33 50 25	83 92 12 06 76
63 01 63 78 59	16 95 55 67 19	98 10 50 71 75	12 86 73 58 07	44 39 52 38 79
33 21 12 34 29	78 64 56 07 82	52 42 07 44 38	15 51 00 13 42	99 66 02 79 54
57 60 86 32 44	09 47 27 96 54	49 17 46 09 62	90 52 84 77 27	08 02 73 43 28
18 18 07 92 45	44 17 16 58 09	79 83 86 49 62	06 76 50 03 10	55 23 64 05 05
26 62 38 97 75	84 16 07 44 99	83 11 46 32 24	20 14 85 88 45	10 93 72 88 71
23 42 40 64 74	82 97 77 77 81	07 45 32 14 08	32 98 94 07 72	93 85 79 10 75
52 36 28 19 95	50 92 26 11 97	00 56 76 31 38	80 22 02 53 53	86 60 42 04 53
37 85 94 35 12	83 39 50 08 30	42 34 07 96 88	54 42 06 87 98	35 85 29 48 39
70 29 17 12 13	40 33 20 38 26	13 89 51 03 74	17 76 37 13 04	07 74 21 19 30
56 62 18 37 35	96 83 50 87 75	97 12 25 93 47	70 33 24 03 54	97 77 46 44 80
99 49 57 22 77	88 42 95 45 72	16 64 36 16 00	04 43 18 66 79	94 77 24 21 90
16 08 15 04 72	33 27 14 34 09	45 59 34 68 49	12 72 07 34 45	99 27 72 95 14
31 16 93 32 43	50 27 89 87 19	20 15 37 00 49	52 85 66 60 44	38 68 88 11 80
68 34 30 13 70	55 74 30 77 40	44 22 78 84 26	04 33 45 09 52	68 07 97 06 57
74 57 25 65 76	59 29 97 68 60	71 91 38 67 54	18 58 18 24 78	15 54 55 95 52
27 42 37 86 53	48 55 90 65 72	96 57 69 36 10	96 46 92 42 45	97 60 49 04 91
00 39 68 29 61	66 37 32 20 30	77 84 57 03 29	10 45 65 04 26	11 04 96 67 24
29 94 98 94 24	68 49 69 10 82	53 75 91 93 30	34 25 20 57 27	40 48 73 51 92
16 90 82 66 59	83 62 64 11 12	67 19 00 71 74	60 47 21 29 68	02 02 37 03 31
11 27 94 75 06	06 09 19 74 66	02 94 37 34 02	76 70 90 30 86	38 45 94 30 38
35 24 10 16 20	33 32 51 26 38	79 78 45 04 91	16 92 53 56 16	02 75 50 95 98
33 23 16 36 38	42 38 97 01 50	87 75 66 81 41	40 01 74 91 62	48 51 84 08 32
31 96 25 91 47	96 44 33 49 13	34 85 82 53 91	00 52 43 48 85	27 55 26 89 62

66 67 40 67 14	64 05 71 95 86	11 05 65 09 68	76 83 20 37 90	57 16 00 11 66
14 90 84 45 11	75 73 88 05 90	52 27 41 14 86	22 98 12 22 08	07 52 74 95 80
68 05 51 18 00	33 96 02 75 19	07 60 62 93 55	59 33 82 43 90	49 37 38 44 59
20 46 78 73 90	97 51 40 14 02	04 02 33 31 03	39 54 16 49 36	47 95 93 13 30
64 19 58 97 79	15 06 15 93 20	01 90 10 75 06	40 78 78 89 62	02 67 74 17 33
05 26 93 70 60	22 35 85 15 13	92 03 51 59 77	59 58 78 06 83	52 91 05 70 74
07 97 10 88 23	09 98 42 99 64	61 71 62 99 15	06 51 29 16 93	58 05 77 09 51
68 71 86 85 85	54 87 66 47 54	73 32 08 11 12	44 95 92 63 18	29 56 24 29 48
26 99 61 65 53	58 37 78 80 70	42 10 50 67 42	32 47 55 85 74	94 44 67 13 94
14 65 52 68 75	87 59 36 22 41	26 78 63 06 55	13 08 27 01 50	15 29 39 39 48
17 53 77 58 71	71 41 61 50 72	12 41 94 96 26	44 95 27 36 99	02 96 74 30 83
90 26 59 21 19	23 52 23 33 12	96 93 02 18 39	07 02 18 36 07	25 99 32 70 23
41 23 52 55 99	31 04 49 69 96	10 47 48 45 88	13 41 42 89 20	97 17 14 49 17
60 20 50 81 69	31 99 73 68 68	35 81 33 08 76	24 30 12 48 60	18 99 10 72 34
91 25 38 05 90	94 58 28 41 36	45 37 59 03 09	90 35 57 29 12	82 62 54 65 60
34 50 57 74 37	98 80 33 00 91	09 77 93 19 82	74 94 80 04 04	45 07 31 66 43
85 22 04 39 43	73 81 53 94 79	33 62 46 86 28	08 31 54 46 31	53 94 13 38 47
09 79 13 77 48	73 82 97 22 21	05 03 27 24 83	72 89 44 02 60	35 80 39 94 88
88 75 80 18 14	22 95 75 42 49	39 32 82 22 49	02 48 07 70 37	16 04 61 67 87
90 96 23 70 00	39 00 03 06 90	55 85 78 38 36	94 37 30 69 32	90 89 00 76 33
53 74 23 99 67	61 32 28 69 84	94 62 67 86 24	98 33 41 19 95	47 53 58 38 09
63 38 06 86 54	99 00 65 26 94	02 82 90 23 07	79 62 67 80 60	75 91 12 81 19
35 30 58 21 45	06 72 17 10 94	25 21 31 75 96	49 28 24 00 49	55 65 79 73 07
63 43 36 82 69	65 51 18 37 83	61 38 44 12 45	32 92 85 88 65	54 34 81 85 35
98 25 37 55 26	01 91 82 81 46	74 71 12 94 97	24 02 71 37 07	03 92 18 66 75
02 63 21 17 69	71 50 80 89 56	38 15 70 11 48	43 40 45 86 93	00 33 26 91 03
64 55 22 21 82	48 22 28 06 00	61 54 13 43 91	82 78 12 23 29	06 66 24 12 27
85 07 26 13 89	01 10 07 82 04	59 63 69 36 03	69 11 15 83 80	13 29 54 19 28
58 54 16 24 15	51 54 44 82 00	62 61 65 04 69	38 18 65 18 97	85 72 13 49 21
34 85 27 84 87	61 48 64 55 26	90 18 48 13 26	37 70 15 42 57	65 65 80 39 07

附录2　正态分布概率积分表（双侧）

$$F(z)=\frac{2}{\sqrt{2\pi}}\int_0^z e^{-\frac{z^2}{2}}dz$$

z	F(z)	z	F(z)	z	F(z)	z	F(z)	z	F(z)
0.00	0.0000	0.52	0.3969	1.04	0.7017	1.56	0.8812	2.16	0.9692
0.01	0.0030	0.53	0.4039	1.05	0.7063	1.57	0.8836	2.18	0.9707
0.02	0.0160	0.54	0.4108	1.06	0.7109	1.58	0.8859	2.20	0.9722
0.03	0.0239	0.55	0.4177	1.07	0.7154	1.59	0.8882	2.22	0.9736
0.04	0.0319	0.56	0.4245	1.08	0.7199	1.60	0.8912	2.24	0.9749
0.05	0.0399	0.57	0.4313	1.09	0.7243	1.61	0.8926	2.26	0.9762
0.06	0.0478	0.58	0.4381	1.10	0.7287	1.62	0.8948	2.28	0.9774
0.07	0.0558	0.59	0.4448	1.11	0.7330	1.63	0.8969	2.30	0.9786
0.08	0.0638	0.60	0.4515	1.12	0.7373	1.64	0.8990	2.32	0.9797
0.09	0.0717	0.61	0.4581	1.13	0.7415	1.65	0.9011	2.34	0.9807
0.10	0.0797	0.62	0.4947	1.14	0.7457	1.66	0.9031	2.36	0.9817
0.11	0.0876	0.63	0.4713	1.15	0.7499	1.67	0.9051	2.38	0.9827
0.12	0.0955	0.64	0.4778	1.16	0.7540	1.68	0.9070	2.40	0.9836
0.13	0.1034	0.65	0.4843	1.17	0.7580	1.69	0.9090	2.42	0.9845
0.14	0.1113	0.66	0.4907	1.18	0.7620	1.70	0.9109	2.44	0.9853
0.15	0.1192	0.67	0.4971	1.19	0.7660	1.71	0.9127	2.46	0.9861
0.16	0.1271	0.68	0.5035	1.20	0.7699	1.72	0.9146	2.48	0.9869
0.17	0.1350	0.69	0.5098	1.21	0.7737	1.73	0.9164	2.50	0.9876
0.18	0.1428	0.70	0.5161	1.22	0.7775	1.74	0.9181	2.52	0.9883
0.19	0.1507	0.71	0.5223	1.23	0.7813	1.75	0.9199	2.54	0.9889
0.20	0.1585	0.72	0.5285	1.24	0.7850	1.76	0.9216	2.56	0.9895
0.21	0.1663	0.73	0.5346	1.25	0.7887	1.77	0.9233	2.58	0.9901
0.22	0.1741	0.74	0.5407	1.26	0.7923	1.78	0.9249	2.60	0.9907
0.23	0.1819	0.75	0.5467	1.27	0.7959	1.79	0.9265	2.62	0.9912
0.24	0.1897	0.76	0.5527	1.28	0.7995	1.80	0.9281	2.64	0.9917
0.25	0.1974	0.77	0.5537	1.29	0.8030	1.81	0.9297	2.66	0.9922
0.26	0.2051	0.78	0.5646	1.30	0.8064	1.82	0.9312	2.68	0.9926
0.27	0.2128	0.79	0.5705	1.31	0.8098	1.83	0.9328	2.70	0.9931
0.28	0.2205	0.80	0.5763	1.32	0.8132	1.84	0.9342	2.72	0.9935
0.29	0.2282	0.81	0.5821	1.33	0.8165	1.85	0.9357	2.74	0.9939
0.30	0.2358	0.82	0.5878	1.34	0.8197	1.86	0.9371	2.76	0.9942
0.31	0.2434	0.83	0.5935	1.35	0.8230	1.87	0.9385	2.78	0.9946
0.32	0.2510	0.84	0.5991	1.36	0.8262	1.88	0.9399	2.80	0.9949
0.33	0.2586	0.85	0.6047	1.37	0.8293	1.89	0.9412	2.82	0.9952
0.34	0.2661	0.86	0.6102	1.38	0.8324	1.90	0.9426	2.84	0.9955
0.35	0.2737	0.87	0.6157	1.39	0.8355	1.91	0.9439	2.86	0.9958
0.36	0.2812	0.88	0.6211	1.40	0.8385	1.92	0.9451	2.88	0.9960
0.37	0.2886	0.89	0.6265	1.41	0.8415	1.93	0.9464	2.90	0.9962
0.38	0.2961	0.90	0.6319	1.42	0.8444	1.94	0.9476	2.92	0.9965
0.39	0.3035	0.91	0.6372	1.43	0.8473	1.95	0.9488	2.94	0.9967
0.40	0.3108	0.92	0.6424	1.44	0.8501	1.96	0.9500	2.96	0.9969
0.41	0.3182	0.93	0.6476	1.45	0.8529	1.97	0.9512	2.98	0.9971
0.42	0.3255	0.94	0.6528	1.46	0.8557	1.98	0.9523	3.00	0.9973
0.43	0.3328	0.95	0.6579	1.47	0.8584	1.99	0.9534	3.20	0.9986
0.44	0.3401	0.96	0.6629	1.48	0.8611	2.00	0.9545	3.40	0.9993
0.45	0.3473	0.97	0.6680	1.49	0.8638	2.02	0.9566	3.60	0.9996
0.46	0.3545	0.98	0.6728	1.50	0.8664	2.04	0.9587	3.80	0.9998
0.47	0.3616	0.99	0.6778	1.51	0.8695	2.06	0.9606	4.00	0.99994
0.48	0.3688	1.00	0.6827	1.52	0.8715	2.08	0.9625	4.50	0.99999
0.49	0.3759	1.01	0.6875	1.53	0.8740	2.10	0.9643	5.00	0.999999
0.50	0.3829	1.02	0.6923	1.54	0.8764	2.12	0.9660		
0.51	0.3899	1.03	0.6370	1.55	0.8789	2.14	0.9676		

附录3 正态分布概率积分表（单侧）

$$\Phi(z) = \frac{2}{\sqrt{2\pi}}\int_{-\infty}^{z} e^{-\frac{t^2}{2}} dz$$

u	0.00	0.01	0.02	0.03	0.04	0.05	0.06	0.07	0.08	0.09
0.0	0.500 0	0.504 0	0.508 0	0.512 0	0.516 0	0.519 9	0.523 9	0.527 9	0.531 9	0.535 9
0.1	0.539 8	0.543 8	0.547 8	0.551 7	0.555 7	0.559 6	0.536 6	0.567 5	0.571 4	0.575 3
0.2	0.579 3	0.583 2	0.587 1	0.591 0	0.594 8	0.598 7	0.602 6	0.606 4	0.610 3	0.614 1
0.3	0.617 9	0.621 7	0.625 5	0.629 3	0.633 1	0.636 8	0.640 6	0.644 3	0.648 0	0.651 7
0.4	0.655 4	0.659 1	0.662 8	0.666 4	0.670 0	0.673 6	0.677 2	0.680 8	0.684 4	0.687 9
0.5	0.691 5	0.695 0	0.698 5	0.701 9	0.705 4	0.708 8	0.712 3	0.715 7	0.719 0	0.722 4
0.6	0.725 7	0.729 1	0.732 4	0.735 7	0.738 9	0.742 2	0.745 4	0.748 6	0.751 7	0.754 9
0.7	0.758 0	0.761 1	0.764 2	0.767 3	0.770 4	0.773 4	0.776 4	0.779 4	0.782 3	0.785 2
0.8	0.788 1	0.791 0	0.793 9	0.796 7	0.799 5	0.802 3	0.805 1	0.807 8	0.810 6	0.813 3
0.9	0.815 9	0.818 6	0.821 2	0.823 8	0.826 4	0.828 9	0.831 5	0.834 0	0.836 5	0.838 9
1.0	0.841 3	0.843 8	0.846 1	0.848 5	0.850 8	0.853 1	0.855 4	0.857 7	0.859 9	0.862 1
1.1	0.864 3	0.866 5	0.868 6	0.870 8	0.872 9	0.874 9	0.877 0	0.879 0	0.881 0	0.883 0
1.2	0.884 9	0.886 9	0.888 8	0.890 7	0.892 5	0.894 4	0.896 2	0.898 0	0.899 7	0.901 5
1.3	0.903 2	0.904 9	0.906 6	0.908 2	0.909 9	0.911 5	0.913 1	0.914 7	0.916 2	0.917 7
1.4	0.919 2	0.920 7	0.922 2	0.923 6	0.925 1	0.926 5	0.927 9	0.929 2	0.930 6	0.931 9
1.5	0.933 2	0.934 5	0.935 7	0.937 0	0.938 2	0.939 4	0.940 6	0.941 8	0.942 9	0.944 1
1.6	0.945 2	0.946 3	0.947 4	0.948 4	0.949 5	0.950 5	0.951 5	0.952 5	0.953 5	0.954 5
1.7	0.955 4	0.956 4	0.957 3	0.958 2	0.959 1	0.959 9	0.960 8	0.961 6	0.962 5	0.963 3
1.8	0.964 1	0.964 9	0.965 6	0.966 4	0.967 1	0.967 8	0.968 6	0.969 3	0.969 9	0.970 6
1.9	0.971 3	0.971 9	0.972 6	0.973 2	0.973 8	0.974 4	0.975 0	0.975 6	0.976 1	0.976 7
2.0	0.977 2	0.977 8	0.978 3	0.978 8	0.979 3	0.979 8	0.980 3	0.980 8	0.981 2	0.981 7
2.1	0.982 1	0.982 6	0.983 0	0.983 4	0.983 8	0.984 2	0.984 6	0.985 0	0.985 4	0.985 7
2.2	0.986 1	0.986 4	0.986 8	0.987 1	0.987 5	0.987 8	0.988 1	0.988 4	0.988 7	0.989 0
2.3	0.989 3	0.989 6	0.989 8	0.990 1	0.990 4	0.990 6	0.990 9	0.991 1	0.991 3	0.991 6
2.4	0.991 8	0.992 0	0.992 2	0.992 5	0.992 7	0.992 9	0.993 1	0.993 2	0.993 4	0.993 6
2.5	0.993 8	0.994 0	0.994 1	0.994 3	0.994 5	0.994 6	0.994 8	0.994 9	0.995 1	0.995 2
2.6	0.995 3	0.995 5	0.995 6	0.995 7	0.995 9	0.996 0	0.996 1	0.996 2	0.996 3	0.996 4
2.7	0.996 5	0.996 6	0.996 7	0.996 8	0.996 9	0.997 0	0.997 1	0.997 2	0.997 3	0.997 4
2.8	0.997 4	0.997 5	0.997 6	0.997 7	0.997 7	0.997 8	0.997 9	0.997 9	0.998 0	0.998 1
2.9	0.998 1	0.998 2	0.998 2	0.998 3	0.998 4	0.998 4	0.998 5	0.998 5	0.998 6	0.998 6

u	0.0	0.1	0.2	0.3	0.4	0.5	0.6	0.7	0.8	0.9
3	$0.9^{2}86\,50$	$0.9^{3}03\,24$	$0.9^{3}31\,29$	$0.9^{3}51\,66$	$0.9^{3}66\,31$	$0.9^{3}76\,74$	$0.9^{3}84\,09$	$0.9^{3}89\,22$	$0.9^{4}27\,65$	$0.9^{4}51\,90$
4	$0.9^{4}68\,33$	$0.9^{4}79\,34$	$0.9^{4}86\,65$	$0.9^{5}14\,60$	$0.9^{5}45\,87$	$0.9^{5}66\,02$	$0.9^{5}78\,88$	$0.9^{5}86\,99$	$0.9^{6}20\,67$	$0.9^{6}52\,08$
5	$0.9^{6}71\,33$	$0.9^{6}83\,02$	$0.9^{7}00\,36$	$0.9^{7}42\,10$	$0.9^{7}66\,68$	$0.9^{7}81\,01$	$0.9^{7}89\,28$	$0.9^{8}40\,10$	$0.9^{8}66\,84$	$0.9^{8}81\,82$
6	$0.9^{9}01\,34$									

注：$0.9^{2}86\,50$ 表示 0.998 650，其他同。

附录4 相关系数检验表

自由度 (n−m)	约束条件数（m）				自由度 (n−m)	约束条件数（m）			
	2	3	4	5		2	3	4	5
	(α=0.05)					(α=0.01)			
1	0.997	0.999	0.999	0.999	1	1.000	1.000	1.000	1.000
2	0.950	0.975	0.983	0.987	2	0.990	0.995	0.997	0.998
3	0.878	0.930	0.950	0.961	3	0.959	0.976	0.983	0.987
4	0.811	0.881	0.912	0.930	4	0.917	0.949	0.963	0.970
5	0.754	0.836	0.874	0.898	5	0.874	0.917	0.937	0.949
6	0.707	0.795	0.839	0.867	6	0.834	0.886	0.911	0.927
7	0.666	0.758	0.807	0.838	7	0.798	0.855	0.885	0.904
8	0.632	0.726	0.777	0.811	8	0.765	0.827	0.860	0.882
9	0.602	0.697	0.750	0.766	9	0.735	0.800	0.835	0.861
10	0.576	0.671	0.726	0.763	10	0.708	0.776	0.814	0.840
11	0.553	0.648	0.703	0.741	11	0.684	0.753	0.793	0.821
12	0.532	0.627	0.683	0.722	12	0.661	0.732	0.773	0.802
13	0.514	0.608	0.664	0.703	13	0.641	0.712	0.755	0.785
14	0.497	0.590	0.646	0.686	14	0.623	0.694	0.737	0.768
15	0.482	0.574	0.630	0.670	15	0.606	0.677	0.721	0.752
16	0.468	0.559	0.615	0.655	16	0.590	0.662	0.706	0.738
17	0.456	0.545	0.601	0.641	17	0.575	0.647	0.691	0.724
18	0.444	0.532	0.587	0.628	18	0.561	0.633	0.678	0.710
19	0.433	0.520	0.575	0.615	19	0.549	0.620	0.665	0.698
20	0.423	0.509	0.563	0.604	20	0.537	0.608	0.652	0.685
25	0.381	0.462	0.514	0.553	25	0.487	0.555	0.600	0.633
30	0.349	0.426	0.476	0.514	30	0.449	0.514	0.558	0.591
35	0.325	0.397	0.445	0.482	35	0.418	0.481	0.523	0.556
40	0.304	0.373	0.419	0.445	40	0.393	0.454	0.494	0.526
50	0.273	0.336	0.379	0.412	50	0.354	0.410	0.449	0.479
60	0.250	0.308	0.348	0.380	60	0.325	0.377	0.414	0.442
70	0.232	0.286	0.324	0.354	70	0.302	0.351	0.386	0.413
80	0.217	0.269	0.304	0.332	80	0.283	0.333	0.362	0.389
100	0.195	0.241	0.274	0.300	100	0.254	0.297	0.327	0.351

附录5 累积泊松分布数值表

$$\sum_{i=0}^{n} \frac{\lambda^{k}}{k!} e^{-\lambda}$$

k	λ									
	0.1	0.2	0.3	0.4	0.5	0.6	0.7	0.8	0.9	1.0
0	0.904 8	0.818 7	0.740 8	0.670 3	0.606 5	0.548 8	0.496 6	0.449 3	0.406 6	0.367 9
1	0.995 3	0.982 5	0.963 1	0.938 4	0.909 8	0.878 1	0.844 2	0.808 8	0.772 5	0.735 8
2	0.999 8	0.998 9	0.996 4	0.992 1	0.985 6	0.976 9	0.965 9	0.952 6	0.937 1	0.919 7
3	1.000 0	0.999 9	0.999 7	0.999 2	0.998 2	0.996 6	0.994 2	0.990 9	0.986 5	0.981 0
4		1.000 0	1.000 0	0.999 9	0.999 8	0.999 6	0.999 2	0.998 6	0.997 7	0.996 3
5				1.000 0	1.000 0	1.000 0	0.999 9	0.999 8	0.999 7	0.999 4
6							1.000 0	1.000 0	1.000 0	0.999 9

k	λ									
	1.1	1.2	1.3	1.4	1.5	1.6	1.7	1.8	1.9	2.0
0	0.332 9	0.301 2	0.272 5	0.246 6	0.223 1	0.201 9	0.182 7	0.165 3	0.149 6	0.135 3
1	0.699 0	0.662 6	0.626 8	0.591 8	0.557 8	0.524 9	0.493 2	0.462 3	0.433 7	0.406 0
2	0.900 4	0.879 5	0.857 1	0.833 5	0.808 8	0.783 4	0.757 2	0.730 6	0.703 7	0.676 7
3	0.974 3	0.966 2	0.956 9	0.946 3	0.934 4	0.921 2	0.906 8	0.891 3	0.874 7	0.857 1
4	0.994 6	0.992 3	0.989 3	0.985 7	0.981 4	0.976 3	0.970 4	0.963 6	0.955 9	0.947 3
5	0.999 0	0.998 5	0.997 8	0.996 8	0.995 5	0.994 0	0.992 0	0.989 6	0.986 8	0.983 4
6	0.999 9	0.999 7	0.999 6	0.999 4	0.999 1	0.998 7	0.998 1	0.997 4	0.996 6	0.995 5
7	1.000 0	1.000 0	0.999 9	0.999 9	0.999 8	0.999 7	0.999 6	0.999 4	0.999 2	0.998 9
8			1.000 0	1.000 0	1.000 0	1.000 0	0.999 9	0.999 9	0.999 8	0.999 8

k	λ									
	2.1	2.2	2.3	2.4	2.5	2.6	2.7	2.8	2.9	3.0
0	0.122 5	0.110 8	0.100 3	0.090 7	0.082 1	0.074 3	0.067 2	0.060 8	0.055 0	0.049 8
1	0.379 6	0.354 6	0.330 9	0.308 4	0.287 3	0.267 4	0.248 7	0.221 1	0.214 6	0.199 1
2	0.649 6	0.622 7	0.596 0	0.569 4	0.543 8	0.518 4	0.493 6	0.469 5	0.446 0	0.423 2
3	0.888 6	0.819 4	0.799 3	0.778 7	0.757 6	0.736 0	0.714 1	0.691 9	0.669 6	0.647 2
4	0.937 8	0.927 5	0.916 2	0.904 1	0.891 2	0.877 4	0.862 9	0.847 7	0.831 3	0.815 3
5	0.979 6	0.976 1	0.970 0	0.964 3	0.953 0	0.951 0	0.943 3	0.934 9	0.925 8	0.916 1
6	0.994 1	0.992 5	0.990 6	0.988 4	0.985 8	0.982 8	0.979 4	0.975 6	0.971 3	0.966 5
7	0.998 5	0.998 0	0.997 4	0.996 7	0.995 8	0.994 7	0.993 4	0.991 9	0.990 1	0.998 1
8	0.999 7	0.999 5	0.999 4	0.999 1	0.998 9	0.998 5	0.998 1	0.997 6	0.996 9	0.996 2
9	0.999 9	0.999 9	0.999 9	0.999 8	0.999 7	0.999 6	0.999 5	0.999 3	0.999 1	0.998 9
10	1.000 0	1.000 0	1.000 0	1.000 0	0.999 9	0.999 9	0.999 9	0.999 8	0.999 8	0.999 7
11					1.000 0	1.000 0	1.000 0	1.000 0	0.999 9	0.999 9

(续上表)

k	λ									
	3.1	3.2	3.3	3.4	3.5	3.6	3.7	3.8	3.9	4.0
0	0.045 0	0.040 8	0.036 9	0.033 4	0.030 2	0.027 3	0.024 7	0.022 4	0.020 2	0.018 3
1	0.184 7	0.171 2	0.168 6	0.146 8	0.135 9	0.125 7	0.116 2	0.107 4	0.099 2	0.091 6
2	0.401 2	0.379 9	0.359 4	0.339 7	0.320 8	0.302 7	0.285 4	0.268 9	0.253 1	0.238 1
3	0.624 8	0.602 5	0.580 3	0.558 4	0.536 6	0.515 2	0.494 2	0.473 5	0.453 2	0.433 5
4	0.798 2	0.780 6	0.762 6	0.744 2	0.725 4	0.706 4	0.687 2	0.667 8	0.648 4	0.628 8
5	0.905 7	0.894 6	0.882 9	0.870 5	0.867 6	0.844 1	0.830 1	0.815 6	0.800 6	0.785 1
6	0.961 2	0.955 4	0.949 0	0.942 1	0.934 7	0.926 7	0.918 2	0.909 1	0.899 5	0.889 3
7	0.985 8	0.983 2	0.980 2	0.976 9	0.973 3	0.969 2	0.964 8	0.959 9	0.954 6	0.948 9
8	0.995 3	0.994 3	0.993 1	0.991 7	0.990 1	0.988 3	0.986 3	0.984 0	0.981 5	0.978 6
9	0.998 6	0.998 2	0.997 8	0.997 3	0.996 7	0.995 0	0.995 2	0.994 2	0.993 1	0.991 9
10	0.999 6	0.999 5	0.999 4	0.999 2	0.999 0	0.998 7	0.998 4	0.998 1	0.997 7	0.997 2
11	0.999 9	0.999 9	0.999 8	0.999 8	0.999 7	0.999 6	0.999 5	0.999 4	0.999 3	0.999 1
12	1.000 0	1.000 0	1.000 0	0.999 9	0.999 9	0.999 9	0.999 9	0.999 8	0.999 8	0.999 7
13				1.000 0	1.000 0	1.000 0	1.000 0	1.000 0	0.999 9	0.999 9

k	λ									
	4.1	4.2	4.3	4.4	4.5	4.6	4.7	4.8	4.9	5.0
0	0.016 6	0.015 0	0.013 6	0.012 3	0.011 1	0.010 1	0.009 1	0.008 2	0.007 4	0.006 7
1	0.084 5	0.078 0	0.071 9	0.066 3	0.061 1	0.056 3	0.051 8	0.047 7	0.043 9	0.040 4
2	0.223 8	0.210 2	0.197 4	0.185 1	0.173 6	0.162 6	0.152 3	0.142 5	0.133 3	0.124 7
3	0.414 2	0.395 4	0.377 2	0.359 4	0.342 3	0.325 7	0.309 7	0.294 2	0.279 3	0.265 0
4	0.609 3	0.589 8	0.570 4	0.551 2	0.532 1	0.513 2	0.494 6	0.476 3	0.458 2	0.440 5
5	0.769 3	0.753 1	0.736 7	0.719 9	0.702 9	0.685 8	0.668 4	0.651 0	0.633 5	0.616 0
6	0.878 6	0.867 5	0.855 8	0.843 6	0.831 1	0.818 0	0.804 6	0.790 8	0.776 7	0.762 2
7	0.942 7	0.936 1	0.929 0	0.921 4	0.913 4	0.904 9	0.896 0	0.886 7	0.876 9	0.866 6
8	0.975 5	0.972 1	0.968 3	0.964 2	0.959 7	0.954 9	0.949 7	0.944 2	0.938 2	0.931 9
9	0.990 5	0.988 9	0.987 1	0.985 1	0.982 9	0.980 5	0.977 8	0.974 9	0.971 7	0.968 2
10	0.996 6	0.995 9	0.995 2	0.994 3	0.993 3	0.992 2	0.991 0	0.988 6	0.988 0	0.986 3
11	0.998 9	0.998 6	0.998 3	0.998 0	0.997 6	0.997 1	0.996 6	0.996 0	0.995 3	0.994 5
12	0.999 7	0.999 6	0.999 5	0.999 3	0.999 2	0.999 0	0.998 8	0.998 6	0.998 3	0.998 0
13	0.999 9	0.999 9	0.999 8	0.999 8	0.999 7	0.999 7	0.999 6	0.999 5	0.999 4	0.999 3
14	1.000 0	1.000 0	1.000 0	0.999 9	0.999 9	0.999 9	0.999 9	0.999 9	0.999 8	0.999 8
15				1.000 0	1.000 0	1.000 0	1.000 0	1.000 0	0.999 9	0.999 9

附录6 t分布临界值表

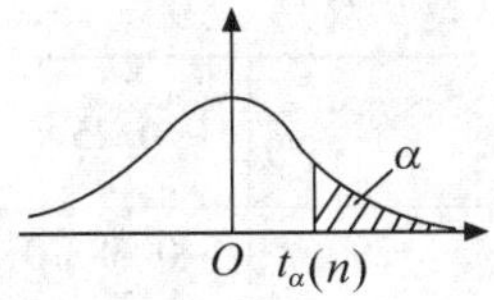

n \ α	0.25	0.10	0.05	0.025	0.01	0.005
1	1.000 0	3.077 7	6.313 8	12.706 2	31.820 7	63.657 4
2	0.816 5	1.885 6	2.920 0	4.302 7	6.964 6	9.924 8
3	0.764 9	1.637 7	2.353 4	3.182 4	4.540 7	5.840 9
4	0.740 7	1.533 2	2.131 8	2.776 4	3.746 9	4.604 1
5	0.726 7	1.475 9	2.015 0	2.570 6	3.364 9	4.032 2
6	0.717 6	1.439 8	1.943 2	2.446 9	3.142 7	3.707 4
7	0.711 1	1.414 9	1.894 6	2.364 6	2.998 0	3.499 5
8	0.706 4	1.396 8	1.859 5	2.306 0	2.896 5	3.355 4
9	0.702 7	1.383 0	1.833 1	2.262 2	2.821 4	3.249 8
10	0.699 8	1.372 2	1.812 5	2.228 1	2.763 8	3.169 8
11	0.697 4	1.363 4	1.795 9	2.201 0	2.718 1	3.105 8
12	0.695 5	1.356 2	1.782 3	2.178 8	2.681 0	3.054 5
13	0.693 8	1.350 2	1.770 9	2.160 4	2.650 3	3.012 3
14	0.692 4	1.345 0	1.761 3	2.144 8	2.624 5	2.976 8
15	0.691 2	1.340 6	1.753 1	2.131 5	2.602 5	2.946 7
16	0.690 1	1.336 8	1.745 9	2.119 9	2.583 5	2.920 8
17	0.689 2	1.333 4	1.739 6	2.109 8	2.566 9	2.898 2
18	0.688 4	1.330 4	1.734 1	2.100 9	2.552 4	2.878 4
19	0.687 6	1.327 7	1.729 1	2.093 0	2.539 5	2.860 9
20	0.687 0	1.325 3	1.724 7	2.086 0	2.528 0	2.845 3
21	0.686 4	1.323 2	1.720 7	2.079 6	2.517 7	2.831 4
22	0.685 8	1.321 2	1.717 1	2.073 9	2.508 3	2.818 8
23	0.685 3	1.319 5	1.713 9	2.068 7	2.499 9	2.807 3
24	0.684 8	1.317 8	1.710 9	2.063 9	2.492 2	2.796 9
25	0.684 4	1.316 3	1.708 1	2.059 5	2.485 1	2.787 4
26	0.684 0	1.315 0	1.705 6	2.055 5	2.478 6	2.778 7
27	0.683 7	1.313 7	1.703 3	2.051 8	2.472 7	2.770 7
28	0.683 4	1.312 5	1.701 1	2.048 4	2.467 1	2.763 3

（续上表）

n \ α	0.25	0.10	0.05	0.025	0.01	0.005
29	0.683 0	1.311 4	1.699 1	2.045 2	2.462 0	2.756 4
30	0.682 8	1.310 4	1.697 3	2.042 3	2.457 3	2.750 0
31	0.682 5	1.309 5	1.695 5	2.039 5	2.452 8	2.744 0
32	0.682 2	1.308 6	1.693 9	2.036 9	2.448 7	2.738 5
33	0.682 0	1.307 7	1.692 4	2.034 5	2.444 8	2.733 3
34	0.681 8	1.307 0	1.690 9	2.032 2	2.441 1	2.728 4
35	0.681 6	1.306 2	1.689 6	2.030 1	2.437 7	2.723 8
36	0.681 4	1.305 5	1.688 3	2.028 1	2.434 5	2.719 5
37	0.681 2	1.304 9	1.687 1	2.026 2	2.431 4	2.715 4
38	0.681 0	1.304 2	1.686 0	2.024 4	2.428 6	2.711 6
39	0.680 8	1.303 6	1.684 9	2.022 7	2.425 8	2.707 9
40	0.680 7	1.303 1	1.683 9	2.021 1	2.423 3	2.704 5
41	0.680 5	1.302 5	1.682 9	2.019 5	2.420 8	2.701 2
42	0.680 4	1.302 0	1.682 0	2.018 1	2.418 5	2.698 1
43	0.680 2	1.301 6	1.681 1	2.016 7	2.416 3	2.695 1
44	0.680 1	1.301 1	1.680 2	2.015 4	2.414 1	2.692 3
45	0.680 0	1.300 6	1.679 4	2.014 1	2.412 1	2.689 6

附录7 χ^2 分布临界值表

$$P[\chi^2(\nu) > \chi^2_\alpha(\nu)] = \alpha$$

ν	显著性水平(α)												
	0.99	0.98	0.95	0.90	0.80	0.70	0.50	0.30	0.20	0.10	0.05	0.02	0.01
1	0.000 2	0.000 6	0.003 9	0.015 8	0.064 2	0.148	0.455	1.074	1.642	2.706	3.841	5.412	6.635
2	0.020 1	0.040 4	0.103	0.211	0.446	0.713	1.386	2.403	3.219	4.605	5.991	7.824	9.210
3	0.115	0.185	0.352	0.584	1.005	1.424	2.366	3.665	4.642	6.251	7.815	9.837	11.341
4	0.297	0.429	0.711	1.064	1.649	2.195	3.357	4.878	5.989	7.779	9.488	11.668	13.277
5	0.554	0.752	1.145	1.610	2.343	3.000	4.351	6.064	7.289	9.236	11.070	13.388	15.068
6	0.872	1.134	1.635	2.204	3.070	3.828	5.348	7.231	8.558	10.645	13.592	15.033	16.812
7	1.239	1.564	2.167	2.833	3.822	4.671	6.346	8.383	9.803	12.017	14.067	16.622	18.475
8	1.646	2.032	2.733	3.490	4.594	5.527	7.344	9.524	11.030	13.362	15.507	18.168	20.090
9	2.088	2.532	3.325	4.168	5.380	6.393	8.343	10.656	12.242	14.684	16.919	19.679	21.666
10	2.558	3.059	3.940	4.865	6.179	7.267	9.342	11.781	13.442	15.987	18.307	21.161	23.209
11	3.053	3.609	4.575	5.578	6.989	8.148	10.341	12.899	14.631	17.275	19.675	22.618	24.725
12	3.571	4.178	5.226	6.304	7.807	9.304	11.340	14.011	15.812	18.549	21.026	24.054	26.217
13	4.107	4.765	5.892	7.042	8.634	9.926	12.340	15.119	16.985	19.812	22.362	25.472	27.688
14	4.660	5.368	6.571	7.790	9.467	10.821	13.339	16.222	18.151	21.064	23.685	26.873	29.141
15	5.229	5.985	7.261	8.547	10.307	11.721	14.339	17.322	19.311	22.307	24.996	28.259	30.578
16	5.812	6.614	7.962	9.312	11.152	12.624	15.338	18.413	20.465	23.542	26.296	29.633	32.000
17	6.408	7.255	8.672	10.035	12.002	13.531	16.338	19.511	21.615	24.769	27.587	30.995	33.409
18	7.015	7.906	9.390	10.865	12.857	14.440	17.338	20.601	22.760	25.989	28.869	32.346	34.805
19	7.633	8.567	10.117	11.651	13.716	15.352	18.338	21.689	23.900	27.204	30.144	33.687	36.191
20	8.260	9.237	10.851	12.443	14.578	16.266	19.337	22.775	25.038	28.412	31.410	35.020	37.566
21	8.897	9.915	11.591	13.240	15.445	17.182	20.337	23.858	26.171	29.615	32.671	36.343	38.932
22	9.542	10.600	12.338	14.041	16.314	18.101	21.337	24.939	27.301	30.813	33.924	37.659	40.289
23	10.196	11.293	13.091	14.848	17.187	19.021	22.337	26.018	28.429	32.007	35.172	37.968	41.638
24	10.856	11.992	13.848	15.659	18.062	19.943	23.337	27.096	29.553	33.196	36.415	40.270	42.980
25	11.524	12.697	14.611	16.473	18.940	20.867	24.337	28.172	30.675	34.382	37.652	41.566	44.314
26	12.198	13.409	15.379	17.292	19.820	21.792	25.336	29.246	31.795	35.563	38.885	42.856	45.642
27	12.897	14.125	16.151	18.114	20.703	22.719	26.336	30.319	32.912	36.741	40.113	44.140	46.963
28	13.565	14.847	16.928	18.930	21.588	23.647	27.336	31.391	34.027	37.916	41.337	45.419	48.278
29	14.256	15.574	17.708	19.768	22.475	24.577	28.336	32.461	35.139	39.087	42.557	46.693	49.588
30	14.593	16.306	18.493	20.599	23.364	25.508	29.336	33.530	36.250	40.256	43.773	47.962	50.892

参考文献

1. 贾俊平编著:《统计学》(第二版),北京:清华大学出版社,2006 年。
2. 黄良文、曾五一主编:《统计学原理》,北京:中国统计出版社,2001 年。
3. 袁卫、庞皓、曾五一主编:《统计学》,北京:高等教育出版社,2000 年。
4. 暴奉贤、朱慧强主编:《社会经济统计学原理》,广州:暨南大学出版社,1993 年。
5. 李成瑞主编:《社会经济统计学原理教程》,北京:中国统计出版社,1992 年。
6. 杨曾武、郑尧主编:《社会经济统计学原理教科书》,北京:中国统计出版社,1994 年。
7. 刘汉良主编:《统计学教程》,上海:上海财经大学出版社,1997 年。
8. 雷钦礼、赵文蔚、刘建平主编:《管理统计学》,北京:中国商业出版社,1995 年。
9. 钱小军主编:《数量方法》,北京:高等教育出版社,1999 年。
10. [美] David Freedman 等著,魏宗舒等译:《统计学》,北京:中国统计出版社,1997 年。
11. 刘叔鹤编著:《中国统计史略》,武汉:湖北人民出版社,1990 年。
12. 国家统计局办公室编:《优秀统计分析报告选》,北京:中国统计出版社,1989 年。
13. 国家统计局国民经济综合统计司编:《统计分析报告选编》,北京:中国统计出版社,1986 年。
14. 刘孟宇、诸孝正主编:《写作大要》(第四版),广州:中山大学出版社,1998 年。
15. 程天敏编著:《新闻写作学》(第四版),太原:山西教育出版社,2001 年。
16. 蔡铭泽编著:《新闻学概论新编》,广州:暨南大学出版社,1998 年。
17. 谢启南编著:《调查报告写作》,北京:中国财政经济出版社,2005 年。
18. 《参考消息》《羊城晚报》《新快报》《中国财经报》《广州文摘报》《每周文摘》《报刊文摘》,等等。